'네트워크 마케팅 1년 버티면 성공한다' 에 대한 찬사

"네트워크 마케팅 초보자들은 이 책을 읽어라! 20년 동안의 경험을 가지고 해마다 수백만 달러의 소득을 올리는 야넬 부부가 종합적인 사업 운영과 탁월한 내용 및 첫해에 이윤을 낼 수 있는 200가지가 넘는 특별한 충고를 제공하고, 장기적인 사업 기반을 구축해 준다. 나의 네트워크 마케팅 학생들 모두에게 이 책을 추천하고 있다."

— **찰스 W. 킹**, 시카고 일리노이 대학 교수, UIC 네트워크 마케팅 자격 인증 세미나의 세미나 리더

"전 세계 네트워크 마케터들의 자질 향상을 위해 헌신해 온 부부가 쓴 매우 독창적인 책."

— **루 타이스**, 퍼시픽 인스티튜트 사의 회장이며 강사이자 공동 설립자

"야넬 부부는 네트워크 마케팅 업계에서 통찰력과 학문적 깊이를 갖춘 교사들이다. 이 책을 읽는 것은 큰 기쁨이다!"

— **케이 스미스**, 뉴스킨의 블루 다이아몬드 국제 네트워크 마케팅 인명록의 영예의 전당에 오른 10걸 가운데 한 사람

"네트워크 마케팅에 종사하거나, 앞으로 종사하려고 하는 모든 사람들이 읽어야 할 책이다. 야넬 부부의 신기한 능력은, 네트워크 마케팅 산업에서 성공을 꿈꾸는 모든 사람을 괴롭히는 무수한 장애물을 감지할 뿐 아니라, 유용한 해결책들을 제시함으로써 매우 귀중한 도움을 준다."

— **그레그 마틴**, 세이프라이트 컨셉츠 회사의 최고 경영자

"마크와 르네는 네트워크 마케팅 산업에서 가장 유력한 리더들이다. 타인의 성공을 위한 그들의 헌신과, 진심을 말할 수 있는 용기는 수많은 사람들의 인생을 변화시켰다. 이 책을 연구해 보라!"

— **리차드 B. 브루크**, 옥시프레시 월드와이드 사의 회장 겸 최고 경영자

네트워크 마케팅
Your First Year in Network Marketing
1년 버티면 성공한다

마크 야넬 & 르네 리드 야넬 지음
문재욱 옮김

아카데미북

Your First Year in Network Marketing
Mark Yarnell and Rene Reid Yarnell
Copyright 1998 Prima Communications, Inc.
First published by Prima Communications, Inc., USA
Korean translation edition 2001 Academybook Publishing Company
This Korean edition was published
by arrangement with Prima Communications, Inc.
through BEST LITERARY & RIGHTS AGENCY, Korea.
All right reserved

이 책의 한국어판 저작권은 베스트 에이전시를 통한
프리마 출판사와의 독점 계약으로 도서출판 아카데미북에 있습니다.
신저작권법에 의하여 한국 내에서 보호를 받는 저작물이므로
무단 전재와 복제를 삼가해 주십시오.

마크 야넬은 이 책을 딸, 에이미에게 바친다.
르네 야넬은 기업가의 삶을 살도록 전통적인 직업을 물려주시고
그분들의 삶의 발자취를 따라가도록 영감을 주신
양가의 부모님들이신 린과 헬렌 해링턴, 두안과 패치 야넬께
이 책을 바친다.

또한 이러한 기업가의 혈통을 앞으로 1천 년을 이어 전하게 될
우리 아이들, 크리스와 에이미 야넬에게도 이 책을 바치고 싶다.
그들은 이러한 정신을 널리 펼쳐서 우리보다 훨씬 폭넓은 삶을
영위하기 바란다.

3대에 걸친 가족 사랑이 우리가 함께 살면서 누려 온 많은
경제적·정서적·영적 축복들의 원동력이 되어 왔다.

"우리는 역사상 전례가 없는 엄청나게 커다란 문화적·과학적·사회적·제도적 전환이 진행되고 있는, 현재 400세 된 한 시대가 사라져 가고 또 다른 시대가 태어나려고 하는 진통의 찰나에 있다. 우리 앞에는 세계가 이제까지 경험하지 못한 개성, 자유, 공동체, 윤리의 혁신을 이루며, 인류가 일찍이 꿈꾸지 못한 조화를 이룰 가능성이 놓여 있다. 즉 우리에게는 자연과의 조화, 인간 상호간의 조화, 신성한 지성과의 조화를 이룰 가능성이 있다."

— **디 호크**Dee Hock, '비자VISA'의 창립자

차 례

서 문 · 10
감사의 말 · 12
들어가는 말 · 13

1 거절 로케트탄 무시하기 · 31
거절을 적이 아닌 동맹군으로 만들어라

2 관리의 덫 피하기 · 71
의존성보다 자립성을 키워라

3 의기소침 어뢰 살짝 피해 가기 · 109
퇴보가 불가피하더라도 열정을 유지하라

4 헛된 기대 탱크 저지하기 · 153
과장보다 진실을 통해 승리하라

5 우호자 명단 탄두 공략하기 · 197
주저하지 말고 가족과 친구들에게 품위 있는 라이프스타일을 제공하라

6 주의 혼란탄 막아 내기 · 241
　혼란 가운데도 초점을 유지하라

7 미팅 지뢰밭 피해 가기 · 281
　역효과가 나는 미팅의 함정을 피하라

8 소개 권총 탄알 빼기 · 325
　다른 사람에게 맡기는 대신에 자신의 네트워크 마케터를 직접 리쿠르팅하고 훈련시켜라

9 간부 폭발물 피하기 · 367
　네트워크 마케팅에 참여한 회사 관리직 간부들의 성공과 몰락을 주목하라

　결 론 · 406
　옮긴이의 말 · 414
　부록 – 용어 설명 · 416

서 문

 나는 경제 기자이자 성공한 베스트셀러 작가로서, 8년 동안 네트워크 마케팅에 관해 연구하고 글을 써 왔다. 이 시기 동안 나는, 이 산업의 몇몇 최고 리더들과 인터뷰를 한 특권을 누렸고, 그 결과 그들이 필사적인 노력을 통해 얻은 성공의 비결을 전해들을 수 있었다. 그러나 마크와 르네 야넬이 쓴《네트워크 마케팅 1년 버티면 성공한다》에서 발견한 생생하고 실제적인 정보의 광맥은 일찍이 그 어느 곳에서도 찾아볼 수 없었던 풍부한 것이었다. 네트워크 마케팅 산업을 연구하며 보냈던 지난 8년보다 이 책을 읽으면서 훨씬 더 많은 것을 배울 수 있었다.

 물론 이 책의 높은 수준에 별로 놀라지 않았다. 마크 야넬과 처음 대화를 나눈 순간부터, 그가 커뮤니케이션의 대가임을 알아차렸기 때문이다. 네트워크 마케팅의 거물들 가운데는, 성공의 기본을 설명해 달라고 하면 놀라울 정도로 어눌해지는 사람들이 많다. 그러나 마크는 언제나 그의 사업적인 지혜를 유머와 드라마로 꾸미고, 날카롭고 섬세한 지성으로 다듬어, 귀에 쏙 들어오게 잘 요약해서 전달하는 독특한 능력이 있었다. 여러 차례의 매혹적인 인터뷰를 통해 마크가 내게 전해 준 여러 가지 이야기들과 통찰들은 나의 저서《제3 물결 네트워크 마케팅의 새 시대 Wave 3 The New Era in Network Marketing》를 성공시키는 데 큰 역할을 했다.

 르네 야넬이 그녀의 탁월하고 재능 있는 남편과 똑같은 자질을 가지고 있다는 것은《네트워크 마케팅 1년 버티면 성공한다》를 읽어 보면 쉽게 알 수 있다. 그들은 무적의 팀을 이루어 전쟁을 함께 치러 왔다. 또한

《네트워크 마케팅 1년 버티면 성공한다》에서 좋은 시절이나 나쁜 시절에 대해서 잔인할 정도로 솔직하게 쓰고 있다. 그리고 네트워크 마케팅 사업을 한다는 것이 실제로 무엇을 의미하는지, 성공을 위해서는 무엇이 필요한지에 대해 굉장히 균형 잡힌 모습을 독자에게 전달해 준다.

독자는 이 책에서 빨리 부자가 된 사람들의 이야기나 운좋게 부자가 된 사람들의 이야기는 하나도 발견하지 못할 것이다. 야넬 부부는 아주 힘들게 백만장자가 되었다. 그들의 성공을 위한 공식은 준엄하고 무자비하며, 불굴의 노력과 초인적인 끈기가 필요하다. 그러나 끈질기게 포기하지 않은 사람들에게는 참된 경제적 자유에 대한 현실적인 희망을 제시해 준다.

이 책은 네트워크 마케팅의 초보자라면 모두 읽어야 한다. 이 책은 어디에 함정이 놓여 있는지, 어떻게 하면 그 함정들을 피할 수 있는지를 정확하게 가르쳐 준다. 또한 용기를 불러일으키는 실화들로 핵심 내용을 강조하면서, 누구나 이해할 수 있는 말로 가르쳐 준다. 요컨대 자신의 사업을 진지하게 생각하는 네트워크 마케터들에게 이 책은 필수 참고서다.

- 리차드 포 Richard Poe

《제3 물결 네트워크 마케팅의 새시대》,《제3 물결 후원 사업의 핵심 전략》의 저자

감사의 말

다음과 같은 많은 이들에게 감사를 전합니다.

먼저, 네트워크 마케터가 가질 수 있는 가장 훌륭한 스승이자 업라인이 되어 주신 리차드 칼Richard Kall, 우리 모두 당신을 사랑합니다.

다음으로, 잡지 《업라인Upline》을 창간하고, 자신의 꿈을 실현하기 위해 경쟁이 치열한 산업에서 오랫동안 끈기 있게 노력하면서, 그 과정을 통해 많은 사람들을 평범한 삶에서 이끌어 내 성공으로 인도한 존 포그John Fogg에게 감사를 드립니다.

어떤 잡지도 우리의 훌륭한 직업에 관해 진실을 말하지 않으려고 할 때, 우리를 믿고 우리 산업에 관한 기사를 실어 준 《석세스Success》지의 발행인들, 특히 던칸 앤더슨Duncan Anderson에게 감사 드립니다. 그리고 우리와 우리 산업을 믿고 최초로 네트워크 마케팅 자격 인증 강좌를 개설해 준 찰스 킹Charles King 박사, 우리는 당신과의 관계를 소중히 여깁니다.

또한 80년대에 우리의 네트워크 마케팅 회사를 설립함으로써, 우리에게 꿈을 추구할 수 있도록 부와 시간적 자유를 얻게 해 준 브레이크 로니Blake Roney와 스티브 룬드Steve Rund, 당신을 기억하게 되어 감사합니다.

초창기에 (우리가 경쟁 회사에 근무함에도 불구하고) 자신의 네트워크 마케터들의 훈련을 우리에게 맡겨 준 '옥시프레시Oxyfresh'의 창립자인 친한 친구 리차드 브루크Richard Brooke, 우리는 당신의 고결함을 따르려고 애쓰고 있습니다.

끝으로, 수많은 열정적인 네트워크 마케터들, 10년 이상 우리의 삶에 감동을 준 여러분은 역사의 흐름을 바꾸고 새 천년의 또 다른 라이프스타일을 추구하는 수많은 프로들에게 길을 제시하는 운명적인 일을 해냈습니다. 우리는 여러분과 이 믿을 수 없이 놀라운 산업을 함께 공유한 것이 자랑스럽습니다.

들어가는 말

《웹스터 사전》에는 '생존'은 살아 남는 것, 특히 다른 사람들이 죽은 다음에도 살아 있는 것이라고 적혀 있다. 네트워크 마케팅의 매력은 생존-다른 사람들이 사업을 포기한 뒤에도 계속 살아 남는 것-이 엄청난 부를 가져다준다는 데 있다. 자연 감소는 우리 사업에서 심각하게 생각해 볼 요소다. 하지만 우리는 네트워크 마케팅에서 끈기 있게 활동해 온 사람 가운데 성공하지 못한 사람을 거의 만난 적이 없다. 그리고 드문 경우지만, 성공하지 못한 사람들은 자기 자신이 가장 큰 적이며, 끊임없이 수레바퀴를 다시 발명하면서[주] 자본주의 역사에서 성공으로 가는 가장 단순한 길을 복잡하게 만든다.

물론, 무엇을 우선으로 보느냐는 사람에 따라 크게 다르다. 목적(부)을 위한 수단으로 네트워크 마케팅을 선택하는 사람이 있는가 하면, 단순히 그 일 자체에 매력을 느끼고 즐기는 사람도 있다. 이들은 자신감을 세우고, 친구의 범위를 넓히며, 좀더 생산성을 느끼기 위해 네트워크 마케팅에 참여한다. 그래서 많은 소득을 올릴 가망이 없어도, 이들을 이 사업에서 몰아낼 수가 없다. 결코 그들의 목표는 많은 돈이 아니다. 독자는 이 책에서 이들에 관한 이야기를 많이 접하게 될 것이다. 성공담의 숫자를 2배로 늘렸다면, 이 놀라운 산업에 참여한 사람들이 전해 준 장점들을 모두 상세하게 설명할 수 없었을 것이다.

주) 기존의 네트워크 마케팅 시스템을 복제하지 않고 검증되지 않은 자신만의 시스템을 창조하려는 노력을 일컫는 말. 네트워크 마케팅에서는 성공하려면 검증된 시스템을 복제하는 것이 제일 중요하다 - 역자 주.

POINT

네트워크 마케팅에서는, 끈질기게 살아남거나 망하는 길밖에 없다. 포기하는 것은 실패로 가는 가장 확실한 길이다. 첫해에 살아남으면, 성공을 위해 좋은 토대를 마련한 새로운 네트워크 마케터가 탄생하게 된다.

 네트워크 마케팅에서는, 끈질기게 살아남거나 망하는 길밖에 없다. 포기하는 것은 실패로 가는 가장 확실한 길이다. 따라서 첫해에 살아남으면, 성공을 위해 좋은 토대를 마련한 새로운 네트워크 마케터가 탄생하게 된다. 우리가 분석한 결과, 네트워크 마케팅에서 10년 간 살아남은 사람들 가운데 약 95퍼센트가 상상을 초월한 부자가 된다고 한다.
 이 생존자들은 엄청난 경제적 보상을 얻거나, 완전한 '시간적 자유', 즉 가장 사랑하는 사람들과 중요한 일을 함께 할 수 있는 자유로운 시간을 마음대로 가질 수 있다.
 전통적인 사업이 안전을 제공해 주지 않는 역사적으로 특수한 시대에, 네트워크 마케팅은 문자 그대로 자유 기업의 마지막 보루다. 그것은 보통 사람들이 소자본을 투자해, 순전히 끈기와 결심으로 엄청난 경제적 보상과 개인적 자유를 얻을 수 있는 제도다. 이 사업은 전통적인 사업의 여러 함정들, 즉 종업원 명부, 고용 비용, 광고, 일반 비용, 부기, 그리고 외상 매출 계정이 없는 분야다.
 네트워크 마케팅에도 그 나름대로 전혀 다른 함정들이 있다. 그러나 일단 이해만 하면, 이러한 문제들은 쉽게 극복할 수 있다. 우리는 성공이 이러한 위험을 알고, 어떻게 극복할 수 있는가를 처음부터 잘 아는 데 달려 있다고 믿는다. 그래서 이 책을 썼다.
 네트워크 마케팅 산업의 기원은, '뉴트릴라이트 프로덕츠Nutrilite Products사'가 건강 보조 식품의 판매를 시작한 1940년대로 거슬러 올라간다. 10년 뒤 '암웨이Amway'가 가정 제품의 판매를 도입한 지난 50년 동안, 이 산업은 산업계에 밀어닥칠 새로운 물결에 가장 적합한 합법적이고 효율적인 판매 채널로 성숙해 왔다. 우리는 다만, 비전을 가지고 이 산업을 개척한 리치 디보스Rich Devos와 제이 밴 앤델Jay Van Andel에게 감사할 뿐이다. 네트워크 마케팅의 연간 판매액은 미국의 경우만 200억 달러에 달하며, 회원은 약 800만 명에 이른다. 전 세계적으로는, 1천만 달러 어치에 이르는 다양한 제품과 서비스가 3천만 명에 달하는 네트워크 마케터들에 의해 판매되고 있다. 또한 아직 광활하고 유망한 미래가 보장된 젊은 산업이라는 점을 염두에 두기 바란다. 여러 가지 연구 결과, 21세기가 되면 서구 여러 나라의 경우, 모든 제품과 서비스의 3분의 1 가량이 네트워크 마케팅을 통해 유통될 것이라고 한다. 또 개발도상국은 2110년이 되면 50퍼센트까지 올라갈 것으로 예측한다.

역사적으로 이 산업은 제품을 중심으로, 개인 용품, 비타민/건강 보조 식품, 가정 용품, 레저 및 교육 용품 같은 전통적인 범주에 속한 제품부터 판매해 왔다. 1980년대부터 서비스 부문, 특히 규제가 철폐된 원격 통신 산업에서 크게 성장했다. 다른 서비스로는, 신용카드, 금융 서비스, 보험, 선불 법률 서비스, 여행, 자기 개발, 동기 부여 프로그래밍 등이 추가됐다. 1998년부터 2002년 사이에 공공 산업의 규제가 철폐되면, 네트워크 마케팅 회사들은 이 시장에도 진출할 준비가 되어 있다.

우리 산업의 발전과 성숙은 현재 나스닥NASDAQ과 뉴욕 증권 시장에 상장된 20개의 네트워크 마케팅 회사들에 의해 확연하게 드러나고 있다. 또한 '주식을 상장할' 준비를 하는 회사들도 많이 있다. 주식공모서(Initial Public Offering)를 제출하려면, 기업은 표준화된 회계 절차를 확립해야 한다. 또 증권 거래 위원회(SEC)의 감시와 통제를 받아야 한다. 따라서 주식을 상장하는 기업들은 훌륭한 사업 관행을 확립하고 유지해야 하는데, 이것이 전체 네트워크 마케팅의 평판을 높여 준다.

주식을 상장한 네트워크 마케팅 기업에 대한 투자자들의 반응은 놀라웠다. 업계의 기관지인 《업라인》지는 이들 네트워크 마케팅 상장 기업들의 재무 실적을 추적하는 '업라인 지수'를 발표한다. 1996년의 이 지표에는 다우존스 산업평균지수가 33퍼센트, '스탠다드 앤 푸어스 500지수(S&P 500 Index)'가 34퍼센트 상승한 데 비해, 네트워크 마케팅 산업의 주가는 63퍼센트 이상 상승한 것으로 나타났다. 이처럼 전통 산업에 비해 네트워크 마케팅 산업이 2배 가까이 상승한 것은 증시에 정통한 투자자들 사이에 대단한 반향을 불러일으켰다.

보통 사람의 경우 네트워크 마케팅에서 사업을 시작하려면 200달러나 300달러 정도밖에 필요하지 않다. 이 액수에는 자신이 사용하거나 다른 사람들과 나누기 위한 통상적인 제품이나 서비스에 대한 구입비가 포함되어 있다. 우리 산업은 제품이나 서비스에 대한 입소문에 바탕을 두고 있으며, 유통은 생산자와 소비자 사이에서 직접 이루어진다. 따라서 생산이나 소비와 아무 상관이 없는 중간 대리점이나 도매상은 모두 배제된다. 제품이 유통됨에 따라, 네트워크 마케터는 회사의 광고 예산에 해당하는 보상을 받게 된다. 우리는 모두 '입소문'이 최고의 광고 형태라는 것을 여러 해 동안 알고 있었다. 그렇다면, 입소문은 가장 소득을 많이 내는 광고가 되어야 하지 않을까?

우리는 네트워크 마케팅에 20년 간 종사하는 동안 수십 가지의 오디오 테이프를 녹음한 바 있다. 그러나 아직도 가장 많이 신청을 받는 것은, 《네트워크 마케팅이 그렇게 대단하다면, 나는 왜 이처럼 낙심하고 있을까?》라는 테이프다. 우리는 사람들이 그 테이프를 재미있어 하는 이유가 이 산업에 존재하는 여러 가지 함정에 관한 진실을 용감하게 말하고 있기 때문이라고 생각한다. 우리는 성공을 거두었음에도 불구하고, 처음 몇 해 동안 여러 차례 포기하려 했다는 것을 인정했다. 불행하게도, 네트워크 마케팅에 종사하면서 너무 늦게 그 테이프를 들은 사람이 많았다. 그들 대부분은 우리가 첫해에 겪은 문제들에 공감하며 킬킬대고 웃기는 했지만, 이미 성공에 필요한 뜨거운 열정을 잃은 상태였다. 또 사람들이 어려운 시기를 돌파할 수 있는 힘과 열정을 상실하고 흥분이 사라지면, 대부분의 경우 엄청난 부를 이룰 수 있는 기회도 사라지게 된다. 이 사업에서는, "죽은 사람을 살려 내기보다 새로운 네트워크 마케터를 탄생시키는 것이 훨씬 쉽다"는 격언이 자주 인용된다. 그럼에도 많은 사례들이 대서양을 건너 우리의 스위스식 산장에 쏟아져 들어왔을 때, 우리는 이 책이 좌절에 빠진 수많은 네트워크 마케팅 종사자들을 실제로 되살려 낼지도 모른다는 것을 깨달았다. 일단 그들이 이 산업의 수많은 전설적 인물들이 전해 준 몇 가지 실화들을 읽기만 하면 말이다.

여러분의 인생에 영향을 미칠 여러 사례들의 서곡으로서, 전설적 인물 가운데 현재 가장 오래되고 규모가 큰 네트워크 마케팅 회사에 근무하는 더그 위드Doug Wead를 소개하는 것이 적절할 듯하다. 걸프전이 시작되던 날 밤에, 여러분은 TV에서 댄 래더가 더그 위드와 인터뷰하는 장면을 보았을지도 모른다. 더그는 그때 부시 대통령의 특별 보좌관으로 근무하고 있었다. 그의 말은 《타임》, 《뉴스위크》, 《유에스 뉴스 앤드 월드 리포트》, 《워싱턴 포스트》, 《월스트리트 저널》 등 그 밖의 수백 여 종의 잡지에 인용되었다. 또 그가 쓴 26권의 저서는 15개 언어로 300만 부 이상 팔렸다. 더그 위드는 '정치적 안식년'을 제외한 6년 동안, 네트워크 마케팅에 관한 연구와 저술뿐 아니라, 그의 조직을 구축하는 데 지난 20년을 바쳐 왔다. 더그는 작년에 폴란드, 헝가리, 프랑스, 터키, 영국, 오스트레일리아, 인도네시아, 미국 등의 공연장과 축구장을 열렬한 네트워크 마케팅 종사자들로 가득 채웠다.

그러면 더그 위드와 같은 전설적 인물은 돈, 신용, 시간적 자유, 권력을 가지고 무엇을 할까? 1979년, 더그는 팻분과 보스턴의 버나드 카디널 로우 대주교와 함께, 오늘날 세계 최고의 구호 기관이 된 '머시 콥스 인터내셔널Mercy Corps International'을 설립했다. 지난 해 그 기관은 7천

300만 달러에 달하는 의약품과 구호 식량을 전 세계 고통받는 사람들에게 나누어주었다.

그럼 이제 더그가 네트워크 마케팅에 종사하게 된 첫해에는 어떤 모습이었는지 그 자신의 눈을 통해 살펴보기로 하자. 그는 자신의 인생 경험을 다음과 같이 힘차고도 유머러스하게 쓰고 있다.

"네트워크 마케팅에 참여한 우리들은 벌받고 싶어 안달이 나 있다. 우리는 잠재 의식 속에서 병적으로 자신을 학대하고 증오한다. 그것이 우리가 네트워크 마케팅에 참여하게 된 가장 큰 이유다. 우리는 이것이 고생문이 활짝 열린 것이라고 본다. 나는 그 보상이 필요하다. 아주 힘들기 때문에, 내가 풍요롭게 보상받는 것은 당연하다."

"나는 반드시 성공해서 돈을 벌고, 전 세계를 여행하며, 대통령들을 만날 것이다. 또 굶주린 사람들을 먹여 살리려고 한다는 것을 당신은 모릅니다. 보이나요? 저에겐, 일어나야 할 일이 하나도 생기지 않았습니다. 제대로 망하는 것도 실패했습니다."

"그런 이유로, 처음에 내가 네트워크 마케팅에서 준비한 싸움은 실망과의 싸움이었다. 내게는 거절이 아무 문제도 아니었다. 나는 거절이라면 모두 즐겼다. 내가 실제로 '모집할' 수 있었던 몇 안 되는 프로스펙트보다, 나를 거절한 사람들을 훨씬 더 존경했다. 모든 거절은 나의 부정적인 자아상에 대한 긍정적인 재확인일 뿐이었다. 따라서 무일푼으로 먹지도, 자지도 못한 것은, 내가 네트워크 마케팅이라는 '꿈의 나라'에서 살아남을 수 있다고 자신한 데 대해 마땅히 받아야 할 벌이었다."

"아니다. 내게 실제로 문제가 된 것은 물질적인 것이 전혀 아니었다. 돈도 아니었고, 사람도 아니었으며, 제품이나 시간도 아니었다. 내게 문제가 된 것은 전적으로 내 머릿속에 있었다. 물론 지금도 마찬가지다. 나의 첫 싸움은 철학적인 문제였다. 물론 나는 그 일을 할 수 있다. 누구나 할 수 있다. 문제는, 정말 끈질기게 달라붙는 문제는 이런 것이었다.

POINT

"내게 문제가 된 것은 전적으로 내 머릿속에 있었다. 물론 지금도 마찬가지다. 나의 첫 싸움은 철학적인 문제였다. 물론 나는 이 일을 할 수 있다. 누구나 할 수 있다. 문제는, 정말 끈질기게 달라붙는 문제는 이런 것이었다. 내가 반드시 이 일을 해야만 하는가? 이 일은 옳은가? 과연 내가 평생을 바칠 만한 일인가?"

내가 반드시 이 일을 해야만 하는가? 이 일은 옳은가? 과연 내가 평생을 바칠 만한 일인가?"

"자기 회의에 빠지는 것만큼 고달프고 소모적인 것은 없다. 이처럼 자신을 의기소침하게 만드는 것도 없으며, 감성적 연료 탱크를 이보다 빨리 고갈시키는 것도 없다."

"그런 의미에서, 나는 처음으로 내 인생의 적수를 만났다. 네트워크 마케팅은 태도에 따라 좌우되는 민감한 기계로서, 나의 감정이나 심리적 각본대로 되지 않았다. 그것은 무심한 계산기처럼 숫자만 아삭아삭 먹어 치우는 것 같았다. 내가 터득한 비결은 우선 살아남은 다음에 꾸준히 정진하는 것이다. 무엇보다 나는 포기할 수가 없었다. 시간이 지나면서 내가 이 네트워크 마케팅이라는 괴물에게 먹이를 조금씩 주자, 괴물은 점차 더 크게 기하급수적으로 자라났다."

"'믿어라. 당신은 믿어야 한다.' 그들은 언제나 내게 말했다. 나는 믿을 필요도 없었다. 2 곱하기 2는 4다. 2 곱하기 2는 4가 된다는 것은 믿을 필요도 없다. 어떻게 해도 4가 되기 때문이다. 그래서 나 자신에게 문제가 있음에도 불구하고, 내 사업은 번창했다."

"힘들다고?"

"감정이나 정신적으로는 그럴지도 모른다. 그러나 그러한 싸움은 성공은 물론 실패에서도 나타난다. 빈곤은 전쟁에서 상처받은, 지친 영혼의 피난처가 아니다."

"그래서 나는 싸움에서 승리했다. 또한 벌어들인 돈으로 '머시 콥스 인터내셔널'을 공동 설립했다. 지난 해 우리는 7천300만 달러의 식량과 의약품을 전 세계에 나누어주었다. 나는 내가 네트워크 마케팅을 하는 '이유'를 발견한 것이다."

우리는 이 책이 여러분의 '이유'를 발견하는 데 도움이 되기를 바란다. 네트워크 마케팅 종사자들이 처음에 가졌던 흥분을 상실하기 전에 여러 가지 함정들을 경고해야만 한다. 그러기 위해서 그들이 가입한 직후에 이 책을 주었으면 하는 것이 우리의 바람이다. 일단 열정을 잃으면, 열정을 돌이킬 기회도 사라지기 때문이다. 이 사업을 시작한 첫해는 단순한 도전이 아니라 전투다. 즉 그것은 실패가 만연한 가운데 생존하기 위한 전투다. 우리는 임박한 위험을 감지하지 못할 수도 있고, 갑자기 복병을 만나 다운라인 레그 전부를 잃어버릴 수도 있다. 이 책을 쓰는 일차적인 목적 가운데 하나는, 적들이 슬그머니 다가와 우리를 덮치지 못하도록, 그들의 비밀을 훔쳐내는 것이다. 모든 결전에서 승리하고 네트워크 마케팅에 참여한 첫해에 살아남기 위해서는 기술과 무기로 무장하는 것 또한 똑같이 중요하다. 우리를 믿기 바란다. 첫해의 경기 명칭은 '생존'이다. 우리는 개인적 경험과 여러 네트워크 마케팅 기업들의 축적된 통계를 통해 다음과 같은 사실을 알 수 있다. 통계에는 모든 신입 네트워크 마케터의 60퍼센트 이상이 학습 곡선에서 가장 중요한 단계인 첫해에 그만두는 것으로 나타나 있다. 만약 소아 심장 전문의 한 사람이 동료 10명과 함께 1년 동안 버는 것보다 더 많은 돈을 1달 동안 집에서 벌 수 있다면, 어느 누가 네트워크 마케팅을 공부하는 데 1~2년을 투자하려고 하지 않겠는가? 또 의사들의 12년 학습 곡선과 비교할 때, 1년이 훨씬 더 구미가 당기지 않는가?

직접·간접 커미션을 포함하면, 우리 산업의 자연 감소율은 다른 직업보다 높지 않지만, 새로운 동료들이 피할 수 없는 갈등을 예측하고,

이 싸움에서 필요한 무기로 무장할 수 있도록 도와주는 것이 중요하다.

'모든 위대한 네트워크 마케팅 전문가들도 처음에는 형편없는 네트워크 마케터였다'고 하는데, 우리도 그 말에 동의한다. 불행하게도, 누구나 새로운 일을 시작할 때는 연약한 초보자다. 네트워크 마케팅의 교육 과정이 비교적 간단하기는 하지만, 새로운 네트워크 마케터들에게는 치명적일 수가 있다. 그 이유는 아주 간단하다. 우리는 모두 거절을 싫어하며, 친구나 가족, 친지들에게 모욕을 당하는 것보다 더 기분 나쁜 일이 없기 때문이다. 처음 4~5개월 내내 자신이 잘 알고, 사랑하며, 존경하는 모든 사람들에게 눈알이 뒤집힐 정도로 모욕을 당했을 때, 사람들이 낙담하는 데는 그리 오랜 시간이 걸리지 않는다. 그러나 어떤 일이 벌어질지 미리 알 수 있거나, 가까운 사람들을 감언이설로 속이고 사기치면서 끈질기게 괴롭히지 않아도 된다면, 네트워크 마케팅은 비록 처음 단계라도 아주 재미있고 그다지 고통도 없을 것이다. 즉 준비와 예측, 이 2가지가 가장 중요하다.

이 책은 첫해에 직면하는 도전들에 대해 모든 준비를 갖추게 할 것이다. 우리는 효과가 있는 전술들을, 이론이 아니라 사례를 제공함으로써 여러 싸움에서 살아남을 수 있는 방법을 가르쳐 주려고 한다. 그 가운데서도 여러분이 미리 준비를 하고, 첫해에 살아남을 수 있는 실제적인 방법들을 나눔으로써 여러분이 끝까지 버티도록 도와주고 싶다. 또한 포기하지 않고, 유머 감각을 잃지 않으며 첫해에 살아남기만 하면, 결국에는 큰 부자가 되거나 성공을 거두게 될 가능성도 커진다.

우리에게는 교훈과 사례를 이끌어 낼 수 있는 엄청난 자료들이 많이 있다. 지난 여러 해 동안, 우리는 운 좋게도 시카고의 일리노이 대학에서 하버드 박사인 찰스 킹과 함께 대학 수준의 자격 인증 강좌를 개설해 왔다. 네트워크 마케팅 회사의 많은 최고경영자들뿐만 아니라, 미국과 외국에 있는 모든 회사들에서 온 네트워크 마케팅의 많은 최고 네트워

POINT
네트워크 마케팅은 자본주의 역사상 최고의 기회이며, 우리가 이 산업에 참여할 수 있는 것은 대단한 특권이라고 생각한다.

크 마케터들이 우리 강좌에 참여했으며, 우리는 많은 사람들과 개인적으로 소중한 시간을 보냈다. 강사인 우리들은 학생들에게서 많은 것을 배웠다. 이 책에서 우리가 함께 나눈 경험들은, 우리에게만 특별히 해당되는 것이 아니라, 우리와 대화를 나눈 다른 리더들에게도 모두 일어난 일이었다. 여러분은 많은 이름들을 알아볼 수 있을 것이다. 따라서 우리는 초보 네트워크 마케터들에게 최고의 생존 전략을 가르치기 위해 그다지 수고할 필요가 없었다. 이에 자부심을 느낀다. 우리 산업에서 가장 성공한 국제적인 리더들 가운데 몇몇은 이 책에서 제시한 간단한 작전을 이용하여 첫해에 살아남을 수 있었다. 첫해에 살아남는 사람은 전설적 인물들의 대열에 낄 수 있는 엄청난 기회를 얻게 된다.

"네트워크 마케팅 때문에 가문을 망치려 한다."고 말하는 마크의 아버지에서부터, 르네가 카운티 위원회 의장으로 근무할 때, 스캔들이나 이익 갈등을 폭로할 목적으로 우리 회사를 조사하도록 네바다 주 검찰총장에게 고발한, 추문에 굶주린 기자에 이르기까지, 우리 두 사람은 엄청난 복병들을 물리치고 살아남았다. 우리는 벼락부자가 된 사기꾼에게, 즉 소득과 제품의 효능을 속이는 회사에 우리의 최고 리더 7명 가운데 6명을 빼앗겼을 때의 기분이 어떠한지를 알고 있다. 한 다운라인 레그 전체를 도둑질해 간 친구의 모욕도 참아 낸 적이 있다. 우리는 모두 첫해의 여러 가지 다양한 상황에서 관리의 덫에 빠졌는가 하면, 우리가 무슨 일을 하든 우리가 한 일을 그대로 복제할 의사도 없고 성공할 가망이 전혀 없어서 애처럼 돌봐주어야 할 사람들을 포기하기도 했다. 우리 둘 다이 사업에서 성공할 수 없는 친한 친구를 후원하는 터무니없는 잘못을 저지르기도 했다. 우리는 이 모든 지뢰에서 살아남는 법을 여러분에게 가르쳐 줄 것이다. 여러분이 갈망하는 돈과 시간이라는 목표를 향해 가는 동안 모든 지뢰를 피할 수 있는 법을 일러주고자 한다.

우리의 최초의 저서 《파워 네트워크 마케팅 Power Multi-Level Marketing》에서는 네트워크 마케팅 성공 전략을 제시했다. 우리는 부업으로 또는 전업으로 일해서 성공하는 각각의 시스템을 제공하려고 했다. 그러나 이 책에서는 실제적인 응용, 즉 성공할 수 있는 네트워크 마케터들을 일찍 포기하게 만드는 일은 무엇이며, 또 실제로 어떤 일이 일어나는가에 대한 구체적인 사례를 제시하고 있다. 많은 정신과 의사들은 어떤 문제든 해결의 90퍼센트는 문제 자체를 인식하는 데 있다는 논리를 주장하고 있는데, 우리도 그 의견에 동의한다. 성공한 네트워크 마케팅 종사자들이 첫해에 직면하는 모든 문제들을 여러분에게 제시함으로써, 여러분이 살아남을 수 있기를 열렬히 소망하며 기도하는 바다. 우리는 여러분도 부자가 될 수 있도록 이 산업의 여러 전설적 인물들이 이용한 생존 전략들을 함께 나누고자 한다.

영광스러운 일은 찰스 킹 박사가 이전에는 이용할 수 없었던 학문적 관점에서 본 네트워크 마케팅의 수량 분석을 이 책에 제공해 주었다는 것이다. 우리의 중요한 자료 대부분은 킹 박사가 세심하게 조사하고 축적해 온 것들이다. 우리는 우리 업계의 내부 작용과 기술적인 마케팅 전략에 관해 킹 박사에게서 배운 것이 많다. 그가 요약한 많은 내용들이 이 책 전체에 가득하다. 그의 날카로운 통찰은 여러 해 동안 우리에게 무한한 가치가 있었으며, 활력에 넘치는 그의 아내 산드라Sandra는 대학에 개설한 우리의 자격 인증 강좌들을 모두 관장해 왔다. 거의 1천 명에 이르는 학생들이 우리 강좌를 졸업하고 네트워크 마케팅의 전문가가 되었다. 따라서 찰스와 산드라 킹에게 깊은 감사를 드리고자 한다.

네트워크 마케팅은 자본주의 역사상 최고의 기회이며, 우리가 이 산업에 참여할 수 있는 것은 대단한 특권이라고 생각한다. 따라서, 프리마 출판사가 리차드 포의 《제 3 물결 네트워크 마케팅의 새 시대Wave 3 The New Era in Network Marketing》로 놀라운 성공을 거둔 지 얼마 안 되어 우리에게 집필을 제안해 왔을 때, 우리는 대단한 열정을 가지고 기꺼이 응했다.

  이 산업의 옹호자로서, 우리는 네트워크 마케팅 회사가 하나라도 망하면 우리 모두가 고통을 겪을 것이라고 확신한다. 우리 산업의 생존은 적대감이 아니라 협동에 달려 있다. 또 우리의 성공은 경쟁자들의 명성이나 희망이나 꿈을 짓밟기보다 네트워크 마케팅 회사들과 제품의 명성을 높이는 데 달렸다. 명성을 높여야만 모든 자유 기업 가운데서 가장 수익이 많은 직업이 될 것이다. 어떤 네트워크 마케터들은 경쟁자들을 조직적으로 파멸시키는 것이 최고의 성공 전략이라고 잘못 믿고 있다. 그들은 그것이 잠재 능력을 발휘하지 못하는 이유라는 것을 알지 못한다. 몇 대의 마차로 둥근 원을 만들어 적의 공격을 막아 냈던 옛 서부의 개척자들과는 달리, 우리 사업의 일부 회사들은 위험에 처할 때마다 마차로 원을 만들어 내부를 향해 총을 쏜다.

  '분할하여 지배하라.'는 옛 전술은 전통적인 업계에서 여전히 효과적이다. 피라미드 구조의 전통 기업들은 언론 매체와 정부 규제 기관들을 교묘하게 이용하여 우리의 성장하는 산업을 공격하고 질식시켜 왔으며, 우리 산업이 사라지기를 기원해 왔다. 그러나 이제는 그들이 우리에 대한 싸움을 그만둘 때가 왔다고 생각한다. 우리는 우리 산업에 속한 기업뿐 아니라 모든 기업을 존중한다. 마찬가지로 그들도 우리를 존중해야 한다.

  우리는 20년 동안 네트워크 마케팅에 종사하면서, 세계 각지의 수많은 사람들과 대화를 나눌 수 있는 축복을 누렸다. 또 다양한 방식으로 우리 산업을 헐뜯는 소리를 들어 왔지만, '쥐들의 경쟁'주)이라는 말은 한 번도 들어 본 적이 없었다. 전통 산업을 묘사하는 이 생생한 표현은 모든 대륙에서 사용되어 왔고, 모든 언어로 번역되었다. '쥐들의 경쟁'이란 문자 그대로 세상에서 가장 비참한 치설류들 간의 경쟁을 의미하는데, 이 쥐들이 옮긴 페스트 때문에 영국 인구의 절반이 사망했다. 그러면 그들이 그토록 끈질기게 추구하는 것은 무엇일까? 그들은 하루라도 더 살기 위해 찌꺼기와 썩은 곡식을 찾고 있는 것이다. 그런 상황을 피하기 위해서라도, 이런 책이 일찍이 나왔어야 한다고 생각한다. 인간은 쥐들 사이를 미친 듯이 질주하는 것이 아니라, 독수리들 사이를 행복하게 날아야 하기 때문이다.

퍼시픽 증권거래소의 수석 부사장을 역임한 베티 카터(Betty Carter)는 최근 전통 산업의 과당 경쟁과 네트워크 마케팅의 자유를 생생하게 비교한 바 있다. "전통 산업이 성장하면, 세계 전체가 쥐 떼 신세로 전락할 수 있다. 나는 삶의 질 때문에 여러 해 전에 시애틀로 이사했다. 오늘날 두 개의 회사가 번창하자, 도시 전체는 하루에 몇 시간씩 지루하고 고된 여행을 해야만 했다. 주요 고속도로의 평균 속도가 시속 21마일로 떨어졌으며, 범죄와 다른 사회 문제들이 급격히 증가했다. 매달 수천 명의 인구가 흘러 들어와 생태학적으로 어떤 부정적인 영향을 미치게 될지는 아직 예측할 수 없지만, 환경 보호론자들은 확실히 우려하고 있다."

"요컨대 네트워크 마케팅 회사들이 폭발적으로 성장하면, 수천 명의 사람들이 집으로 돌아가 독수리처럼 날아오르는 반면, 전통 기업들이 성장하면 전 세계 사람들이 쥐 떼처럼 거리로 몰려나오게 된다는 것이다. 다른 사람들이 작은 사무실에 처박혀 있는 동안 네트워크 마케팅이 내게 심부름을 다닐 수 있는 자유를 준 것은 하나님께 감사할 일이며,

---

주) rat race : 과당경쟁 – 역자 주.

고요한 생활을 위해 다른 곳을 찾아야 하는 것은 시간 문제일 뿐이다."

　우리에게는 가능한 많은 사람들을 교육할 중대한 책임이 있는데, 더 이상 끔찍한 스트레스로 가득 찬 단선적인 전통 사업에 참여할 필요가 없다는 사실을 알려 줘야 한다. 우리는《당신이 할 수 있는 모든 것All You Can Do》의 저자 아트 윌리엄스의 제안에 진심으로 동의한다. 아트 윌리엄스Art Williams는, 근로자들 – 주 80시간 근무와 보잘것없는 수입, 그리고 스트레스로 인한 동맥경화로 고생하는 대다수 중에서 귀를 기울이는 사람들 – 을 구해 내기 위해 우리 모두 십자군이 되자고 제안했다. 왜냐하면 아메리칸 드림은 수많은 사람들에게 악몽이었기 때문이다. 또한 네트워크 마케팅은 전통 사업의 대안이므로, 다른 사람들을 위해 씨앗을 뿌리는 것은 이 산업으로부터 많은 것을 거둔 사람들의 의무다.

　여러분이 손에 들고 다니게 될 이 책은 궁극적인 생존자들을 위한 안내서다. 자신들의 이야기를 서슴없이 털어놓은 다양한 네트워크 마케팅 회사의 리더들 덕분에, 여러분은 자신의 인생을 극적으로 변화시키는 법을 배우게 될 것이다. 자신의 경쟁자를 교육한다는 것을 잘 알면서도, 그들은 우리 산업에서 성공하는 비결을 과감하게 털어놓았다. 그러한 사심 없는 태도만으로도 우리는 우리 스스로를 자랑스럽게 네트워크 마케터로 부를 수 있다.

　이 책을 10년 전에만 썼더라면, 우리 산업의 수많은 활동적인 사람들이 첫해의 전투에 대비하지 못하고 성급하게 포기하지는 않았을 것이다. 이 책 덕분에, 여러분은 우리처럼 불필요한 손실을 감수할 필요가 없을 것이다. 주저 없이 우리는 여러분에게 다음과 같은 사실을 장담할 수 있다. 즉 우리처럼 초기의 도전에 관한 전설적 인물들의 실화를 읽다가 눈에서 눈물이 솟구치거나, 웃음이 터져 나와서, 두 눈의 눈물을 닦기 위해 책을 접어야 할 때가 있을 것이다. 이러한 이야기들은 새로운 산업을 시작하는 모든 과정에 공통된다. 앞으로 10년이 지나면, 새로운 기술과 판매 채널이 네트워크 마케팅을 위한 길을 마련함에 따라 이러한 시련은 현저하게 줄어들 것이다.

우리는 헤아릴 수 없이 많은 사례들과 일화들을 받았는데, 모두가 마음을 따뜻하게 하고 영감을 주는 것들이었다. 다만 편집상의 제한 때문에, 모든 이야기들을 싣지 못한 것이 유감이다. 자신들의 이야기를 털어놓고, 이 사업에서 전례 없는 일을 만들어 낸 네트워크 마케팅의 전설적 인물들에게 각별한 감사를 드리고 싶다. 그들은 전설적 인물이 된 뒤 자신들의 취약점이나 근심을 과감히 인정함으로써, 그들의 경쟁자를 비롯한 수백만 사람들이 40년 플랜㈜에서 빠져 나와 아메리칸 드림을 향유하도록 영감을 주었다. 즐겨라. 그리고 첫해에는 어떤 일을 하든 포기하지만 말라! 생존은 우리 산업에서 성공과 동의어이기 때문이다.

　　　　　　　－마크 야넬 & 르네 리드 야넬, 스위스 그스타드에서

㈜ 평균적인 근로자가 주당 40시간을 20세부터 40년 동안 근무하여 60세에 은퇴하도록 짜여진 인생 플랜을 말한다. 일반적인 직장 생활을 지칭하는 말 - 역자 주.

네트워크 마케팅 1년 버티면 성공한다

Your First Year in Network Marketing

CHAPTER · 1

거절 로케트탄 무시하기

거절을 적이 아닌 동맹군으로 만들어라

    네트워크 마케팅은 이 세상에서 가장 재미있고 보상이 많은 사업이지만, 모든 네트워크 마케터들은 일상적인 도전에 직면하게 된다. 네트워크 마케팅에 아무리 오래 참여해 왔고, 성공을 거두었다 해도, 우리는 언제나 가장 보편적이고 위험한 무기, 즉 거절 로케트탄[주]에 맞아 일시적으로 추락할 가능성이 있다. 그것은 아무 때나 날아와 우리를 꼼짝달싹하지 못하게 만들어 성공을 위해 필수적인 열정과 흥분을 파괴한다.

주) 저자는 네트워크 마케팅 사업에 참여한 사람들이 첫해에 직면하게 되는 여러 가지 도전을 설명하면서, 그 도전들에 각각 로케트탄, 어뢰, 탱크, 탄두, 폭탄, 지뢰밭, 권총 등의 명칭을 붙여서 유머스럽게 표현하고 있다 – 편집자 주.

배우자의 거절

　사람은 누구나 인생에서 거절에 직면하게 마련이지만, 그 가운데서도 거절의 형태를 아주 치명적으로 만드는 것은 우리가 사랑하고 존경하는 사람들, 즉 우리의 배우자나 부모, 친구, 동료에게 거절을 당하는 경우다. 네트워크 마케팅에서는 거절이 다른 어떤 것보다 사람들을 실패로 몰아넣는 치명적인 요인이며, 사람들은 가슴이 아니라 머리로 접근하기 때문에, 시작도 하기 전에 실패하는 경우가 많다고 우리는 확신한다. 여기 고전적인 시나리오가 하나 있다.

　밥Bob은 인생의 전환점을 맞이해 직업을 바꾸려고 한다. 그래서 그는 새로운 사업에 주의를 기울인다. 그는 네트워크 마케팅 미팅에 처음으로 참가해서 모든 것을 이해하게 된다. 이전에도 4, 5차례나 이 산업에 참여할 것을 고려했으나, 이전의 사업 설명회에서는 전혀 '변화' 상태에 들어가지 않았던 것이다. 그러나 이제 그는 해고될 상황에 처해 있기 때문에 심적 변화가 일어났다. 이에 따라 밥은 네트워크 마케팅에서 지혜와 잠재된 소득을 열망하는 자신을 발견한다. 1시간에 걸친 사업 설명회의 후반 내내 그는 마음속으로 자신이 아는 친구나 동료들 가운데서 훌륭한 프로스펙트들을 골라 목록을 만들고 있었다. 이제 2가지 예상 결과를 살펴보자. 실제로 가입하느냐 마느냐에 상관없이, 그는 이 사업에서 첫 번째 반대자의 공격을 받게 된다. 그리고 사업 설명회를 진행하는 사람이 첫 번째 리쿠르팅 대화 말미에 필요한 어떤 사실을 제시하고, 앞으로 일어날 일을 대비하도록 하지 않으면, 밥은 시작도 하기 전에 그만둘 것이다. 나중에 이 이야기의 상세한 내용을 다루겠지만, 우선 밥이 사업 설명회를 떠난 뒤 어떤 일이 일어나는지 살펴보기로 하자. 앞으로 우리는 여러 가지 시나리오를 검토할 것이다.

인생에서 적절한 시기를 맞은 밥은 흥분해 있다. 그리고 확실한 프로스펙트를 여러 명 알고 있는데, 그들에게 '최고의 기회'를 찾았다는 소식을 전하고 싶어 안달이 났다. 밥에게 네트워크 마케팅을 소개한 사람이 첫 번째 면담에서 사람들을 가입시키는 경우였다면, 밥은 회원 가입 신청 서류를 작성하고 토요일에 훈련받으러 오겠다고 약속했을지도 모른다. 그러나 처음 면담에서 가입 요청을 받을 가능성은 적으며, 상대 역시 사업을 검토해 보고 전화로 답변하겠다는 약속을 할 것이다. 물론 모집자가 밥에게 거절할 여지를 주지 않았다면, 밥은 이제 실패할 것이다. 아직 아무에게도 인정한 적은 없지만, 그는 흥분해 있다. 그러나 그는 무방비 상태에서 거절 로케트탄의 공격을 받게 되는데, 이 공격은 대부분의 모집자가 거의 설명해 주지 않는 불가피한 사태다. 밥은 훈련을 받은 적이 없기 때문에 다음과 같은 일에 부딪히게 된다.

우선 밥은 자기 아내를 궁지에 빠뜨린다. 그는 흥분한 상태이므로, 대충 다음과 같이 대화를 진행한다.

"여보, 우리 걱정은 이제 끝났어. 필이 우리에게 하나님의 선물을 가져다 준 거 같아. 우리 회사에 감원이 있을 것 같다고 한 거, 그리고 내가 그 희생자가 될 수도 있다고 말한 거 생각나?"

"생각나요, 밥. 하지만 요즘은 당신이 쫓겨날 거라고 생각하지는 않잖아요. 내 말은 당신이 심각하지 않았다는 거예요, 그죠?"

밥의 아내는 이런 일을 상상할 수도 없다.

"여보, 들어 봐. 그건 중요하지 않아. 난 필의 집에서 방금 결심했는데, 필과 낸시는 정말 대단해 보이는 새로운 사업에 참여하고 있어. 벌어들일 수 있는 돈과, 얻을 수 있는 자유가 얼마나 많은지 믿어지지가 않아. 여보, 필은 처음으로 큰 수입을 올리는 중이야. 그리고 나도 몇 가지 제품의 샘플을 가져왔어. 낸시는 이 크림과 샴푸에 푹 빠졌어. 낸시가 당신에게 전화해 달래!"

(거절 로케트탄이 밥의 머리를 직접 겨냥해서 발사될 찰나다.)

밥의 아내는 밥에게서 2개의 모이스쳐 크림과 샴푸를 받아 들고, 믿을 수 없다는 듯 샘플과 밥을 번갈아 바라본다.

"잠깐만. 여보, 당신 심각하게 말하는 거 아니죠? 내가 한번 정리해 볼게요. 당신은 7년 동안 회사에서 근무했어요. 우리는 회사 차를 가지고 있고, 의료 보험도 있어요. 그리고 꿈에 그리던 집도 막 샀고요. 당신 사장님은 당신을 친자식처럼 사랑해서 당신을 '골든 에이커스 컨트리 클럽'에 추천해 주려고 해요. 회사에서 무능한 중역 몇 사람을 해고하는데, 당신은 이제 피라미드 사업을 하기 위해, 합법적인 경력과 당신의 경영대학원 석사 과정(MBA)을 위해 내가 바친 세월들을 모두 포기하려고 해요. 제발, 여보, 지금 악몽을 꾸고 있다고 말해 줘요. 내가 듣고 있는 게 당신 말이 아니라고 말해 달라고요!"

밥이 웃으면서 손을 뻗어 아내의 팔을 잡으려 하자, 아내는 궁지에 몰린 쥐처럼 앙탈을 부리며 확 뿌리친다. 밥이 지난여름 뒷걸음질치다가 우연히 강아지를 밟았던 것을 빼놓고, 아내의 얼굴에서 그런 표정을 본 적이 없었다.

"아냐, 여보, 당신은 내 말을 잘 듣지 않는군. 우리에게 일찍 참여할 수 있는 기회가 온 거야. 우리는 1년 안에 매달 2만 달러 이상을 벌 수 있어. 당신은 내가 몇 시간씩 일해 왔는지 알아? 아이는 내가 낯설어서 안기만 해도 울잖아. 회사에서는 이번 분기에 35명의 남녀 직원을 해고했는데, 다음은 내 차례일지도 몰라. 여보, 보라고, 내가 말했잖아. 필과 낸시는 우리 친구야. 그들이······."

"그만해요, 밥!" 그의 아내가 말을 가로막는다. "필이 무책임한 사람이라고 당신 입으로 말했잖아요. 그 사람은 타이어 회사에서도 실패했고, 생명 보험도 실패했어요. 그리고 그 사람이 그 어처구니없는 성탄 카드 장사를 하려고 했을 때, 우리 모두 멍청한 짓이라고 비웃었잖아요.

밥! 밥! 밥! 당신은 지금 제정신이 아니라고요."

밥의 아내는 목소리를 부드럽게 해서 새로운 전술을 구사한다.

"밥, 여보, 우리는 이제 안정되었어요. 당신도 그렇게 말했잖아요. 게다가 우리 부모님들께는 뭐라고 할 거예요? 당신이 집집마다 샴푸를 팔러 다니려고 회사를 때려치웠다고 할까요?"

밥은 수많은 남녀들이 여러 해 동안 들어 온 것과 똑같은 말을 아내에게서 들었다. 만약 아내가 네트워크 마케팅 사업 설명회에서 방금 돌아왔다면 밥도 똑같이 아내에게 퍼부었을 것이다. 배우자에게 인격적인 모독을 당하는 것은 아내인 경우가 많다. 밥이 아내를 필과 낸시의 적절한 사업설명회에 데려갈 때까지 아무 말도 하지 않았다면, 거절 로케트탄의 공격을 결코 받지 않았을 것이다. 또 부정적인 지식보다는 긍정적인 감정으로 접근했다면, 결과가 달라졌을지도 모른다.

그러나 비록 상황이 달라도 결과는 같은 경우가 많다는 것을 염두에 두기 바란다. 이 논쟁은, 밥이 토요일 훈련 미팅에서 네트워크 마케터 등록 신청서에 서명을 한 뒤 일요일 아침에 벌어졌을 가능성도 있다. 하지만 그것은 실제로 중요하지가 않다. 중요한 점은 다음과 같다. 스폰서가 배우자의 거절 로케트탄에 대비하도록 알려주지 않았기 때문에, 성공할 잠재력이 있는 모든 네트워크 마케터들 가운데 50퍼센트나 되는 사람들이 시작도 하기 전에 실패했다고 할 수 있다. 비극적인 것은, 사전 대비와 사전 조치를 통해 완전히 제거하지 못해도 이러한 상황을 쉽게 최소화할 수 있었는데 그렇지 못했다는 것이다. 거절에 대비할 수 있게 하고, 거절을 극복할 수 있는 수단을 제공하는 것은 모든 스폰서의 의무다. 필은 첫 번째 설명회에서든 그 다음 설명회에서든 밥의 아내를 정식 사업설명회에 데려오라고 언급하면서, 다음과 같이 강조했어야 했다.

"밥, 자네가 더 많은 정보를 얻을 때까지 이 일을 자네 아내에게 설명하지 말게. 차라리 아내를 우리에게 데려오는 게 좋다네."

가족과 친구들의 거절

앞의 문제에 대한 해결책을 제시하기 전에, 여러 가지 상황의 시나리오를 먼저 검토해 보자.

출연자들은 좀 다르지만, 결과는 마찬가지로 예측할 수 있으며, 매우 부정적이다. 우선 밥과 마찬가지로 그의 아내도 네트워크 마케팅의 기회를 잡게 되어 흥분하고 있다고 가정해 보자. 또한 밥이 등록해서, 부부가 모두 훈련을 받아 어떠한 거절에 대해서도 대비가 되어 있다고 해 보자. 우선 새로 태어난 아이가 좀더 자랄 때까지 밥이 네트워크 마케터가 되고, 아내는 뒤에 참여하기로 한다. 밥은 프로스펙트들이 제기하는 첫 번째 반대를 예측하고, 어떠한 반대에도 각각 대응할 수 있는 방법을 암기해 두었다. 실제로, 그는 자신의 지식에 자부심을 느끼며, 반대를 극복할 수 있는 자신의 능력에 대해 잘난 체도 할 것이다.

밥은 자신이 새로 얻은 설득 기술에 흥분하고 있으며, 자만심에 차서 자신은 어떠한 반대에도 대응할 수 있다고 믿게 된다. 그는 이 재치의 싸움에서 자신의 프로스펙트들은 무방비 상태라고 확신한다. 또한 네트워크 마케팅에 관한 모든 싸움에서 승리를 거두어, 친구들에게 자신이 참여한 새로운 벤처 산업이 전통 사업보다 훨씬 뛰어나다는 것을 입증할 수 있다고 예상한다. 그러한 지식으로 무장한 밥은 수화기를 들고 주요 25명의 프로스펙트들에게 전화를 걸기 시작한다. 이들은 파트너 관계를 통해 기꺼이 여생을 함께 보낼 사람들이다. 그 결과는 보통 3가지 경우를 예측할 수 있는데, 이러한 경우들을 모두 검토해 보자.

싸움에서 승리하기

첫 번째 결과를 우리는 '싸움에서 승리하기' 라고 부른다. 밥은 이제 막 친한 친구의 비서를 통과해 네트워크 마케팅 사업에 대한 대화를 시작하고 있다. 그는 고등학교 때부터 알고 지낸 친구다. 이제 그들의 생활은 아주 달라져서 서로 자주 만나지 못하지만, 그럼에도 다정한 우정은 여전히 유지하고 있었다. 대화는 사소한 주제로 시작해서, 사업에 관한 실제적인 대화로 넘어가 보자. 밥이 이렇게 대화에 접근해 간다. "스티브, 내가 전화를 건 또 다른 이유는 말이네. 우리 부부가 새로 사업을 시작했는데, 자네와 샐리가 와서 구경했으면 하네. 언제쯤이 좋겠나?"

여기서 스티브는 말을 끊는다. "밥, 내 귀에는 자네 말이 피라미드 사업처럼 들리는군. 자네와 크리스티가 그런 사기꾼들에게 빠졌다는 말일랑은 하지도 말게!"

물론, 밥은 완벽하지는 않지만 거절에 대처할 수 있도록 훈련이 되어 있었고, 전투에 임할 무장도 되어 있었다. "스티브, 자네가 이런 사업을 나쁘게 생각하는 건 이해가 가네. 하지만 내가 부탁하는 건, 45분 동안 마음을 열고 사업 설명회를 들어 달라는 것뿐이야. 부탁하네, 스티브. 화요일이나 목요일은 어떻겠나?" 밥은 자신의 준비된 대응이 자랑스러웠다. 하지만 나중에 알게 되겠지만, 그의 자부심은 아주 순간적이다.

"이보게 밥, 그런 얘기는 그만하게. 그런 판에 박힌 얘기를 꺼내서 나에게 전할 수 있지만, 샐리와 난 그런 사업에 조금도 관심이 없네. 사실, 우리 아버지가 작년 여름에 금화 사기꾼에게 넘어가서 5천 달러를 날렸는데, 판매원을 한 사람도 모집하지 못해서 차고에 값비싼 금화들이 먼지를 뒤집어쓴 채 잔뜩 쌓여 있네." 스티브의 말은 온화하면서도 단호하다.

이쯤에서, 또는 대화가 미처 여기까지 이르기 전에, 밥은 스티브가 이런 기회를 받아들이기에는 아직 시기가 적절하지 않다는 것을 깨달아야 했다. 스티브가 이 사업에 조금도 마음이 열려 있지 않은데도 계속해서 대화를 진행하는 것은, 스티브를 더 멀어지게 해 훗날 적절한 시기에 그 친구에게 접근할 수 있는 기회를 훼손할 뿐이다. 아니면 밥이 자신도 모르는 사이에 사업 이야기를 계속 물고 늘어져 두 사람의 우정에 돌이킬 수 없는 손상을 입힐 수도 있다(우리가 나중에 제시할 '6개월 규칙'이 있는데, 이것은 밥의 딜레마를 피할 수 있도록 도움을 줄 것이다. 그러나 지금은 밥이 그 규칙을 알지 못하는 것으로 가정한다).

불행히도, 밥은 거침이 없다. 그는 자신이 대단한 사업에 참여하고 있다는 것을 알고, 모든 반대에 적절하게 대응할 수 있다면 스티브와 그 아내를 가입시킬 수 있다고 자부한다. 스티브는 상류층 사람들과 친분이 깊고, 전문직에 종사하기 때문에, 모든 친구들 가운데 가장 뛰어난 잠재력을 가지고 있다고 밥은 확신한다. 그리고 자신이 해야 할 일은 오로지 친구의 반대를 교묘하게 극복하고 전선에서 승리자가 되는 것뿐이라고 믿는다. 그에게는 '전투에서 승리하리라'는 확신이 있다. 그러나 그런 일은 일어나지 않을 것이다. 물론 승리하지 못하는 이유도 간단하다. 스티브는 인생의 변화를 시도하기에는 시기가 적절하지 않으며, 친구에 대한 밥의 접근 방법도 좋지 않았다.

이 특수한 시나리오에서는, 거절과 거절에 대한 대응이 5분에서 10분가량 더 계속된다. 밥의 입을 다물게 할 궁여지책으로, 스티브는 실제로 사업 설명회에 참가하기로 동의할 수도 있다. 물론, 그가 실제로 참가할 가능성은 0에 가깝지만 말이다. 이 '전투에서 승리하기' 시나리오에서, 밥의 유망한 프로스펙트는 '결석'을 할 것이고, 밥은 장기적인 전쟁에서 패배할 것이다. 6개월 규칙을 적용할 줄 모른다면, 전투를 다시 벌이지 말고 그 친구가 혼자서 이기게 놔두어야 한다. 다른 말로 표현하면, 또 한 명의 잠재적인 위대한 네트워크 마케터가 역사 속으로 사라졌다는 뜻이다. 한편 스티브는 다음 칵테일 파티에서 다른 10명의 친구들에게 '옛날' 친구인 밥이 얼마나 광적인 괴짜로 변했는지를 이야기하리라. 10명의 가능성 있었던 네트워크 마케터들이여, 안녕!

적극적 부정

우리는 두 번째 결과를 '적극적 부정'이라고 부른다. 이 시나리오에서는, 밥이 용건을 언급하자마자 스티브가 깜짝 놀라며 자신이 얼마나 친구와의 거래를 싫어하는지, 네트워크 마케팅이나 다른 피라미드 사업 따위를 얼마나 혐오하는지를 열심히 늘어놓은 다음, 이렇게 덧붙인다. "제발, 우리 사이에 그런 얘기는 다시 꺼내지 않는 게 좋겠네."

물론 밥은 즉각 입을 다물고 화제를 잡담으로 돌린다. 친한 친구가 너무도 적극적으로 네트워크 마케팅이 썩어빠진 산업이라고 말하는 바람에 밥은 배척당한 기분이 든다. 또한 스티브가 네트워크 마케팅에 관해 매우 적극적으로 부정하기 때문에, 다시는 사업 기회를 제시하지 않기로 결심한다. 그것은 치명적인 실수지만, 이에 대해서는 나중에 6개월 규칙을 정의할 때 다시 설명하기로 한다.

동창생

우리는 세 번째 결과를 '동창생'이라 부른다. 이 시나리오는 다음과 같다. "자네도 알겠지만, 스티브, 내가 전화를 건 또 다른 이유는 아내와 내가 참여한 사업에 자네도 함께 했으면 해서네. 기껏해야 1시간 정도 걸릴 거야. 화요일 저녁 8시나, 목요일 7시 30분에 만나고 싶은데, 언제가 좋겠나?"

스티브는 흔쾌하게 대답한다. "그래? 멋진 사업인 것 같은데. 그 사업에 대해 좀더 말해 줄 수 없나?"

"그런데, 스티브, 90퍼센트가 시각 자료라서 전화로는 전달할 수가 없어. 자네와 샐리가 간단한 비디오와 몇 가지 샘플을 보고, 자료를 집에 가져가서 검토해 봤으면 하네. 내가 자네에게 말할 수 있는 건, 이 회사가 전 세계적으로 확장되고 있고, 한 달에 2만5천 달러 이상을 벌고 싶은 새로운 네트워크 마케터와 훈련 강사를 구하고 있다는 거야."

"굉장하군, 밥!" 스티브가 흥분해서 대답했다.

"한 달에 2만5천 달러라니! 와! 우리는 항상 새로운 기회에 마음이 열려 있다네. 특히 잠재 소득이 그렇게 대단할 땐 더욱 그렇다네. 목요일이 좋을 거 같네. 몇 시라고 했지?"

이 마지막 시나리오는 새로운 네트워크 마케터들이 친구들에게 전화를 걸 때 공통적으로 일어나는 상황이다. 네트워크 마케팅에서, 우리는 친구들을 가리켜 '우호자 시장'이라고 한다. 대부분의 가족이나 친한 친구들은 거절하는 것을 꺼린다. 그래서 그들은 단지 '우호적'이기 위해 원치 않는 일에도 동의하는 경우가 많다. 우리는 이를 '우호자 시장'주)이라고 한다. 여기서 독자들에게 장담하건대, 사업 설명회를 위해 여러분의 집으로 오겠다고 약속한 모든 우호자들 친구, 가족, 동료 등 가운데 절반 이상이 오지 않을 것이다. 이런 경우는 다른 형태의 거절보다 더 치명적일 수 있는데, 그것은 배신당했다는 기분이 들기 때문이다. 그러므로 전화상에서 아무리 긍정적이어도, 가족과 친구들의 절반은 미팅에 오지 않는다는 것을 명심하기 바란다. 특히 제품이나 안내 책자, 혹은 비디오나 샘플에 관한 이야기를 하는 경우에는 더욱 그렇다. 이러한 사실을 미리 알아두면 괴로움이 덜하다.

간단히 말해서, 사람들은 누구나 거절, 특히 친구들이나 가족들의 거절을 끔찍이 싫어한다. 오리건 주 웨스트 린의 프랭크 피넬리Frank Pinelli는 1주일 내내 사업에 열중하다가 그의 인생에서 가장 끔찍한 거절을 경험했다. 그는 그 일을 이렇게 설명한다. "나는 내가 존경해 온 어떤 사람과 아침 식사를 하고 싶어 조바심이 나 있었다. 나처럼 그 사람도 부동산업으로 대단히 성공을 거둔 사람이었다. 우리는 모두 부동산 업계

주) **Warm Market**: 가족이나 친구 또는 친지 등 우호적인 사람들로 형성된 시장 – 역자 주.

를 떠나 우리 자신의 사업을 시작하려고 준비중에 있었고, 그것이 우리가 서로 도움을 주고받을 수 있는 이유가 된다고 생각했다. 그에게 네트워크 마케팅을 설명하기 시작하자, 그는 서슴지 않고 거지가 되어 거리에서 손수레를 밀고 다닐지언정, 절대로 네트워크 마케팅은 하지 않겠다고 했다. 난 기가 막혔다. 잠시 세상이 무너진 것 같았다. 존경하는 친구가, 그렇게 장황한 말을 늘어놓으며, 나에게 거리의 부랑자라는 말보다 더 심한 욕을 하다니 말이다!"

"2년이 지난 지금 나는 그 옛 친구에게 정말 감사한다. 그의 말에 나는 너무 화가 나서, 그가 얼마나 잘못했는가를 보여 주기 위해서라도 크게 성공하리라고 맹세했기 때문이다. 그가 나를 바보 취급한 것이 오늘날까지 나를 이끌어 온 원동력이 되었다." 프랭크는 그의 아내 조앤느 Joanne와 함께 한 달에 5천 달러씩 벌어들이고 있다. 옛 동료들처럼 노숙자 보다 더 심하게, 1주일에 70시간씩 일하던 프랭크 부부는, 두 사람 모두 가정에 머물고 두 아이의 부모 노릇을 하면서, 그들 말로 '사람들과 공유하는' 사업을 하고 있다. 친구는 우리의 가장 큰 꿈을 훔쳐 가는 경우가 많은데, 꿈은 일단 빼앗기면 쉽게 회복할 수가 없다. 그런데 프랭크와 조앤느는 빼앗길 뻔했던 꿈을 완전한 잠재력을 발휘하려는 욕망으로 변화시킨 것이다. 현재 두 사람은 일에 만족하고 있으며, 정상에 이르기까지 성공하는 데만 정신을 집중하고 있다. 그리고 그들이 정상에 오르면, 한 동료가 그들의 희망과 꿈을 산산조각내려고 한 덕분이라는 걸 부인할 수 없으리라. 아마도 일단 정상에 오르면 그들의 부동산 친구도 사업을 함께 할 것이다.

데니스 클립튼Dennis Clifton은 동생 데이비드David와 함께 우리 산업에서 가장 강력한 전세계적인 조직을 구축했다. 그는 우리가 앞으로 할 일이 무엇인지 미처 알기도 전인 1986년 5월에 처음으로 네트워크 마케터가 되었다. 데니스는 네트워크 마케터가 되었을 때, 자신의 미래에 대해 얼마나 흥분했었는지 지금도 기억하고 있다. "나는 '명단'을 작성하면서, 이 일이 생각처럼 쉽지 않다는 걸 즉시 깨달았다. 내가 전화를 건 거의 모든 사람들이 나를 만나는 것조차 꺼렸다. 그렇지만 나의 긍정적인 태도는… 어느 날 아침까지 지속되었다. 나에게는 지방 방송국에서 디스크 자키로 근무하는 친구가 있었다. 나는 근무 시간에 그 친구에게 전화를 걸어 내가 하는 일을 설명하기 시작했다. 그의 반응은 일찍이 경험하지 못한 것이었다. 그는 정말 큰 소리로 웃음을 터뜨리기 시작했다. 묘한 미소나, 친근하게 킬킬대는 웃음을 말하는 게 아니다. 벽을 울리고, 기를 죽이며, 배에서 터져 나오는 그런 웃음이었다!"

"전화를 끊었을 때는 처참한 기분이었다. 난 그때까지 그렇게 비웃음을 당한 적이 없었다. 그 뒤로 온갖 소리들이 내게 들려 오기 시작했다. '도대체 난 왜 이런 일을 하고 있는 걸까?' 이런 모욕을 감수할 만큼 가치 있는 일은 아무 것도 없어. 아무도 이 일을 하고 싶어 하지 않는데, 그들은 내가 모르는 무언가를 알고 있는지도 몰라. 지금 포기하면, 다시는 그런 모욕을 당할 필요가 없을 거야.'"

"전화벨이 울렸을 때, 많은 신참 네트워크 마케터들이 한번 들어가면 다시는 빠져 나오지 못하는 '블랙 홀'로 빨려 들어갔던 기억이 난다. 그건 나의 스폰서인 마크 야넬이었다. 마크가 '이봐, 거물, 무슨 일이야?'라는 말에, '마크, 자넨 이런 일을 도저히 믿지 못할 테지만, 난 방금 조롱을 당했어. 환장하겠네!'라고 대답했다. 그리고는 마크에게 자초지종을 털어놓았는데, 그가 어떻게 했는지 아는가? 마크는 걷잡을 수 없이 웃기 시작했다. 얼마 뒤 웃음을 가라앉힌 마크가 말했다. '데니스, 그 따위 좀팽이한텐 신경 쓰지 말게나. 6개월 안에 그 작자한테 자네가 받은 수표나 한 장 복사해서 보내게!'"

"정말 멋진 대답이었다. 생전 처음으로, '최후에 웃는 자가 진정한 승리자다'라는 옛 속담의 의미를 완전히 이해하게 되었다. 10년이 넘은 지금도, 사업을 포기하려고 할만큼 나에게 충격을 준 그 사람은 아직도 텍사스 주 오스틴에서 디스크 자키 노릇을 하고 있다. 나는 지금 아내와 아이들과 함께 콜로라도 산맥에 살면서, 전 세계 20개국에 네트워크 마케터들을 거느린 국제적인 비즈니스를 운영하고 있다. 난 비웃음을 당한 이후 수백만 달러를 벌었는데, 비웃음이 그만한 가치가 있었다는 걸 확인시켜 줄 수 있다. 사람들이 비웃으면 내버려두자."

산타 바바라의 마리아 퍼킨스Maria Perkins는 8년 동안 지금의 회사에 근무해 왔으며, 보상 플랜의 세 번째 단계에 오를 만큼 성공한 네트워크 마케터다. 마리아는 네트워크 마케팅에서 자신과 같이 판매만 생각하면 겁이 나는 사람들을 위한 다리 노릇을 자임하고 있으며, 동료들에게 상담 전문가처럼 사업에 접근하라고 권한다. 그녀는 스스로를 다스리기 위해, 몇 년 동안 자기 계발을 위한 테이프를 듣고 있다. "아무리 어린애 같은 우리 오빠가 내 노력을 능글맞은 웃음으로 비웃거나, 사업 설명회에 꼭 참석하겠다고 맹세하고 나타나지 않아도, 혹은 친구들이 느닷없이 나를 전과자로 보고 자신들을 교묘하게 속여서 신종 사기에 끌어들이려 한다고 생각해도, 이들 모두가 나를 정상까지 인도해 준 사람들이죠… 내가 머물 곳은 바로 이곳 정상이에요!" 마리아는 우리 모두가 다른 사람의 일정이 아니라, 바로 우리 자신의 일정에 따라 활동해야 한다고 확신한다.

친구 하나가 자신을 좌절시키거나 비웃더라도, 프랭크나 데니스, 또는 마리아처럼 행운이 있기를 바란다. 나중에, 이 네트워크 마케터들의 경우와 같이 거절을 최소화하기 위한 '친구식 접근 방법'을 다룰 예정이다. 또한 그들이 거절과의 싸움에서 얻은 교훈이 여러분 자신의 싸움에도 도움이 되길 바란다. 좋은 포도주는 신 포도의 부산물일 수 있다. 여러분의 싸움을 동기 부여의 힘으로 전환시켜, 그 힘으로 초기의 거절을 이겨 나가라. 데니스의 말이 옳다. 거절은 그만한 가치가 있다.

프로스펙트에게 거절에 대한 준비시키기

거절 로케트탄은 언제든지 여러분에게 겨누어질 수 있는데, 문제는 대개 로케트탄이 다가오는 걸 알아차리지 못한다는 것이다. 그것은 비밀 무기여서, 다양한 형태를 취할 수 있을 뿐 아니라 흔히 충격이 있기까지 알아차릴 수가 없거나, 갑자기 쾅하고 터져 버린다! 잠재된 모든 형태의 거절을 예측할 수 있도록 도와줄 수는 없지만, 가장 파괴적인 거절에 대비하도록 할 수는 있다. 문자 그대로 첫 번째 리쿠루팅 면담을 마무리하면서, 처음부터 네트워크 전문가들의 훈련을 시작한다면 이 위험한 무기들을 피하는 것은 아주 간단하다.

무대를 설정해 보자. 다음 장에서 설명하겠지만, 아주 효과적인 방식으로 사업 기회를 제시했으며, 거실에 있는 5명의 프로스펙트 가운데 3명 정도는 잠재 소득에 대단히 흥미가 있다고 확신하고 있다. 그들은 온갖 당연한 질문들을 제기하고, 그에 대해 최선을 다해 답변했다. 직접 비디오를 틀고, 사업 설명회에서 나온 숫자들을 간단 명료하게 설명해 주었으며, 샘플 몇 가지를 나누어준 다음, 다음 주 토요일 오전 10시에 자신의 집에서 훈련을 받게 된다고 설명을 했다. 이제 미팅을 마무리하는 말 - 참석자들이 거절 로케트탄에 맞지 않고 피할 수 있도록 도움을 주기 위한 말 - 을 할 준비가 되어 있다. 여기서 우리는 첫 번째 사업 설명회에 흥미를 갖고 떠나지만, 가입도 하지 않고 훈련을 받으러 오지도 않는 사람들은 대부분 쉽게 피할 수 있는 거절 로케트탄의 희생자들이라고 확신한다.

여기에 다음과 같이 경솔한 프로스펙트들을 준비시키는 방법이 있다. 여러분이 활용할 수 있도록 이 내용을 암기하거나, 일 대 일 또는 여러 명으로 바꾸어서 이야기해 보기를 권한다.

"여러분, 여러분 가운데는 오늘 들은 숫자에 대해 흥미를 느끼는 분도 있을 겁니다. 여러분 모두 책임감을 가지고 근면하게 일하려 하는 것도 알고 있습니다. 하지만 잘 생각해 봅시다. 내 말이 옳다면, 여러분이 정말로 매달 많은 돈을 벌어서 3~4년 안에 은퇴 생활을 할 수 있거나, 적어도 개인적·경제적 자유를 상당한 정도로 누릴 수 있다면, 정신이 나가지 않고서야 어떻게 나 같은 사람을 이런 사업에 끌어들이지 않겠습니까. 그러나 여러분이 이 사업을 알아보는 동안 실패를 피할 수 있도록 실패의 2가지 주요 원인에 대해 경고하고 싶습니다." 프로스펙트들이 아무리 성공한 전문인처럼 보여도 그들에게 '정신 나간'과 같은 말을 서슴지 말고 사용하라. 우리가 그런 말을 하면 누구나 웃음을 터뜨리게 된다. 그런 말을 써서 포기한 사람은 아무도 없다. 그러나 더 중요한 것은, 자신의 확실한 리더십을 확인시켜 줄 수 있으며, 사람들은 우리 사업에 참여하기 전에 자신들의 스승에게서 이러한 리더십을 발견할 필요가 있다.

"첫 번째 실패의 원인이 발생하는 것은 무슨 말을 하는지도 모르는 사람들의 말에 새로운 네트워크 마케터가 귀를 기울일 때입니다. 두 번째 원인은 우리처럼 자신이 무슨 말을 하는지를 아는 사람들의 말에 귀를 **기울이지 않을 때입니다.** 예를 하나 들어 봅시다. 무언가에 흥미를 느끼게 되면, 다른 사람에게 말하고 싶어지는 게 인간의 본성입니다. 그것이 새로 나온 아이스크림의 맛이든 사업 기회든, 그런 건 중요하지 않습니다. 정말로 중요한 건, 우리가 말하고 싶어 한다는 것, 특히 자신과 상관 있는 사람들과 이야기를 나누고 싶어 한다는 겁니다. 그것이 아이스크림이나 좋은 영화의 경우라면 괜찮지만, 여러분이 완전히 훈련을 받고 우리 회사에 관해 잘 알게 될 때까지는 이 사업을 다른 사람에게 이야기하는 건 옳지 않습니다. 왜 그렇겠습니까? 우리가 실패하는 주요 원인은 우리 사업을 진행하는 법을 터득하기도 전에, 막대한 잠재 소득에 대해 흥분한 나머지 친한 친구들이나 친척들에게 마구 이야기하는 데서 비롯되기 때문입니다. 우리가 여러분에게 성공적인 접근법을 가르쳐 줄 때까지는 누구에게도 말하지 않는 것이 가장 중요합니다."

"여러분의 친척이나 친구들에게 이 사업에 관해서 이야기를 하면, 십중팔구 그들은 여러분에게 제정신이 아니라고 말할 겁니다. 또 여러분이 모든 사실, 즉 잠재 소득에 관한 진실을 알고 있고, 친구나 이웃, 또는 친척들이 아무 것도 아는 게 없다고 해도, 그들은 여전히 여러분에게 멍청하다고 말할 겁니다. 그리고 10~20명이나 되는 사람들이 연달아 여러분의 정신 상태를 의심한다면, 특히 여러분을 잘 알거나 사랑하는 사람들이 그러하다면, 여러분은 시작도 하기 전에 포기하게 됩니다. 그러므로 여러분의 배우자에게 사업 기회를 설득하려 들지 마십시오. 다만 될 수 있는 대로 빨리 이곳 사업 설명회에 데려오기만 하면 됩니다."

"지금 나는 여러분의 생각을 알고 있습니다. 여러분은 자신이 우리 회사를 전혀 모르는 사람들에게 영향을 받지 않을 만큼 강인하다고 생각할지도 모릅니다. 누구나 그렇게 생각합니다. 그리고 이렇게 말해 보겠습니다. 음… 비록 20명의 친구들과 친척들이 여러분의 요청을 거절하고 바보라고 조롱해도, 여러분은 그들의 부정적인 태도에 짓눌려 좌절하지 않는다고 가정해 봅시다. 하지만 진짜 문제는 이런 겁니다. 일단 그들이 여러분에게 빠져들지 말라고 충고했다면, 비록 여러분이 얼마 뒤 그들의 잘못을 입증하고 그들이 궁금해 하는 일을 모두 답변해 주어도, 그들은 절대 가입하지 않습니다! 일단 네트워크 마케팅 사업을 조롱하는 사람들은 도저히 스스로 가입할 수가 없다는 것을 기억해야 합니다. 가입을 하면 스스로 어리석다는 것을 인정하는 꼴이 되기 때문입니다. 그리고 이 시대에는, 많은 사람들이 자신의 인생에 책임을 지거나, 경제적 독립과 시간적 자유를 얻는 것보다 '체면 치레'에 관심이 더 많습니다."

POINT

가족과 친구들의 거절이 이제까지는 네트워크 마케팅에서 직면하는 가장 큰 시련 가운데 하나였다. 그러나 자신을 변화시키기만 하면 그들의 태도도 변화시킬 수 있다.

"따라서 여러분이 가입해서 서약을 하고, 전문적으로 훈련을 받을 때까지는 아무 말도 '**하지 마세요**' 이것을 강조합니다. 우리가 여러분에게 이 전달 방법을 가르쳐 줄 때까지는 친구나 친척, 심지어 배우자에게도 이 사업에 대해 **이야기하면 안 됩니다.** 접근 방법이 적절하지 못하면, 아무리 여러분이 성공을 한다 해도, 최고의 '우호자 시장' 가운데 일부는 여러분의 사업에 결코 참여하지 않을 것입니다. 가장 큰 실패의 원인은 아무 것도 모르는 사람들의 말에 귀기울이는 데서 비롯됩니다. 우리는 그것을 여러 해 동안의 경험을 통해 터득하게 되었습니다."

여기에 문제가 있다. 프로스펙트들의 친구와 가족들은 여러분의 회사나 네트워크 마케팅 사업에 대해서 아무것도 아는 것이 없다. 또한 그들은 무지로 인해 이 사업이 사기라고 확신한다. 돈이 투자되지 않았다면 그들은 당신이 일을 저지르지 않았다고 느낀다. 그리고는 깊은 수렁에서 '여러분을 구하기 위해' 온갖 노력을 다 기울일 것이다. 여러분이 만약, "모두들 들어봐. 내가 새로 레스토랑을 하나 내려고 하는데," 라고 말한다면 사람들은 이렇게 대답할 것이다. "정말 개업하려는 거야? 새로 개업하면 대부분 망한다고 하던데." 그러나 이미 투자를 했다면, 가족과 친구들은 새로운 사업을 도와주려고 온갖 노력을 다 기울이게 된다. 만약 여러분이, "내가 방금 레스토랑을 하나 개업했네."라고 한다면, 당연히 이런 대답이 나올 것이다. "아, 잘됐군. 우리가 언제 가면 좋겠나?"

가족과 친구들의 거절이 이제까지는 네트워크 마케팅에서 직면하는 가장 큰 도전 가운데 하나였다. 그러나 자신을 변화시키기만 하면 그들의 태도도 변화시킬 수 있다. 자신의 자존심과 자신감을 높여야 다른 사람도 높여 줄 수가 있다(그들의 견해를 바꾸고, 가족의 지원이나 관심을 강화시키며, 친구나 동료들에게 문을 열어 주는 경우가 많다).

우리는 실패의 두 번째 원인을 다루는 것으로 사업 설명회를 마무리 짓는다. 두 번째 원인은 자신이 무슨 말을 하는지를 정말 아는 사람들의 말을 듣지 않는 데 있다. "여러분 가운데 누구든지 나의 프론트라인이 되기로 작정했다면, 내가 가르치는 것을 그대로 복제해야 합니다. 이 사업은 전통 사업과 전혀 다릅니다. 만약 여러분이 가입한 다음 새로운 수레바퀴를 다시 발명한다면, 여러분은 실패할 것입니다. 따라서 우리의 시스템을 따르겠다고 약속하십시오. 그렇지 않다면 나는 여러분을 가입시키고 싶지 않습니다. 다행히 우리는 경험 있는 조직에 속해 있고, 우리가 하는 일이 무엇인지를 알고 있습니다. 여러분에게는 처음 90일 동안이 가장 중요합니다. 우리는 여러분이 결정을 내리는 오늘부터 시계를 작동시킵니다."

위의 대화는 문자 그대로 집에서 개최하는 사업 설명회를 마치는 방법이다. 실제로, 프로스펙트들이 떠날 준비를 하고 있을 때, 우리는 마지막으로 일깨워 주곤 한다. "잊지 마십시오. 여러분이 훈련을 다 받을 때까지 이 사업을 아무에게도, 특히 배우자에게도 설명하려고 하면 안 됩니다." 그리고 나서는 그들이 떠나자마자 그들을 사업의 동료로 상상하기 시작한다.

신입 네트워크 마케터들과 프로스펙트들이 거절 로케트탄을 예측하고 충분히 이해할 수 있으면 효과적으로 피할 수 있다. 만약 우리가 이 책에서 진행하는 시스템을 기초로 프론트라인들을 훈련한다면 거절은 조금도 걱정거리가 되지 않는다. 또 신입 네트워크 마케터가 '우호자 시장'을 나와서, '냉담자 시장'으로 들어가면, 거절은 중요한 동맹군의 하나가 된다. 왜냐하면 누가 거절할지를 빨리 결정할수록, 네트워크 마케터는 그 프로스펙트를 6개월 후의 팔로우업follow-up이 필요한 자로 정리한 뒤, 시간을 허비하지 않고 가능성이 있는 다른 프로스펙트를 물색할 수 있기 때문이다.

수많은 네트워크 마케터들과 마찬가지로, 캘리포니아 주 버클리의 폴 델 베치오Paul Del Vecchio와 제니퍼 텔로우Jennifer Taloe는 아직도 그룹을 구축하기 위해서 애쓰고 있다. 그러나 그들의 긍정적인 전망 덕분에, 그룹은 서서히 성장하고 있다. 지금까지 거절은 그들에게 가장 극복하기 힘든 장애물이었는데, 특히 첫해가 가장 심했다.

폴은 이렇게 말한다.

"아주 순탄하게 네트워크 마케팅에 들어와 거침없이 정상까지 오르는 사람들도 있다. 하지만 내 경우는 그렇지 않았다. 나는 대학을 중퇴하고, 시, 클래식 기타, 동양 철학을 탐구하면서 젊은 시절을 보냈다. 나는 배경도 좋지 않고, 대부분의 시간을 은둔 생활로 보냈다. 또 수리할 돈이 없어서 범퍼가 뼈드렁니처럼 튀어나온 낡아빠진 76년형 시보레 픽업을 몰고 다녔다."

"나는 성격이 내향적이다. 나의 네트워크 마케팅에서의 첫해를 묘사하면, 어느 남아메리카의 외교관에 비교할 수 있다. 그 외교관은 품위 있는 대사관 행사에서, 자녀가 없는 이유를 더듬거리는 영어로 이렇게 설명했다. '우리 아내, 이임 시인 모웃해요.' 그런데 그 말이 예상했던 반응을 얻지 못하자, 외교관은 또 설명하려 한다. '아내가 아이 배지 모옷 하안 다고요.' 사람들의 일그러진 표정에 당황한 외교관은 한 번 더 설명한다. '아니, 그게 아니고요… 내 마아른, 아내가 아이 새앵 각을 하알 수우 어업 다고요!' 엄청난 부와 자유시간을 위해 트럭에 짐을 싣고,

---

주) Cold Market : 우호자 시장의 반대되는 개념으로, 친분이 전혀 없는 낯선 프로스펙트들로 이루어진 시장을 가리킨다 - 역자 주.

상업 도시에 살고 있는 정장 차림의 낯선 사람들에게 접근할 때면, 난 꼭 그 외교관처럼 의사 전달 기술이 서툴다는 것을 느낀다. 즉 그들은 나를 전혀 탐탁히 여기질 않았다!"

"그래서 난 거절의 고통을 피하기 위해, 있지도 않은 다운라인 관리 기술을 비롯해 세상의 모든 방법을 체계적으로 다 시도해 봤다. 하지만 결론은 적극적이고 긍정적이며 개방된 태도를 유지하는 것으로 되돌아 왔다. 나는 《생각하라 그러면 부자가 되라Think and Grow Rich》라는 고전을 쓴 나폴레옹 힐Napoleon Hill 덕분에, 다른 사람에게 전달하려는 것이나, 그 메시지를 전달하는 나의 능력에 대해서, 단순한 희망이나 바람이 아닌 절대적인 확신이 서야 한다는 것을 이해하게 되었다. 내게 이 사업은 세상에서 가장 훌륭한 자기 개발 과정이었다. 회원 모집을 위해 출근을 하면서, 난 2가지 심적 태도 가운데 하나를 만들어 낼 수 있었다. 즉 내가 접근하는 모든 사람에게 환영을 받기 위해서는 인내라는 1단계 과정이 필요하고, 고통을 피하기 위해서는 3단계 공식을 지켜야 한다는 것이다. 여기서 3단계 공식이란 아무 말 안 하고, 아무 일도 안 하면, 아무 것도 되지 않는 것을 말한다(say nothing, do nothing, be nothing)." 절대적 확신을 가지고 인내하면 패배할 수 없다. 그것이 폴과 제니가 크게 성공하리라는 것을 믿는 이유다.

전화 기피증

거절에 대한 단순한 두려움과 예상이 신입 네트워크 마케터들의 발을 묶는 경우가 많다. 새로운 출발에 대한 두려움은 우리 산업에서 실패하는 주요 원인 가운데 하나다. 그것은 명백하면서도 말로 표현할 수 없는 현상이다. 신입 네트워크 마케터들은 이미 열 번도 더 본 것인데도 어떻게 자신이 그것을 해야 하는지 계속 관찰하면서, 제품을 더 연구하거나 미팅에 더 참석해야 한다는 구실로 머뭇거린다. 그들은 훈련 미팅에도 기쁜 마음으로 연이어 참석하고, 회원 모집과 장애물 극복 방법에 대해 오디오 테이프로 들으면서 새로운 사업에 시간을 투자하기도 하지만, 실제로는 회원 모집을 피하기 위해 온갖 방법을 다 동원한다. 나이키 선전 - 단지 그냥 하라(Just do it!) - 을 인용해 표현하자면, 그들은 당장 해야 할 일을 피하기 위해 온갖 비생산적인 활동에 참여하는 것이다. 그들은 그렇게 분주하게 몇날, 몇 주일, 몇 달을 보낸 뒤에, 이 사업이 잘 진행되지 않는다는 결론을 내릴 것이다. 결국 그들은 조직을 구축하는 데 성공하지 못한다.

이유는 누가 보기에도 뻔하지만 그들 자신만 모른다. 단순히 거절에 대한 예상 때문에 '전화 기피증'이 생기게 되는데, 그로 인해 실패를 가져올 수도 있고, 실제로 실패한 경우도 허다하다. 보통 그들이 포기하기 1주일 전쯤, 우리는 다음과 같은 그들의 말에서 실패의 원인을 듣게 된다. "지금 당장 무슨 일이 일어나지 않는다면, 생활비를 벌기 위해서 취직을 해야 해요." 전통 사업에서는 가만히 있어도 일이 일어나지만, 네트워크 마케팅에서는 일이 일어나도록 만드는 사람에게 성공이 찾아온다.

요컨대, '전화 기피증'은 비전문가에게만 한정된 경험이 아니다. 이 은밀한 공포증, 즉 실제로 거절당해서가 아니라 거절당할지도 모른다는 두려움에서 오는 공포증이 있는 사람은 가장 세련된 관리직 간부인 경우가 많다.

마크는 남부의 어느 주요 도시의 시장을 회원으로 모집했는데, 6개월 동안 전혀 실적이 없어서 시장에게 우호자 시장의 명단을 요구했다. 시장은 마지못해 25명의 명단을 건네주었으나, 마크는 시장이 실제로 전화를 건 사람을 하나도 찾지 못했다. 최종 분석에서 시장은, 선거 해가 다가오고, 유권자에 대한 자신의 명성을 훼손하고 싶지 않았기 때문에 친구들에게 전화를 걸기가 두려웠다는 점을 인정했다. 그는 거절의 두려움 때문에 프로스펙트에게 전화 한 번 걸지 못하고 사업을 포기했다. 그는 그 뒤 다른 네트워크 마케팅 회사에서도 똑같은 이유로 실패했는데, 뻔뻔스럽게도 "네트워크 마케팅은 사기다."라고 공식적으로 말했다. 단 1명의 프로스펙트에게도 전화를 걸어 보지 못하고 그런 결론에 도달한 것이다.

무시당하기

시작에 대한 일차 두려움을 거친 사람들은 또 다른 거절 로케트탄의 공격을 받는 경우가 많다. 여성들에게 공통적인 것은 진지한 대우를 받지 못한다는 것인데, 이는 가장 치욕스러운 거절 형태 가운데 하나다. 전문적인 여성 네트워크 마케터에게 사업 기회를 권유받은 남성 프로스펙트들은 관심이 많으면서도 대부분 이런 생각을 한다. "이 소규모 재택 사업을 아내에게 말해야겠는데." 이것은 여성에게 능력이 없다거나 남자의 체면이 깎인다는 말이 아니라, 대부분의 남성들이 가정에서 일하는 여성 스폰서와 함께 활동할 수가 없다는 것을 나타낸다. 또한 여성 네트워크 마케터가 남자와 상관없는 화장품이나 다른 제품 및 서비스를 유통시킬 경우에는 문제가 더 심각해진다.

여성 리더가 아무리 강해도, 그녀 혼자서 남성의 자아를 만족시킬 수 없는 경우가 있다. 이런 경우에는, 남성 업라인이나 남자 파트너의 도움으로 잠재적 거절을 비켜 갈 수 있다. 이것은 종속적 관계가 아니라, 우리 사업은 팀에 바탕을 두고 있기 때문에 이른바 '양성(兩性)'의 본질적 성격과 가치의 일부라고 할 수 있다. 1년 차 네트워크 마케터는 프로스펙트를 혼자 가입시킬 필요가 없다. 업라인 리더들이 여러 단계의 보상을 받는 것이 당연한 것은 팀워크 때문이다.

어떤 상황에서, 여성은 성에 대한 도전을 외부가 아니라 내부에서 발견하기도 한다. 역사적으로, 남성은 훨씬 더 자신감이 강했다. 그에 반해 여성들은 아직도 빈약한 자존심을 가지고 씨름하고 있다. 여러 해 동안 일부 여성들은 남편에게 경제적으로 의존해 왔으며, 직장에서의 승진도 소홀히 하는 경우가 많았다. 우리는 이러한 상황이 미국에서는 변화하고 있다는 것을 인식하고 있지만, 동양 문화권이나 구세대 사이에서는 이러한 현상이 일반적이다. 여성들은 이 산업, 자신의 회사, 남편, 남자 동료, 자기 조직의 구성원들에게 제공할 것이 너무 많다. 그러나 여성이 기여해야 할 부분이 얼마나 많은지, 그리고 오늘날 전 세계 시장에서 여성의 재능이 얼마나 필요한지에 대해 산업은 전반적으로 인식이 결여되어 있다. 그로부터 몇 가지 문제가 파생되는 것이다. 여성의 역할은 그들의 이미지와 더불어, 폭발적으로 변화하려고 한다.

자신의 태도 때문에 거절을 당할 것 같으면, 조직을 구축하려고 애쓰기 전에 자신의 개인적 성장을 위해 노력하는 시간을 갖기 바란다. 자긍심을 높이려면 책을 읽고, 세미나에 참석하거나, 오디오 테이프를 듣도록 하라. 인간으로서의 자신의 가치와 자신이 할 수 있는 기여를 끊임없이 일깨워 줄 긍정적인 사람들을 주변에 두어라. 부정적인 자존심의 찌꺼기나, 자신이 지니고 다닐지도 모를 모든 감정적인 짐들을 털어 버리고, 자신에 대한 자부심을 가져라. 뿐만 아니라 자신에게는 주변의 모든 사람을 성공으로 이끌 수 있는 위대함과 무한한 잠재력이 있다는 것을 이해하는 것이 중요하다. 고개를 높이 들고 내면의 힘을 발산하는 연습을 하라. 그러면 자신의 포용력과 지도력의 향상, 그리고 소득의 변화를 느끼게 될 것이다. 네트워크 마케팅의 45년의 역사에서, 자신의 능력을 인정하고 드러내면 어떤 변화가 일어나는지를 보여 주는 것으로서, 캐시 데니슨Kathy Denison보다 더 좋은 사례는 없을 것이다.

30세 때, 캐시 데니슨은 자신이 악몽 같은 삶을 살고 있다는 것을 깨달았다. 캐시는 치욕적인 결혼 생활을 하고 있었으며, 그녀의 12세 된 딸은 어머니가 학대받는 것을 지켜봐야 하는 고통에 시달리고 있었다. 캐시는 이제 행동할 때가 왔다고 생각했다.

그녀는 남편을 떠나 콜로라도 배솔트의 작은 마을로 이사했으며, 거기서 딸과 함께 살기 위해 청소부 일을 시작했다. 몇 년이 지나자 자신의 생활은 극적으로 개선되었지만, 경제적으로는 비참한 상태였다. 그러나 학벌이 없었기에 선택의 여지가 별로 없었다. 캐시는 자신이 재능과 백만장자가 될 수 있는 마인드가 있다고 항상 믿어 왔지만, 아무런 제한이 없고, 많은 자본 투자가 필요 없는 사업에 접하게 된 것은 네트워크 마케팅이 처음이었다. 5년 안에 그녀는, 현재 그녀의 목표와 꿈을 함께 나누고 있는 남편 마크 로고우Mark Rogow와 꿈같은 집에 살면서, 샌 디에고 해변에서 휴식을 취하게 되었다.

많은 사람들이 리차드 포의 베스트셀러《제3 물결 네트워크 마케팅의 새 시대》에서 캐시 데니슨과 그녀에 관한 놀라운 이야기를 처음 접하게 된다. 그러나 마크 야넬만큼 캐시에 관해 극적이면서도 정확하게 묘사할 수 있는 사람은 아무도 없다. 마크는 캐시의 스폰서였고, 그녀가 사업에 참여한 첫해에 그녀의 스승 노릇을 했다.

"내가 1987년 콜로라도 아스펜에서 캐시 데니슨을 처음 만났을 때, 그녀는 편모였으며, 조그만 원룸 아파트에 살면서, 쥐꼬리 만한 가정부 수입으로 가족을 부양하기 위해 애쓰고 있었다. 우리는 수많은 친구들을 대접해야 했고, 우리 집은 점점 아침 제공 숙박소로 변했다. 그래서 난 부동산업자에게 가정부를 구해 달라고 부탁했다(말이 나온 김에 하는 말이지만, 아스펜으로 가 보길 바란다. 여러분은 얼마나 많은 친구들이 여러분을 사랑하는지 알게 되리라!)."

"캐시는 가장 친한 친구인 부동산업자를 도와주기 위해 나를 만나기로 동의했지만, 실제로는 우리 집 일을 맡지 않을 작정이었다. 당시 캐시는 이미 청소하는 집이 여럿 있어서, 완전히 녹초가 되어 있었기 때문이다. 하지만 그녀는 돈도 필요했고, 치욕스러운 결혼 생활을 떠난 뒤 여러 차례 직업을 구해 준 것 때문에 부동산업자에게 신세를 진 상태였다."

"첫날 캐시가 우리 집에 들어왔을 때, 난 그녀를 보자마자 2가지 면에서 깊은 인상을 받았다. 첫째, 그녀는 두드러지게 외향적인 사람이었다. 둘째, 열정과 아주 온화한 웃음을 지니고 있었고, 비록 가정부지만 분명히 '사람들이 호감이 가는 사람'이었다. 당연히, 내가 강한 개성의 소유자를 만날 때마다 그러하듯 왕년의 '회원 모집의 귀재인 야넬'이 튀어나오려 했다."

"그런데 캐시의 경우엔, 분출하려는 내 열정을 억눌렀다. 난 스키 타기와 행글라이딩, 그리고 내 저서 《파워 네트워크 마케팅》의 초판 저술에 1년을 모두 바치고 싶었기 때문이다. 그리고 솔직히 말하면, 새로운 네트워크 마케터들에게 '하나님을 농락하지 말라'고, 프로스펙트들의 자격을 절대로 제한하지 말고, 모든 사람이 성공할 수 있는 잠재력이 있다는 걸 기억하라고 가르쳤지만, 난 자신의 가르침을 어겼다. 그녀의 열정에도 불구하고, 나의 가정부를 후원하지 않으려고 한 것은, 인구 2,000명의 작은 마을에서 그녀가 성공할 기회는 아주 희박하기 때문이었다. 내가 얼마나 어리석었는가. 마침내 어리석음에서 깨어나 캐시를 가입시키자, 그녀는 배솔트와 아스펜에 사는 모집 가능한 프로스펙트들을 모두 가입시킨 다음, 샌 디에고로 이사가서 점차 사업을 구축해 백만장자가 되었다. 가정부에 관해 성급하게 판단을 내린 내 어리석음을 깨달은 뒤, 난 우리 산업의 명확한 격언 1가지를 다시는 어기지 않기로 결심했다. 그 격언은 이렇다. '누구에게나 위대함의 씨앗이 숨어 있다. 어떤 이유에서든 프로스펙트의 자격을 제한하지 말라.'"

10여 년이 지난 지금, 캐시 데니슨은 네트워크 마케팅의 참된 영웅 가운데 1명이 되었다. 캐시 같은 여성들이 우리 산업에 많이 참여할수록, 그리고 우리가 경제적·정서적으로 가난에서 부자가 된 이야기를 계속 많이 들을수록, 많은 여성들이 중요한 위치를 차지하게 될 것이다. 리차드 포는 《제3 물결 네트워크 마케팅의 새 시대》에서 다음과 같이 정확하게 지적했다. "데니슨의 솔직 담백한 접근 방법이 그녀에게 많은 도움이 되었다. 그녀는 불과 몇 년 만에 비천한 가정부에서 백만장자로 신분 상승을 했다." 1997년, 캐시는 제리 호프만의 국제 네트워크 마케팅 사전에 10대 '탁월한 여성' 가운데 하나로 오르게 되었다.

우리는 1997년 겨울에 스위스에서 스키를 타며 오후를 보냈는데, 집에 돌아오니 자동 응답기에 메시지가 왔다는 신호로 낯익은 붉은 불빛이 깜빡이는 게 보였다. 2분 동안의 그 간단한 메시지는 우리에게 인생에서 이룬 그 어떤 업적에 못지 않은 대단한 의미를 지닌 것이었다. 마크가 버튼을 누르고 응답기를 되감자, 우리의 프론트라인 동료인 캐시의 젖은 목소리가 들려 왔다. 그녀의 메시지는 간단했다. "저를 믿어 주셔서 감사해요!"

그날 오후 캐시와 그녀의 멋진 동료이자 남편인 마크 로고우가 사무실에서 백만장자 핀을 받았는데, 그것은 그들이 100만 달러 이상을 벌었으며, 회사의 엘리트 멤버인 '백만장자 클럽'에 가입하게 되었다는 것을 의미했다. 캐시가 너무도 감격해 있었고, 그녀의 메시지 또한 감동적이어서, 우리는 앉아서 조용히 기쁨의 눈물을 흘렸다. 그렇게 짧은 순간에, 네트워크 마케팅에서 우리의 가장 강력한 원동력이었던 목표가 실현된 것이다. 그제서야 우리는 우리가 소유한 모든 것 – 우리의 수입, 다

온라인 전체, 집과 자동차 – 을 빼앗겨도, 그날 오후 캐시와 마크에게 느꼈던 기쁨만으로 우리가 네트워크 마케팅에 참여한 것은 옳았다고 쓸 수 있게 되었다. 인생의 경험 가운데서, 캐시의 짧은 메시지처럼 우리의 마음을 그토록 감동시킨 일은 그리 흔치 않다.

캐시에게는 자신을 가정부에서 백만장자의 지위로 오르게 한 내적인 힘과 자기 확신, 그리고 확실한 자존심이 있었다. 우리는 세상에 캐시와 같은 여성들이 수없이 많다고 믿는다. 자신을 제한하는 프로그램화된 부분을 떨쳐 버릴 수만 있다면 누구나 다 성공할 수 있을 것이다. 스스로 짊어진 부정적 자아상과의 싸움으로 인해 거절 로케트탄의 공격을 받을 수 있는 모든 여성에게, 우리는 다른 성공한 여성을 스승으로 선택할 것을 권한다. 그 스승에게 일일이 가는 길을 가르쳐 달라고 요청하고, 성공으로 향하는 그녀의 발걸음을 그대로 따라가 보라.

거절을 개인적으로 받아들이지 말라

신입 네트워크 마케터들은 "고맙습니다만, 필요 없습니다."라는 말이 개인에 대한 거절이 아니라는 점을 배워야 한다. 찻집에서 커피를 따르는 아가씨는 "고맙지만, 필요 없어요"라는 말을 들을 수도 있고, "지금은 더 이상 필요 없어요"라는 말을 들을 수도 있다. 또는 "고맙지만, 됐어요"라거나, "난 커피를 좋아하지 않아요"라는 말도 들을 수 있다. 하지만 이 가운데 어떤 대답을 들어도, 아가씨는 모든 고객들이 자신의 제안을 거절했다고 여자 화장실로 달려가 울고불고 하지는 않는다. 하지만 이러한 예는 신참 네트워크 마케터들에게 일어나는 일과 비교될 수 있다. 신입 네트워크 마케터는 어떤 말을 듣든 '싫다'는 말을 너무 개인적으로 받아들인다. 우리 산업에서는, 사업 참여를 거절하는 것의 의미는 간혹 그것은 "네트워크 마케팅을 좋아하지 않아요"라는 뜻이고 대부분 경우에는 "지금은 내게 시기가 적절하지 않다."는 의미인 경우가 많다. 그것은 결코 "나는 당신을 좋아하지 않아."라는 뜻이 아니다. 단지 네트워크 마케팅에서 회원 모집을 체로 걸러 내는 과정이라고 생각하라. 커피 주전자를 들고 왔다갔다하는 아가씨처럼, 우리는 우리가 제안하는 것을 기꺼이 받아들이는 사람을 찾고 있을 뿐이다. '노(No)'를 받아들이는 것은 '예스(Yes)'라고 말하는 사람들을 찾아가는 과정의 일부다.

이런 사실을 생각해 보라. 마크가 조직에 가입시키려고 처음 접근한 67명의 사람들 가운데, 66명이 '노(No)' 했다. 이처럼 출발이 늦은 것은 주로 마크가 우호자 시장을 포기했기 때문이었다. 그는 당시 목사여서, 교회 신자들에게 전화하는 것을 꺼려했다. 따라서 그는 주로 냉담자 시장에서 시작했다. 훗날, 그의 회사의 장기적인 안정성을 확신하게 된 뒤 마침내 몇몇 신자들을 가입시켰다. 그러나 첫 번째 프로스펙트들은 냉담한 반응을 보여서, 한 사람을 빼고는 모두가 사업 설명회에 참가해 달라는 요청까지 거절했다. 마크는 당장 그만두고 싶은 마음이 들었고, 실제로 그의 스폰서가 그 주에 회사를 떠났다. 마크는 업라인 스승인 리차드 칼에게 전화를 걸었고, 리차드의 설득으로 계속 남아 있게 되었다. 마크의 원래 업라인 스폰서가 거절에 좌절하지 않고 계속 남아 있었다면, 5년 뒤 마크의 다운라인만으로도 1년에 100만 달러 이상을 벌어들였을 것이다. 그래서 1991년 우리 부부가 결혼을 하여 다운라인들을 통합했을 무렵에는, 수입이 2배를 넘었을 것이다. 이것이 바로 거절 로케트탄으로 인해 치러야 하는 대가다.

개인적인 거절은 누구나 경험할 수 있는 가장 혹독한 감정 가운데 하나다. 그러나 우리 모두가 알고 있듯이, 인생이란 균형을 이루게 마련이어서, 거절이 있는 곳에 반드시 받아들임도 있다. 거절을 다루는 것은 지속적으로 수행해야 할 일이다. 한순간의 거절로 인해 텍사스 주 그레이프바인의 필 밈스Phil Mims는 네트워크 마케팅을 포기할 뻔했다. 이것은 필의 이야기다. "나는 네트워크 마케팅에 참여하기 전, 보석 도매 사업에서 17년의 경력을 가지고 있었다. 그 경력은 내게 훌륭한 라이프스타일, 멋진 친구들, 전문가로서의 자부심을 주었다."

"네트워크 마케팅으로 이전하는 것은 처음부터 다시 시작하는 것을 의미했으며, 안전 지대에서 내쫓기는 것을 의미했다. 내 고객, 나를 보석 사업으로 인도했던 친구들과 가족, 보석상 동료들에게 접근하자, 나는 사람이 돌변하는 것을 목격했다. 친구들은 냉담하거나 불신하는 태도를 보였고, 가족들은 조롱하기 시작했다. 보석상 동료들은 내가 제정신인지를 궁금해했다. 심지어는 내가 그들을 이용하고, 우리의 관계를 악용한다고 보여졌을 때, 난 상처를 받았다. 난 그냥 '좋아, 염려하지 마.' 하면서, 내 안전 지대와 '안락한' 보석상 생활로 되돌아가고 싶었다. 난 완전히 네트워크 마케팅을 포기할 뻔했다. 내 친구들이 중요하고, 그들이 받아들이는 것이 꼭 필요했기 때문에, 그런 감정은 처음 18개월 동안 계속되었다."

"그때 내게 충격을 준 일이 있었다. 내 다운라인 가운데 몇 명이 내게 감사의 인사를 전하기 시작한 것이다. 그들은 나의 도움과 그들의 인생에 큰 변화를 가져다준 데 대해 감사를 표시했다. 와! 그런 감사 인사는 내 가슴을 마구 뛰게 했고, 내 두 귀를 의심하게 했다. 내가 포기하고 보석 사업으로 돌아갔다면, 새로 사귄 좋은 친구들과 사업 동료들을 잃어버렸을 것이다. 네트워크 마케터들은 그처럼 관심이 많고, 서로 나누고 베풀 줄 알며, 활달한 사람들이다. 또한 나처럼 성공과 평화, 그리고 자유를 추구한다. 전통 사업에서는 소수의 사람들에게만 이런 것들을 제공해 주는 반면, 네트워크 마케팅에서는 수많은 사람들이 성공할 수가 있다."

"상처받은 자존심 때문에 그만둘 뻔한 기억은, 나의 다운라인들이 직면한 어려움을 이해하는 데 도움이 되었다. 나의 옛 자아를 벗어 버리고 새사람이 된다는 것은 정말 고통스러운 과정이었고, 보석 사업이라는 안전 지대를 떠나는 것은 가장 견디기 힘든 일이었다. 하지만 새로 발견한 개인적 자유와 성장, 그리고 감사의 결과로서, 난 더 크고 훌륭한 안전 지대를 발견했다. 난 언제까지나 네트워크 마케터로 남아 있을 것이다. 문호를 열어 주시고, 그 문을 통과할 용기를 주셨으며, 빛으로 내 길을 인도해 주신 하나님께 감사를 드린다."

많은 사람과 대화하지 않는 것

1주일 가운데 12명 정도하고만 대화를 나눈다면, 그 소수의 거절 행위는 실제보다 더 크게 느껴진다. 반대로 매주마다 수십 명씩 접촉한다면, 항상 소수의 참여자가 생길 것이므로 거절은 전혀 문제가 안 된다! 다음과 같은 균형의 법칙을 기억하라. 접근하는 사람의 수가 늘어나면, 거절의 충격도 줄어든다.

수잔은 시간제로 근무하고 일정도 몹시 바쁜 탓에 1주일에 평균 열 사람과 접촉했다. 그녀는 우호자 시장에서 모집 활동을 했기 때문에, 긍정적인 답변의 비율이 상당히 높았다. 그녀는 다섯 사람에게 화요일의 설명회에 참석하겠다는 약속을 받아 냈다. 하지만 두 사람만 나타나서는, 아무도 가입하지 않았다. 수잔에게 떠오른 것은 나타나지 않은 세 사람이었고, 그들은 전화로 취소할 정도의 예의도 없다는 생각뿐이었다. 그런 식으로 거절을 당하면서 4주가 더 지나면, 수잔은 좌절할 것이다. 왜냐하면 접촉하는 프로스펙트가 너무 적기 때문이다. 물론 수잔이 가상의 인물이긴 하지만, 접촉 프로스펙트가 너무 적으면 전설적 인물이 될 사람도 거절 로케트탄에 맞아 사업에서 강제로 밀려날 수가 있다. 또 실제로 밀려나기도 했다.

이 사업을 부업으로 진행하면서 적어도 하루에 5~10명을 접촉하지 않는 사람은 성공에 대해 진지하지 않은 것이다. 열성적인 부업자라면 점차 접촉하는 숫자가 늘어나야 한다. 또한 전업자는 냉담자 시장에 들어가면, 프로스펙트는 하루에 30명 이상까지 늘어나야 한다. 미팅에 참석하는 것과 안내 책자를 읽는 일은 '업무 시간'으로 계산되지 않는다. 처음 사업을 시작할 때, 조직의 구축이 목표였다면, 시간의 80퍼센트를 네트워크 마케터 모집에 써야 한다. 일정한 수준의 성공을 이룩할 때까지 다른 모든 활동은 불필요하다. 전문적인 사업설명회 관람객이 되지 말라! 관람석에서 나와 현장으로 가라. 구경꾼의 자리를 박차고 운동장에서 뛰는 선수가 되라.

수잔과 대조적으로, 우리 두 사람은 처음 우리의 각자 조직을 구축할 때 엄청나게 많은 사람들을 접촉했다. 르네와 결혼하기 전, 마크의 최악의 거절 로케트탄이 발사된 것은 7명의 프론트라인 이그제큐티브㈜ 가운데 6명이 배신하고 비타민 도매업으로 되돌아갔을 때였다. 마크는 단순히 7명의 네트워크 마케터 가운데 6명을 잃은 것이 아니라, 핵심 리더들을 잃었던 것이다. 그것은 결정적인 거절이었다. 마크는 다시 리차드 칼에게 의지했고, 리차드는 마크에게 안내의 중요성에 초점을 맞추도록 했다. 여기서 리차드의 영감이 미치는 영향을 생각해 보자.

그는 2가지 공적을 세웠다. 첫째, 남은 이그제큐티브 한 사람이 우리 소득의 50퍼센트 이상을 벌게 했고, 둘째, 마크는 계속해서 많은 프로스펙트를 접촉해서 떠난 사람들을 대신할 이그제큐티브 7명 이상을

㈜ 마크 야넬이 조직을 구축한 회사의 첫 번째 핀 레벨. 동의서를 제출하고 그룹 매출이 첫째달 1,500 PGV 둘째달 2,000 PGV 셋째달 2,500 PGV를 3개월 연속 달성해야 핀 레벨을 성취하게 된다 - 역자 주.

POINT
다음을 기억하라. 우리의 접근을 거절한 사람들에게 과잉 반응하지 않도록 막아 주는 것은 바로 우리가 접근하는 프로스펙트들의 막대한 숫자다

얻었다.

 다음을 기억하라. 우리의 접근을 거절한 사람들에게 과잉 반응하지 않도록 막아 주는 것은 바로 우리가 접근한 프로스펙트들의 막대한 숫자다. 접촉하는 프로스펙트의 숫자가 적으면 실제보다 거절을 더 과장하게 되고, 프로스펙트의 숫자가 커지면 기회를 받아들인 사람들에게 주의를 집중하게 된다. 1주일 동안 100명의 사람들과 접촉하면, 그 가운데 20명은 "좋습니다. 당신이 누리는 것을 구경하는 데 관심이 있습니다." 할 것이고, 그 가운데 80명은 "싫습니다."라고 할 것이다. 그러면 여러분은 긍정적인 답변에 초점을 맞출 것이다. 관심이 없는 80명보다 관심 있는 20명에게, 그 가운데에서도 특히 가입한 3명에게 더욱 초점이 쏠릴 것이다. 반대로 10명에게만 접근하면, 그 가운데 2명은 기꺼이 참석하러 오겠다고 약속하고는 오지 않을 것이다. 그래서 결국은 사라져 버린 10명 전체에 관심을 갖게 된다. 네트워크 마케팅은 숫자 게임으로 시작해서 피플 비즈니스People Business로 발전해 가는 동안 열성적인 네트워크 마케터들의 합법적인 조직이 구축되어 간다.

초점 축소 증후군

 많은 사람은 초점을 너무 좁힘으로써 거절을 초래하는 실수를 범한

다. 그들은 일반적으로 사용하는 여러 가지 제품과 서비스의 주문에서 생겨나는 지렛대식 소득과 자유 시간을 강조함으로써 광범위한 매력을 창출해 내는 것과 반대로, 단일 제품이나 회사의 한 디비전*만 선전하는 경우가 많다. 네트워크 마케팅은 기본적으로 모든 사람이 매력을 느끼도록 계획한다. 만일 당신이 1가지 제품군만 소개한다면 엘리트 클럽에 속하는 것도 아니고 효과적이지도 않다. 그럼에도 신참들이나 고참들이나 한결같이 이런 잘못을 저지르는 경우가 많다.

어떤 사람들의 경우, 90년대 초 회사가 효능이 대단한 건강보조식품군의 디비전을 추가했을 때 마땅히 벌어들여야 할만큼의 수익을 내지 못했다. 그 이유는 명백하다. 어림잡아 당시 인구의 30퍼센트가 비타민 보충제를 사용했다. 따라서 새로운 디비전만 가지고 접촉한 10명 가운데 7명은 관심이 없었다. 그들은 건강보조식품에 관심이 없었고, 그렇게 하려고도 하지 않았다. 또한 회사가 원래 창립했을 때 기본 디비전은 퍼스널 케어 제품이었다. 모든 사람들이 목욕 비누, 샴푸, 면도 도구를 사용하고, 향수를 뿌리며, 정기적으로 이를 닦기 때문에, 네트워크 마케터들이 2가지 제품 라인을 모두 제공했다면 성공의 폭도 훨씬 넓어졌을 것이다. 또 초점을 제한해서 생겨나는 문제들을 피할 수 있었으리라.

그보다 더 중요한 것은, 그들은 프로스펙트들에게 아메리칸 드림, 즉 경제적 자유와 시간적 자유를 팔아야 했다는 것이다. 부를 이루는 방법에 대해서는 거의 누구나 관심을 기울인다. 따라서 개인적·경제적 자유에 설명회의 초점을 맞추면서, 반드시 프로스펙트의 관심을 자신의 모든 제품, 서비스, 디비전에 돌리도록 하라. 이러한 포괄적인 접근 방법은 궁극적으로 전설적 인물들이 대규모의 활력 있는 조직을 구축한 방법이다.

주) Division: 종합 유통 회사를 지향하는 네트워크 마케팅 회사가 여러 사업 부문으로 네트워크를 펼치는데 그 중의 한 사업 부문을 가르키는 말.

거절을 긍정적 동기로 전환하기

존 코킬John Corkill은 아버지가 40년 동안 일했던 큰 보험 회사에서 10년 동안 근무했다. 그들 부자는 함께 근무하는 것이 즐거웠으며, 함께 성공의 기록을 세웠다. 그러다가 회사의 정책에 도저히 참을 수 없게 되자, 존은 아버지의 이해와 지원으로 경쟁 회사에 옮겨, 첫해에는 전보다 3배나 되는 수익을 창출했다. 그 뒤 5년 동안 여섯 자리 숫자주)의 수익을 창출해 냈으나, 회사가 합병되는 바람에 해고되었다. 처음 보험회사에 아직도 근무하던 아버지는 이제 새로운 부서의 개설을 책임지고 있어서 아들에게 전임직을 제공해 주었지만, 존이 회사에서 받을 수 있는 봉급은 이전 수입의 일부에 지나지 않았다.

새로운 직장에 출근하기 1주일 전, 존은 네트워크 마케팅을 소개받았다. 그는 그 회사가 적절하다는 것을 알고 즉각 풀타임 전업을 하기로 했다. 그 소식에 접한 뒤, 아버지가 말했다. "존, 사람은 누구나 무슨 일이든 해야 하지 않겠니. 그러나 그 일에서 실패하더라도, 대기업 가운데 하나가 여기 달라스에 기반을 두고 있으니까 넌 항상 화장품을 팔 수 있을 게다. 하지만 무슨 일을 하든, 내 집에 와서 네 제품을 아비한테 강매하는 일은 없기를 바란다. 난 네트워크 마케팅에 관해 다 알고 있어. 그 사람들은 한 달에 200달러밖에 벌지 못하고, 십중팔구는 실패한단다."

존은 아버지가 자신의 새로운 직업을 인정하지 않는 것을 이해할 수 있었으며, 아버지에게 가족의 지원을 기대하지 않는다고 말했다.

존이 맞서지 않자, 아버지의 내부에서 무언가가 갑자기 움직였는지, 자신이 아들을 사기꾼으로 취급했다는 사실을 깨달은 것 같았다. 아버

주) US$100,000에서 US$999,999에 이르는 수입. 여섯 자리 숫자의 수입은 보통 백만장자를 일컫는 말.

지는 아들을 자리에 앉힌 뒤 목표에 관해 묻기 시작했다. 그리고는 아들이 함께 근무한 회사에서 해 왔던 것처럼, 10명 가운데 성공하는 1명이 되려고 한다는 것을 확신했을 때, 부자 관계는 원래 상태로 돌아왔다.

아버지의 '거절이 용납으로 변한' 이야기는 존이 새로운 네트워크 마케팅 사업에 몰두하도록 동기를 부여하는 동력이 되었다. 존은 현재 아버지의 거절과 최종적인 용납에 대해 감사하며 순조롭게 사업을 발전시키고 있을 뿐 아니라, 이룩한 부를 함께 누릴 수 있도록 아버지와 같은 시기에 은퇴할 계획을 세우고 있기도 하다. 가족의 거절에 대한 반응은 방향이 바뀌어 사업을 구축하는 데 긍정적인 동력이 되는 경우가 많다.

요 약

- 네트워크 마케팅에서의 실패는 다음 2가지 문제에서 비롯되는 경우가 많다.

    1 신입 네트워크 마케터가 아직 타이밍이 적절하지 않은 사람들에게 논쟁적인 접근 방법을 사용하는 경우.
    2 장애물을 극복하고, 어떻게 해서라도 사람들을 가입시켜 동기 부여와 관리 시스템을 통해 결승점까지 끌고 가는 것이 목표라고 잘못 믿는 경우.

- 우호자 시장이나 냉담자 시장의 프로스펙트들에게 접근할 때 시기가 적절하지 않으면 그들이 당신의 제안을 거절할 것이다. 그런 경우 선선히 물러나 6개월마다 접근을 시도한다.

- 거절은 적이 아니라 동맹군이며, 잘 다루면 회원 모집 활동을 촉진하여, 긍정적인 결과를 제공해 줄 것이다.

- 여러분이 서약을 하고 훈련을 받을 때까지 친척이나 친구들과 이 사업에 관해 대화를 나누지 말라(사업 설명회를 마칠 무렵 반드시 이 점을 가르칠 것).

- 프로스펙트와 대화를 나누기 시작할 때, 2가지 심적 상태 가운데 하나를 선택할 수 있다.

    1 자진해서 반품을 장담함으로써 여러분이 접근한 사람들에게 환영받도록 노력할 수 있다.
    2 아무 말 안 하고, 아무 일도 안 하면, 아무 것도 되지 않아 거절의 고통을 피할 수 있다.

- 절대적 믿음이 있는 인내는 결코 패배할 수 없다.

- 가족이나 친구들에게서 지원을 받지 못하면, 먼저 자신의 태도에 집중하라. 그러면 그들의 행동도 자연히 변화할 것이다.

- 일단 훈련이 끝나면, 즉각 수화기를 들고 명단에 오른 사람들에게 전화를 걸어라.

- 네트워크 마케팅에서의 모험을 시작하기도 전에 '전화 기피증'과 거절 공포증으로 인해 활동을 중단하는 일이 없도록 하라.

- 업라인 리더들의 진실성에 의지하라.

- 여러분은 지금 자신을 위한 사업을 하는 것이지만, 당신 혼자서 외톨이처럼 사업을 하는 것이 결코 아니다.

- 프로스펙트들의 스폰서로서, 프로스펙트들은 여러분이 그들의 스승이자 리더가 되어 주길 기대한다.

- 자신의 자긍심이 낮다고 느껴지면, 독서, 공부, 테이프, 세미나 등 가능한 모든 것을 통해서 개인적인 성장을 위해 계속 노력하라.

- 사업을 너무 천천히 진행하면 좌절하기 쉽고, 사업 설명회 초청을 받아들인 사람들보다 거절한 사람들에게 초점을 맞추는 경우가 많아진다.

- 사업의 성장은 여러분이 매일 정기적으로 접촉하는 프로스펙트의 숫자와 정비례할 것이다.

- '우호자 시장'에 접근하는 처음 90일이 끝나면 네트워크 마케

팅은 숫자 게임이 된다. 일단 네트워크 마케터들이 스폰서들과 상호 작용을 하면서 그들의 조직을 구축하기 시작하면 네트워크 마케팅은 피플 비즈니스가 된다.

- 거절을 개인적으로 받아들여서는 안 되며, 그 사람에게 시기가 적절하지 않음을 나타내는 신호로 받아들여야 한다.

- 이 사업을 올바로 진행하는 데 필요한 자극이 되도록 열정을 가지고 참아라.

- 초점을 지나치게 좁혀서 설명하는, 즉 회사의 단일 제품이나 단일 디비전만을 선전하는 실수를 범하지 말라. 일반적으로 사용하는 여러 가지 제품과 서비스에서 창출되는 막대한 지렛대식 소득과 시간적 자유를 강조함으로써 광범위한 매력을 만들어 내라.

- 소매를 할 경우에는 다음과 같이 하라.
   1 고객들에게 그들이 이미 사용하고 있는 일반적인 제품의 지출을 자신의 제품으로 돌릴 수 있도록 기회를 제공하라(브랜드 바꾸기 전략).
   2 자신의 모든 신제품과 서비스를 고객들에게 길들여라. 그러면 그들의 습관을 바꿀 수 있다.

- 거절은 반대로 여러분의 사업을 구축하는 데 훌륭한 동력이 될 수 있다.

- 여러분이 개인적으로 성장하면 사업도 성장할 것이며, 사업이 성장하면 여러분도 성장할 것이다.

- 다음을 기억하라. 우리의 접근을 거절한 사람들에게 과잉 반응하지 않도록 막아 주는 것은 바로 우리가 접근하는 프로스펙트들의 막대한 숫자다.

CHAPTER · 2

관리의 덫 피하기

의존성보다 자립성을 키워라

네트워크 마케팅은 관리의 철학보다 팀 구축의 철학에 바탕을 두고 있다. 아마 네트워크 마케팅에서 가장 빈번하게 나타나는 실패의 원인은, 다운라인들을 관리해야 한다는 잘못된 믿음일 것이다. 일반적으로 신입 네트워크 마케터들은 10명 또는 15명의 친구들을 모집하느라 1~2개월을 보내고 나서, 그 소수의 사람들을 성공시키는 데 나머지 시간을 다 바치고 마는데, 이것을 우리는 '관리의 덫'이라고 부른다. 다운라인을 **관리**하는 것과 **지원**하는 것은 상당한 차이가 있다는 점을 명심하라. 조직의 관리자 역할을 하게 되면, 신입 네트워크 마케터들은 다른 사람과 다른 일은 모두 제쳐 두고 특정한 레그나 다운라인 레그 전체에게만 터무니없이 많은 시간을 소비한다. 이것은 스스로 일하도록 교육하고 격려하는 대신에, 남의 일을 대신하여 잘못된 상호 의존성을 낳게 한다.

'관리의 덫'은 사업을 구축하는 사람에게 2가지 심각한 문제를 야기

POINT

'새로운 피는 모든 조직의 활력소다.' 라는 격언을 명심하라. 새로운 동료들을 계속 가입시키는 것은 사업 전체에 활력을 더해 준다.

한다. 첫째, 누군가가 자신의 일을 대신 해 주기 때문에 나약하고 무기력한 네트워크 마케터들을 배출하게 되며, 둘째, 다른 사람들을 관리하는 동안, 네트워크 마케터는 새로운 프론트라인 네트워크 마케터들을 프로스펙팅하거나 리쿠르팅하는 일에 쓸 수 있는 소중한 시간을 허비하게 된다.

'새로운 피는 모든 조직의 활력소다.' 라는 격언을 명심하라. 즉 새로운 네트워크 마케터 동료들을 계속 가입시키는 것은 사업 전체에 활력을 더해 준다. 안락한 생활을 영위할 만큼 돈을 벌기 전에 모집을 중단한다면, 여러분은 소중한 기반을 잃게 될 것이다. 더군다나 우리는 모범을 보이며 앞서 나가는 산업인데, 리더들이 여러분을 잘못된 모범을 보여 모두가 관리만 하면 프로스펙트를 찾아내거나 가입시키는 일은 아무도 하지 않게 된다. 한편 조직을 지원하는 일은 네트워크 마케팅의 팀 중심 접근 방식의 일부다. 지원하는 일에는, 진지한 프로스펙트에게 사업설명을 잘해서 사업에 동참하도록 마무리하거나, 낙담했을 때 격려해 달라는 동료들의 정당한 요청에 부응하는 일이 포함된다.

2장에서는, 조직에서 의존성을 초래하는 것과 자립성을 강화하는 것의 차이를 설명하려고 한다. 신입 네트워크 마케터들은 생산적인 활동과 비효율적이고 시간 소모적인 활동의 차이를 인식하는 것이 대단히 중요하다.

가족을 스폰서링하고 성장시키는 일

마크는 자신의 아버지를 가입시켰을 때 가족의 라인을 철저히 감독하는 일이 바로 함정임을 발견했다. 다음은 그의 이야기다.

"아버지가 '이놈의 자식아, 그 빌어먹을 피라미드 사기꾼 회사의 뱀기름 장사나 하면서 나를 이렇게 어처구니없게 만들고, 미조리 주에서 우리 가문을 욕되게 하다니!' 라고 말씀하셨을 때 정말 마음이 아팠다. 난 항상 아버지를 사랑하고 존경해 왔기 때문이다. 우리가 성장하는 동안 아버지는 큰 돈을 번 적은 없었지만, 자신의 광고 회사를 세우셨다. 또 그는 2권의 소설을 썼는데, 그 가운데 하나가《인간의 덫》으로, 1948년에 베스트셀러가 되었다. 아버지는 자존심이 강한 분이셨고, 내게 늘 재산보다 화목이 중요하다고 하셨다. 또 악수를 해보고 신뢰가 가지 않는 사람과는 사업을 하지 말라고도 하셨다."

"내 나이 16세 되던 해에 미조리 주 스프링필드의 글렌데일 고등학교 2학년이었을 때, 아버지는 소설과 잡지 기사 쓰는 일을 그만두고 광고 대행 회사를 시작하셨다. 아버지가 내게 외부로 나가 고객을 끌어오는 일을 맡기셨을 때 난 너무 자랑스러웠다. 아버지는 내가 고객 1명을 데려오면, 광고 문안 작성을 맡기시겠다고 했다. 난 너무 흥분해서, 쏜살같이 밖으로 나가 첫주에 정말로 고객 한 사람을 데리고 왔다. 그 친구 이름은 제리 본이었는데, 우리 집 근처에 있는 작은 상가에서 애완동물 가게를 개업할 준비를 하고 있었다. 아마 배짱과 열정 때문이었겠지만, 난 그를 설득했다. 내게 기회를 달라고 말이다."

"난 아버지의 사무실로 돌아와, 좋은 소식을 알려드렸다. 그때 난 극도로 흥분해 있었다. 아버지가 내 실적에 얼마나 흥분하셨는지는 기억나질 않지만, 꽤 기뻐하셨다. 그 뒤 여러 해 동안, 난 광고 문안을 작성하고, 내가 데려온 고객들을 위해 광고를 만들었다. 광고의 일부는 대단한 환영을 받았지만, 다른 것은 그다지 성공을 거두지 못했다. 그러나 항상 아버지는 나를 지원하고 격려해 주셨는데, 내가 졸업하기 6개월 전까지는 늘 그러셨다."

"나는 그때 알아차리지 못했지만, 아버지는 정말 스트레스에서 벗어나기를 원하셨다. 분명히 나의 무지함 탓인데, 난 아버지의 희망을 알지 못했다. 아버지는 내가 대학을 졸업하고 나면 — 대학 졸업은 전례가 없는 사건이었는데 — 아버지의 동업자가 되고, 또 언젠가는 광고 회사 전체를 맡게 되리라는 희망을 가지고 계셨다. 하지만 내 계획은 달랐다. 지금 생각해 보니, 내가 1971년의 가족 미팅에서 신학교에 들어가 목사가 되겠다고 발표한 것이 아버지를 매우 당황하게 한 것 같다. 뒤에 어머니를 통해 알게 되었는데, 아버지가 내 말을 들으셨을 때, 여러 해 동안 내내 함께 일하다가 갑자기 뒤통수를 한 대 얻어맞은 기분이었다고 한다. 하지만 그런 게 인생이다. 난 판매직을 몇 차례 거친 뒤 몇 년 뒤에 목사가 되었다."

"아버지가 나의 목사직을 받아들이고, 아들 교회가 얼마나 빨리 성장하는지를 친구에게 자랑스럽게 이야기하기 시작하던 무렵, 아버지와 거의 1년 동안 대화 단절의 원인이 되었던 일이 벌어졌다. 네트워크 마케팅 분야에 속하는 한 신생 회사의 네트워크 마케터가 되었다는 이야기를 전화로 말씀드린 것이다. 아버지께 물었다. '아버지, 샴푸와 린스를 좀 보내 드릴까요? 아버지가 분명히 좋아하실 거예요.' 난 그때 2분 정도 계속된 불안한 침묵을 결코 잊을 수가 없다. 침묵뿐이었다."

"2분쯤 지난 뒤 — 1시간은 된 것 같았죠 — 난 불안한 침묵을 깨고 샴푸를 우송해 드릴 주소를 알려 달라고 했다. 그때 결정적으로 아버지의 분노가 폭발했다."

"미친 놈! 신학교에 가서 목사가 되더니, 이젠 그것도 때려치웠구나.

넌 뭐든 금방 때려치우는 놈이야. 이제 피라미드에 들어가서 또 어떻게 집안을 망신시킬래?' 그러더니 아버지는 갑자기 전화를 끊어 버렸다."

"거절을 당하고 나니 너무나 비참했다. 그러나 1년 뒤 사과 전화를 받았을 때 모든 것이 변했다. 아버지는 여동생으로부터, 내가 상당한 규모의 다운라인을 구축했고, 아버지가 1년 동안 버는 것보다 더 많은 액수를 매달 벌어들인다는 소식을 들으셨던 것이다. 아버지는 내게 전화를 걸어 성공을 축하해 주셨고, 건강 문제를 털어놓으셨다. 스트레스 때문에 심장에 문제가 생겼다는 말씀과 함께, 나를 심하게 책망한 것에 대해 사과하셨다. 그리고 나서는 광고업계의 과당경쟁에서 벗어날 수 있도록 도와 달라는 바람도 넌지시 비추셨다."

"내게는 그 정도로 충분했다. 다음 주 난 비행기를 타고 미조리 주로 날아가 아버지를 가입시키고, 전통 사업에서 구해 냈다. 아버지의 인생을 변화시키는 데 도움이 될 수 있다는 생각에 난 몹시 흥분했다. 여기서 이처럼 자세하게 우리의 배경을 설명한 이유는, 내가 그토록 필사적으로 아버지를 도와드리고자 했던 이유를 이해시키기 위해서다. 이때 나는 무서운 '관리의 덫', 다시 말해 자신의 다운라인의 관리를 처음으로 경험했다. 내 실수를 지적하기 전에, 여러분이 상황을 충분히 이해했으면 좋겠다. 또한 여러분이 이 파멸적인 덫을 피할 수 있도록 돕기 위해 가능한 모든 수단을 동원하려고 한다. 관리의 덫은 심한 역효과를 내며, 실패를 초래하는 경우가 가장 많기 때문이다. 부모, 형제 자매 그리고 가장 친한 친구들이 보통 우리를 '관리의 덫'으로 유혹하는 사람들이다."

"난 아버지가 조직을 구축하는 것을 도와 드리면서, 미조리 주 스프링필드에서 4개월을 보냈다. 문제는 내가 아버지 대신 모든 일을 하고 있었기 때문에, 아버지의 모든 다운라인들이 나의 지도를 기대한다는 것이었다. 그뿐 아니라, 나의 다운라인들도 고통을 겪고 있었다. 내가 그들의 질문에 답변을 해 줄 수가 없었기 때문이다. 내가 아버지의 그룹 전체를 관리하는 데 바친 그 4개월이, 나의 전체 네트워크 마케팅 경력 가운데 역효과가 가장 심하게 났던 시기였다. 거기서 얻어낸 정말 가치 있는 사실은, 나의 다운라인 중의 한 레그에 보모 노릇을 하면서 몰락을 배웠고 다른 레그 사람들이 똑같은 실수를 범하지 않도록 우리의 훈련 강좌를 즉각 구축하지 시작했다는 것이다.

"내가 스프링필드를 떠나자, 내가 구축한 모든 것이 즉각 와해되기 시작했다. 또 아버지의 프론트라인에 새로 들어온 사람들은 나를 자기들의 스승으로 여겼다. 그래서 내가 스프링필드에 거주할 때만큼 더 이상 그들을 효과적으로 지원할 시간이 없어지자, 여러 사람들이 낙담하고 첫달에 사업을 포기했다. 아버지는 지도하는 방법을 알지 못했고, 그들은 아버지의 지도를 바라지 않았다. 결국 아버지는 좌절하고 말았다. 내가 성인인 그들을 챙겨 주는 감독 노릇을 했기 때문에 난 아버지를 불구자로 만들어 버린 것이다. 그러나 진짜 비극은 다음과 같은 것이었다. 아버지는 네트워크 마케팅에서 극적으로 성공할 만한 능력이 있었다. 또 그는 훌륭한 의사 전달 솜씨가 있었고, 사람들과 일하는 것을 좋아했다. 뿐만 아니라 사업에 대한 전반적인 재능이 있었기 때문에 전세계적으로 대단히 성공적인 조직을 구축하고 운영할 수 있었다. 그러나 난 아버지를 위한답시고 그것을 파괴한 것이다. 아버지를 너무 사랑하고, 아버지의 성공을 위해 너무 헌신한 나머지, 강한 사람을 나약한 사람으로 만들어 버렸다."

"아버지는 지금 안 계신다. 그는 작년에 돌아가셨다. 때때로, 서재에 고독하게 앉아 아버지를 생각할 때면, 난 은밀하게 천사 하나가 나타나, 마술 지팡이를 휘둘러서 아버지의 유해 위에 다음과 같은 내용의 조그만 황금 액자를 남기고 가길 바란다. '여기 위대한 인물 두안 야넬 잠들다. 아들이 그토록 사랑하지 않았더라면 더 위대할 수 있었으리라.' 그러나 그땐 내가 지금 알고 있는 걸 몰랐기 때문에, 깊은 죄책감을 느끼지는 않는다. 아버지와 난 끝까지 멋진 우정을 유지했다."

"그 다음에, 난 여동생 멜리사가 있는 올랜도로 곧장 갔다. 멜리사는 '타퍼웨어 회사'에 근무했다. 그녀는 대단히 성공한 수석 애널리스트였다. 멜리사와 나는 관리의 덫에 빠질 만한 정당한 이유가 있었다. 아니, 있다고 잘못 생각했다. 왜냐하면 내가 멜리사에게 개인적으로 이해 관계의 갈등이 있다고 생각했기 때문이다. 한편 멜리사는 타퍼웨어가 직접 판매 회사라서 다른 회사에 네트워크를 구축하는 것은 그리 좋지 않다고 생각했다. 난 멜리사의 결정에 감탄하고, 또 다시 여동생의 다운라인 전체를 관리하기로 했다. 내가 멜리사의 프론트라인 리더들을 모집하여 훈련하고, 지원한 것은, 멜리사가 투퍼웨어의 신뢰를 저버릴 수가 없었기 때문이다. 또다시 난 자신도 모르는 사이에 이 행정적 역할의 희생자가 된 것이다. 뿐만 아니라 내가 오로지 가족들의 조직을 관리하는 데만 집중했기 때문에, 전국에 퍼져 있는 나의 다른 조직들은 모두 내게 연락하는 게 힘들어서 좌절감을 느끼고 있었다."

"간략히 말하면, 내가 콜로라도 아스펜에 있는 내 집으로 돌아왔을 땐, 아버지와 여동생의 이그제큐티브 다운라인을 구축하는 일에 8개월 이상을 완전히 허비한 뒤였다. 1년도 안 되어 양쪽의 친척들이 모두 떠났고, 그들 조직의 네트워크 마케터들도 모두 떠나거나, 아니면 제품의 도매 구입자가 되었다. 난 그토록 많은 시간을 허비해 버렸고, 그들에 대한 지나친 사랑으로 인해 무의식적으로 그들에게서 리더십의 역할을 빼앗았다.

아버지는 나의 고등학교 동창과 대학 동창인 게리 터너와 짐 그룬디를 가까스로 가입시켰다. 몇 년 동안 그들은 순조롭게 발전을 했는데, 결국 다른 길을 선택했다. 따라서 우리는 현재 친척들을 도우려고 열성을 다해 일해 놓고 땡전 한 푼 얻지 못하고 있다. 내 조직의 관리인 역할

POINT
실제로 우리는 유산, 행운, 상황보다, 가능성이 확실한 비전에 의해 훨씬 더 큰 힘을 얻는다.

을 맡은 것이 결국 내 소득을 줄게 했고, 아버지와 여동생의 성공 기회를 망쳤으며, 거의 1년 동안 날 헤매게 한 것이다. 나는 원래 1주일 정도만 두 도시에 머물며 아버지와 멜리사를 훈련해야 했다. 그랬더라면 두 사람은 자신의 조직을 구축할 수 있었을 것이다."

가족의 지원 없이 여러분 혼자만 네트워크 마케팅에 참여하고 있다면, 그들을 강제로 사업에 끌어들여 모든 것을 그들 스스로 하게 하는 것보다 그들을 변화시키는 더 좋은 방법이 있을 것이다. 다른 사람을 변화시키려면, 우리 자신이 먼저 변화해야 한다. 그러면 다른 사람들의 행동에도 자연히 변화가 따라오게 된다.

실제로 우리는 유산과 행운이나 상황보다, 가능성이 확실한 비전에 의해 훨씬 더 큰 힘을 얻는다. 워싱턴 주 렌턴의 지미 코서트Jimmy Kossert는 네트워크 마케팅에서 '거금'을 벌어들인 전설적 인물이다. 그러나 1세기 이상 그의 가족을 지배해 온 악순환의 고리를 단절한 것은 어느 이른 아침에 있었던 자기 성찰 덕분이었다. 그는 우리에게 다음과 같은 이야기를 들려주었다.

"나는 어느 이른 아침 5시에 일어나 여러 세대에 걸쳐 우리 가족을 지배해 온 빈곤의 순환을 끊어 버리기로 결심했다. 그때는 네트워크 마케팅에 참여한 첫해가 거의 끝날 무렵이었다. 내가 모집한 모든 사람들이 떠난 상태였다. 사랑하는 사람들은 하나같이 내 제안을 거절했다. 난 수입도 없었고, 경기가 회복되리라는 희망을 품고 침체기에 접어든 부동산 시장으로 되돌아갈 기회도 없었다. 다른 분야에서의 경험이나 대학 졸업장도 없었고, 더 이상 견뎌 낼 의지도 없었다. 증조부도, 할아버지나 아버지도 모두 지금의 나처럼 가난하고 교육을 받지 못했다. 우리 가족에는 가난이 유전되고 있다는 생각마저 들었다."

"아내와 아이들은 곤히 자고 있었다. 난 일어나 앉아서 내가 사랑하는 사람들과 우리의 불확실한 장래에 대해 곰곰이 생각하고 있었는데, 그때 갑자기 번쩍하며 떠오른 생각이 있었다. 내 앞선 세대들은 모두 자신들을 지배하는 더러운 손길을 가끔씩 한탄하는 것으로 그쳤겠지만, 난 그들과 달리 비장의 카드가 있었다. 조상들과는 달리, 사람들이 무한한 소득을 올릴 수 있는 대기업에서 근무한다는 것이다. 우리 조상들은 아무도 그런 권리를 가져 본 적이 없었다. 나 지미 코서트는 나보다 앞서 가문의 명예를 회복할 수 없었던 모든 조상들을 위해 여러 세대에 걸친 예속과 비천한 삶으로부터 탈출하기로 선택된 것이었다. 난 한 살 먹은 아이와 두 살 먹은 아이에게 살금살금 다가가 조용히 다짐했다. '아빤, 나와 같은 기회가 있었더라면 증조부가 하셨을 일을 너에게 해 줄 거야. 이 경기를 끝내고 꼭 승리할게.'"

"그 순간부터, 난 빈곤의 악순환을 끊는 일에 착수했다. 내 선조들도 그렇게 했다면 무한한 소득을 얻었을 것이다. 내가 지금 이룬 재산은, 가난하고 교육을 받지 못해 부와 시간적 자유를 전혀 누릴 수 없었던 시대에 무슨 일이든 다 참아 낸 증조부에 대한 약속의 결과다. 내 아이들은 결코 새벽 5시에 캄캄한 어둠 속에서 일어나 가난 때문에 절망을 느끼는 일은 없을 것이다. 네트워크 마케팅 덕분에 악순환이 이제 끊어졌다."

메시아 콤플렉스

우리 부부는 모두 신학적 배경을 가지고 있기 때문에, 우리는 '메시아 콤플렉스'의 희생자가 어떻게 되리라는 것을 잘 알고 있다. 메시아 콤플렉스는 관리의 덫과 아주 유사하지만, 사람의 구원을 더 강조한다. 우리의 배경 때문에, 때때로 우리는 세계 전체와, 우리가 후원하는 사람들을 모두 다 구원하려고 했다. 훌륭한 사람을 발견할 때마다, 특히 구원할 필요가 있어 보이는 사람을 만날 때마다, 우리는 그 사람과 그의 조직 전체를 관리하는 데 많은 시간을 바치곤 했다. 그러나 그것은 별로 효과가 없다는 것이 르네와 내가 되풀이해서 터득한 바다.

여기에 역설이 있다. 별로 관리가 필요하지 않은 프론트라인 네트워크 마케터들이 대개 가장 성공한 사람들이다. 예를 들면, 텍사스 출신인 데니스Dennis와 데이비드 클립튼David Clifton 형제의 경우를 보자. 당시, 데니스는 텍사스 대학의 박사 과정에 있었고, 데이비드는 휴스턴 경찰서의 형사였다. 사업을 시작한 지 겨우 한 달쯤 되었을 때, 마크가 데니스를 가입시키고 자신이 알고 있는 것을 모두 가르쳤다. 그 다음에는 데니스가 마크에게서 배운 것을 데이비드에게 가르쳤다.

마크는 매일같이 걸려 오던 전화가 끊겼을 때, 처음에는 자신이 그 두 사람에게 마음의 상처를 주었다고 생각했다. 그러나 알고 보니 그들은 이제 처음과는 달리 마크를 필요로 하지 않게 된 것이었다. 사업의 신뢰성 확인을 위해 프로스펙트에게 전화를 걸게 하거나, 모집 과정을 마무리해야 하는 중요한 프로스펙트들이 생긴 경우를 빼놓고는, 그들은 이제 다른 사람을 모집하고 훈련하는 일이 단순하다는 것을 깨닫고 그대로 실천하고 있었다. 우리가 네트워크 마케팅에서 처음 몇 해 동안에 배운 가장 중요한 교훈이 있다면, 우리를 가장 필요로 하는 사람들은 대개 성공률이 가장 낮고, 스스로 발전해 가는 사람들은 가장 믿을 만하다는 것이다. 마크는 이렇게 회상한다.

"데니스 클립튼이 도움을 요청하지 않고 처음으로 한 달을 잘 보냈을 때, 자존심이 좀 상했다. 그러나 내가 필요한 존재가 되어야 한다는 망상에서 깨어났을 때, 클린턴의 그룹이 나를 앞지른 것을 발견하고 몹시 놀랐다. 우리 다운라인들이 우리보다 앞서 보상 플랜의 정상에 도달할 수 있도록 보상을 해 주는 곳은 네트워크 마케팅밖에 없다."

'메시아'를 필요로 하지 않는 사람들 가운데는 캐시 데니슨Kathy Denison와 테리 힐Terry Hill도 있었다. 그들은 이전에 네트워크 마케팅에 참여한 적도 없는데, 마크의 프론트라인이었음에도 불구하고 마크라는 구세주를 필요로 하지 않았다. 처음 1~2개월 동안 몇 차례 전화를 한 것과, 첫해에 프로스펙트에게 마무리하는 데 약간의 도움을 준 것을 빼놓고, 그들은 즉시 완전 자립을 이루게 되었다. 징징 울거나 한탄하거나 불평이 많은 신입 네트워크 마케터들은 몇 달 안 가서 모두 사업을 포기했다. 백만장자가 된 사람들은 주로 자신의 힘으로 그렇게 된 것이다. 마크는 그들을 지원했고 리차드 칼이 가르쳐 준 복제할 수 있는 시스템을 전해 주었고, 그들은 계속해서 큰 일을 성공적으로 이룩해 냈다. 그들은 모두 승자다. 승자가 가장 필요로 하지 않는 것은 관리인이나 구세주다.

이 점을 명심하라. 만약 신입 네트워크 마케터들이 훈련을 마친 뒤 매일 여러분에게 전화를 걸거나, 모든 일을 대신 해달라고 요청도 하지 않으면서 일을 잘해 나간다고 상처받지 말라. 오히려 기뻐하라! 이 사업에서는 위대한 일을 할 수 있는 능력이 있으면서도, 모든 것을 업라인에 의존하는 사람들이 가장 빨리 실패한다. 우리 산업을 전통적인 고용 기회보다 훨씬 훌륭하게 만드는 것은, 우리가 생산성에 따라 보상을 받는다는 사실에 있다.

우리는 TWA^{주)}과 같은 전통 기업과 다르다. 이 책을 인쇄할 무렵, TWA 사는 가장 열심히 일하는 직원들에게 10년째 한 번도 임금을 올려 준 적이 없었다. 반면 최고 경영자는 매일 3천 달러씩을 계속 벌어들이고 있었다. 네트워크 마케팅의 경우 만약 신입 네트워크 마케터가 상위의 어느 특정한 리더보다 더 많은 소득을 올리기 원한다면, 생산성을 더 높이기만 하면 된다. 즉, 제품을 사용하고 함께 나눌 프론트라인 네트워크 마케터와 고객들을 더 찾아내면 된다. 이것이 우리가 우리 사업에 대해 가장 흡족해 하는 부분이다. 실제로 우리의 다운라인을 잃어버릴 수는 없지만 – 우리가 제품 주문을 중단하지 않는 한 – 다운라인의 리더들은 소득에서 우리를 앞지를 수 있다. 또한 우리가 긍정적 기사와 대중 매체 보도, 대학이나 클럽, 조직에 대한 강연, 그리고 이 저서와 같은 책을 통해 산업의 이미지를 높이는 데 헌신하기로 결정한 1992년 이후, 실제로 우리를 앞지른 리더들도 있다. 우리가 처음 몇 년처럼 프론트라인 회원 모집을 적극적으로 추진하지 않는 것은, 이미 얻은 자유를 다른 큰 뜻을 위해 사용하기로 결정했기 때문이다.

게다가 우리는 규모가 큰 국제 조직들의 업라인 리더들인데, 이 조직들은 모두 적어도 1년에 한 번은 우리가 자기네 도시를 방문하기를 바란다. 우리는 현재 20개국 정도를 집중적으로 방문하고 있다. 도쿄에서 달라스까지, 그리고 시드니에서 런던까지, 우리는 전 세계에 있는 친구들이나 동료들과 함께 시간 보내는 것을 좋아한다. 또한 지금도 감독자의 자리에 안주하는 것을 의식적으로 피하고 있지만, 그럼에도 우리는 각 리더의 도시에서 상당한 시간을 보내고 싶은 욕구를 분명히 느끼고 있다. 우리의 여행 일정 덕분에, 다운라인의 주요 리더들은 – 일부는 이 사업에 종사한 기간이 우리의 절반밖에 안 된다 – 훨씬 번창하게 되었

주) Trans World Airways 미국의 민간 항공사였으나 지금은 폐업한 항공사 – 역자 주.

다. 왜냐하면 그들은 계속 프론트라인을 모집하고 있었기 때문이다. 회원 모집은 수입을 늘어나게 하는 중요한 방법이다. 그러나 우리에게는 아직도 더 많은 소득을 올릴 수 있으면서도 그렇지 못하는 사람들이 꽤 많다. 그들은 아직도 '관리의 덫'에 빠져 있거나 '메시아 콤플렉스'에 사로잡혀 있기 때문이다.

솔직히 말해, 우리보다 훨씬 많은, 100만 달러를 한 달에 벌어들이는 사람들은 우리에게 정신이 나간 게 아니냐고 묻는 경우가 있다. 우리가 전 세계적으로 프론트라인을 계속 모집을 해 억만장자가 되려고 하지 않고, 네트워크 마케팅 산업의 전체 이미지를 높이기로 작정했기 때문이다. 거기에 대한 우리의 대답은 간단하다. 피터 허쉬Peter Hirsch의 《열정적인 삶Living with Passion》을 읽어 보라는 것이다. 거기서 우리는 우리의 열정을 발견했다. 또한 네트워크 마케팅이야말로 제3세계의 긴급한 문제들을 해결할 수 있는 최고의, 완벽한 경제 제도라고 확신한다.

만약 우리가 말하는 긴급한 문제가 무엇인지 이해하지 못한다면, 한 가지 사례만 들어보겠다. 2000년이면 전 세계적으로 4천만 명 가량이 에이즈로 죽고, 500만 명의 고아가 발생할 것이라는 예측이 있었는데, 그 가운데 90퍼센트가 아프리카와 다른 제3세계 국가들에서 살고 있다. 이 책을 쓰고 있는 현재, 이 문제를 다룰 단 하나의 기관도 만들어진 적이 없다. 또한 저 밖에는 우리를 기다리는 엄청나게 많은 전 세계적 문제가 있다. 그래서 매년 수백만 달러를 벌어들이는 네트워크 마케팅 종사자들이 우리와 함께 세상을 더 나은 곳으로 만들기 위한 계획에 참여해 왔다. 정말 막대한 부를 쌓는 것보다 더 긴급한 일이 있으며, 네트워크 마케팅에 종사하는 우리는 변화를 가져올 수 있는 돈과 시간적 자유를 지니고 있는 것이다.

메시아 콤플렉스에 시달리는 것은 우리만이 아니다. 조 토니타Jo Tonita는 이상주의적인 네트워크 마케터로, 많은 사람들처럼 이러한 현상을 보이고 있다.

"나에게 가장 큰 어려움은, 사람들이 일단 관심을 나타내면 과연 누가 정말 사업을 구축해 낼지를 알아내는 일이었다. 성공을 하려면, 증거에 앞서 확신이 있어야 한다. 다시 말해, 어떤 일이 실제로 일어나기 전에 스스로 그 상황을 상상할 수 있고, 또 그것에 대해 느낄 수 있어야 한다. 나는 처음에 그 점을 이해하지 못한 탓에, 단순히 최종 결과를 상상하지 못하는 사람들에게 업무를 주고 관리하다가, 그들이 떠나면 몹시 좌절하곤 했다. 또 모든 사람이 성공하기를 원했다. 그래서 어떻게 해서든 도와주려고 너무 많은 시간과 힘을 낭비하는 경향이 있었다. 결국 나는 모든 힘을 잃었고, 그들의 실패를 내 개인의 것으로 받아들이고 있는 자신을 발견했다."

"목표 설정을 시각화하는 것을 배움으로써 이 시련들을 극복했지만, 난 아직도 함께 일할 동료를 아주 신중하게 선택한다. 나의 성공은 무엇을 가장 많이 생각하는가, 그리고 어디에 에너지를 쏟는가와 직접 관련이 있다는 걸 깨달은 것이다. 리더로서 정말 해야 할 일이 새로운 동료들에게 복제할 수 있는 전략을 제시하고, 그럼으로써 그들 자신의 성공을 창조해 내도록 하는 것이라면 관리 형태에 빠지는 건 불필요하다."

조Jo와 릭 토니타Rick Tonita는 캐나다에 있는 그들의 회사에서 최고의 리더에 속하는 네트워크 마케터들로, 지금까지 거의 20년 동안 한 회사에만 근무해 왔다. 앞으로 20년 간 점점 더 많은 네트워크 마케터들이 그렇게 자신 있게 말할 수 있게 되는 것이 우리의 희망이다.

동료가 성공하지 못한다고 좌절을 느낄 때, 그에게 최종 결과를 눈에 그리는 법을 가르치고, 자신의 모든 에너지를 그들에게 쏟아라.

"소수만을 모집하고, 그 라인만 깊게 내려가라"

    네트워크 마케팅 사업에 대한 잘못된 인식 가운데 하나는 사람들을 관리라는 함정에 빠뜨리는 것이다. 어떤 리더들은 우리 산업의 성공 열쇠가, 4~5명의 훌륭한 사람을 찾아내서 그들이 부자가 될 때까지 지원하는 일에 집중하고, 또다시 5명을 찾아내서 같은 과정을 반복하는 것이라고 주장한다. 이러한 주장은 우리 직업에서 성공의 필수 요건과 정반대다. 우리 직업상의 주문을 세 마디로 하면, **"넓게 빨리 전진하라! GO WIDE FAST"**다. 여러분이 적어도 한 달에 1만 달러의 소득을 지속적으로 올릴 수 있을 때까지, 매달 될 수 있는 대로 많은 프론트라인 네트워크 마케터들을 모집하라. 그리고 재충전이 될 때까지 잠시 쉬어도 좋다. 그런 다음에는 프론트라인 모집 활동으로 즉시 돌아가라.

    불행하게도, 일부 마음이 착한 저자들과 리더들은 신입 네트워크 마케터들에게 우리 산업에서 성공을 하는 데 실제보다 적은 노력이 필요한 것처럼 믿게 했다. 그럼으로써 그들은 우리 산업에 큰 해악을 끼쳐 왔다. 이러한 철학을 가르치는 사람들의 의도는 순수하다. 그것은 그들이 책이나 테이프를 통해 배운 업라인 리더들에게 배웠기 때문이다. 신입 네트워크 마케터들은 친구나 가족들에게 집중하기 때문에 처음 90일 동안의 우호자 시장의 회원 모집 과정은 훨씬 개인적이고 집중적으로 지원을 받을 수 있다. 이것은 다음 장에서 다룰 예정이다. 그러나 일단 냉담자 시장으로 들어가면, 이 산업을 숫자 게임으로 보지 않는 한, 우리 산업의 전설적 인물들처럼 막대한 소득을 올리기를 바랄 수 없다는 것이 사실이다.

    론 위긴스Ron Wiggins는 27세 때 11년 동안 근무하던 제화업계를 떠나 네트워크 마케팅에 참여했는데, 첫해에 배운 가장 중요한 것 가운데 하

POINT
막대한 부를 쌓는 것보다 더 급한 일들이 있으며, 네트워크 마케팅에 종사하는 우리는 변화를 가져올 수 있는 돈과 시간적 자유를 가지고 있다.

나를 이렇게 설명했다.

"성공에는 아무런 논리도 필요 없다. 성공을 이해하려 하지 말라. 그냥 숫자 게임만 하란 말이다! 그리고 많은 사람들을 모집하려고 할 때, 당신이 아는 것을 모두 말하려 하지 말라. 그것은 호기심을 충족시키는 문제가 아니라, 호기심을 불러일으키는 문제다."

론은 계속해서 말했다.

"나는 수많은 잘못을 저지르고 나서야 마침내 숫자가 늘어나기 시작했다! 내가 범한 모든 실수로부터, 난 머릿속에 있는 논리를 지워 버리고, 이 산업의 전문가들과 권위자들이 온갖 실수를 통해 이루어 낸 것을 그대로 하면 된다는 것을 경험으로 배웠다. 여러분은 이미 가지고 있을지도 모르는 개인적인 모든 인식을 털어 버리고, 처음부터 아주 일관된 기초를 바탕으로 열심히 해야 할 일이 많다는 것을 받아들여야 한다."

1년 동안 열심히 일한 뒤, 론은 이전의 소득만큼 벌어들일 수 있었다. 그 뒤, 아내인 크리스Chris도 자신의 직장을 떠났고, 두 사람은 전업으로 함께 일하면서 달라스에서 최고의 네트워크 마케터가 되었다. 론과 크리스가 회사의 보상 플랜의 정상에 오르는 데는 4년 반이 걸렸다. 현재 그들은 매달 다섯 자리 숫자[주]의 소득을 올리고 있다. 그들 부부는 자신들의 경험을 이용하여 훈련의 전문가가 되었으며, 그들의 시스템을 쉽게 복제할 수 있도록 훈련하는 법도 터득했다.

주) 천만 원대의 소득 – 역자 주.

네트워크 마케팅 종사자들이 정말 성공에 필요한 숫자 게임을 한다면, 아무도 관리의 함정에 빠질 겨를이 없을 것이다. 인간의 본성은 가장 저항이 적은 라인을 찾게 마련이다. 또 새로운 사람들을 모집할 때 매일같이 거절에 직면하기보다 기존의 네트워크 마케터들과 함께 일하는 것이 훨씬 쉽다. 이것은 복제 사업이기 때문에, 여러분의 네트워크 마케터들은 여러분이 하는 것을 따라 할 것이다. 만약 여러분이 다운라인을 관리하면, 그들도 그렇게 할 것이다. 여러분이 프로스펙트를 찾고 모집하는 데 대부분의 시간을 보내면, 여러분의 네트워크 마케터들도 그렇게 할 것이다. 비결은 조직을 관리하는 것이 아니라, 리더들을 발견하는 데 있으며, 그 리더들은 역시 다른 리더들을 찾을 것이다. 일반적으로 리더는 찾아내야 하는 것이지, 창조할 수 있는 것이 아니다. 그러나 아직 개발되지 않은 지도력을 가지고 있으면서도, 적절한 시기가 될 때까지 나타나지 않는 사람들도 많다. 리더를 '찾아내려면', 계속해서 새로운 프로스펙트를 물색하고 모집해야 한다. 또한 새로운 피는 모든 네트워크 마케팅 조직의 활력소라는 것을 깨달아야 한다. 회원 모집은 불가피한 회원 감소를 상쇄할 수 있는 유일한 방법이다. 이것은, 일단 한번 후원을 받아 사업에 참여하게 되면(종종 평생 유대 관계를 맺는 경우가 많다) 불가피하게 피플 비즈니스가 되는 숫자 게임이다.

우리가 모두 단지 몇 명의 손꼽을 정도의 프론트라인 리더들과 일한 뒤 매달 10만 달러짜리 수표를 가지고 은행으로 달려갈 수 있다면 그것은 정말 놀라운 일이 되리라. 이러한 목표를 달성할 수 있는 손쉬운 방법이 있다고 믿고 싶은 것이 인간의 본성이다. 우리는 모든 사람들에게 손쉽고 노력이 필요 없다는 개념들을 제시하고, 실제로는 그렇게 되지 않는데도, 사람들을 천박하고 부당하게 이끄는 리더와 저술가들을 조심하라고 경고한다. 또 관리를 성공의 철학으로 가르치는 사람들의 말을 받아들이지 말라. 실패의 원인 가운데 50퍼센트 이상이 이런 철학에 있기 때문이다. 여기에 가상의 시나리오가 있다. 한 새로운 동료가 자기도 모르게 이러한 시스템을 접하고, 몇 주일 동안을 소비하여 5명의 친구를 가입시켰는데, 그의 짧은 경력은 이 5명을 마지막까지 끌고 가려고 애쓰다가 끝났다는 것이다. 그 뒤의 일은 당신도 알다시피 그는 매 주마다 어느 집 거실에서 애보기를 하게 되었다.

  다행스럽게도 암웨이의 경우, 2명의 최고 리더들이 이러한 철학의 어리석음을 일찍이 간파했다. 리더로서 다운라인들로부터 대단한 존경과 충성을 받고 있었기 때문에, 그들은 즉각 판매 도구 목록에서 베스트셀러 도서 하나를 제거하여 보다 현실적인 지침으로 이 철학을 대체할 수 있었다. 다시 말해 암웨이만이 계속 성장하여 수십 억 달러의 제국이 된 여러 가지 이유 가운데 하나는, 다른 경쟁 기업들은 암웨이의 절반 수준에도 미치지 못하는데, 이러한 관리 철학이 널리 보급되지 않았기 때문이다. 암웨이의 네트워크 마케터들은 모든 사람을 관리하지 않으며, 계속해서 쇼더플랜^{주)}을 강조함으로써 새로운 프론트라인 네트워크 마케터들을 추가하고 있다. 그것은 우리의 다운라인의 경우도 마찬가지다. 여러 해에 걸쳐, 우리는 우리의 책《파워 네트워크 마케팅》과 A. L. 윌리엄스Williams의《당신이 할 수 있는 모든 것All You Can Do》을 권유해 왔다. 따라서 우리의 성공한 리더들의 대부분은 꾸준히 많은 수의 프론트라인 네트워크 마케터들을 모집하고 있으며, 그 네트워크 마케터들에게 똑같은 일을 하도록 교육하고 있다.

주) Show The Plan. 줄여서 STP라고 부른다. 프로스펙트에게 회사와 제품, 보상 플랜, 개인의 성장과 발전 가능성 등 네트워크 마케팅의 비전을 보여 주는 일 – 역자 주.

다운라인 돌보기

우리가 만나기 전에, 르네의 가장 유망한 그룹의 하나는 뉴욕 로체스터에 있었다. 그것은 그녀의 조직에서 역동적으로 성장하고 있는 레그로, 개리Gary와 로리Laurie 부부가 이끌고 있었는데, 그들은 비전, 진실, 열정 등 네트워크 마케팅에서 성공하는 데 필요한 모든 자질을 갖추고 있었다. 그들은 그들의 가장 강력한 촉매 역할을 한 마이크라는 친구를 후원했고, 거의 2년 동안 모든 것이 잘 진행되었다. 한편 르네는 1년에 두 번씩 그들을 방문하여 함께 일했고, 나머지 시간은 원격 회의와 전화 미팅으로 그들을 지원했다. 대개 200~300명의 사람들이 회의에 참석했으며, 방문할 때마다 뛰어난 리더들의 숫자가 늘어나고 있었다. 그것은 장거리 네트워크 조직이 어떻게 성공할 수 있는지를 단적으로 보여 주는 사례였다. 그런데 단 1주일 만에 모든 것이 변해 버렸다.

한때는 전체 그룹에서 최고의 모집가였던 마이크는 은밀하게 관리형으로 빠져 버렸던 것이다. 그의 그룹은 상당한 규모였으며, 마이크는 그룹의 모집 활동을 감독하는 데 자신의 모든 에너지를 바쳐야 할 때라고 생각했다. 그의 강한 성격 때문에, 마이크만큼 모든 일을 잘 처리해 낼 수 있는 사람이 있으리라고는 아무도 생각하지 않았다. 마이크는 언제나 달려갈 준비가 되어 있었고, 그의 조직은 무슨 일이든지 사업 설명회, 친교 미팅, 마무리 미팅, 수련회, 제품 상담, 격려 전화 등 그에게 의존했다. 의기소침하고 낙심해 있었던 마이크는 개리에게 전화했고, 개리는 르네에게 전화해 볼 것을 권했다. 전화 통화 내용은 대체로 다음과 같다.

"마이크, 기운이 없나 보군요. 무슨 일이에요?"

르네가 그에게 관심을 보였다.

"모르겠어요. 그냥 일이 더 이상 진행이 안 돼서요. 그룹 관리에 완전히 지쳤어요. 거기 내 대신 일할 사람 없을까요?"

"마이크, 당신은 최고의 모집가예요. 이 달에 몇 명을 후원했죠?"

마이크는 잠시 머뭇거리다 대답했다. "난 관리하는 일에 너무 바빠서요. 아무리 열심히 일해도, 내 그룹은 더 이상 성장을 하지 않아요. 이해할 수가 없어요."

"당신도 '새로운 피는 이 사업의 활력소다' 라는 격언을 알고 있잖아요. 리쿠르팅을 중단하면 조직은 천천히 죽어 가는 거예요. 조직을 되살리고 싶으세요? 당신이 가장 잘하는 일, 리쿠르팅하는 일로 돌아가세요."

"난 아직 터널 끝의 불빛이 보이질 않아요. 평생 관리하는 일로 끝날 것 같아요. 아내에게 물어 보세요. 난 내 아이들도 제대로 돌보지 못하는 사람입니다. 관리하는 일을 하지 않고 이 일을 할 수 있는 방법이 있다면……"

한 달 뒤, 마이크는 새로운 회사를 찾았는데 그 회사는 일종의 사업자끼리 만든 회사였다. 그것은 바로 마이크가 찾던 회사였다. 재고 조사도, 배워야 할 제품 정보도, 훈련도, 다운라인을 돌보는 일도 할 필요가 없는 사업이었다. 사람들을 후원하고, 그들이 무엇인가를 주문하면, 업라인은 배당만 받으면 되는 일이라고 생각했다. 그는 로체스터에 있는 모든 사람에게 이 멋진 새 회사를 소개했다. 개리와 로리는 경악했지만, 자신들이 실패할까 두려워서 만약을 대비해 새 회사에 가입했다. 거의 모든 리더들이 마이크를 따라 새 사업에 참여했는데, 그 명분은 우리 회사를 뒷받침해 주기 위해서였다. 그러나 이러한 혼란으로 인해, 개리와 로리의 다운라인 대부분이 중심을 잃고 말았다. 르네가 로체스터를 마지막으로 방문했을 때, 개리와 로리는 파산했고, 열성적인 네트워크 마케터의 숫자는 수백 명에서 25명으로 줄어 있었다. 그리고 6개월 뒤, 사업자들끼리 만든 회사도 파산했다.

사태에 대한 분석을 마치고 나자, 우리는 마이크가 리쿠르팅을 중단하고 그의 그룹을 돌보는 일로 낙심하기 시작했을 때 모든 일이 진행되었다는 것을 깨달았다. 이때가 로체스터 그룹에 집중적으로 지원을 해서 새로운 리더들을 배출시킬 때였다. 개리와 로리가 계속 자신들의 일에 초점을 유지하고, 자신들과 전체 조직의 방향을 바꾸지 못하도록 마이크를 막을 수 있었더라면, 이 그룹은 가장 큰 레그 중의 하나가 되었을 것이다. 시간을 되돌릴 수만 있다면, 르네는 그들 모두를 얻을 수 있었으리라.

"난 개리와 로리하고는 업라인과 다운라인 관계였는데 모두 친밀한 관계를 맺고 있었다. 한때 내 일상 생활의 일부였던 이 우정이 몹시 아쉽다." 그러나 일단 조직이 해체되면, '죽은 사람들을 되살리는 것' 보다 새로운 사람들을 '탄생시키는 것' 이 훨씬 쉬운 법이다.

외국에서의 경험

'관리의 덫' 의 가장 생생한 사례 가운데 하나는, 우리가 외국 시장을 개척했을 때의 일이다. 우리는 어느 부부를 후원해서, 우리가 아는 모든 것을 가르쳐 주고, 그들을 통해 새로운 나라에 제국을 건설했다. 우리는 우정을 발전시켰으며, 삶의 가치관이 비슷한 것을 비롯해 우리에게 공통점이 많다는 것을 발견했다. 공식적인 오픈에 앞서, 우리는 주 1회 전화를 통한 원격 회의를 열었는데, 그것은 회사의 개업을 앞두고 새로운 시장을 구축하는 합법적이면서도 효율적인 방식이었다. 서로의 노력을 통해, 기쁘고 놀랍게도, 비공개 장소에서 개최한 개업 축하연에 1천500명 이상의 유력한 프로스펙트들이 참석하게 되었다. 우리로서는, 이제까지 참석한 외국 시장 개척의 축하연 가운데서 가장 성대한 잔치였다. 그런데 1년 6개월 뒤, 우리의 프론트라인 부부 리더의 소득이 그들의 이그제큐티브 때 받았던 소득보다 더 아래로 떨어졌다.

그렇게 대단한 출발을 한 이후 어떻게 이런 일이 일어날 수 있었을까? 공식적인 출발에 앞서, 모든 것은 간단한 시스템으로 유지되었다. 스폰서끼리 대화를 나누는 호텔 미팅도 없었고, 문서도 없었으며, 판매가 허용되지 않았기 때문에 제품도 없었다. 그러나 개업한 직후, 우리가 후원한 부부는 프론트라인을 구축하는 것을 그만두고 그들의 그룹을 관리하기 시작했다. 실제로 그들은 판매 도구들을 만들고, 핀 승급을 위해 매달 필요한 판매량을 맞추려고 자기들이 판매해야 하는 제품을 프론트라인에게 사라고 부추기면서 18개월을 보낸 것이다. 우리는 그들이 사용할 수 있도록 자료를 번역했지만, 그들은 자신들의 문화에 다른 것이 필요하다고 믿었다. 그래서 그들은 우리 것 대신 새로운 매뉴얼을 개발했다. 또한 호텔 미팅을 위해 슬라이드를 개발하기도 했는데, 자신들의 동료들이 그런 설명회에 특별히 호의적이라고 확신했던 것이다. 그들은 플립 차트, OHP를 이용하기도 했고, 다운라인 리더들이 만족하지 않는다는 이유로 모든 자료를 계속해서 갱신하기도 했다. 그들은 다운라인이 개최한 호텔 미팅에서는 밝힐 수 없는 많은 돈을 소비하면서 전국을 돌아다녔다.

관리자로서 그들의 조직에 봉사하는 동안, 그들은 프론트라인 네트워크 마케터 모집 같은 일상적 활동에 투자할 시간이 없었다. 이 부부는 사업을 시작한 첫달에 31명을 후원했다. 그들은 그 뒤 4개월에 걸쳐 19명을 추가로 후원했다. 그러나 두 사람 모두 전업으로 근무하면서 그 다음 15개월 동안 새로 후원한 네트워크 마케터는 겨우 6명이었다! 다시 말해 처음 5개월 동안은 50명을 후원했는데, 그 뒤 조직을 관리하는 데 많은 시간을 투자하면서 평균 2개월 반마다 1명 꼴로 가입을 시킨 것이

POINT

확실한 소득이 있기 전에 프론트라인 구축을 중단하면 이 사업에서 실패할 것이다. 2개월 반마다 겨우 1명의 새로운 네트워크 마케터를 모집하고서는 아무도 성공할 수가 없다.

다. 이 부부는 물질적이기보다 성취 지향적이었으며, 돈을 버는 일보다 기록을 세우고 인정을 받는 데 더 관심이 있었다. 그들의 목표는 자기들 나라에서 최초로 우리 회사의 최고 레벨에 도달하는 것이었다. 그들은 일시적으로 그 목표를 달성했지만, '관리의 덫'에 걸려들어 우리 회사에서 가장 커다란 소득을 발생시키는 레그였을지도 모르는 조직을 파괴해 버렸다.

부부는 좌절감에 빠져 떠나 버렸다. 그들은 아직까지도 보상 플랜, 제품 가격 책정, 그 나라의 네트워크 마케팅 산업의 실패에 모든 원인을 돌리고 있다. 그들은 네트워크 마케팅에서 활동한 그 어떤 부부에 못지않게 열심히 일했지만, 그들의 실패를 초래한 것은 제품의 원가가 아니었으며, 회사의 보상 방법이나 그 나라의 네트워크 마케팅의 부적합성도 아니었다. 그들을 좌절하게 한 것은 조직을 관리한 것과 쓸데없이 '첫 번째'가 되려는 욕심이 결합된 결과였다. 그들의 몰락은 프론트라인에서 모집 활동을 중단한 사업 시작 5개월째부터 시작되었다.

다행인 것은, 여기서 이야기가 끝나지 않았다는 것이다. 다른 2명의 최고 리더들도 앞의 부부를 따라 파산했지만, 이 그룹의 일부 새로운 리더들의 요청으로, 우리는 계속 그들과 함께 일하고 있다. 그들은 자신들의 조직을 감독하려는 노력에서 어렵게 교훈을 배우고 기본으로 다시 돌아갔다. 소규모의 고객 기반을 구축하고, 프로스펙트를 찾으며, 프론트라인을 넓히고, 집에서 간단하고 쉽게 복제할 수 있는 시스템을 만드는 것이다. 우리는 이 그룹과 그 지도력을 신뢰하며, 이번에는 그들이 순조롭게 그들 나라에서 경제적 기록과 산업에서의 기록을 모두 세우리라고 확신한다.

다른 사람의 실수를 통해 배우는 것은 아주 중요하다. 따라서 이 이야기에 특히 주목하기 바란다. 확실한 소득이 있기 전에 프론트라인 구축을 중단하면, 이 사업에서 실패할 것이다. 2개월 반마다 겨우 1명의 새로운 네트워크 마케터를 모집하고서는 아무도 성공할 수가 없다. 더 나쁜 일은, 이러한 사례를 통해 여러분의 네트워크 마케터들에게 똑같이 행동하도록 가르치게 된다는 것이다. 전업 네트워크 마케팅 종사자들은 여유를 갖기 전에 최소한 2~3년 동안 모집 활동을 한다. 부업 네트워크 마케터의 경우는 기간이 더 길어진다. 목표에 초점을 두고, 사업 계획의 단계들을 달성하기 위해 꾸준히 노력하면서, 구실을 찾지 말라. 어떠한 대가를 치르든, 그냥 해보라!

피아노 이야기

우리에게 초보자들과 함께 나누고 싶은 이야기가 있다. 여러분의 조직을 훈련하고 지원하는 데 도움이 될 수 있는 멋진 일화다.

500명의 청중이 그랜드 피아노가 놓인 무대 앞에 앉아 있다고 상상해 보자. 갑자기 레슨을 받아 본 적도 없고, 음악에 관해 아무것도 모르는 사람이 걸어 나온다. 박수 갈채가 잦아든 뒤, 그는 아주 도전적으로, 말 그대로 귀가 아프고 소름이 끼칠 정도로 괴상한 음을 두드려 대기 시작한다. 처음엔, 청중들은 너무 충격적이고 어리둥절해서 주변을 둘러본다. 10여 분 동안 서툴기 짝이 없는 솜씨로 피아노를 두드려 대자, 청중들이 야유를 보내기 시작한다. 1, 2분 만에 야유 소리에 파묻힌 연주자는, 조용히 일어서서 인사를 하고 퇴장한다.

　엉터리 연주자가 물러가자, 30년 경력이 있는 피아니스트가 반대편에서 들어온다. 그는 모차르트의 아름다운 〈콘체르토〉를 흠 하나 없이 매끄럽게 연주한다. 연주가 끝났을 때, 청중들이 벌떡 일어나서 우레와 같은 박수 갈채를 보내자 연주자는 2, 3차례 인사를 한 다음 무대에서 퇴장한다.

　그 피아니스트는 분장실에서 엉터리 연주자가 혼자 조용히 콧노래를 부르며 넥타이를 매만지고, 떠날 준비를 하는 것을 본다. 그는 말 꺼내기가 좀 곤혹스럽긴 하지만, 끝내 호기심을 이기지 못하고, 거울을 통해 엉터리 연주자를 바라보며 물어 본다.

　"방해해서 죄송합니다만, 방금 무대에서 있었던 일 때문에 별로 기분이 상하신 것 같지 않군요. 무대에서 야유를 받고 퇴장하는 기분이 어떤지 묻고 싶습니다. 몹시 창피하지 않은가요?"

　엉터리 연주자는 돌아서서 그를 바라보며 아주 진지하게 대답한다. "아니, 전혀요. 나 개인에 대한 야유로 받아들이지 않았거든요. 그건 피아노에 대한 야유였죠."

　아마 인간의 본성에서 가장 흥미 있는 요소 가운데 하나는 잘못을 다른 데로 돌리는 경향 우리 모두는 어느 정도 그런 경향을 가지고 있다 일 것이다. 사실 많은 사람들이 실패한 뒤 우리 산업을 비난하지만, 그것은 이 산업의 잘못이 아니다. 앞의 이야기에서처럼, 서투른 음악가가 재능이 없는 것을 피아노 탓으로 돌려서는 안 된다. 이 이야기를 기억해 두었다가 신입 네트워크 마케터들과 나누면 좋을 것이다.

사재기

'관리의 덫'에서 비롯되는 모든 실수 가운데 최악의 실수는, 다운라인들을 위해 '사재기하는 것' 또는 그들에게 그들의 네트워크 마케터들을 위해 그렇게 하라고 가르치는 것이다. 리쿠르팅보다 관리에 더 많은 시간을 보내는 마케터들은 이러한 덫에 빠지는 경우가 많으며, 그로 인해 법적으로 심각한 결과를 초래하게 된다. 또한 법 집행 기관이 사재기 피라미드 거래를 추적한다면, 우리는 모두 비슷한 것으로 의심을 받을 것이다. 네트워크 마케팅의 성공은 '프로모션용' 판매량과 반대되는 '실제' 판매량의 창출에서 비롯된다. 실제 판매량은 만족을 얻게 된 고객들과 네트워크 마케터들의 주문으로 만들어지는데, 제품(또는 서비스)을 이용하고 사랑하는 사람들이 매달 제품을 주문함으로써 그 조직의 장기적이고 안정된 판매량을 창출할 수가 있다. 이것이 가장 중요한 형태의 판매량이 되는 이유는, 그것이 실제로 충실한 고객들이 지출하는 돈을 나타내기 때문이다. 그런 고객들이 지출하는 돈은 그들의 가족이 소비하고 다시 주문하는 제품들에 대한 것이다. 프로모션용 판매량은, 일정한 레벨에 도달하기 위하여 돈으로 제품을 사재기하거나, 새로운 네트워크 마케터를 사업으로 끌어들이는 데 사용할 목적으로 네트워크 마케터들이 주문하는 복합 제품 패키지에서 생겨난다. '사재기'는 사재기할 여유가 없거나 제품을 유통시킬 정당한 길이 없는 네트워크 마케터들의 반발을 불러일으키게 마련이다.

신입 네트워크 마케터들이 조직에 가입하여 스타터 패키지Starter Package를 판매할 수 있는 분명한 프로스펙트가 있을 때, 프로모션용 판매량은 신입 네트워크 마케터들이 자격 요건을 통과하는 데 필요한 처음의 판매량을 증가하기 위해 유용한 수단이 될 수 있다. 한편 신입 네트워크 마케터들은 갑작스런 성공에 혼란스러워하며, 자신들이 조직 전체에 안정된 판매량 증가를 가져온 것으로 착각하는 경우가 많다. 그러나 프로모션용 판매량은 안정된 조직을 가져오지 않는다. 2가지 형태의 판매량 모두 네트워크 마케팅에서 각각 기여하는 바가 크지만, 신입 네트워크 마케터의 다수는 가격이 싼 초기 스타터 패키지를 얻음으로써 이익을 얻게 된다. 이 패키지는 여러 가지 제품, 훈련, 또는 개인적으로 이용하는 서비스들로 이루어지며, 사업을 시작하는 사람들의 필수품이다.

자신의 그룹을 감독하는 일에 사로잡혀 있으면서 회사 내에서의 프로모션과 승급을 동시에 추구하는 일부 사람들은 불필요한 제품들을 구입할 뿐 아니라, 자신이 개인적으로 후원한 프론트라인 네트워크 마케터들에게도 승급 요건을 충족시키려면 자신과 똑같이 행동하라고 가르친다. 그러나 이 사업을 올바로 진행하고 있다면, 네트워크 마케터들은 정당하게 핀 레벨을 높이기 위해서 매달 새로운 사람들을 많이 모집할 수 있다. 그러나 소그룹의 네트워크 마케터들을 관리하기 시작하면, 그들은 월말이 되었을 때, 핀 유지 판매량이 충분하지 않다는 것을 발견할지도 모른다. 따라서 그들은 필요하지도 않으면서 핀 유지 요건을 충족시키기 위해 제품을 주문하게 되는데, 그래서 '프로모션용 판매량'이란 명칭이 생긴 것이다.

초도 물품 구입주)은 피라미드와 같은 행위로 간주되어 주 및 연방 규제 기관에 의해 금지되어 있다. 우리도 같은 생각이다. 실제로 우리는 그러한 행위에 대해 '차고 채우기'라는 용어를 쓴다. 미국에 있는 차고 가운데 줄이 안 가는 팬티스타킹, 입체 카메라, 가정용 절연재, 비디오,

---

주) Front-end loading : 초기에 사업자로 시작하려면 일정량의 제품을 구매하도록 권유하는 것. 우리 나라에서도 포장마차를 하는 데도 500만 원 이상의 돈이 든다면서 고가의 제품을 구매하도록 유도함 - 역자 주.

그리고 기타 내구재들로 넘치는 차고가 얼마나 되는지 가끔 궁금할 때가 있다. 만약 미국의 '차고 제품'을 모두 거대한 벼룩시장에 내놓는다면, 분명히 중부 미조리 주에서 동북부 메인 주까지 늘어설 것이다.

스스로를 기만하여 회사의 정상에 오르는 길을 '살' 수 있다고 믿지 말라. 그럴 수는 없다! 또한 어떤 이유에서든지 여러분 회사의 보상 플랜이 '사재기' 하는 사람들에게 보상을 해 주도록 되어 있다면, 검찰총장이나 연방상업위원회(FTC)의 대표들이 회사에 '영업 중지' 명령을 내리는 것은 시간문제다. 사재기와 같은 것은 결코 장기적인 성공을 가져오지 못한다. 그것은 보상 플랜의 레벨들 사이에 다리를 놓는 역할을 할 뿐이다. 우리는 어떤 네트워크 마케터든 정상으로 가는 길을 사들인 사람이 큰돈을 벌어들인 경우를 알지 못한다. 하지만 차고를 제품으로 가득 채운 사람은 많이 알고 있다. 물론 업라인 리더가 사들이는 것을 다운라인 네트워크 마케터들이 본다면, 그들도 모두 똑같이 따라 할 것이다. 순식간에 먼지가 쌓인 제품들로 차고를 가득 채운 사람들이 무리를 이루게 되고, 그들이 진저리를 내며 떠나는 것은 시간문제일 뿐이다. 또 그렇게 그만두면, 그들은 모든 사람들에게 이 산업이 얼마나 사기인지를 역설할 것이다. 따라서 많은 좋은 회사들은 90퍼센트에까지 이르는 반품 정책을 실시해 왔으며, 그것은 사람들이 지나치게 많은 제품 때문에 부담을 갖지 않도록 막아 준다. 그러한 정책이 사재기를 부추긴 리더에게는 가혹한 각성제일 수 있는데, 그가 '초도 물품 구입을 강요받은' 네트워크 마케터들이 분노에 차서 제품을 반환하면, 회사는 반품된 모든 제품에서 이미 지불된 커미션을 그에게 청구함으로써 터무니없이 소득이 줄어들기 때문이다.

어떤 네트워크 마케터들은 빨리 성공하려는 열망에서 이러한 철학을 이해하지 못하고, 자신의 조직에서 실제 판매량을 창출하는 중요한 단계를 생략하는 실수를 범하게 된다. 모든 신입 네트워크 마케터들이, 될 수 있는 대로 많은 제품을 사용하고, 제품을 직접 특히 친한 가족과 친구들 사이에서 나눠 쓰며, 조직의 모든 사람에게 똑같이 실천하도록 가르친다는 확실한 약속으로 시작하는 것은 아주 중요하다. 이것은 단순하게 보일지 모르지만, 여러분의 유능한 네트워크 마케터들을 통해 대량 모집을 이루어 내는 더욱 극적이고 놀라운 과정을 시작하기 **전에**, 혹은 그들에게 그 과정을 복제하도록 가르치기 전에 그런 약속이 이루어져야 한다. 우리 모두가 바라는 장기적 성공은 판매량의 2가지 형태, 즉 초기 성공의 추진력이 되는 프로모션용 판매량과 판매량을 안정시키고 안정된 로열티 소득㈜을 제공하는 실제 판매량의 균형에서 나온다. 프로모션용 판매량은 아주 중요하지만, 당신의 사업은 그것이 없어도 살아남을 수 있다. 하지만 실제 판매량을 창출하지 못하면 결국 조직이 침체되어 붕괴할 수 있다.

"명단만 나에게 주면, 나머지는 내가 다 처리하겠어"

1990년도 초, 마크는 한 사람을 가입시켰는데, 그의 장인은 남부 최대의 감귤 회사를 운영하고, 플로리다에서 가장 유명한 빌딩을 가지고 있었다. 55층에 있는 중역 회의실은 바다가 내려다보이고 300명의 좌석을 갖추고 있었다. 우리는 이 네트워크 마케터들을 제프와 메리라는 이름으로 부르겠다.

제프와 메리는 5천 명이 넘는 롤로덱스 명함 파일을 가지고 있었는데,

㈜ Residual Income(잔존 수입)이라고 되어 있는데 그 의미는 인세나 특허, 저작권처럼 한 번 노력하여 일단 만들면 계속해서 장기적으로 안정된 수입을 제공하는 것이기 때문에 로열티 소득이라고 번역하였다 - 역자 주.

그 가운데 소기업가도 많았지만 대부분은 대기업가였다. 제프와 메리는 수천 명의 프로스펙트가 있었지만, 아무나 해도 되는 다운라인 관리에 그만 희생되고 말았다. 마크가 문제 전체를 완전히 파악했을 때는 이미 시기가 너무 늦어 버렸다. 그가 보는 것은 숫자가 전부였고, 그들의 판매량이 대단해 보였던 것이다. 불행하게도, 제프와 메리가 너무 일찍 조직 관리를 시작한 탓에 그룹 규모가 3천 명에서 500명으로 줄어들었다. 다음은 상황을 그르치게 된 경위다.

사람들에게, 그들이 할 일은 사람을 가입시키는 일이 전부라거나, 잠재적 프로스펙트들의 명단을 주면 나머지 일은 자신이 다 처리하겠다는 식으로 말하지 말라. 그런 식으로는 일이 잘 진행되지 않는다. 제프는 프론트라인에 10명을 가입시킨 다음, 마이애미의 대단한 거물들인 그들에게 자신의 회사 건물 맨 꼭대기 층에서 개최되는 주간 미팅에 프로스펙트를 보내라고 지시했다. 제프는 그들에게 자기 부부는 미팅을 개최하고 네트워크 마케터들을 훈련시킬 수 있는 시간이 있으며, 네트워크 마케터들은 매일 손수레를 끌고 우체통으로 가서 벌어들인 돈을 챙기기만 하면 된다고 말했다!

두 달 동안은 모든 일이 잘 진행되었다. 화요일, 수요일, 금요일에 열리는 정오 미팅마다, 이 사업 기회를 탐색하기 위해 상사나 친한 부자 친구들이 보낸 호기심 많은 프로스펙트들로 가득 찼다. 두 번째 달 중반 쯤 메리도 월요일과 목요일 미팅을 시작해야 했으며, 월말 경에는 그 미팅들도 만원이 되었다. 많은 프로스펙트들이 가입했고, 그들의 주간 판매량은 스타터 패키지만으로도 천정부지로 치솟았다. 그러나 어느 월요일 날 제프와 메리가 기존 미팅에서 미처 수용할 수 없는 프로스펙트들을 교육하기 위해, 네트워크 마케터들 각자 자신의 집에서 사업 설명회를 열어야 한다고 발표하자, 모든 사정이 변해 버렸다. 그때의 혼란을 한 번 상상해 보기 바란다.

무엇보다 우선, 제프는 사람 보내는 일을 빼놓고는 어느 누구에게도 어떤 일을 하라고 훈련한 적이 없었으며, 그가 개인적으로 후원한 10명에게 가입한 프론트라인들은 프로스펙트를 제프에게 보내는 일을 빼놓고는 어떤 일도 훈련받은 적이 없었다. 간단히 말해, 3개월 만에 제프와 메리는 '관리의 덫' 이라는 수렁에 빠져 꼼짝달싹하지 못하게 된 것이다.

신입 네트워크 마케터들 가운데는 지도를 잘못 받았다고 하면서 돈을 되돌려달라고 요구하는 사람들도 있었고, 아직 자신들이 자격 요건을 충족시키지 못한 것에 분노하는 사람들도 있었다. 결국 그들은 80일 동안 제프에게 지도를 맡기고 있었던 것이다. 그들이 들었던, 한 달에 1만5천 달러나 번다는 얘기는 도대체 어디에 있는가? 소그룹 하나가 이탈하여 다른 사무실을 열어 자체적으로 미팅을 시작했지만, 리더가 제프만큼 훌륭한 강사가 아니었고, 사람들이 그 사무실은 매력이 없다고 불평했기 때문에 아무도 그곳에 가거나 사람을 보내려 하지 않았다. 또 몇몇 사람들은 합동으로 우발 사건 담당 변호사를 고용하여 제프를 대상으로 거짓 사업 설명 및 사기죄로 고발했으며, 제프는 공탁금을 마련하느라 수많은 시간을 보내야 했다.

메리와 제프는 마크가 플로리다에 머물며 그들이 잘못 진행하는 것을 감독하지 않는 동안, 자신들이 사용한 시스템을 의도적으로 숨겼다. 그들은 마크가 거창한 리쿠르팅 미팅을 개탄하고, 사무실을 반대하며, 모든 사람에게 다운라인을 관리하는 네트워크 마케터가 되지 말라고 가르친다는 것을 알고 있었다. 그들은 부자가 되기까지는 될 수 있는 대로 많은 사람을 프론트라인에 배치하면서 "넓게 빨리 전진하라GO WIDE FAST"는 마크의 권고를 충분히 이해했으면서도, '관리의 덫'에 희생되었다. 마크가 텍사스 오스틴이 아니라 플로리다에 있었더라면, 그들을 바로잡아 줄 수 있었을지도 모른다. 혹은 그들이 사용한 시스템을 정직하게 알렸다면, 마크가 그 상황을 구해 낼 수 있었을 것이다. 마크가 전해들은 거라곤, 그들이 엄청나게 많은 사람들을 모집하고 있으며, 막대한 판매량을 달성하고 있다는 것이 전부였다. 상황을 알아차렸을 때는 사태가 너무 심각한 상태에 처해 있었다. 그들은 모두 정신적으로나 감정적으로 완전히 지친 상태였다.

마크가 가입시킨 날로부터 5개월 만에, 제프와 메리는 옷가지 외에는 모두 팔고 망신을 당한 채 마을을 떠나게 되었다. 메리의 아버지는 체면을 가장 중시하는 최남부 지방에서 '전통적인 부자' 가문을 욕되게 했다는 이유로 두 사람과 의절했다. 여기서 우리는 자신 있게 말할 수 있다. 즉 유능한 네트워크 마케터들이 재능이 있고, 유명한 대기업가들의 이름만 알고 있다면, 주요 25명의 프로스펙트부터 접촉하고, 가정에서 업무를 보며, "넓게 빨리 전진하라"고만 가르치면 성공할 수 있다는 것이다. "넓게 빨리 전진하라"는 세 마디 주문은, 가능한 한 넓게 빨리 깊이가 아니라 프론트라인을 구축하라는 말과 동의어다. 숫자의 폭이 넓어지면 깊이는 저절로 따라온다. 따라서 제프와 메리가 그들의 문제를 피해 성공을 거두려면 2가지 간단한 일만 하면 되는 것이다. 첫째, 친한 친구들 가운데 변화할 준비가 되어 있거나 스트레스로 지친 대기업가들을 찾아낸 다음, 그들에게 사례를 통해 집에서 리쿠르팅 미팅을 갖는 것이 얼마나 간단한 일인가를 보여 주는 일이다. 둘째, 새로운 네트워크 마케터마다 처음 2차례의 미팅만 진행해 주고, 그 네트워크 마케터들 스스로 리더가 될 수 있도록 관계를 끊어 버리는 일이다.

우리의 일은 프론트라인을 구축하는 리더가 그의 사람들에게 똑같은 일을 하도록 가르치기만 하면 된다. 리더십이 있는 사람들은, 진지한 프로스펙트들을 가입시키는 데 도움과 스승 노릇을 할 수 있는 다른 최고 리더들을 찾아낼 것이다. 진정한 지원은 바로 이러한 방법을 통해서 이루어진다. 여러분은 새로운 네트워크 마케터의 명단에 있는 사람과 일하지 말고, 여러분의 네트워크 마케터들에게 그들 자신의 명단을 갖고

POINT
큰 그룹을 어떻게 지원하는가를 물을지도 모른다. 그러면 단지 그들에게 "전화하라."고만 가르치면 된다. 전화가 올 때, 그들을 위해 꼭 기다렸다가 받아라.

사업하는 법을 가르쳐라. 그들은 자신의 프로스펙트들이 사업 설명회를 참가한 다음에, 여러분에게 가입시키는 마무리 일을 지원해 줄 것을 요청할 수 있다. 또 큰 그룹을 어떻게 지원하는가를 물을지도 모른다. 그러면 단지 그들에게 "전화하라"고만 가르치면 된다. 전화가 올 때, 그들을 위해 꼭 받아라. 전화로 정신적인 지원, 즉 프로스펙트 가입을 지원하는 일을 가르치되, 그들 자신이 스스로 해야 할 일을 대신 해 주지 말라. 그들이 프로스펙트를 찾고, 네트워크 마케터를 모집하며, 그들 자신의 프론트라인 동료를 훈련시키도록 해야 한다.

떠나든가, 아니면 끝까지 성공하든가

우리 산업에서의 성공이 집중적인 관리에서 생겨나지 않는다는 것은 사실이다. 성공은 지도력을 갖추고 있을 뿐 아니라, 제품이나 서비스를 사용하고 함께 나눌 다른 프론트라인 리더를 모집하려는 비전과 열정, 그리고 의지를 지닌 사람에게서 나온다. 그리고나서 그들에게 그 과정을 복제하도록 가르쳐야 한다.

래리 페프Larry Pepe는 신입 네트워크 마케터로, 사업을 새로 시작하면서 연달아 악몽을 경험했다. 그의 스폰서는 그를 가입시킨 뒤 즉시 떠났으며, 업라인 이그제큐티브는 그에게 빠른 보상 플랜의 회사로 옮기자고 설득했다. 그 결과 처음 모집한 23명의 네트워크 마케터 가운데 22명이 떠났다. 처음 이그제큐티브 자격 획득에 도전한 3명의 네트워크 마케터는 모두 실패했으며, '골드 스타' 가운데 1명은 이그제큐티브가 되기 한 달 전에 구속되었다. 또 다른 골드 스타는 사기죄로 고발을 당한 전과자임이 드러났고, 오스트레일리아 출신인 한 유능한 네트워크 마케터는 말기 암이라는 진단을 받았다. 이 모든 일은 래리가 네트워크 마케팅 사업에 참여한 처음 3개월 동안 일어났다!

그러다가 결정타가 떨어졌다. 그를 지원해 온 업라인 리더가 개인적으로 해결할 문제가 있어서 당분간 자리를 비우게 되었다는 전화를 걸어 왔다. 래리는 지금도 전화를 끊은 뒤 침대에 걸터앉아 멍하니 허공을 바라보던 일을 기억한다. 그는 생각했다. '하나님이 나를 시험하는 거야. 그래. 그만두든가, 아니면 리더가 되어 끝까지 성공하는 거야.' 얼마 뒤 그의 어머니에게서 전화가 걸려 왔다. 어머니는, 임상 심리학 석사 학위를 가지고 성공적인 사업을 운영하고 있던 젊은 변호사가 무엇 때문에 모든 것을 포기하고 비타민 세일즈맨이 되려는지 도무지 이해할 수가 없다고 하셨다!

래리는, 그를 조직의 리더가 되도록 강요한 그 모든 경험들은 그에게 일어난 최상의 사건들이었다고 확신한다. 그는 프론트라인 모집 활동을 하게 되었고, 첫 번째 목표를 이룰 때까지 속도를 늦추지 않았다. 오늘날 래리와 그의 업라인 리더는 긴밀하게 협력하고 있으며, 그녀는 그를 헤라클레스라는 애정 어린 호칭으로 부르기를 좋아한다. 또 래리는 가장 좋았던 일을 다음과 같이 회상한다. "어머니가 나를 더 이상 비타민 세일즈맨으로 생각하지 않는다는 것이다! 작은 기적들에 대해 하나님께 감사하고 있다." 이 이야기는, 관리자가 될 필요는 없으며, 성공하려는 의지가 있는 사람은 어떤 상황에서도 성공하게 된다는 것을 보여 준다.

요 약

- 조직을 관리하는 것은 그들 스스로 할 일을 대신해 줌으로써 상호 의존성을 낳으며, 시간을 낭비하는 활동이다.

- 다운라인들을 지원한다는 것은, 지침이나 정신적 지원을 요청하거나, 사업에 관심 있는 프로스펙트와 대화를 나누어 달라고 요청할 때 즉각 요청에 응하기 위해 대기한다는 것을 의미한다.

- 가족이나 친구를 대신해서 조직을 관리하는 것은, 대부분 우리가 가장 사랑하는 사람들을 실패하게 만드는 원인이 된다.

- 관리자로 활동하는 것은 관리를 받는 사람에게나 관리를 하는 사람에게 모두 역효과를 초래할 수 있다.

- 우리는 유산과 행운이나 상황보다, 가능성이 확실한 비전에 의해 훨씬 큰 힘을 얻는다.

- 만약 신입 네트워크 마케터들이 훈련을 마친 뒤 매일 여러분에게 전화를 걸거나, 모든 일을 대신 해달라고 요청도 하지 않으면서 일을 잘 해 나간다고 상처받지 말라. 오히려 기뻐하라.

- 이 사업에서는 위대한 일을 할 수 있는 능력이 있으면서도, 모든 것을 업라인에 의존하는 사람들이 가장 빨리 실패한다.

- 우리 산업을 전통적인 고용 기회보다 훨씬 훌륭하게 만드는 것은, 생산성에 따라 윤리적이면서도 넉넉하게 보상을 받는다는 사실에 있다.

- 신입 네트워크 마케터들이 상위 리더보다 더 많은 소득을 올리기 원한다면, 더 생산적이어야 한다. 즉, 업라인보다 활동적인 프론트라인 네트워크 마케터들과 고객들을 더 많이 모집해야 한다.

- 다운라인이 성공하지 못한다고 좌절을 느낄 때, 그들에게 최종 결과를 눈에 그리는 법을 가르치고, 자신의 모든 에너지를 그들에게 쏟아라.

- 이것은 복제의 사업이기 때문에, 당신의 네트워크 마케터들은 당신이 하는 것을 따라 할 것이다. 당신이 다운라인을 관리한다면, 그들도 그렇게 할 것이다. 당신이 프로스펙트를 찾고 모집하는 데 대부분의 시간을 보내면, 그들도 그렇게 할 것이다.

- 다운라인을 돌보는 것은 사업을 구축하는 효과적인 방법이 아니다.

- 거대하고 역동적인 조직을 성공적으로 구축하려면 꾸준히 프로스펙트를 물색하고, 계속해서 네트워크 마케터를 모집하면서 넓게 프론트라인을 구축해야 한다.

- 우리 산업의 실패 원인 가운데 50퍼센트는 처음 몇 달 동안 프론트라인을 구축하다가, 네트워크 마케터들을 관리하기 위해 중단하는 데 있다. 이런 실수를 저지르지 말라.

- 단순히 조직의 활동을 관리하는 것은 조직을 지도하는 것이 아니라, 타이타닉 호의 갑판 의자를 재배열하도록 오도하는 짓이다.

- 목표에 초점을 두고, 사업 계획의 단계들을 달성하기 위해 꾸준히 노력하면서, 구실을 찾지 말라. 어떠한 대가를 치르든, 무엇이든 그냥 해보라!

- 조직 관리에서 비롯되는 모든 실수 가운데 최악의 실수는, 다운라인들을 위해 '사재기'를 하거나 그들에게 사재기하라고 가르치는 것이다.

- 프로모션용 판매량 제품, 샘플, 종합 제품 패키지의 구입 대금은 일차적으로 자격 획득을 위한 판매량을 충족시키도록 네트워크 마케터들을 지원하는 수단이다.

- 실제 판매량 제품에 만족한 고객들과 네트워크 마케터들이 매달 정기적으로 사용하기 위해 주문하는 제품이나 서비스는 궁극적으로 수동적이고 안정된 로열티 소득을 창출하는 것이며, 네트워크 마케팅을 지속적으로 성장 가능한 사업으로 만드는 요소들 가운데 핵심을 이룬다.

- 여러분의 사업은 프로모션용 판매량이 없어도 살아남을 수 있다. 그러나 적당한 고객들을 획득하지 못하거나 자신의 제품을 모두 사용하지 못함으로써 실제 판매량을 창출하지 못하면, 전체 조직의 붕괴를 초래할 수 있다.

- 네트워크 마케팅은, 네트워크 마케터 자신의 프론트라인을 구축하고 그들의 다운라인들에게 그 과정을 복제하도록 가르치는 네트워크 마케터들의 사업이다.

- 네트워크 마케터들이 '넓게 빨리 전진하라'는 권유를 따라 각각 자신의 프론트라인을 구축한다면, 깊이는 저절로 따르게 마련이며, 정상에도 자연히 오를 수 있다.
- "저에게 전화하세요."라는 말을 가르침으로써 큰 조직을 지원하라.
- 다운라인을 위해 대기하고, 정신적인 지원과 지도를 해 주고, 프로스펙트 가입시키는 마무리 작업을 지원하되, 그들 스스로 해야 할 일을 대신해 주지 말라.
- 성공은 리더십과 훌륭한 비전, 열정 그리고 조직을 건설하려고 노력하는 의지를 가진 사람에게 온다. 그리고 똑같이 할 수 있는 다른 사람을 찾아내는 사람에게 온다.

CHAPTER · 3

의기소침 어뢰 살짝 피해 가기

퇴보가 불가피하더라도 열정을 유지하라

이 사업은 몇 개월의 '학습 과정'이 지나면 90퍼센트가 재미있지만, '의기소침 어뢰'는 신참 네트워크 마케터나 고참 네트워크 마케터들이 직면하는 아주 힘든 도전 가운데 하나다. 물론 성공하기 위해서는 열정적이고, 진지해야 하며, 신뢰감을 주어야 한다. 반면 의기소침한 사람은 이 산업에서 살아남을 수가 없다. 따라서 우리는 의기소침의 원인을 신입 네트워크 마케터들에게 경고함으로써 미리 대비하도록 해야 한다. 이때 의기소침에 대한 대비는, 이 무서운 적과의 싸움을 인정하는 것에서 시작해야 한다.

앞서 언급했듯이, 우리의 최고 판매 도구 가운데 하나는 〈네트워크 마케팅이 그렇게 대단하다면, 왜 나는 의기소침할까?〉라는 오디오 테이프다. 그 테이프가 인기를 끈 이유는 여러 가지가 있을 것이다. 그 가운데서도 가장 큰 이유는 그 제목에 있을 것이다. 또한 그 내용은 우리가 사업 첫해에 얻은 일화들을 소개한 것으로 아주 유머러스했다. 그러나 그 테이프가 그토록 환영을 받은 1차적인 이유는, 누구든지 그 내용과 관련이 있을 수 있기 때문이다. 3장에서는 '의기소침 어뢰'의 이미지를 이용하여 의기소침을 다룰 예정인데, '의기소침 어뢰'라는 이름을 붙인 것은, 알 수 없는 곳에서 갑자기 나타나, 사람을 급속히 침몰시킬 수 있기 때문이다.

네트워크 마케팅에서 성공을 위한 필수 조건 가운데 하나는, 전통 사업에서는 그리 중요하지 않았던 의기 충천한 모습이다. 평일에는 매일같이 수백만 명의 사람들이 반 의기소침한 상태에서 차에 오르며, 감성 에너지가 필요 없는 직장으로 가는 도중에 교통 체증과 싸운다. 어떤 사람들은 데이터를 입력하는 컴퓨터 전문가인데, 컴퓨터는 그들이 우울한지 어떤지에 대해서 관심이 없으며, 그들의 감독자도 의기소침한 때가 많기 때문에 기쁨에 넘칠 필요가 없다. 사실 우리는 약간의 주의만 요구하는 지루하고 판에 박힌 일에 대해서 수많은 사례들을 목록으로 만들 수 있으리라. "아, 이것을 자면서 할 수 없을까?"라는 속담을 명심하라. 전통 사업 세계에서, 그것은 단순한 속담이 아니다.

그러나 네트워크 마케팅에서의 성공은 다른 요소 즉 긍정적이고 당당한 성격이나 열정과 풍요로움에 좌우된다. 네트워크 마케터들은 그들이 하는 일을 즐기는 것처럼 보여야 한다. 그렇지 않으면 사람들을 효과적으로 설득해서 직업을 바꾸게 하거나, 새로운 부업으로 참여하게 할 수 없다. 실제로 긍정적인 사고방식을 가지지 않는 한, 아무도 네트워크 마케터를 모집하고 서비스와 제품을 판매하기 위해 지역 사회로 들어가거나 전화를 걸 수가 없을 것이다.

네트워크 마케팅의 의기소침의 원인

　친구들이 사업 설명회를 위해 네트워크 마케터의 집으로 오라는 제안을 거절하거나 더 나아가서는, 초대를 받고도 참석하지 않았을 때 의기소침해진다. 또 소중한 다운라인이 무관심해지거나 네트워크 마케팅 회사를 바꿀 때, 혹은 네트워크 마케팅을 완전히 떠나 갑자기 사라질 때마다, 우리는 의기소침에 빠질 수 있다. 그리고 우리가 그런 일에 집착할수록, 더욱 의기소침해진다. 그럼에도 우리는 자연 감소가 일어나게 마련이라는 것을 알고 있다. 시간이 지나면서, 사업 구축을 하면서 흥망성쇠를 겪으면서, 자연 감소 탈락률이 75퍼센트까지 도달할 수 있다는 것을 알게 됐다. 그것은 네트워크 마케팅의 본질적인 현실이며, 우리가 그것을 절대 피할 수는 없다.

　네트워크 마케팅에서 여러 해 동안 성공을 거둔 뒤, 론 위긴스Ron Wiggins는 자연 감소에 대해 철학적 태도를 갖게 되었다. 즉 사업에 대해 진지하지 않은 사람이 빨리 포기할수록, 그는 많은 시간을 허비할 필요가 있는 사람인지 없는 사람인지를 더 빨리 구별할 수 있다는 것이다. 또 사람들이 노골적으로 모든 일을 그르치지 않는 한, "그들에게 여러분이 원하는 것을 강요하지 말고, 그들이 원하는 대로 사업을 하도록 내버려두라. 이 사업에는 여러 가지 수준으로 참여할 수 있는 여지가 있다."는 것이 론의 충고다. 론의 말이 맞다. 자연 감소는 중요한 일이 아니므로, 우리는 긍정적인 숫자에 주의해야 한다. 우리 사업에서는 활동적인 네트워크 마케터들이 더 많을수록, 우리는 더 큰 성공을 거둘 수 있다. 따라서 균형이 잘 이루어진 조직은, 회원 가격에 제품만 구입해서 사용하는 수많은 소비자와 회원 가격과 소비자 가격의 차익 즉 소매 이익을 위해서 판매를 주로 하는 다수의 네트워크 마케터, 그리고 일부 부업 네트워크 마케터와 소수의 열정이 넘치는 전임 네트워크 마케터들로 구성된다. 론의 결론은 다음과 같다. "리더와 함께 일하라. 그리고 당신의 태도를 고양시키기 위해 필요한 일은 무엇이든 하라. 당신은 이 일이 잘 진행되도록 계속 이 사업에 집중해야 한다."(이는 6장 '주의 혼란탄 막아내기'에서 자세히 다룰 예정이다.)

프로스펙트들을 찾았는데 연달아 거절을 당하거나, 참가 약속을 받고도 바람을 맞을 수 있다. 또 네트워크 마케터들을 모집했는데 미처 일대 일 훈련 계획을 잡기도 전에 파리 떼처럼 우수수 나가떨어지는 것을 목격할 수도 있는데, 어떤 경우에나 항상 명심하라. 그것은 모두 불가피한 일들이며, 여러분이나 여러분의 사업에는 잘못된 것이 하나도 없다. 여러분은 커피숍에서 사람들에게 커피를 따라 주는 아가씨와 전혀 다르지 않다. 사람들 가운데는 어떤 일에도 관심 없는 이들이 있기 때문에, 여러분은 단순히 타이밍이 적절한 사람들만 골라내고 있으면 된다.

의기소침은 회원 감소나 거절에서 비롯되지 않는다. 단지 그러한 요소들에 집착하고 그것들을 개인적으로 받아들이는 데서 생겨날 뿐이다. 실망에 관해서는 론 위긴스처럼 철학적인 태도를 터득하라. 론은, "됐어! 오늘 9명에게서 거절을 당했으니, 이제 난 동의할 사람에게 훨씬 더 가까워진 거야!"라거나, "내가 더 많은 시간을 투자하기 전에 존이 떠난 것이 감사하군." 이라고 말한다. 자연 감소가 발생하면, 사람들은 처음의 열정을 잃어버린다. 따라서 지도가 불가능한 경우에는 방향을 돌려 새로 가입한 네트워크 마케터들과 활동을 시작해야 한다. 또 새로운 열정적인 네트워크 마케터가 아무도 없다면, 다른 사람을 찾아라. 이 사업에 참여하지 않으려는 사람들을 설득하는 데 너무 많은 시간을 소비하면, 기분이 가라앉을 것이다. 또 깊이 가라앉을수록 '의기소침 어뢰'에 당하기가 더 쉬워진다. 관심과 배우려는 의지가 있는 새로운 사람들을 찾아내는 것이 훨씬 더 활력을 준다.

낙심했을 때 업라인을 찾아라 When You're Down, Go Upline

우리 산업에는 다음과 같은 오래된 격언이 있다. "올라가면 내려가고, 내려가면 올라가라(사업이 잘될 때는 다운라인을 도와주고, 사업이 어려울 때는 업라인을 찾아가 상담하라If you are up, go down; and if you are down, go up)." 우리 모두는 경험이 풍부하고, 우리의 성공에 관심이 많은 업라인 리더들이 있다. 따라서 걱정이나 근심, 또는 의기소침을 느낄 때, 그들에게 조언을 구해야 한다. 다시 말해, 의기소침해지면 업라인을 찾아가라.

텍사스 주 달라스 출신인 데이비드 드라이든David Dryden은 꼭 알맞은 때에 이러한 교훈을 배웠다. "2년 전쯤, 아내인 테리Teri와 나는 우리 아이들을 탁아소에 맡기지 않고 직접 키우기 위해서, 테리가 직장을 다니지 않고 집에서 근무할 수 있는 방법을 찾고 있었다. 난 더 열심히 일하기로 작정하고 새로운 사업을 시작했지만, 순조롭지 않았다. 어느 날 아내가 집에 돌아오더니 앨 휴이트Al Hewitt라는 젊은 남자의 권유로 네트워크 마케터가 되었다는 것이다. 난 미팅에서 마음을 열지 못하고 팔짱을 낀 채 앉아 있다가, 아내에게 사업을 해도 좋다고 허락을 했다(마치 아내가 내 허락이라도 필요한 것처럼 말이다.). 사태가 어떻게 돌아가는지 알아차리기도 전에, 집안에는 온갖 제품들이 널려 있었고, 우리가 하는 일을 구경하러 온 사람들로 가득 찼다. 미처 생각할 틈도 없이, 나는 이 사업에 걸려들었다. 다시 말해, 맨 처음 가장 큰 시련을 만나기 전까지는 그랬다. 특히 좋은 친구들이라고 믿었던 사람들이 우리 미팅에 참석하겠다고 약속해 놓고 나타나지 않았을 때, 우리는 큰 시련에 부딪쳤다. 난 너무 낙심한 나머지 사업을 그만두려고 했다. 그런데 다행히도 '내려가면 올라가라'는 격언이 생각났다. 그래서 업라인에 전화를 걸어 나를 소개하기로 했다. 나는 업라인의 거의 모든 사람들에게 메시지를 남겼지만, 응답을 받으리라는 자신이 별로 없었다."

"그런데 어느 날, 내 인생을 변화시킨 일이 일어났다. 그때 난 완전히 지친 상태였다. 너무 많은 거절을 당했고, 약속을 어기는 사람들이 다반사였다. 또 밤늦게까지 한 건도 성공하지 못한 때가 너무 많았다. 난 아내와 점심 식사를 하면서 ―그 당시 아내는 아직도 회사에 근무하고 있었다 ―이것은 그녀의 사업이자 아이디어라는 것과, 내가 지원을 하겠지만 나의 직접적인 참여 없이 혼자 이 일을 해나가야 된다는 것을 말할 작정이었다. 그런데 내가 막 문을 나서자 전화벨이 울렸고, 나는 자동응답으로 놔두려다가 수화기를 들었다. 전화선 저편에서는 아주 이상하게 친근한 목소리가 들렸는데, 데이비드 드라이든을 찾았다. 그는 튀는 듯한 텍사스의 묘한 억양을 썼다. 그는 다름 아닌 마크 야넬이었다. 정말 내 전화에 응답을 해 온 것이다. 우리는 아주 일상적으로 사업과 성공 가능성에 대해 대화를 나누었는데, 난 그만두려는 계획을 입 밖에도 내지 않았다. 그의 마지막 말은 인내를 강조하면서, 단지 포기하지 않았기 때문에 나 같은 사람이 성공한 경우가 얼마나 많은지를 설명해 주었다. 물론 그의 조언을 통해 아내와의 점심 대화 주제를 바꾸었다. 또 테리와 내가 아직도 우리의 목표를 향해 열심히 노력하고 있다는 것은 더 말할 필요도 없다. 앨 휴이트에서 마크 야넬에 이르기까지 업라인의 도움 덕분에, 우리는 지금 꿈을 이루리라는 걸 알고 있다."

데이비드는 자신이 왜 그때 포기하지 않았는지를 알기까지 거의 2년이 걸렸다는 것을 덧붙였다. 그는 어느 늦은 밤 이 이야기를 쓰면서, 그가 아직도 이 사업을 하고 있는 이유와 그의 아내가 직장 생활에서 벗어나 남편과 꿈을 함께 하게 된 비결을 완전히 이해하게 되었다. 우리는 항상 다운라인에 응답 전화를 해야 한다. 5분간의 간단한 대화가 사람들을 의기소침 어뢰로부터 보호하는 유일한 수단이 되기도 한다.

업라인의 지원은 신입 네트워크 마케터의 초기 활동을 성공시킬 수도 있고, 망칠 수도 있다. 캘리포니아 샌디에고의 베라 홀럽Vera Holub은 업라인을 굳건하게 믿고, 마찬가지로 자신의 다운라인에게 모범을 보이 복제했다. 다음은 그녀의 이야기다. "난 텍사스 주 남부의 목화밭에 있는, 수도나 전기도 없는 양철 지붕의 오두막에서 자랐다. 오빠는 33세 때 자살했고, 난 주경야독으로 부엌 가구 공장에 있는 전문대학을 마치고 치과 위생 학사 학위를 받았다. 난 연봉 5만 달러를 받으며 신경질적인 치과 의사들과 일해야 했다. 그리고 온갖 고생을 해서 아메리칸 드림, 아니 악몽을 이룬 것이다. 마침내 난 더 나은 길을 찾아야 한다는 것을 깨달았다. 그러던 가운데 1988년 네트워크 마케팅을 설명하는 마크 야넬의 비디오를 보던 날, 난 내 기도의 응답을 받았다는 것과 평생 이 사업을 하게 되리라는 것을 알았다. 포기한다는 건 있을 수 없는 일이다."

"지금 난 많은 사람들이 꿈에 그리는 삶을 살고 있으며, 어린 시절의 어려운 환경을 벗어날 수 있도록 꿈을 준 늙으신 어머니도 돌볼 수 있게 되었다. 사업을 구축하면서, 인생을 즐기고, 다른 사람들의 인생에 영향을 줄 수 있는 여유를 얻은 것이다. 나를 이 놀라운 산업으로 전환할 수 있게 해 준 업라인 스폰서인 마크 야넬과 캐시 데니슨에게 무한한 감사를 드린다."

다운라인들에게 '의기소침한' 태도를 전하지 말라

우리는 결코 다운라인 조직에 부정적인 영향을 미치지 말아야 한다. 따라서 여러분 정서적으로 '활기에 찰' 때가 다운라인들과 대화를 나누기에 가장 적절한 시기다. 물론 이 산업이 너무 즐거워서 부정적일 때가 드물지도 모른다. 그러나 당신의 부정적인 감정을 다운라인의 그 누구와도 나누지 말라. 그렇지 않으면 전체 조직에 악영향을 끼칠 수 있다. 리더의 '의기소침한' 감정은 특히 신입 네트워크 마케터들에게 대단히 파괴적이다.

 어릴 적에 소문 놀이를 해 본 기억이 있을 것이다. 그것은 친구들끼리 둥그렇게 둘러앉아, 한 사람이 옆에 앉은 사람에게 귓속말로 빠르게 이야기를 전하는 놀이다. 그런데 이야기가 한 바퀴 돌고 나면, 내용이 완전히 달라져 처음 이야기를 한 사람이 알아들을 수 없는 경우가 많다. 그런 놀이를 해본 적이 없는 사람들을 위해 쉽게 설명하자면, 간단한 이야기가 대여섯 사람을 거치면서, 극적으로 왜곡될 수 있다는 것이다. 그것은 다섯 사람만 거쳐도 그렇다! 네트워크 조직에서는 간단한 이야기가 전화나 입을 통해, 1주일 만에 5~6천 번을 되풀이될 수 있다. 불가피하게 발생하는 왜곡 현상을 짐작이라도 할 수 있는가? 그에 적절한 사례를 하나 소개하겠다.

 마크는 처음 6개월 안에 일어났던 상황을 다음과 같이 설명하고 있다. "비록 초기 단계에서 내 그룹의 규모가 더 작기는 했지만, 리더가 의기소침해서 다운라인들과 대화를 나눌 때 발생할 수 있는 영향을 발견했다. 세 번째 레벨에 있는 프로 풋볼 선수가 사업을 시작한 지 2개월 만에 그만두기로 했을 때 나는 화가 났다. 내가 화가 난 건 2가지 이유 때문이었다. 첫째, 개인적으로 그를 훈련시키는 데 막대한 시간을 투자했다. 아칸사스 북부의 보스턴 산맥 출신인 촌놈이 NFL[주]의 스타를 지도할 수 있는 기회가 자주 있겠는가? 둘째, 모든 사람이 그를 알고 있어서, 누군가에게 내가 위대한 친구이자 동료인 풋볼 스타를 지도하느라고 많은 시간을 소비하고 있다고 말할 때마다 난 가슴이 뿌듯했다. 그래서 그가

주) National Football League : 미국 풋볼 리그 - 역자 주.

그의 가장 유능한 친구 5명을 데리고 오래된 'USA 비타민' 회사로 옮겨 갔을 때, 난 화가 났다. 난 프론트라인 리더에게 풋볼 선수가 한 행동과 그의 행동에 화가 난 이유를 말해 버리는 실수를 범했다."

"2주일이 지나 NFL 선수를 거의 잊어버렸을 무렵, 난 자동 응답기를 통해 불안에 떠는 메시지를 하나 받았는데, 전혀 다른 조직의 다운라인이 울먹이며 보낸 것이었다. 이 여인은 내 다운라인에 속한 사람이 아니었다. 나는 그녀를 알지 못했고, 대화를 나눈 적도 없었으며, 이 사건 뒤에도 말을 건네 보지 못했다. 그녀는 무엇이 그녀를 불안하게 하는지를 말하지 않았으며, 단지 내가 즉시 전화를 걸어 주면 그녀가 중대한 결정을 내리는 데 도움이 될 거라는 암시만 했다. 기억을 더듬어 보면 - 상당히 인상적인 대화였기 때문에 그 30분을 정확히 기억할 수 있다 - 우리의 대화 내용은 다음과 같다. 2분정도 서먹함을 누그러뜨리며 사소한 대화가 오간 뒤, 그녀는 풀이 죽은 채 울먹이며 자신의 이야기를 시작했다."

"야넬 씨, 당신이 회사를 떠나 더 많은 돈을 번다고 제가 탓할 수는 없겠죠. 그건 당신의 문제니까요. 당신이 네트워크 마케팅에 기울인 노력을 생각하면 당신네 가족들이 부를 누리는 것은 당연해요. 당신의 업라인들이 그러더군요. 당신이 막대한 돈을 번다고요. 하지만 그 얘기를 듣고 난 정말 당황했어요. 당신 나이에 NFL의 프로 풋볼 선수가 되어 이 사업만큼 장기적으로 안정된 수입을 올릴 수 있다면, 그건 나의 신뢰를 뒤흔드는 일이에요. 우리 남편은 당신이 풋볼 선수가 되려고 할 만큼 용기가 있다고 생각하지만, 난 한 번도……."

"난 그녀의 말을 끊었다. 매우 충격을 받았다. 말 그대로 너무도 황당했다. '무슨 말을 하는 거요, 샐리?'"

"'우리 남편이 당신은 용감해서……'"

"'아니,' 난 그녀의 말을 막았다. '그 전에, NFL 어쩌고 했잖아요? 지금 농담하는 거요? 난 지금 서른여섯 살이고, 풋볼 경기를 해본 적도 없습니다.'"

"쥐 죽은 듯한 침묵이 흐르다가, 헛기침하는 소리가 들렸다. 그리고는 그녀가 조용히 물었다. '지난달에 포티나이너스 팀 선수 선발에 출전하지 않았나요? 정말 네트워크 마케팅에서 NFL로 전환하지 않았나요?'"

"그것은 내가 이제까지 들은 것 가운데서 가장 우스꽝스러운 왜곡이었다. 그녀에게 그런 일은 있을 수 없다고 확인시켜 주었을 때, 난 그녀가 크게 한숨 쉬는 소리를 들을 수 있었다. 그녀는 내가 사업을 때려치우지 않으리라는 것을 알자 크게 안도했다. 나는 세상의 어떤 산이나 빙하도 패러글라이더나, 행글라이더를 타고 뛰어내릴 수 있지만, 그것은 프로 구기 경기에 비하면 계집아이나 하는 스포츠다. NFL의 태클에 한 번 걸리면, 운이 좋아야 겨우 살아남을 수 있을 것이다. 심지어 포틀랜드 출신의 전 NFL 선수인 스티브 바흐 같은 친구와 부딪친다는 것은 생각만 해도 가슴이 떨린다. 그래서 나는 이 왜곡된 소문이 너무 터무니없어서, 출처를 찾아볼 필요가 있다고 생각했다. 물론 출처를 찾지는 못했지만, 그것은 내가 이제까지 들은 소문 가운데서 가장 황당한 기억으로 남아 있다."

여기서 말하고자 하는 핵심은 다운라인들에게 조금이라도 부정적인 것을 말하면, 결국에는 몹시 왜곡된 결말에 도달한다는 것이다! 내 조직을 떠난 한 NFL스타에게 화를 낸 것이, 네트워크 마케팅에 너무 진력이 나서, 36세의 키 167cm, 몸무게 70Kg인 남자가 프로 풋볼 선수가 되려고 NFL팀에 가담한 것으로 왜곡되었다. 이 일화는 그 자체만으로도, 다운라인의 회원들 앞에서 불평하는 일을 삼가 해야 하는 이유를 훌륭하게 제시하고 있다. 소문은 되돌아와 당신을 괴롭힐 것이다. 또 업라인이 낙심해 있다는 사실은 다운라인들에게 이 사업에 대한 의문을 갖게 한다.

낙관주의의 사례

　일부 전문직 종사자들이 네트워크 마케팅에 참여한 뒤 느끼는 잠재되어 있는 당혹감과 동료들의 부정적인 반응은, 쉽게 인정하지 않지만 그들이 의기소침해지는 2가지 원인이 된다. 우리는 전직 의사나 변호사, 회계사, 그리고 다른 전문직 종사자들이 네트워크 마케팅으로 이전하는 동안 거의 모두 다 겪게 되는 내면적 갈등에 대비하도록 해야 한다. 이전 생활에서 아무리 수입이 적거나 과로하면서도, 그들은 직함과 사무실을 가진 유능한 인물로 간주되었다. 그러나 현재 그들은 초라한 네트워크 마케터로서 사다리의 맨 첫 단계에서 출발하고 있는 것이다. 이러한 도전에 맞서야 한다는 생각만으로도, 그런 전문직 종사자들은 새로운 사업을 잘 진행시키기 위해 자신의 정체성을 희생해야 한다는 고민에 빠지기 쉽다.

　전문직 종사자들이 네트워크 마케팅에서 성공하려면, 사업의 구축을 위해 자신의 명성과 신용을 기꺼이 활용해야 한다. 이것은 배우자의 사업이라거나, 사소한 부업일 뿐이라며 핑계를 내세우면, 그들은 우호자 시장에 대한 도전을 교묘히 부정함으로써 스스로 실패를 자초하게 된다. 이러한 전문직 종사자들에게 네트워크 마케팅의 비전과 얼마나 많은 사람들에게 과당 경쟁과 스트레스로 인한 관상 동맥 경화를 피하도록 도움을 주게 되는지를 제시하는 것이 네트워크 마케팅에 참여한 진지한 네트워크 마케터들의 의무다. 낙관적인 전망이 없으면, 사람들은 이 사업에서 실패할 것이다.

　마크가 목사 시절에 접한 가장 훌륭한 책 가운데 하나는 제임스 딜레트 프리먼James Dillet Freeman의 《낙관주의의 사례A Case for Optimism》였다. 프리먼 씨는 미조리 주 리즈 서미트 출신의 시인이자 목사이며 학자로서, '침묵의 일치' 라는 기도 사역에 젊은 시절의 대부분을 바쳤다. 전 세계적인 일치 운동의 하나로서, '침묵의 일치'는 전화나 우편을 통해 매일 수천 개의 기도 요청을 받으며, 기도 요청한 사람들을 위해 하루 24시간 침묵의 기도를 한다. 종종 비관적인 인류의 낙관적인 면을 책으로 쓰기 위해 기도와 명상에 헌신하는 사람보다 더 훌륭한 사람이 어디 있을까? 아무 장이나 읽어라, 그러면 여러분 자신과 인생과 세상에 관해 좀더 낙관적으로 느끼리라.

우리는 네트워크 마케팅이 자유 기업의 역사상 가장 위대한 낙관주의의 사례를 가지고 있다는 것을 깨닫게 되었다. 또한 이런 이야기를 하게 된 몇 가지 이유를 함께 나누고자 하며, 이 부분에 표시를 해 둘 것을 권한다. 특히 낙관주의의 이유 가운데 자신에게 적합한 것이 있을 경우, 거기에 밑줄을 쳐라. 그리고 용기를 북돋아야 할 때, 밑줄 친 부분을 읽어 보라.

다음은 낙관주의의 사례를 설명한 것이다.

첫째, 우리는 문자 그대로 경기 하락의 위험이 없는 기업적인 재택 사업을 가지고 있다. 알다시피, 대부분의 사업은 간판을 걸기도 전에 상당한 자본을 필요로 한다. 그런데 네트워크 마케팅은 그렇지 않다! 무엇보다도 누구든지 몇 가지 제품과 판매 보조 도구만 있으면 우리 사업에 참여할 수 있고, 그것조차도 선택 사항이라는 사실이 대단히 기쁘다. 따라서 재택 사업과 프랜차이즈Franchise 사업들의 경쟁 속에서, 우리에게 대적할 만한 상대가 없다!

둘째, 수입에는 문자 그대로 한계가 없다. 변호사는 기껏해야 몇 시간에 대한 수수료가 하루 수입의 전부이고, 의사는 몇 차례의 수술이 전부이다. 또 전통 사업에 종사하는 유능한 사람들 가운데는 10년 동안 한 차례도 승진을 하지 못한 사람들도 있다. 그러나 우리 사업은, 원하기만 하면 가족들을 위해 매일같이 수입의 증가를 이룰 수 있다. 왜냐하면 우리와 똑같은 일을 할 사람들을 무제한으로 모집해서, 그들의 노력으로 보상을 받기 때문이다. 우리는 —어느 누구도 대변할 수는 없지만— 여러분에게 이 점 한 가지는 말할 수 있다. 즉 우리는 한 달에 100만 달러를 벌 수 있다. 여러분이 실천하기만 하면, 여러분의 손자들은 미래에 '전통 있는 부자'로 대접받으리라는 비전을 가질 때 비로소 인생에는 무언가 매력적인 것이 생겨난다.

셋째, 무엇보다 가장 유쾌한 일은, 부와 성공에 비례해서 시간의 자유가 주어진다는 것이다. 인생에서 사랑하는 사람들과 즐거운 일을 함께 하면서 많은 시간을 보내는 것만큼 기쁜 일은 없다. 그러나 전통 산업이나 소규모 사업, 세일즈나 회사 관리의 경우, 모든 사람들은 일요일 오후를 가족과 보내기 위해 상투적이고 지루한 일을 하면서 1주일에 80시간씩 씨름을 한다. 자유로운 시간보다 더 소중한 것은 없다. 따라서 그것을 획득한 우리들은 남들에게 이 소중한 것을 제공함으로써, 전 세계에 걸쳐 가족의 가치를 높이고 있는 산업에 관해 낙관적일 수밖에 없다.

넷째, 네트워크 마케팅에서는 스트레스를 전혀 받을 필요가 없다. 1980년대 말의 조지아 트렌드Georgia Trends 잡지의 커버스토리에는 미국에서 가장 유행하는 하는 것은 스트레스성 관상 동맥 경화이라고 적혀 있다. 그 기사가 암시하듯, 그것은 더 이상 위험으로 그치지 않는다. 1980년 이후 여성의 관상 동맥 경화로 인한 사망률이 100퍼센트 증가했다. 네트워크 마케팅에서는 재미가 없으면 당장 그만두면 된다. 우리 사업이 대대적으로 네트워크 마케터를 모집해야 하고, 수많은 거절을 받아들여야 한다는 사실에도 불구하고, 우리는 지난 몇 년 동안 큰 성공을 거두었다. 따라서 우리처럼 처음 몇 년 동안 대가를 치르고 나면, 여러분의 인생에서 스트레스는 더 이상 존재하지 않는다.

다섯째, '4년 플랜'이다. 전통 사업에서 사람들의 최대 희망은 40년 플랜이었다. 이렇게 말하면 여러분은 40년 플랜이 무엇이냐고 물을 것이다. 대부분의 사람들은 25세가 되면, 자신의 직업을 생각하게 되는데, 낚시 안내인에서 외과 의사까지 매우 다양할 것이다. 그러나 40년 뒤에는, 일반적으로 100명 가운데서 5명은 여전히 일하고, 36명은 사망한다. 또 54명은 무일푼이며(또는 직장에 다닐 때보다 수입이 훨씬 줄었으며), 4명은 형편이 괜찮고, 1명은 부자가 되어 있을 것이다. 따라서 40년 플랜이란, 40년 동안 우리들 대부분이 마치 우리 안에 갇힌 병든 사자처럼, 집에서 직장으로 끊임없이 왔다갔다했는데도, 결국에는 100명 가운데 겨우 1명만이 그 대가를 받았다는 뜻이다. 이와 극명하게 대조되는 것이 4년 플랜이다. 한 네트워크 마케팅 회사에서 4년 동안 부지런히 일하고, 제품이나 서비스의 유통에 바탕을 둔 소득을 올리게 되면, 평생 안정된 생활을 하게 된다. 여러분이 흥분할수록, 상속자도 흥분할 것이다. 누구든지 네트워크 마케팅 사업을 모두 유산으로 물려줄 수 있다. 만약 40년 플랜을 4년 플랜과 바꾸는 일이 가슴을 뛰게 하지 않는다면, 여러분은 치매 검사를 받아야 할지도 모른다.

"인생에서 우리가 추구하는 최고의 보상은 남에게 인정받는 것이다. 아기는 인정받기 위해 울고, 어른은 인정받기 위해 죽는다."라는 말이 있다. 우리는 이 격언이 옳다고 믿는다. 또 우리가 네트워크 마케팅 산업의 리더로서 받았던 인정만큼 인정받을 수 있는 사업은 없다. 우리 두 사람이 많은 청중 앞에서 주저앉아 울었던 것은, 두 번이나 우리 다운라인들로부터 공로패를 증정 받았을 때뿐이었다. 네트워크 판매에서 정당하게 성공을 거둔 사람이라면 모두 그런 인정을 받을 수 있다. 다른 사람들이 진심으로 기쁨의 눈물을 흘리며, 자신의 인생에 성공의 기회를 가져다준 것을 감사할 때만큼 우리에게 기쁨을 주는 일은 없다.

마지막으로, 이 사업에서는 누구나 삶에 활력을 주는 문화적 체험과 여행의 기쁨을 누릴 수 있다. 열심히 일하고, 성공한 다음 좌석 벨트를 매고 세계를 돌아볼 준비를 하라. 그리고 새로운 모험을 즐기면서 국제적인 우정을 깊게 하라. 인간은 지루하고 판에 박힌 일을 싫어한다. 네트워크 마케팅에 참여한 우리들은 여행을 하고, 새로운 문화를 배우며, 유명 박물관을 방문하거나 다른 나라의 독특한 음식을 시식하면서 즐거운 한때를 보낸다. 네트워크 마케팅은 놀라울 만큼 다양하고, 수익도 높은 사업이다.

네트워크 마케팅에는 낙관주의의 여러 가지 논리가 있는데, 이 장을 주기적으로 다시 읽어 보기를 간곡히 권한다. 특히 의기소침 어뢰가 모르는 사이에 여러분을 사로잡는다면, 이 내용들을 읽어 보라. 네트워크 판매에 참여하는 것은 세상에서 가장 운이 좋은 사람들 가운데 하나가 되는 것이다.

우리의 태도를 통제하기

우리의 태도는, 전적으로 우리의 것이면서 자신과 뗄 수 없는 몇 가지 소유 가운데 하나다. 집과 자동차는 왔다가 가지만, 우리의 가치와 태도는 영원히 우리와 함께 있다. 우리가 외적인 환경을 관리할 수 있는 것은 우리 자신의 태도를 지속적으로 통제할 때뿐이다. 따라서 참된 변화는 먼저 우리 내면으로부터 오며, 우리의 행동은 자연히 뒤따른다.

이러한 깨달음이 없는 사람들은 네트워크 마케팅 첫해에 좌절하는 경우가 많다. 사람들은 천성적으로, 친척이나 친한 친구가 사업에 참여하는 것을 거부하는 경우 개인적으로 거절당한 기분이 든다. 또 여러 시간을 들여 훈련시킨 사람이 이유 없이 사업을 포기하려고 할 때 개인적인 모욕으로 받아들이는 경향이 있다. 이런 일들은 십중팔구 일어나게 마련이지만, 그것에 어떻게 반응하는가는 여러분에게 달렸다.

의기소침해 있을 때 해야 할 일을 성공적으로 수행할 수 있는 사람은 아무도 없으며, 특히 성공이 능력보다 태도에 좌우되는 사업에서는 더욱 그렇다. 따라서 많은 사람들이 단지 태도 때문에 실패한다. 또한 앞서 지적했듯이, 열정과 기쁨을 보여 주지 못하면 직업을 바꾸도록 사람들을 설득하는 일은 불가능하다. 사람들에게 우리가 만족하지 못한 것으로 비춰지면, 다른 사람들은 우리 사업에 참여하지 않을 것이다. 열정은 전염된다는 것을 항상 명심하라.

우리는 사람들을 리쿠르팅할 때, 우리 사업에 참여하도록 설득하는 주요 수단으로서 흥분과 감격을 마음대로 표현한다. 또한 우리의 프로스펙트들은, 반면에 그들 가운데 많은 사람들이 삶이 지루하고 판에 박힌 듯하다는 것을 알고 있으며, 우리가 얼마나 흥분해 있는지도 말할 수 있다. 우리는 사업 설명회를 진행하다가 어느 지점에 이르면 확신에 차서 이렇게 말한다. "우리 사업에서 재미를 느끼지 못한다면, 그건 사업을 잘못했기 때문이다!" 자 이제는 실제적인 조언을 할 차례다.

이제 더 이상 뉴스는 그만!

문명의 오랜 역사에서 전례가 없을 정도로, 우리는 우리의 태도를 완전히 통제할 수 있는 수많은 수단을 갖게 되었다. 처음에 컴퓨터를 대상으로 했던 옛 격언은 사람에게도 적용될 수 있다는 것을 우리는 확신한다. 즉 '쓰레기가 들어가면 쓰레기가 나온다'는 격언이 바로 그것이다. 우리는 신학적 배경 때문에, 광범위한 상담에 치중해 왔다. 따라서 의기소침은 사람들이 자신의 머릿속에 뿌린 결과라는 것을 자주 발견하곤 했다. 언젠가 결혼 상담을 하러 온 한 남자는 어떻게 그의 관계에서 열정을 상실했는지 이유를 설명했다. 그 당시 그의 삶은 점점 더 침울해지고 있었다. 마크의 회상처럼, 그런 경우가 흔히 그렇듯이, 이 사람의 일상 생활을 간단히 살펴보니 그 이유를 알 수 있었다.

"필립은 유명 기술 회사에 근무하는 컴퓨터 분석가이며 – 이제 40세가 되었다 – 그의 하루는 평범하기 짝이 없었다. '난 아침에 일어나면 아침 식탁에 앉아 신문을 봅니다. 난 카풀을 하고 있기 때문에, 내가 친구 2명을 차에 태우거나, 그들이 나를 태우고 45분 걸려서 출근하죠.'"

"나는 날카로운 질문을 그에게 던졌다. '차에 타면, 무슨 대화를 합니까?' 중요한 이유가 무엇인지 궁금했다."

"'음, 아시다시피, 그저 평범하고 사소한 이야기죠.' 남자가 대답했다. '하지만 대화를 나누는 건 몇 분밖에 안 됩니다. 왜냐하면 우리는 라디오를 듣거든요. 뉴스 전문 방송에서 10분마다 교통 관련 보도를 하기 때문에, 도로 상황을 파악하는 데 도움이 되죠. 가령 앞에 심각한 교통 문제가 있다고 하면, 우리는 그 길을 피해 갈 수 있거든요. 그 밖에도, 출근 시간 동안 운전을 하지 않는 사람은 서류를 검토하기도 합니다.'"

"예상했던 그대로였다. 필립은 틀에 박힌 하루를 계속해서 자세히 설명해 나갔다. 그와 그의 동료들은 근무 시간에도 라디오를 들을 수 있었다. '그 덕분에 단조로움에서 어느 정도 벗어날 수 있다'는 것이 필립의 설명이었다. 퇴근해서 집으로 돌아오면, 그는 우선 포도주 한 잔을 홀짝이면서 신문을 읽는다. 그리고 나서 두 아이와 아내와 함께 저녁을 먹으면서 온 가족이 하루 일과에 대해 대화를 나눈다. 저녁을 다 먹고 나서는 집으로 가져온 사무를 처리하는 데 2시간 정도를 보낸 뒤, 시간이 되면 아내와 함께 침대에 웅크리고 앉아 '법과 질서'라는 오락 프로그램을 보고, 10시 뉴스를 시청한다. 그는 다시 자신의 생활이 행복하기는 하지만 특별한 일이 없다고 강조했다."

"45분 동안 묵묵히 이야기를 들은 끝에, 나는 필립에게 6개월 동안 신문이나 범죄에 관한 TV 프로를 보지 말라고 했다. 또 라디오 뉴스까지 듣지 말라고 했다. 뉴스가 없는 6개월이라! 상투적인 결혼 생활 상담을 2차례 더 가진 뒤, 필립과 낸시는 다시 찾아오지 않았다. 우리는 2년 뒤 어느 미팅에서 그들과 우연히 마주쳤는데, 두 사람 모두 환한 얼굴이었다. 그들의 결혼 생활이 긍정적으로 바뀌었다며, 필립은 내게 거듭 감사를 표했다. 그는 무엇이 변했는지 확실히 알 수는 없지만 무엇인가가 그의 인생을 바꾸어 놓았다고 말했다. 그는 자리를 떠나며 덧붙였다.《유에스에이 투데이USA Today 》주말 특집판을 빼놓고, 전 이제 더 이상 신문을 뒤적거리지 않습니다. 그렇다고 뭐 크게 도움이 된 건 아니지만요.'"

필립의 생각은 틀렸다. 결혼 생활 전체가 방향 전환을 이룬 직접적인 원인을 거슬러 올라가면 아마 그 쓸모없는 뉴스 방송 시청을 때려치운 데 있을 것이다. 여러분이 의기소침으로 괴로워한다면, 다음 문장을 세 번 읽어 보라. "뉴스는 이제 그만!" 지구 어딘가에 화성인이 도착한다면, 여러분은 15분도 안 되어 누군가로부터 그 소식을 듣게 될 것이다. 또 황태자비가 죽는다면, 카리브 해의 어딘가에서 배를 타고 있어도, 곧 그 소식을 들을 것이다. 바로 우리가 그랬다.

현대 생활의 불필요한 것들 가운데, 뉴스만큼 의기소침과 비참한 기분을 만들어 내는 것은 없다. 우리는 매일처럼 라디오, TV, 컴퓨터, 신문의 공세를 받으며 산다. 그러한 공세가 우리에게 미치는 영향을 이해하고 싶다면, 뉴스 매체의 철학을 생각해 보라. 그것들은 돈을 벌기 위한 사업이며, 이윤을 얻으려면 흥미가 있어야 한다는 것을 명심하라. 또 뉴스 산업에서 자주 인용되는, '좋은 뉴스는 뉴스가 아니다.' 라는 철학을 생각해 보라. 뉴스 산업에 종사하는 사람들은 미국의 대중이 유별난 것을 탐한다는 것을 안다. 대중은 15만 달러를 자선 사업에 기부한 사람보다 살인자에게 더욱 흥미를 갖는다. 예를 들어 도날드 트럼프가 말라 메이플즈와 이혼하자, 대중 신문들은 그 이야기를 시시콜콜 파헤친다. 그러나 지난해에, 트럼프가 뉴욕의 노숙자들을 위한 프로그램에 200만 달러를 기부했을 때, 우리는 그의 사정을 잘 아는 친구가 전해 주지 않았다면 알지 못했으리라. 우리는 훌륭한 이야기가 실리는 《뉴요커New Yorker》라는 신문을 구독하는데 트럼프의 기부 이야기는 전혀 언급되지 않았다. 왜냐하면, 대중들은 '좋은 뉴스'에는 관심도 없고, 사지도 않을 것이기 때문이다.

그러면 그것이 우리와 무슨 상관인가? 상관이 많다! 새로운 프론트라인 네트워크 마케터를 가입시키면, 우리는 일 대 일 훈련을 하기 전에 특별한 숙제를 하나 내주고, 그들이 숙제를 다하면 훈련을 시킨다. 다음 장에서 깊이 다룰 예정이지만, 간단히 소개하면 그 숙제는 다음과 같다.

1 목표를 정하라. 최종 결과를 눈으로 그려 보고 실현된 결과 속에서 자신의 모습은 어떤지 상상해 보고 그 목표를 글로 써 보라.
2 2천 명의 우호자 시장의 명단을 작성한 다음, 기회를 함께 나누고 싶은 사람들 중에서 25명의 우선순위를 정하라.
3 우리 제품을 직접 사용해 본 다음, 그 제품들을 좋아할 만한 고객 10명을 찾아내라.
4 긍정적인 태도를 유지하기 위해, 6개월 동안은 어떤 뉴스든지 듣지도 보지도 말라. 단 문학 75퍼센트, '시사뉴스' 25퍼센트로 구성된 잡지는 제외한다.

처음 3가지는 강요하기가 쉽지만, 마지막 것은 그렇지 않다. 그러나 네트워크 마케터의 태도를 통해 여러분은 많은 것을 알게 된다. 그 네트워크 마케터가 활기차고 생기에 넘친다면, 아마 현재 뉴스를 보고 있지 않을 것이다!

POINT
우리의 뇌 속에 긍정적인 정보를 집어넣는 일은 성공에 필수적이다.

내면에서부터 긍정적인 환경을 창조하라

우리의 뇌 속에 긍정적인 정보를 집어넣는 일은 성공에 필수적이다. 그렇게 하기 위해서 우리는 정신을 고양시키는 책이나 기사를 보고, 용기를 북돋는 테이프를 들으며, 우리 자신이나 다른 사람들과 긍정적인 대화를 나눈다.

동기를 부여하고 그것을 다른 사람들과 나누게 하는 책을 읽어라. 정신을 고양시키는 자료들은 들불처럼 번져 가야 한다. 여기서 그러한 자료를 2가지만 추천하겠다. 먼저 '미국 청년 재단'의 전화번호(314-722-8626)를 기록해 두기 바란다. 재단에서는 많은 사람들이 읽지는 않지만, 가장 중요한 책 두 권을 판매하는데, 우리는 신입 네트워크 마케터들에게 그 책을 반드시 읽을 것을 권하고 있다. 두 책은 모두 미조리 주 세인트 루이스에 있는 랠스톤 퓨리나 회사의 창립자이며 전 최고경영자인, 고인이 된 윌리엄 댄포스William H. Danforth가 저술했다. 댄포스는 가난뱅이에서 부자가 된 부유한 대기업가로, 남녀노소의 인성 개발에 깊은 관심을 가진 사람이었다. 오늘날에는 그에 관한 이야기를 들어 본 사람이 별로 없지만, 댄포스는 인간의 잠재력의 수호자로서, 다음과 같은 메시지를 담은 책들을 저술했다. 즉, 연령, 피부색, 성, 경험 유무에 상관없이, 누구나 가장 유명한 기업가 수준의 성공에 도달할 수 있다는 것이다. 댄포스는 모든 청년들에게 자신이 선택한 분야에서 '세계 최고'가 될 것을 요구한다. 그의 저서 가운데 《실천Action》이나 《나는 당신에게 도전한다 Dare You》를 읽은 사람은 결코 좌절하지 않을 것이다. 뿐만 아니라 여러분은 그 책을 처음부터 끝까지 읽을 필요도 없다. 아무 데나 펼쳐서 읽어도 상관없다. 그 책은 이제 막 성인이 되려는 청년들을 대상으로 하지만, 새로 기업가가 되려는 성인에게도 아주 중요하다.

마찬가지로, 윌리엄스A. L. Williams의 이야기는 꿈을 가진 한 가난한 고등학교 코치에 관한 것이다. 그의 꿈은, 보통 사람들이 높은 정상에 오를 수 있는 무한한 기회를 창조해 내는 것이었다. 그는 전직 교사들과 코치들로 이루어진 네트워크 마케팅 생명 보험 회사를 설립했는데, 그 회사는 대단한 성공을 거두어서, 꼭 7년 만에 뉴욕 생명, 메트로폴리탄, 프루덴셜을 합한 것보다 훨씬 더 많은 생명 보험 판매고를 올렸다. 그런데 설립된 지 1세기가 넘는 회사들을 어떻게 앞설 수 있었을까? 그 이유는 간단하다. 그는 사람들의 자신감을 북돋아 주었던 것이다. 우리는 그의 저서 《사람들에게 용기 불어넣기Pushing Up People》와 《당신이 할 수 있는 모든 것All You Can Do》을 읽어 보라고 권한다. 두 저서가 다 훌륭하지만, 큰 대의명분을 갖는 일과 십자군이 되는 것을 다룬 《당신이 할 수 있는 모든 것》에서 그와 관련된 장을 특별히 주목해서 보라. 네트워크 마케팅의 여러 가지 어려움으로 인해 실패할 거라며 좌절에 빠져 있던 가운데, 윌리엄스의 말은 우리에게 감동을 주었고, 의기소침을 말끔히 씻어 주었다.

현재 이용할 수 있는, 용기를 주거나 동기를 부여하는 오디오테이프는 수백 가지나 된다. 기회가 있을 때마다 예를 들면, 운전을 하는 동안, 집에서 일을 할 때 그런 테이프를 카세트 플레이어에 넣고 지속적으로 긍정적인 메시지를 흡수하라. 이 테이프들은 여러분의 잠재력을 실현시키고, 자신감을 불어넣어 주기 때문에, 최고의 목표를 이루는 데 도움이 될 것이다.

하루에 5~6만 가지의 생각들이 우리 머릿속을 스치고 지나가는데, 그 가운데 95퍼센트가 과거에 관한 것이다. 즉 과거가 우리를 붙잡는 경우가 많다는 말이다. 돌이킬 수 없는 과거의 부정적인 사건들에 집착하는 것은 우리의 가능성을 제한할 뿐이다. 컨츄리송을 거꾸로 틀면 어떤 일이 일어나는지 아는가? 자신의 개가 되돌아오고, 우연히 만났던 사람이 되돌아오거나 애인이 되돌아온다. 그러다가 여러분은 출발한 곳으로 되돌아가게 된다. 미래를 지향하기 위해서는 첫째, 과거에 있었던 긍정적인 경험들을 회상하거나, 둘째, 미래에 열중하는 데 더 많은 시간을 보내야 한다.

　기분이 가라앉을 때는, 행복했던 시절을 생각나게 하는 옛날 음악을 들어 보라. 그러면 반드시 기분이 좋아질 것이다. 또 완벽했던 과거의 상황들을 생각해 보라. 그런 생각만으로도 즐거워질 것이다. 그리고 그런 기분을 현실에서 느껴 보라. 예를 들어 남편이 집안에 들어서면서 아내를 바라볼 때, 지금 판에 박힌 생활을 함께 하는 사람이 아니라 사랑을 고백하던 시절의 소녀로 바라본다면, 그의 행동은 달라질 것이다. 이렇듯 아내를 향한 사랑스러운 행동은 흔히 그 아내로부터 똑같은 반응을 불러일으키게 마련이다. 이 사례는 현실에 대한 감정을 변화시키기 위해 사용하는 1가지 방법에 지나지 않는다. 물론 의기소침 어뢰가 저 멀리서 갑자기 나타날지도 모르지만, 우리는 당황할 필요가 없다. 왜냐하면 우리는 우리의 마음을 100퍼센트 통제하고 있기 때문이다.

　자기 개발에 관한 노력을 할 경우, 미래를 생각하는 일에 더 많은 에너지를 쏟는 것이 효과적이다. 우리는 천성적으로 과거에 집착하는 경향이 있으므로, 이것은 많은 노력과 결단을 필요로 한다. 따라서 변화와 성장을 향한 첫 단계는, 우리가 원하는 대로 자신의 모습을 그리려고 노력하는 것이다. 긍정적인 미래 속에 있는 우리 자신의 모습을 그릴 수 없다면, 우리는 결코 그 미래에 도달할 수 없다. 사람들은 자신이 현재

POINT
성공하는 사람들은 항상 최종 결과에 전념하지만, 그렇지 않은 사람들은 계속해서 '어떻게'라는 과정에 집착한다.

의 진실이라고 알고 있는 것에 근거를 두고 자신의 목표를 제한하는 경우가 너무도 많다. 그러나 그러한 한계를 깨뜨리면, 불가능해 보이던 것도 가능해진다.

내면에서 시작되는 목표 설정은 새로운 현실에 적응하는 과정일 뿐이다. 그 꿈을 점차 현실로 만들려면, 현실로 일어나기 훨씬 전에 그것을 눈으로 그려 보라. 비록 지금은 이루어지지 않더라도, "그 일은 가능하다."고 자신에게 말하기 시작하라. 미래 시제로 생각하고, 목표가 이미 이루어진 것처럼 상상하라. 그리고 꿈이 지금 현실화되고 있는 것처럼 느껴 보라. 성공하는 사람들은 항상 최종 결과에 전념하지만, 그렇지 않은 사람들은 계속해서 '어떻게'라는 과정에 집착한다. 사고가 제한된 사람들은 '왜 그럴까?'라고 질문하는 반면, 그렇지 않은 사람들은 '왜 안 돼?'라고 질문한다.

회의론자들은 비현실적인 목표를 설정하는 일이나 그 목표를 현실화할 수 없음을 우려할지도 모른다. 당신의 목표가 가치 있다고 믿는다면 우리를 믿어라. 당신은 목표를 현실화할 수 있는 도구들을 찾아낼 수 있다. 높은 목표를 세워서 실현하기 위해 분투하라. 무슨 일을 하든지 당신의 목표를 포기하지 말고, 단지 당신의 태도를 바꿔라. 우리를 현실에 가두는 고정관념이 우리가 원하는 것에 대한 비전보다 강할 때, 우리의 성장은 멈추어 버린다. 변화하려면 미래를 생각하라.

선포하라

선포는 방아쇠다. 즉 목표가 이미 이루어진 것처럼 기록되거나 반복된 신념을 말한다. 선포는 그러한 결과를 가져오는 힘이 있다. 많은 뛰어난 행동 과학자들은 여러 가지 획기적인 연구를 통해 자율 훈련의 효과를 입증해 왔다. 우리는 이제 가장 냉소적이고 보수적인 실용주의자들에게 자기 암시, 선포, 시각화, 자율 훈련 프로그램 등이 효과가 있다고 선언할 수 있다! 하지만 태평양연구소 루 타이스Lou Tice의 선구적인 인간 잠재력 연구뿐 아니라, 스탠포드 대학 밴두라Bandura 박사의 연구와 버클리 대학 행동 과학 연구소의 찰스 가필드Charles Garfield 박사의 연구가 발표되기 전이었다면, 선포와 자율 훈련을 요구했을 때 우리는 청중의 일부를 잃어버렸을 것이다. 이제 골방에 틀어박혀 살아 온 사람들만이 시각화와 매일매일의 선포의 효과를 의심할 것이다. 오늘날 의기소침이나 모든 형태의 정신적 고민에 대한 최고의 방어 수단 가운데 하나는 자신에 관한 긍정적인 선언서를 매일 작성하여 계속해서 낭독하는 것이다. 작은 쪽지에 몇 가지를 적어서 지갑이나 업무 수첩에 간직해 두거나, 목욕실 거울에 붙여 두고 매일 낭독해 보라.

여기에 모든 사람에게 유용한 몇 가지 선언서를 소개한다. 하지만 여러분 자신의 것, 특히 자신의 소망과 욕구에 관련된 것을 작성해 볼 것을 권한다. 아침마다 잠자리에서 일어날 때, 그리고 매일 밤 불을 끄기 전에 조용히 선언서를 읽어 보라. 또 1가지 선포를 읽을 때마다, 선언서의 내용을 바로 지금 이루어진 것처럼 눈으로 그려 보라. 그러한 상상과 함께 감정을 느껴 보라. 선언서가 점차 자신의 생활 속으로 동화되어 갈수록, 창조력, 긍정적인 결정, 그리고 목표 설정이 흐르는 물처럼 자연스러워질 것이다.

- 나의 결정과 행동을 책임지는 것은 오직 나 자신뿐임을 알기에, 나는

강하다.
- 나는 인생의 모든 측면을 즐긴다. 나는 흥미와 기쁨, 그리고 모험을 열정적으로 창조해 내기 때문이다.
- 나는 나와 가치관이 같은 긍정적인 사람들과 팀을 이루어 일할 때 든든하다.
- 사람들이 내 말에 귀를 기울이는 것은, 내가 무엇인가 가치 있는 말을 하기 때문이다.
- 나는 사람들이 내 말에 용기를 얻어 사업에 참여할 수 있도록, 내 사업의 비전을 명확하게 전달한다.
- 나는 자부심이 강하기에, 내 목적을 이루는 데 큰 만족을 느낀다.]
- 나는 나 자신의 인격을 높이 평가하는 데, 한 달에 적어도 5만 달러 이상의 가치가 있다는 것을 알고 있다.
- 나는 빠르게 나의 성공을 복제하는 수십 명의 열정적인 사람들을 모집하면서 네트워크 마케팅 왕국을 건설하는 데 자부심을 느낀다.

이러한 연습을 하면서 여러분은 다음과 같은 것을 알게 될 것이다. 즉 새로운 것을 시각화함에 따라, 점차 옛것을 떨쳐 버리고, 눈으로 그리는 것이 그 순간 현실화되고 있음을 작은 세포 하나까지 모두 믿게 될 것이다. 변화가 일어나기 시작하는 것은 바로 그때다. 변화는 두 걸음 전진하다가, 한 걸음 후퇴하는 경우가 많다. 예를 들어 여러분의 일이 잘 진행될 때는, 자신에게 "그건 나답다."고 말하라. 반면 실수를 할 때는, "그건 나답지 않아. 다음 번엔 더 잘할 거야." 하고 말하라. 우리는 이러한 선포를 되풀이해 왔으며, 많은 사람들과 함께 나누어 왔다. 그 선포를 정기적으로 되풀이한 사람들은 극적인 효과를 보았다.

밥 샤프Bob Scharp는 미시간 주 빅 래피즈 출신의 치과의사로, 1989년

POINT

새로운 것을 시각화함에 따라, 점차 옛것을 떨쳐 버리고, 눈으로 그리는 것이 그 순간 현실화되고 있음을 작은 세포 하나까지 모두 믿게 될 것이다. 변화가 일어나기 시작하는 것은 바로 그때다.

에 몹시 어려운 지경에 빠져 있었다.

"아내와 이혼을 했고, 근무하던 회사까지 파산했다. 또 새로 개업한 치과 병원의 동업자가 요절하고, 병원을 건축하려던 계획도 무산되었다. 거기다 아내가 6개월 동안 암과 싸우며 남긴 100만 달러의 빚이 있었다. 그뿐이 아니었다. 1996년 1월에는, 국세청에서 체납 세금 9만 달러를 완납하지 않으면 재산을 압류하겠다고 위협을 했다. 국세청에서 실제로 내 보험금을 압류하는 순간, 상황은 내게 매우 암담해 보였다."

"난 최근에 내가 근무하는 네트워크 마케팅 회사의 사장과 '비전 워크샵'에 참석했었는데, 집에 돌아와 다음과 같은 선언서를 읽고 매일같이 아침과 밤에 반복해서 낭독했다. '난 농어와 강꼬치고기, 블루길이 노니는 연못이 건너다보이는 지붕에 앉아 있다. 아내 수잔과 나는 원하면 언제든지 아무 곳이나 마음대로 여행을 다닌다. 내 능력과 종교적 확신 때문에 사람들은 내 조언을 구한다. 나는 아이들이 직업을 갖기 시작할 때, 그들을 도와줄 수 있는 시간과 돈이 있다."

"상황은 즉시 변하기 시작했다. 건축업자가 20만 달러를 빌려준 덕분에, 국세청 세금을 비롯해 만기일이 지난 빚을 모두 갚을 수 있게 되었다. 치과 병원도 번창하기 시작했고, 침체했던 네트워크 마케팅 사업도 성장하기 시작했다. 그래서 난 자신감과 자존심을 회복할 수 있었다. 5개월만 있으면, 단기 채무는 유통시키고, 장기 채무는 모두 청산할 예정이다. 가장 흥분되는 일은, 10월에 수잔과 내가 꿈에 그리던 집을 사서 이사한 일이다. 우리가 임대한 것은, 낚시터와 수영장이 딸린 51에이커의 농장, 조명 시설이 있는 테니스장, 10에이커의 건초밭 겸 골프 연습장, 그리고 귀빈용 숙소다. 거기다가 사슴, 거위, 오리, 칠면조 등 수천 마리의 새가 우리를 찾아오는 손님들이다. 우리 회사와 산업과의 관계는 단순한 가욋돈을 버는 부업 이상이다. 즉 우리는 자기 개발과 선택의 삶을 살 수 있는 자유를 누리게 된 것이다. 또한 날마다 하는 일에 만족하고, 다른 사람들이 꿈꾸는 삶을 살 수 있도록 도와주게 되었다."

우리는 유명한 양자 물리학자들을 비롯해, 많은 과학자들이 물리학의 법칙을 망각하면 마술적인 결과를 창조해 낼 수 없다는 것을 깨닫게 되었다. 그러나 우리는 우리의 일상적인 생산성에 직접 영향을 미치는 우리의 잠재의식에 극적으로 영향을 미칠 수 있다. 아마 여러분은 1969년, 소비자들이 잠재력에 영향을 미치는 광고에 의해 무의식적으로 조작될 수 있다는 사실에 연방 통신 위원회가 깊은 관심을 가졌다는 사실을 기억할 것이다. 그런 광고의 효과는 매우 강력해서, 결국은 불법화되었다. 한편 그와 똑같은 조작 기술을 긍정적인 생산을 위해서도 이용할 수 있다. 여러분이 한 달 동안 선언서를 이용해 보면, 평생 그것을 이용하게 될 것이다. 또한 선언서를 이용하면 의기소침 어뢰로부터 스스로를 방어할 수 있으며, 어떠한 나쁜 소식이나 실망감도 자신의 방패를 뚫지 못할 것이다.

외부로부터 긍정적 환경을 창조하라

의기소침을 피하기 위해 마지막으로 충고하겠다. 물론 이것은 어렵지 않다. 즉 신입 네트워크 마케터들은 적어도 네트워크 마케팅에 참여한 첫해 동안은 꿈을 훔쳐 가는 자(Dream Stealer)들과 부정적인 사람들을 피해야 한다는 것이다. 그리고 부정적인 사람들은 가족들이나 친한 친구들인 경우가 많다! 네트워크 마케팅의 성공은 능력보다 태도에서 비롯되는 경우가 많으므로, 성공을 향한 우리의 야망에 도움이 되는 사람들과 교제하며 시간을 보내는 것이 중요하다. 따라서 우리 사업에 관해 끊임없이 부정적인 이야기를 하거나, 우리의 꿈을 비난하는 사람들에 대한 명확한 규칙을 정하라.

한 번쯤 부정적인 사람들과 마주 앉아서 진지한 대화를 나눠 보라. 그리고 이 산업에 대한 그들의 견해가 어떠하든, 여러분은 긍정적이고 용기를 북돋는 말이 아니면 듣지도 기대하지도 않는다는 점을 분명하게 알려 주어라. 또한 그들에게 진실을 말하라. 그들이 계속해서 비생산적이고 부정적인 논의에 끌어들이려고 한다면, 여러분은 결단을 내려야한다. 여러분은 가족들과 경제적으로 안정된 생활과 시간적 자유를 누릴 수도 있고, 부정적인 사람들 틈에서 평범한 삶을 살아갈 수도 있다. 선택은 자신에게 달렸다. 그러나 대부분의 경우, 그들에게 도와달라는 요청을 했을 때, 그들이 여러분을 사랑한다면 그렇게 해줄 것이다.

텍사스 주 달라스의 로버트 네프Robert Neff 박사는 네트워크 마케팅 사업을 구축하는 첫해에 대단히 존경하는 사람들로부터 부정적인 지적을 너무 많이 받았다. 그 가운데 가장 심한 주장은, 이 산업에는 '자신의 이득을 위해 남을 이용하는' 근본적인 결함이 있다는 것이었다. 네프 박사는 자신의 경험으로 그렇지 않다는 것을 알면서도, 그 말이 계속 뇌리에 남아서 사업을 구축하는 데 방해가 되었다. 왜 그랬을까? 그는 그 말에 낙심했던 것이다.

네프 박사는 무신론자로 성장했으면서도 점차 영적인 가치를 이해하고 있었다. 그는 산업에서의 자신의 위치와 새로 생겨난 신앙을 위해 열심히 노력하면서, 어느 날 아침 놀라운 깨달음을 얻었다. 즉 네트워크 마케팅이 기독교를 본받았다는 것이었다. 그는 자신이 깨닫게 된 유사점들을 미친 듯이 기록해 나갔으며, 그러는 동안 이 산업에 대해 품었던 의심이 사라졌다. 그는 그 순간, 네트워크 마케팅은 다른 사람이 자립할 수 있게 도와주는 본래부터 훌륭한 산업이었다는 것을 깨달았다. 이때 네프 박사에게 가장 큰 유익이 되었던 것은 바로 이 깨달음을 기록하는 행위였다. 우리는 그의 분석을 좋아한다. 우리 두 사람 모두가 전문 신학자로 훈련을 받았지만, 이 유사점들을 그보다 더 설득력 있게 표현할 수는 없다! 네프 박사가 쓴 네트워크 마케팅과 기독교의 유사점들을 읽어보면, 그것들이 그의 의기소침을 완화하는 데 얼마나 도움이 되었는지를 이해할 수 있다. 그가 기록한 내용은 다음과 같다.

1 누군가가 여러분을 초대하여 보여주지 않는 한, 그것을 배우게 될 가능성은 극히 희박하다.
2 처음에는 너무 좋게만 들려서 진실로 여겨지지 않는 무언가를 보게 된다.
3 우리는 개인적인 이야기를 통해서 정당성을 뒷받침하므로, 그 믿음은 대부분 신앙에 바탕을 두고 있다.
4 믿기 어려울 만큼의 혜택을 경험하려면 먼저 믿어야 한다.
5 얼마나 선을 행하느냐에 따라 믿음을 측정할 수 있다.
6 당신을 안내할 삶의 지침서가 주어진다.
7 처음에는 이해할 수 없지만, 여러분이 앞으로 겪을 일들을 미리 경험한 사람들을 따르라는 말을 듣게 된다.
8 길을 가다가 어려움을 만나면, 도움이 필요할 때가 있다.
9 기분이 고조되어 있을 때는 다운라인을 돕고, 의기소침해 있을 때는 업라인의 도움을 받을 수 있다.
10 사람을 더 강하고, 자립적으로 만들 수 있는 방법으로 돕는다.
11 길을 가는 동안에는 완벽해질 수 없지만, 믿는 동안에는 목적지에 도달할 수 있다.
12 남을 먼저 돕기 위해서는 당분간 자신의 요구를 돌보지 말아야 한다.
13 남을 도우려면 헌신, 인내, 노력이 필요하다.

14 사람들을 두려워하지 말고, 그들이 당신의 도움이 필요 없다고 말할지라도 그들에게 도움의 손길을 내밀라.
15 동일한 믿음을 가지고 헌신할 수 있는 훌륭한 사람들을 주변에 두어, 상처를 입힐 수 있는 부정적인 언사로부터 보호를 받는다.
16 비전을 새롭게 하기 위한 정기 미팅에 초대받는다.
17 결국 자기 자신과 타인, 그리고 인생에 대해 더 많은 것을 배우게 된다.
18 결과적으로, 수많은 사람들에게 더 나은 삶을 살 수 있고, 더 좋은 곳으로 갈 수 있도록 직·간접적으로 도움을 줄 수 있다

네트워크 마케팅이 멋진 균형 장치인 것은 태도에 따라 구축되기 때문이다. 목사이자 유명한 베스트셀러 작가인 찰스 스윈들Charles Swindoll은 다음과 쓰고 있다. "나는 더 오래 살면 살수록, 태도가 인생에 미치는 영향을 더 확실히 깨닫게 된다. 나에게 태도는 사실보다 더 중요하다. 과거, 교육, 돈, 실패, 성공, 다른 사람의 생각이나 말과 행동보다 더 중요하다. 또 외양, 재능, 기술보다… 더 중요하다."

"놀라운 것은, 우리가 그날 취하게 될 태도에 관해 매일 선택할 수 있다는 것이다. 우리는 우리의 과거를 바꿀 수 없으며, 사람들이 어떤 일정한 방식으로 행동한다는 사실도 바꿀 수 없다. 다시 말해 불가피한 것은 바꿀 수 없다. 우리가 할 수 있는 유일한 일은 우리가 가진 현을 연주하는 것이며, 그것이 바로 우리의 태도다. 인생은 내게 일어나는 일이 10퍼센트, 내가 그 일에 어떻게 반응하느냐가 90퍼센트라고 확신한다. 물론 여러분의 경우도 마찬가지다. 우리는 우리의 태도에 책임이 있다."

태도변화를 통한 자기계발을 도와주는 프로그램이 증가하고 있다. 퍼시픽 인스티튜트Pacific Institute의 '장점에 대한 투자'와 엣지 커리큘럼 The Edge Curriculum의 '인간 효용성의 증가'가 그러한 프로그램이다. 이번 장의 많은 개념들은 간접적으로 루 타이스 덕분이다. 루 타이스는 알

버트 밴두라 박사에게 우리를 소개해 주었는데 밴두라 박사는 자기완성과 최고의 실천을 위한 인지전략에서 가장 많이 인용되는 연구경력 45년의 심리학자다. 오늘날 인성개발 커리큘럼의 기초가 되는 자기개발과 인간 잠재력 분야에서 가장 중요한 새로운 발전을 우리는 바로 밴두라 박사로부터 배운 것 것이다.

그냥 믿고 계속 전진하라!

당연한 이야기 같지만, 우리는 다음과 같이 말하겠다. 즉 살아남는 비결은 포기하지 않는 것이며, 의기소침을 피하는 방법은 믿음을 갖는 것이다! 물론, 2가지 모두 진실이다. 인생의 여러 가지 도전들은 우리의 성장을 위해 필수적이다. 도전이 없다면, 우리는 안일함에 빠져 우리의 창조성은 완전히 고갈되고 말 것이다. 루이지애나 주 베이톤 루지의 대럴 무어Darrel Moore는 1994년 12월에 바로 이러한 처지에 빠져 버렸다. 그 당시 무어와 그의 아내 메이블Mable은 그의 말대로 네트워크 마케팅 사업에서 가장 암담한 상황에 처해 있었다. "8월 우리는 이그제큐티브에 지원할 계획임을 통고하는 동의서(L.O.I. :Letter Of Intent)를 회사에 제출했다. 그리고 9월과 10월에는 자격 획득을 위한 목표를 달성했지만, 11월은 유예 기간으로 삼아야 했다. 이미 프론트라인 네트워크 마케터 하나가 9월에 이그제큐티브 자격을 획득했기 때문에, 우리는 12월을 이 사업에서 생사를 건 달로 보고 있었다. 우리가 성공하지 못하면, 처음부터 다시 출발해야 할 뿐 아니라, 우리를 추월하게 되는 이그제큐티브마저 잃어버릴 형편이었다. 따라서 우리 부부는 모두 뼈만 남을 정도로 수척해져 있었다. 들리는 소리라고는 12월은 1년 가운데 최악의 달이 될 거라는 말뿐이었다. 사람들은 다가오는 성탄절에 대한 계획 말고는 아무 일도 하지 않으려고 했기 때문이다."

"메이블은 내게 이제 한계에 이르렀다는 투로 말을 했다. 난 응급실의 의사가 된 기분이었다. 즉 오랫동안 환자를 치료하다가 가족들에게 나타나 '저희들은 최선을 다했습니다'라고 말할 수밖에 없는 의사 말이다. 아내는 절망적인 눈으로 나를 바라보며 묻고 있었다. '그럼 우리가 할 수 있는 일은 이제 뭐죠?' 내가 생각해 낼 수 있는 유일한 대답은 우리가 해 온 일을 계속 하자는 것과 포기하지 말자는 것뿐이었다. 난 우리가 하는 일에 대한 믿음을 가지고 열심히 노력하면, 이 위기의 순간을 돌파해 낼 수 있다고 믿었다."

"바로 다음 주인 12월 10일에, 브라이언트 밀러라는 새로운 프론트라인 네트워크 마케터가 가입하게 되는데, 그는 미시시피 주 잭슨에서 동전 던지기에 졌을 때 알게 된 사람이다. 우리는 준 라일June Lyle라는 프론트라인 네트워크 마케터 한 사람과 합동 광고를 내면서, 누가 첫 번째 프로스펙트를 얻는가를 걸고 동전 던지기를 했다. 준이 내기에 이겨서 이력서 길이가 1마일이나 되는 사업가의 스폰서가 되었다. 그리고 우리는 다음 프로스펙트인 브라이언트를 얻게 되었다. 비록 그가 메이블과 나의 다운라인에 가입하기까지 1주일이나 더 걸리긴 했지만 말이다. 그는 연고자가 아주 많고, 대단히 적극적이어서, 1주일 뒤에는 자신의 동의서(L.O.I)까지 제출하게 되었다. 우리는 브라이언트 덕분에 12월분 이그제큐티브 자격 목표량을 달성하게 되었고, 사업도 살아남게 되었다. 현재 브라이언트 밀러Bryant Miller는 우리와 함께 사업을 하고 있으며(준에게 가입한 그 사업가는 떠났다), 목표를 향해 꾸준히 전진하고 있다. 시련의 끝이 보이지 않는 것처럼 생각될 때, 그 시련을 이겨내고 계속 전진하게 하는 것은 오로지 믿음밖에 없다. 우리는 회사를 믿고, 제품을 믿었으며, 우리 자신을 믿었다. 또 무엇보다, 우리가 우리의 역할을 다하고 진심으로 사업을 운영한다면, 하나님이 우리에게 길을 가르쳐 주리라는 것을 믿었다." 무어는 최선을 다했고, 의기소침에서 탈출하여 '약속의 땅'으로 들어갔다.

버지니아 주 애년데일 출신인 존 시니John Cini는 직장 생활을 23세에 그만두었는데, 그 기간은 상당히 짧았다.

"대학에서 2년, 군대에서 2년, 컴퓨터광으로 2년을 보낸 뒤, 난 남을 위한 일을 하면서 큰 돈을 벌 가능성이 전혀 없다는 것을 알았다. 결국 무일푼 신세가 될 게 뻔했다. 난 자동차 네트워크 마케터를 위한 컴퓨터를 관리하면서, 1주일에 70~80시간을 일하며 월 2천 달러를 벌었다. 또한 내가 천재는 아니더라도, 난 1시간당 6달러 이상의 가치는 된다는 것을 금세 깨달았다."

존은 자신의 프랜차이즈를 내려 했지만 자본이 없었다. 그는 여러 가지 신문에 난 광고마다 모두 전화를 걸었는데, 여러 개의 네트워크 마케팅 회사를 알아 본 뒤, 자신에게 꼭 맞는 회사를 발견했다. "가장 큰 매력은 이 사업에서 수백만 달러를 벌어들인 성공한 사람들 모두가 닮고 싶은 스승들이라는 것이다. 또 그들은 기꺼이 자신들이 아는 것을 모두 내게 가르쳐 주었다! 여기에는 서로 화합을 이룬 사람들이 뭉쳐 있었고, 상당한 시장 점유율을 기록할 제품을 갖춘 회사가 있었다."

"그러나 문제는, 처음 1년 동안 난 겁이 나서 아무에게도 사업 이야기를 꺼내지 못했다는 것이다. 난 수줍음을 타고, 자신감도 부족했다. 또 희망은 있었지만 이 사업이 잘되리라는 확신도 없었다. 뿐만 아니라 나이가 너무 어리고, 경험도 돈도 없는 자신이 부적격자라는 느낌이 들었다. 하지만 내 스폰서인 바바라 그로프펠드먼Barbara Groff-Feldman은 나에게 신뢰를 가지고 있었다. 그래서 매일 아침마다 전화를 걸어 나를 격려해 주었다. 그 덕분에 난 내가 알고 있는 놀라운 정보를 다른 사람들과 나누기 시작했다. 결국 난 간신히 처음 몇 개월 동안 100명의 사람들과 접촉할 수 있었다. 사람들은 대부분 나를 비웃었다. 내가 실제로 가입시킨 사람은 한 사람뿐이었는데, 그 여자도 1주일 만에 그만두었다. 그리고 6개월이 지난 뒤, 내가 번 돈은 모두 1천500달러였다."

"그런데 아주 흥미 있는 일이 내 눈앞에서 일어났다. 바바라의 스폰서는 내가 처음 만났을 때 월수입이 4천 달러였는데, 나와 같은 6개월 동안에 2만 달러로 발전한 것이다. 그녀는 26세의 편모로, 이름은 리사 페어뱅크스Lisa Fairbanks였다. 그리고 언론학 학위와 멋진 태도를 지니고 있었다. 또 그녀는 22개월 만에 월수입 6만 달러를 올려 우리 회사의 전설적 인물이 되었다. 난 운 좋게도 그녀가 돈을 벌어들이는 과정을 모두 목격할 수 있었다. 내가 그녀에게 무엇을 배웠는지 아는가? 내가 할 수 없는 일은 그녀도 절대 하지 않은 것이었다. 그녀는 단지 열심히 일을 했고, 회사나 제품, 그리고 수백만 달러를 벌 수 있는 자신의 능력에 대해 완전한 신뢰가 있었을 뿐이다. 나는 유능하지 못하고 수입도 거의 바닥이었지만, 그녀를 통해서 나의 신뢰 수준은 폭발적으로 높아지기 시작했다. 나의 사업이 영원히 변해버린 때가 바로 그 때였다. 나도 내 스승들의 성공을 복제할 수 있다고 믿었을 때였다."

"다음 해에, 내 수입은 월 1천100달러에서 거의 1만 달러로 올라갔다. 그리고 지금은 수줍어하고 빈털터리에다 사업을 때려치우려 했다는 이야기를 해도 아무도 믿지 않는다. 물론 그런 건 중요하지 않다. 이 세 마디, '성공자들을 계속 주목하라!' 는 말만 명심하세요. 현재 우리는 수많은 사람들이 그들의 직업을 버리고, 우리와 같이 놀라운 개인적 성장을 경험하도록 지원해 왔다. 네트워크 마케팅을 포기하고 떠나면서, '이 사업은 잘 안 돼' 라고 말하기는 아주 쉽다. 그러나 내 머릿속에는 내가 좋아하는 태도가 1가지 있었다. 그것은 모두가 포기할 때야말로 일을 시작할 때라고 생각하는 것이다. 그리고 내게는 긍정적인 태도를 유지하도록 도움을 준 훌륭한 본보기가 있었다."

"돌이켜 보면, 출발 때 치른 희생은 투자에 대한 보상에 비해 아주 적었다. 누가 1, 2년 만에 이윤을 낼 수 있는 사업을 빚도 지지 않고 시작해서, 꾸준히 여섯 자리 숫자의 수입을 올릴 수 있겠는가! 그것도 집에서 말이다. 스무 살 때, 난 필요도 없는 부동산 중개 면허를 따느라고 약 1천 달러를 써 버렸다. 그에 비하면 우리 회사에 위험을 무릅쓰고 1천 달러를 투자하는 것은 도박도 아니다. '내가 7년 전에 피자 프랜차이즈를 시작할 자본을 구할 수 있었다면, 지금 어떻게 되었을까?' 하고 생각해 본다. 아마 이제야 겨우 빚을 다 갚고, 하루 24시간씩 일하면서 가게나 보고 있을 것이다. 또 운동할 시간도 없고, 하루 종일 페페로니 피자만 먹어대, 체중이 160Kg로 불어나 있을 것이다. 하지만 지금은 세계 일주도 하고, 마음이 편안해서 두통도 없다. 난 평생 '직업적으로 아빠' 노릇을 할 수 있을 것이다."

젊은 나이지만, 존은 회사의 정상에 오를 정도로 성공했다. 모두가 그 자신이 인생의 성공을 이루는 데 풍부한 투자 자금 대신 풍부한 믿음이 필요하다는 것을 발견한 덕분이다. 우리 자신에 대한 부정적인 믿음은 성공의 유일한 장애물이다. 여기서 우리가 존에게 배울 수 있는 중요한 교훈이 있다. 즉 좌절에 굴하지 말고, 성공한 사람들을 관찰하여, 그들이 할 수 있다면 여러분도 할 수 있다는 것을 깨달아라! 성공한 사람들을 계속 주목하고, 자신을 믿어라!

무엇을 하든 포기하지 말라

뉴욕 시티 출신인 존John과 패트리샤 드와이어Patricia Dwyer는 1991년 8월에 네트워크 마케팅 사업을 시작했다. 그들은 네트워크 마케터로 가입한 뒤, 집으로 돌아와 〈20/20〉을 보려고 TV를 켰다. 바바라 월터스^{주)}가 프랭크 켈리라는 검찰총장과 인터뷰를 하고 있었다. 그런데 그가 그들이 막 가입한 회사가 불법적인 피라미드 회사라며, 그 회사를 반드시 파산시키겠다고 선포하는 것이 아닌가. 아이러니하게도, 그들은 많은 친구들이 전화를 걸어 그런 프로가 방영된 것을 아느냐고 확인한 덕분에 계속해서 사업을 할 수가 있었다. 그들이 경험한 것은 링컨 대통령의 암살에 관한 다음과 같은 고전적인 우스개와 흡사했다. "그건 그렇고, 연극은 어땠나요, 링컨 부인?" 다행히도, 많은 친구들의 기억에 남아 있는 것은, 드와이어의 회사에 대한 공격이 아니라, 바바라 월터스의 마지막 한 마디였다. "…그런데 제품은 훌륭하다면서요?"

패트리샤의 이야기는 계속된다.

"세상이 너무 떠들썩해서, 사업을 구축하기에는 시기가 좋지 않았다. 우리는 '그래, 그들이 옳아, 이 사업은 너무 힘들어. 아무도 우리 사업에 참여하려고 하지 않아.' 라고 말할 수도 있었다. 정말 아무도 참여하지 않았다. 그들에게는 우리 사업이 피라미드일 뿐이다. 우리는 우리가 포기한다고 비난할 사람은 아무도 없다고 생각했다. 하지만 포기했다면 엄청나게 후회했을 것이다. 우리가 6년 동안 국제적인 사업을 구축하면서 친해진 좋은 친구들을 모두 잃었을 테니까 말이다. 우리에게 전환점이 된 것 가운데 하나는, 시카고 일리노이 대학에서 개최한 네트워크 마케팅 자격 인증 강좌에 참가한 일이었다. 그 강좌는 네트워크 마케팅에 관한 것으로는 처음 열린 것인데, 야넬 부부와 찰스 킹 박사가 강사였다. 우리는 아주 다양한 네트워크 마케팅 회사들에서 온 네트워크 마케터들을 만났고, 그들과 친분을 맺었으며, 이 산업이 미래의 산업이 되리라는 확신을 갖게 되었다."

주) Barbara Walters : 인터뷰의 여왕으로 꼽히는 미국 ABC방송의 간판 앵커 〈20/20〉이란 프로그램을 진행 – 역자 주.

현재 패트리샤와 존은 전 세계적으로 8천 명이 넘는 네트워크 마케터를 거느린 국제적인 사업체를 운영하고 있다. 네트워크 마케팅 덕분에 그들은 이전에 종사하던 레스토랑 사업에서 벗어날 수 있었으며, 함께 일해서 얻은 보상을 누릴 수 있게 되었다. 또한 그들은 경제적 자유뿐 아니라 무한한 시간적 자유를 얻게 되었다. 그들은 세계 여행을 하면서, 다운라인들을 지원한다. 특히 그들은 그 당시 위험을 피해 달아났던 수많은 사람들과는 달리, 자신들의 회사를 공격하는 언론 매체의 폭로에 귀를 기울이지 않은 것에 감사하고 있다. 그들은 오히려 자신들의 훌륭한 판단력을 의지했으며, 몹시 어려운 출발에도 불구하고, 결코 포기하지 않은 것이다! 꾸준히 배워 자기 향상을 위해 노력하고, 긍정적인 사람들과 교제한다면 의기소침은 결코 당신을 이길 수 없다는 것을 명심하라.

콜로라도 주 콜로라도 스프링스의 스티브Steve와 신시아 로즈Cynthia Rose도 비슷한 경험을 한 사람들이다. 그들이 처음 이 산업에 관한 이야기를 들은 것은 1987년 텍사스 주 오스틴에 살 때였다. 그들은 마크 야넬의 미팅에 초대를 받았는데, 야넬이 도약하는 네트워크 마케팅 회사에서 대단한 성공을 거둔 거물이라는 것을 들었다. 하지만 그들은 바쁜 일정 때문에 참여할 기회를 놓치고 말았다. 연달아 사업에 실패한 끝에, 4년 뒤인 1991년, 뉴멕시코 알부커크 출신의 젊은 변호사 부부가 다시 한 번 그들에게 기회를 마련해 주었다. 그들은 야넬이 아직도 그 산업에 종사한다는 말을 들으면서, 벽에 등을 기댄 채 다시 한번 살펴보았다. 그들은 스타터 키트를 구입할 현금을 마련하기 위해 소파를 팔았을 때, 드와이어 부부처럼 언론 매체의 공격과 정부의 감독에 직면하자 회오리 바람을 맞은 듯 나가떨어졌다. 그 파국적인 상황을 설명하면서, 스티브와 신시아는 이렇게 기억하고 있다.

"우리는 지압사, 은행원, 사업가들로 이루어진 우리 다운라인이 난파

선의 쥐 떼처럼 달아나는 것을 목격했다. 난파선의 키를 지키는 동안, 회사는 국제 시장을 개척하고, 10층짜리 본부 건물과 창고를 건축했으며, 혼란의 와중에서도 새로운 제품을 소개했다. 우리는 그것을 지켜보면서, 회사와 제품에 대한 신뢰가 더욱 강해졌다. 이 모든 일을 네트워크 마케팅 사업 첫해에 경험했다. 전국 언론 매체가 부당한 보도를 한 뒤, 우리는 회사와 자신을 옹호하지 못하면서 여러 달 동안 회사 이름을 입에 올릴 수가 없었다. 우리가 경험으로부터 배운 것은 무한한 가치가 있었다. 즉 네트워크 마케팅에서 성공하려면 내적인 변화를 이루려는 의지가 있어야 한다. 왜냐하면 이 사업은 외적인 변화뿐만 아니라 진정으로 내적인 변화가 필요하기 때문이다." 무엇보다도, 우리의 핵심 리더들이 고결한 인격을 가지고 있으며, 제품과 서비스가 모든 사람에게 유익하다는 것을 알았다면, 결코 침체된 겉모습에 굴복해서는 안 된다.

애리조나 주 템페의 조던 애들러Jordan Adler는 1992년 9월에 사업에 참여했는데, 당시 그가 가진 것이라고는 신용카드 빚 3만6천 달러, 국세청 체납 세금, 파산에 이른 직장, 망가진 지프 1대가 전부였다.

"난 어떠한 도전이 닥치든 뚫고 나가기로 작정했다. 물론 장기적으로 안정된 로열티 수입은 쉽게 포기하는 사람들에게 결코 찾아오지 않는다는 것을 알고 있었다. 그러나 이런 사실을 알고 있으면서도, 쉽게 포기하는 습관이 있었다. 실제로 그때까지 참여한 11개의 네트워크 마케팅 회사들 가운데 이미 6개를 포기한 경험도 있었다. 다른 5개 회사는 내가 포기하기 전에 이미 도산해 버렸다. 나는 이제 몇 번이나 좌절했느냐는 중요하지 않다는 것을 알고 있다. 다만 이 사업에서 승자와 패자를 가르는 것은 다시 일어설 수 있는 의지를 갖고 있는가 하는 점이다. 어떤 사람들은 내가 우리 회사에 참여한 뒤 하룻밤 만에 벼락치기로 성공했다고 생각한다. 하지만 그들은 내가 지난 10년 동안 단 1명도 모집하지 못하고, 수없이 실패를 거듭한 것을 보지 못한 것이다."

POINT
10년 이상 이 산업에 종사한 사람 가운데 95퍼센트는 각자의 회사에서 소득이 가장 높다는 것이다. 따라서 무슨 일을 하든, 포기하지 말라!

"1993년 초, 난 매사추세츠 주 피바디에 사는 친구 하나를 가입시켰다. 그의 조직과 일하기 위해서 돈을 빌려 보스턴으로 1천 달러짜리 여행을 두 번 한 끝에, 우리는 약 30명의 네트워크 마케터들로 이루어진 그룹 하나를 조직했다. 나와 그의 친구 모두 두 번이나 승급을 했고, 우리는 매우 흥분했다. 몇 달 뒤, 난 다시 동부로 가서 그들을 위한 미팅을 갖기 위해 신용카드로 비행기표 하나를 구입하고 렌터카를 빌렸다. 난 수천 마일을 날고, 험난한 눈보라 속을 달린 끝에 미팅에 도착했다. 그런데 믿을 수 없는 일이 벌어졌다. 초대객들은 모두 나타나지 않았거나 취소했으며, 내 친구와 그의 친구는 그날 밤 포기하더니 다시는 볼 수 없었다. 연쇄 반응으로 더더군다나 그들의 다운라인인 30명 모두가 포기해 버린 것이다. 단 1명도 살릴 수 없었다. 그 추운 겨울에 내 그룹의 절반이 증발해 버렸지만, 내 속에는 여전히 불길이 타오르고 있었다. 그래서 난 피닉스로 다시 돌아와 조직 구축을 계속했다. 현재, 우리 조직에는 수만 명의 네트워크 마케터들이 있으며, 다달이 계속 성장하고 있다. 실패가 인내를 통제할 수는 없지만, 확실히 마지막에는 인내가 승리한다."

인내의 표본인 조던은 현재 시니어 디렉터가 되었으며, 그의 회사에서 최고 100명 이내의 고소득자에 속한다.

이 모든 이야기에는 1가지 공통점이 있다. 즉 당신처럼 가장 암담한 순간에 직면한 사람들은 한결같이 모두 사업 초기 단계에 있었으며, 의기소침 어뢰가 자신들을 침몰하도록 허용하지 않았다. 또 통제할 수 없는 외부 환경의 공격을 받았을 때, 결코 포기하지 않았다. 네트워크 마케팅 산업 전체를 조사한 결과 통계적으로 엄청나게 많은 사람들이 사업 첫해에 포기한다. 그러나 우리의 관심을 더 끄는 것은, 다음과 같은 새로운 사실이다. 즉 10년 이상 이 산업에 종사한 사람 가운데 95퍼센트는 각자의 회사에서 소득이 가장 높다는 것이다. 따라서 무슨 일을 하든 포기하지 말라!

요 약

- 네트워크 마케팅은 낙관적이고 열정적인 사람들이 필요하다. 그러한 사람들이 행복을 추구하는 다른 사람을 차례로 끌어당긴다.

- 회원 자연 감소는 네트워크 마케팅 산업의 불가피한 현실이다.

- 미팅에 나타나지 않은 사람들에 대한 실망과 아주 떠나 버린 사람들에 대한 더 큰 실망은, 수많은 프로스펙트들을 접촉하는 일에 에너지를 쏟음으로써 극복될 수 있다.

- 당신을 거부하는 사람들을 설득하는 데 에너지를 낭비하지 말라. '다음'을 기약하고, 계속 전진하라.

- 관심을 나타내고, 용기를 북돋는 사람들과 함께 일하라.

- 포기하고 싶어지면, 업라인에게 전화를 걸어 지원과 격려를 요청하라.

- 다운라인들과 당신의 열정을 나누고, 부정적인 태도는 결코 전하지 말라.

- 전문직 종사자가 네트워크 마케팅에서 성공하려면, 사업을 구축하기 위해서는 자신의 명성과 신용을 이용해야 한다. 다시 말해 우호자 시장을 이용하지 않는 것은 실패로 가는 지름길이다.

- 우리 사업을 다른 사람과 나누는 일에 대해 자부심을 느껴야 하

는 이유는 다음과 같다.

1 우리는 무제한으로 상승할 가능성은 있지만, 극도로 하락할 위험이 없는 기업적인 재택 사업을 하고 있다.
2 우리가 이루는 부와 번영에는 완전한 시간적 자유가 따라온다.
3 처음에 열심히 일하면, 우리는 평생 스트레스가 없는 생활을 누릴 수 있다. 전통적인 40년 플랜을 4년 플랜으로 바꾸는 것이 훨씬 낫다.
4 네트워크 조직을 구축하는 데 성공한 사람들은 타인의 인정을 받으며, 여행을 갈 수도 있다.
5 우리 산업에서는 다른 사람이 성공할 수 있도록 도와주는 일처럼, 인생에서 정말 중요한 일을 했을 때 타인의 인정을 받을 수 있다.
6 세계 여행은 새로운 친구들과의 만남이며, 흥미진진한 체험들을 그들과 나누는 일이다. 40년 플랜에 갇혀 있는 사람들은 도저히 이해할 수 없는 모험이다.

- 낙심한 상태에서 다른 사람들을 모집하려고 하면, 여러분의 노력은 수포로 돌아갈 것이다.

- 여러분만이 자신의 태도를 통제할 수 있다. 그 통제력을 발휘하여 내면의 태도를 조절한다면, 외적인 행동은 자연히 조절될 것이다.

- 태도를 바꾸고 의기소침하지 않으려면, 다음과 같이 하라.

    1 뉴스를 시청하거나 신문 보는 것을 피하라.
    2 용기를 주는 책을 읽어라.
    3 영감을 주는 테이프를 들어라.
    4 오직 긍정적이고 당당한 자세로 자신에게 말하고 생각하라.
    5 과거의 긍정적인 체험을 상기해 보라.
    6 미래에 집중하라, 자신의 가능성을 제한하는 과거에 실망했던 일에 연연하지 말라.
    7 목표를 세우라. 그리고 그 목표를 이루기 위해 정기적으로 선포하

라. 목표를 달성한 자신의 모습을 상상하는 것이 변화와 성장을 향한 첫 단계다.
8 부정적인 사람들을 피하거나 자신에게 부정적인 영향을 미치는 일을 피하라.

- 목표를 포기하지 말라.

- 선포는 방아쇠다. 목표를 이미 이루어진 사실처럼 기록하고, 계속해서 낭독하여 신념을 선포한다.

- 여러분은 새로운 것을 시각화함에 따라 눈에 그리고 있는 것이 현실화됨을 자신있게 믿으면서 점차 옛 것을 떨쳐 버릴 수 있다. 변화가 일어나기 시작하는 것은 바로 이때다.

- 조직을 구축하는 데 꾸준히 일하면서 10년 이상 이 산업에 종사한 사람 가운데 95퍼센트는 각자의 회사에서 소득이 가장 높다. 따라서 무슨 일을 하든 포기하지 말라!

- 태도를 바꾸고 의기소침하지 않으려면, 다음과 같이 하라.
  1 뉴스를 시청하거나 신문 보는 것을 피하라.
  2 용기를 주는 책을 읽어라.
  3 영감을 주는 테이프를 들어라.
  4 오직 긍정적이고 당당한 자세로 자신에게 말하고 생각하라.
  5 과거의 긍정적인 체험을 상기해 보라.
  6 미래에 집중하되, 자신의 가능성을 제한하며 과거에 실망했던 일들은 기억하지 말라.
  7 목표를 세우라. 그리고 그 목표를 이루기 위해 정기적으로 선언서를 이용하라.
  8 부정적인 사람들을 피하거나 자신에게 부정적인 영향을 미치는

일을 피하라.

- 목표를 포기하지 말라.

- 선언서는 방아쇠다. 목표를 이미 이루어진 사실처럼 기록하고, 계속해서 낭독하여 신념을 선포한다.

- 여러분은 새로운 것을 시각화함에 따라 눈에 그리고 있는 것이 현실화됨을 믿으면서 점차 옛것을 떨쳐 버릴 수 있다. 변화가 일어나기 시작하는 것은 바로 이때다.

- 10년 이상 이 산업에 종사한 사람 가운데 95퍼센트는 각자의 회사에서 소득이 가장 높다. 따라서 무슨 일을 하든 포기하지 말라!

CHAPTER · 4

헛된 기대 탱크 저지하기

과장보다 진실을 통해 승리하라

　네트워크 마케팅은 백만장자들을 만들어 내는 것으로 명성을 얻은 산업이다. 그 결과 처음 1년 동안에 월 10만 달러를 벌지 못한 사람들은 실패한 듯한 기분이 들게 된다. 그러나 졸부에 대한 헛된 기대보다 더 문제되는 것은, 네트워크 마케팅에서 성공하는 데 진지한 노력이나 중요한 시간을 투자하지 않아도 된다는, 잘못된 지식을 가진 네트워크 마케터들이 퍼뜨린 관념이다. 사실은 네트워크 마케팅은 일하는 산업이다. 따라서 고소득을 올린 우리들은 성공하기 위해 열심히 노력했으며, 여러 해 동안 일에 몰두해 왔다. 한편 주마다 열리는 호텔 미팅에 사람들을 보내기만 하면 되고, 나머지는 리더들이 다 알아서 하리라는 생각도 잘못되었다. 물론 그런 미팅에는 프로스펙트의 가입을 비롯해 모든 것을 혼자서 다 처리하는 리더들도 있다. 그러나 네트워크 마케팅은 노력에 비례해서 보상이 이루어지는 산업이다.

4장에서는, 무지한 네트워크 마케터들을 모집하기 위해 사용되는 여러 가지 신화들을 폭로하거나 조목조목 반박함으로써, '헛된 기대 탱크'를 자세히 살펴보기로 한다. 우리는 첫해에 어떤 노력이 필요한지를 살펴보고, 그 신화들을 실제적 사실들로 바꿔 놓을 작정이다.

가설

다음 시나리오를 상상해 보자.

여러분이 친구와 아침을 먹으러 시카고의 어느 커피숍에 갔는데, 그곳에 농구 스타 마이클 조던이 앉아 있다. 물론 여러분은 그를 당장 알아봤지만, 일요일 아침이라 그를 괴롭히고 싶지 않다. 그런데 여러분은 그와 가까워지기 위해 마이클 옆의 빈 테이블 자리에 앉다가, 마이클의 두 친구가 모두 휠체어에 앉아 있는 것을 알아차린다. 그 가운데 한 친구는 양다리 마비 환자이고, 또 한 친구는 다리에 철제 부목을 착용하고 있다. 아마 하반신 마비이거나 근육 질환인 듯하다. 두 친구는 모두 10대 후반이다.

여러분은 마이클에게 등을 돌리고 앉아 있지만, 너무 가까워서 그들의 대화 소리가 들린다. 엿들을 의도는 없었지만, 우연히 대화를 엿듣게 된다.

"짐, 대니, 두 사람 다 내 말을 믿지 못할 테지만, NBA에는 연봉이 3천만 달러가 넘는 사람들이 많아. 우리는 수많은 시간 동안 노력한 대가를 받으려고 하거든. 난 너희들 나이에 연습을 시작했는데, 언젠가는 내가 팀을 만들리라는 꿈을 버린 적이 없어. 너는 이걸 봐야 해."

마이클이 종이 쪽지 하나를 한 소년에게 건네는 것을 곁눈으로 본다.

소년들은 그 종이를 찬찬히 살펴보다가 탄성을 지른다.

"맙소사, 조단 씨, 이건 우리 아빠가 지난 10년 동안 번 것보다 더 많아요! 우리 아빤 의산데 말이에요."

"알아."

마이클이 대답한다.

"그리고 그건 한 달 수입일 뿐이야!"

"지미, 이것 봐!" 대니가 말하며 힘껏 손을 뻗어 테이블 건너편에 있는 지미에게 수표를 건네준다. 지미가 280만 달러짜리 수표를 한번 보더니 도저히 믿을 수 없다는 듯 고개를 젓는다. 지미는 그만한 돈을 본 적도 없고, 한 달에 그렇게 많은 수입을 올릴 수 있다는 것을 도저히 상상할 수 없다.

두 소년이 계속 수표를 들여다보고 있자, 마이클이 끼여든다.

"그런데 내가 무슨 말을 하려는지 알겠니? 너희도 벌 수 있다는 거야. 프로 농구팀의 선수가 되는 것처럼 무한한 잠재력이 있는 일을 할 수 있는데, 무엇 때문에 시시껄렁한 일을 하겠니?"

여러분은 고개를 갸우뚱하며, 잘못 본 게 아닌지 확인하기 위해 힐끗 뒤돌아본다. 아니다. 그들은 모두 휠체어에 앉아 있다. 마이클의 이야기는 계속된다.

"쉽게 얻을 수 있다는 말은 아냐. 우린 모두 어렵게 해냈어. 난 실제로 고등학교 팀에서 잘린 적이 있기 때문에, 실패의 고통을 알고 있지. 하지만 난 포기하지 않았어. 난 코트 어디서나 슛을 할 수 있을 때까지 연습하고, 또 연습했지. 항상 네트가 찢어질 정도로 말야!"

"당신이 놀라운 솜씨를 보이는 것을 나도 봤어요, 조단 씨……."

"그래, 대니, 너도 할 수 있어. 난 조금도 너희 두 사람이 겪게 될 어려움과 도전을 우습게 보는 게 아냐. 하지만 난 너희가 마음만 먹으면 무엇이나 할 수 있다는 것을 알려 주고 싶어. 너희는 정말 무한한 잠재력을 가지고 있으니까, 두 사람이 휠체어에 의지해야 한다는 사실 때문에 노력을 포기해서는 안 돼. 나를 기쁘게 해 줘. 모든 것을 걸고 열심히 노력하면, 언젠가는 너희도 너희가 바라는 삶을 살 수 있을 거야. 무엇을 얻든 너희는 그것을 얻을 만한 자격이 있다는 것을 난 알아."

물론, 이런 상황은 일어날 수 없을 것이다. 마이클 조단은 휠체어를 탄 청소년들이 NBA에 도달할 수 없다는 것을 너무도 잘 알기 때문이다. 어떤 장애 때문에 수백만 명의 사람들은 노력이 필요한 모든 분야의 정상에 오를 기회를 잡지 못하고 있다. 신체적·교육적·지적·경험적 장애 때문에 대부분의 사람들은 전통적인 기업 피라미드 구조─IBM이나 코카콜라 등─의 맨 밑바닥에 머물러 있다. 이 회사들은 우리 사회의 실질적인 피라미드로, 그 회사의 바닥에 근무하는 근로자들은 급료가 가장 낮고, 위기가 오면 제일 먼저 퇴출된다. 극소수의 사람들은 이 시스템을 거쳐 정상에 오르겠지만, 아무도 그 정상의 소득을 얻으려고 애쓰지 않으며, 그 사람을 대신하거나 능가하려는 노력은 더 더욱 하지 않는다.

그러나 네트워크 마케팅에서는 누구나 정상에 오르는 것을 꿈꿀 수 있다. 모든 도전을 극복할 수 있기 때문이다. 그리고 가상 시나리오에서 마이클 조단이 두 신체장애인 청년들에게 한 말은 모두 네트워크 마케팅과 관련이 있다. 네트워크 마케팅에서는 소심하거나 교육을 받지 못했으며, 한 번도 성공한 적이 없는 사람들에게 이 산업의 수많은 리더들처럼 1년에 100만 달러를 벌 수 있다는 것을 믿도록 격려할 때가 많다. 또한 네트워크 마케팅에서는 회사의 최고 소득자를 능가할 수 있는 가능성도 있다. 자신의 제한된 사고방식 외에는 여러분을 방해하는 것은 아무 것도 없다.

말이 나온 김에, 우리는 이 사업의 잠재력과 성공을 이루기 위해 필요한 것들을 구별하려고 한다. 네트워크 마케팅에서 누구나 장애에 상관없이 고소득의 잠재력을 이룰 수 있는 것은 사실이지만, 이 사업에서 크

POINT
당신 스스로가 짊어진 한계 외에는 아무것도 당신을 제한하는 것은 없다.

게 성공하는 것이 쉬운 일이라고 말하는 리더들을 더 염려한다. 때때로 여러 해 동안 열심히 노력했는데도 모든 것이 실패했을 때, 이 사업을 포기하지 못하는 일부 사람들은 여전히 정상에 오를 수 있다고 잘못 생각하는 경우가 있다.

 우리 산업에는 모든 사람의 자리가 있지만, 각각의 방법과 시기에 따라서 성공은 다르게 나타난다. 또한 성공의 수준은 매우 다양하며, 그것은 돈으로만 측정될 수가 없다. 예를 들어 어떤 사람은 평생 동안 지속되는 확고한 우정을 발전시키고 그리고 그것만이 가치 있다고 여긴다. 또 내성적인 사람은 이 산업으로 인해 수줍음에서 벗어난 것만으로도 무한한 가치를 얻었다고 생각할 수 있다. 그리고 어떤 사람은 한 달에 겨우 몇 백 달러를 벌면서도, 적은 돈으로 가치 있는 일을 할 수 있는 것에 감사할 수도 있고, 어떤 가난한 목사는 4개월 만에 1천500 달러를 벌기도 할 것이다. 따라서 모든 사람들이 이 사업을 통해 개인적인 성장을 경험할 수 있는데, 바로 그것이 돈으로 따질 수 없는 것이다. 이처럼 적은 비용으로 재택 사업을 하면서, 이처럼 긍정적인 성과를 이룩하는 데 네트워크 마케팅보다 더 좋은 방법이 어디 있겠는가!

 우리 두 사람은 이 사업을 통해 만나서 사랑을 하고 결혼을 했다. 우리에게서 모든 것을 빼앗아 가도, 이 만남만 있으면 우리가 네트워크 마케팅으로 보낸 세월은 무한한 가치를 지니게 될 것이다. 왜냐하면 정신적인 동반자를 찾는 것보다 더 의미가 큰 것은 없기 때문이다.

따라서 모든 수단을 동원해서 프로스펙트들에게 이 사업에 내재된 잠재력을 보여 주라. 단 그들에게 각자 나름의 성공 수준을 찾을 수 있는 권리를 부여하라. 여기서 우리가 말하는 성공이란, 가치 있는 목표를 세우고, 그것을 이루기 위해 필요한 단계를 밟아 나가는 것을 의미한다. 그러므로 여러분이 지금 한 걸음씩 전진하고 있다면, 여러분은 성공한 것이다.

잠재적 상승 가능성과 현실적 인식 사이에 균형을 이루라

네트워크 마케팅에서의 소득은 극적으로 상승할 수 있다. 어느 정도의 자신감이 있고, 집에 앉아 여러 사람들과 교제하는 것을 즐기는 사람, 또 지도력이 있고, 다른 사람들의 인생에 변화를 주고 싶어 하는 사람들은 잠재적으로 월 10만 달러를 벌어들일 수 있을 것이다. 그러나 경제적 안정과 시간적 자유를 이루는 데 얼마나 많은 노력이 따르는가를 현실적으로 인식하는 것이 무엇보다도 중요하다. 실제로 얼마나 많은 노력이 필요한지를 사실대로 알리지 않는 네트워크 마케터들이 너무도 많다. 최근 《유에스에이 투데이USA Today》에 실린 광고는 네트워크 마케팅의 기회를 다음과 같이 설명하고 있다.

**판매, 재고, 월별 할당량, 개인 및 그룹 의무 판매량, 미팅 등 아무것도 필요 없음.
시작하려면 전화만 주세요.
전화 XXX-XXXX**

이 광고는 의도적으로 현실을 오도하고 있다. 우리가 전화를 걸어 확인한 결과, 의무 구입은 없지만, 여러 단계의 최대 보상을 받으려면, 실질적인 판매량이 필요하다는 것을 알아냈다. 여기에는 몇 가지 의문이 있다. 리더가 큰 돈에 관심이 있는 다른 기업가적인 리더들을 찾아내기 위해 광고한 것이라면, 왜 재고나 월별 판매량이 필요 없다고 말하는가? 그것은 현실을 오도할 뿐이며, 완전히 사기다. 따라서 우리는 연방 상업 위원회나 다른 규제 기관에서 그런 네트워크 마케터들과 회사들을 추적해야 한다고 생각한다. 그들은 순진한 사람들을 속여서, 네트워크 마케팅은 복권처럼 아무 일도 안 하고 거저먹는 것으로 믿게 한다. 만약 사람들이 그런 터무니없는 주장에 넘어가지 않을 거라고 생각한다면, 1천만 분의 1의 확률에 넘어가 복권을 사느라 생활비를 탕진하는 사람들이 얼마나 많은지를 살펴보기 바란다.

거금을 벌려면 무엇이 필요한지 살펴보자. 네트워크 마케팅의 소득은 조직의 회원들이 구입한 도매 제품 또는 서비스 총량의 직접적인 결과다. 또한 대부분의 가정은 필요한 만큼 구입해서 사용하므로, 큰 돈을 벌기 위해서는 많은 사람들이 주문해서, 조금씩 사용하는 규모가 큰 조직이 필요하다. 대규모 조직은, 프론트라인 네트워크 마케터들을 많이 모집하고, 유능한 교육자로서 네트워크 마케터들에게 자신의 과정을 복제하도록 가르치는 사람들에 의해 발전한다. 우리 산업의 선도 기업은 40년에 걸쳐 일대일 방식으로 수십억 달러에 이르는 전 세계적인 제국을 건설했다. 본질적으로, 네트워크 마케터는 판매하는 직업이라기보다는 교육하는 직업이다. 어떤 회사든 정상에 오른 사람들은 일반적으로 훌륭한 일 대 일 커뮤니케이션의 전문가들이다. 대규모 청중에게 연설하는 능력은 절대 필요하지 않다. 복제가 핵심이다. 이미 우리의 이야기를 통해 알고 있겠지만, 개인으로서 우리가 얼마나 대단한 능력을 지녔느냐는 중요하지 않다. 단지 우리의 시스템을 복제하기 위해 다른 사람들에게 가르치는 능력이 얼마나 뛰어난가가 중요하다. 그러나 우리는 많은 돈을 벌기 위해 무엇이 진짜 필요한지는 말하지 않고 사람들 앞에서 고액 수표를 흔들어 대며 헛된 기대를 만드는 일은 하고 싶지 않다.

큰 성공을 거두는 데 노력이나 인내가 필요하지 않다고 말하는 것은 헛된 기대를 만들어 내는 사람들이 가장 자주 이용하는 책략이다. 하지만 대부분의 사람들은 거짓 약속을 재빨리 꿰뚫어 보고 떠나 버린다. 1년차 네트워크 마케터들의 매우 높은 자연감소율은 '헛된 기대 탱크'의 타격을 받은 데서 기인한 것이라 확신한다.

4장에서는, 완전히 무지한 상태에 있는 수많은 초보자들을 우리 산업으로 끌어들이는 한 가지 요인, 즉 막대한 수입을 올리려면 얼마나 많은 노력이 필요한가에 대한 비현실적인 계산법을 비롯해서, 여러 가지 문제점들을 다루려고 한다.

이 사업은 노력이 필요하지 않다는 잘못된 믿음

가상의 상황을 한번 생각해 보자. 스티브는 첫 번째 네트워크 마케팅 사업설명회에 참석해서 기하급수적 성장 잠재력에 곧 충격을 받는다. 생전 처음으로 무한한 소득의 가능성을 깨달은 것이다. 그런데 그에게는 다음과 같은 문제가 있다. 스티브가 알고 있는 훌륭한 프로스펙트는 문자 그대로 수백 명에 달하지만, 그는 현재 소프트웨어 회사의 관리직으로 근무하며 연봉 10만 달러를 벌어 그만큼의 지출을 하고 있다. 따라서 그 수입을 대체하기 전에 지금의 직장을 그만둔다는 생각은 비합리적이다. 사업 설명회의 질의 응답 시간에, 스티브는 설명회가 끝난 다음 주최자인 빌과 안젤라와 개인적인 대화를 나눌 수 있는지 묻는다. 물론 두 사람은 개인적인 면담에 동의한다.

참석자들이 모두 떠난 뒤, 스티브는 성공한 그들 부부에게 자신의 재정 상태를 설명한다. 그들은 스티브에게 지금의 수입을 대체하려면, 전임인 경우는 1년, 시간제는 2, 3년 간 아주 열심히 일해야 한다는 사실을 말하지 않고 헛된 기대를 불어넣어 준다.

빌이 말한다.

"문제없어요, 스티브. 당신에게는 상류층 프로스펙트로 가득 찬 롤로덱스 명함 파일이 있고, 안젤라와 내가 당신을 대신해 그 사람들을 당신의 프론트라인 조직으로 넣어 줄 수 있어요."

하지만 빌과 안젤라는 이미 자신들의 프론트라인 조직을 구축하고 유지하는데 바쁘기 때문에 그런 일은 전혀 할 수가 없다. 물론 그들이 할 수도 있겠지만, 우리는 경험을 통해 아무도 이 사업을 다른 사람을 위해 대신할 수 없다는 것을 알게 되었다. 또한 친구들에게서 사업 기회에 관한 설명을 들은 사람들이 가장 호의적이라는 것을 알고 있다. 따라서 성공한 스폰서나 업라인은 관심을 갖게 된 프로스펙트들이 친구에게서 배운 것을 강화시켜 줄 수 있을 뿐이다. 네트워크 마케팅의 힘이 최고 절정에 도달하는 것은, 친구에게서 친구로 전달되는 경우다. 그러나 막 이 산업에 참여한 스티브는 이 단계에서 그 모든 것을 알 수가 없다. 그래서 스티브에게는 그 말이 그럴듯하게 들린다. 그는 빌의 말을 듣고 가입을 해서 주요 200명의 프로스펙트 명단을 빌 부부에게 넘긴다.

스티브는 곧 '헛된 기대 탱크'에 강한 타격을 받는다. 그가 이 사업에서는 대가 없이는 아무 것도 얻을 수 없다는 사실을 깨닫는 데는 그리 오랜 시간이 걸리지 않는다. 비록 빌이 약속을 잘 지켜서 상류층 네트워크 마케터 몇 명을 스티브의 프론트라인 조직에 가입시켜 준다고 해도, 스티브는 직접 팔을 걷어붙이고 아주 열심히 노력하지 않으면 안 된다. 그렇지 않으면 다운라인들이 그의 소득을 추월할 수도 있다. 또한 스티브가 직접 나서지 않으면 빌은 스티브의 친구들을 설득해 낼 수가 없다.

여기에 핵심적인 문제가 있다. 규모가 큰 프론트라인 조직을 하나 이상 모집하고, 구축하며, 훈련할 수 있는 시간과 에너지를 가진 사람은 거의 없다. 우리는 그런 일을 해낸 사람을 하나도 만나지 못했다. 대개 스티브와 같은 경우는 반 년 정도 조금 활동하거나, 혹은 아무런 활동도 하지 않고 떠난다. 그러나 스티브는 그냥 떠나는 것이 아니다. 떠나는 날 이후로, 네트워크 마케팅이 화제에 오를 때마다 스티브는 말하리라. "맞아, 네트워크 마케팅은 순 사기라고. 반 년 동안 죽어라 노력했는데, 스폰서는 떼돈 벌었을 테지만, 난 땡전 한 푼 구경 못 했어!" 허황한 기대를 갖게 하는 비현실적인 주장 때문에, 저 밖에서 우리 산업을 헐뜯는 스티브들이 수천 명이나 된다.

불행히도 수없이 많은 사람들이 빌과 안젤라처럼 좋은 인간 관계를 만드는 사람이 아니라 '체로 걸러 내는 사람'으로 교육을 받았다. 그들의 숨은 동기는 스티브가 친구들과 밀접한 관계를 기초로 하여 사업을 구축하는 것을 도와주는 것이 아니라 단지 스티브의 명단을 뒤져서 1명의 승자를 찾아내는 것뿐이다. 그렇다면 어떻게 했어야 할까? 빌과 안젤라는 스티브의 기회에 대해 정직했어야 했다. 그랬다면 스티브는 그들을 더 존경했을 뿐 아니라, 사업을 성공시키는 데 얼마나 많은 노력이 필요한가를 충분히 이해했으리라.

상황은 다음과 같이 전개되어야 한다. 빌은 스티브와 마주앉아 그의 눈을 똑바로 바라보며 말한다.

"스티브 씨, 당신의 곤경을 이해할 수 있어요. 사업을 성장시키는 동안에도 수입이 필요하다는 거죠. 그런데 만약 당신 회사에서 구조 조정을 하는데 당신이 대상이라면, 당신의 개인 사정을 고려해서 회사에서는 당신이 대체 수입원을 찾을 때까지 계속 월급을 지급하지 않을 거예요. 당신은 위로금 차원에서 주는 퇴직금을 가지고 하룻밤 사이에 쫓겨나게 되겠지만, 그 돈으로는 오랫동안 버티지도 못하죠. 솔직히 말하면, 우리 사업에서 거금을 버는 사람은 이 사업을 직업으로 여기는 우리 같은 사람들뿐입니다. 우리의 에너지를 모두 쏟으면, 당연히 더 빨리 벌 수 있죠. 또 부업인 경우에도, 꾸준히 버티면 결국엔 성공할 수 있을 거예요. 하지만 당신의 프로스펙트를 모두 스폰서에게 넘겨주는 최소한의 노력만 한다면 거금을 절대로 벌 수는 없어요."

스티브는 귀를 기울이지만 여전히 이해가 가지 않아서 다시 묻는다. "그러면 나 같은 사람들은 어떻게 이 사업을 합니까? 어떻게 하면 누구나 내가 들은 것처럼 큰 돈을 벌 수 있을까요?"

"스티브 씨, 우리 산업의 많은 리더들이 월 5만 달러 이상을 벌어들이고, 5년 만에 그 정도 수입으로 충분히 은퇴할 수 있는 건 사실이에요. 그러니까 당신이 40년 동안 일하고 쥐꼬리만한 연금으로 은퇴하는 것에 비하면, 우리의 제안은 대단히 매력적이죠. 하지만 당신에게 진실을 말해 주지 않는다면 오히려 해가 되겠죠. 그리고 솔직히 말해, 그만한 돈을 벌려면, 당신은 허리띠를 졸라매고 전적으로 이 사업에만 매달려야 해요. 또 다른 선택은 현재의 수입을 대체할 때까지 부업으로 아주 열심히 일해야 하죠. 그리고 나서 전업으로 하는 겁니다. 어떤 방법으로 사업을 하든, 좋습니다! 안젤라와 내가 당신이 목표를 달성할 때까지 함께 일할 테니까요. 정 내키지 않으면, 당신 가족들이 우리 제품과 서비스를 도매가격으로 사용이나 한 번 해보세요. 6개월 뒤에 당신의 처지가 달라졌는지 알아보기로 하죠."

여러분은 스티브가 어떻게 할지 짐작이 가는가? 스티브는 집에 돌아가 이 사업을 심각하게 고민할 것이다. 그는 자신이 얼마나 열심히 일을 해야 하는지에 대해 환상이 없으며, 빌의 정직함에 대해 깊이 존경하게 된다. 빌은 스티브를 정확하게 공략함으로써, 그가 '헛된 기대 탱크'의 표적이 되는 것을 막아 주었다. 따라서 스티브는 다음과 같은 문제들을

POINT
네트워크 마케팅 사업에서는 정직이 생명이라는 것을 명심하라. 일반 직장에서 한 사람을 속이면, 8명의 직원들이 듣게 되고, 우리 산업에서 누군가를 속이면, 1주일 안에 20개국의 20만 명의 사람들이 그 일을 알게 된다.

심사숙고하게 될 것이다. (1) 네트워크 마케팅의 장래가 더 밝을까, 6개월 동안 저축된 돈으로 생활을 하면서 완전히 전업으로 이 사업에만 매달릴까 (2) 시간은 더 오래 걸리겠지만, 지금의 직장을 다니면서 부업으로 일하면서 지금의 수입을 대체할 때까지 조심스러운 접근 방법을 택할까 (3) 도매 가격으로 몇 가지 제품이나 서비스를 주문하고 좋은 고객이 되는 걸로 만족할까 등의 문제로 고민할 것이다. 비록 스티브가 위의 3가지 선택 중에서 하나도 선택하지 않더라도, 최소한 빌은 적절한 시기가 올 때까지 6개월마다 전화를 걸 수 있는 훌륭한 프로스펙트를 갖게 된다. 잘못된 정보 때문에, 틈만 나면 이 산업 전체를 헐뜯는 네트워크 마케터를 만들어 내는 것보다 얼마나 다행한 일인가.

네트워크 마케팅 사업에서는 정직이 생명이라는 것을 명심하라. 일반 직장에서 1명을 속이면, 8명의 직원들이 듣게 되고, 우리 산업에서 누군가를 속이면, 1주일 안에 20개국의 20만 명의 사람들이 그 일을 알게 된다. 또 업라인이 다운라인을 속이는 경우, 그것은 쉽게 잊혀지거나 용서받지 못한다. 속이는 일은 우리 사업에서 가장 혐오하는 범죄다. 당신 회사의 경우를 생각해 보라. 남을 속이는 사람들은 가장 멸시받을 것이다. 슬픈 일은, 일단 저지르고 나면, 아무리 용서를 구해도 회복할 수 없다는 것이다. 더 나아가 회사 내의 평판은 돌이킬 수 없는 타격을 준다. 우리는 여러 회사에서 그런 일이 일어나는 것을 목격해 왔으며, 그것은 우리 사업에서 가장 쉽게 피할 수 있는 비극 가운데 하나다.

우리 산업은 우리에게 매일 우리 자신의 참된 가치를 발견할 수 있는 기회를 준다. 또한 우리는 도덕적 결단이 필요한 상황에 직면하는 경우가 매우 많다. 매 순간들은 모두 우리의 진실을 시험하며, 때때로 우리 자신밖에는 아무도 모르는 경우가 있다. 따라서 인간의 가치를 높이려고 노력하는 어느 누구보다도 우리는 더 많은 도전에 직면하게 된다. 이러한 진실은 바로 첫 번째 사업 설명회부터 적용되어야 한다. 그러므로 마케팅 플랜과 성공에 필요한 엄청난 노력에 관해 진실을 말하라. 또 지원은 약속하되, 새로운 네트워크 마케터를 대신해서 일을 해 주겠다는 제안은 결코 하지 말라. 여러분에게는 자신의 목표도 간신히 이룰 수 있는 시간만 있을 뿐이다. 우리 사업에서 필요한 노력에 대해 정직할수록 회원 감소율은 줄어들 것이며, 우리 산업에 대한 존경심은 커질 것이다.

성공에 필요한 네트워크 마케터 수에 대한 비현실적 가정

여러분이 개인적으로 모집해야 하는 사람들의 숫자에 관한 비현실적인 가정을 조심하라. 사업의 번창을 위해 특별히 많은 회원을 가입시킬 필요가 없다는 신화를 조장하기 위해 어떤 회사들은 현장 네트워크 마케터들과 공모하는 경우도 있었다. 그러나 그것은 속임수다! 예외는 있지만, 성공한 리더들은 대부분 자신의 프론트라인 조직에 많은 사람들을 가입시켰다.

네트워크 마케팅의 실제 고소득자들은 대부분 프론트라인 네트워크 마케터들을 적어도 100명은 가입시켰으며, 더 많이 가입시킨 사람들도 많다. 그러나 이 규칙에는 항상 예외가 있는데, 온타리오 주 케인버그의 마이클 디무치오Michael DiMuccio가 그러한 예다. 한 네트워크 마케팅 회사에서 13개월 동안 씨름한 뒤에, 마이클은 놀라운 제품을 갖추고 있을 뿐 아니라, 자신이 쉽게 일체감을 가질 수 있는 다른 회사를 발견했다. 다음은 그가 새로운 회사에 들어간 뒤 경험한 내용이다.

"첫 출발 단계에서, 난 약 100명을 프로스펙팅해서, 프론트라인을 26명이나 모집했다. 나 자신과 26명의 프론트라인과의 관계를 소중히 여겨서 그 가운데 5명이 장기적인 사업 파트너가 되었다. 가입한 모든 사람들이 나만큼 헌신적인 것은 아니었는데, 그렇지 않았으면 그들은 아직도 나와 함께 일하고 있을 것이다. 그러나 초창기 그들의 참여는 시너지 효과나 활력, 그리고 판매량을 내게 더해 줘 내 성공담을 만들어 내는 데 도움이 되었다. 즉 첫달에 12만6천 달러의 그룹 판매량을 올려서 1만5천 달러의 개인 소득을 가져다준 것이다. 이 같은 성공은 타오르는 불에 휘발유를 끼얹은 격으로, 다음 3개월 동안 그러한 여세가 계속되었다."

"난 그 뒤 거의 1년 동안 모집을 하지 못했다. 대신 커뮤니케이션과 리쿠르팅을 위한 기반 마련에 몰두해, 사업 설명과 훈련을 복제할 수 있는 모델을 개발했다. 난 멕시코 시장을 개척하면서 다시 사업에 복귀했는데, 멕시코에서 5명의 새로운 레그를 모집했다. 또한 거의 냉담자 시장에서만 첫달에 15만 달러나 판매했다. 그리고 6개월 뒤에는 내 평균 소득이 월 2만 달러로 성장했다."

"이 무렵, 난 총 30명에서 35명의 프론트라인을 모집했다. 그 뒤 캐나다 퀘벡 시장에 진출해, 약 45명을 프로스펙팅해서, 5명의 새로운 레그를 모집해서 그 가운데 2명은 월 소득이 1만2천 달러에 달하게 되었다."

"그리고 난 마니토바 출신의 대단한 사업가를 만나는 행운을 얻었다. 그는 이 사업을 시작하면서 최고의 보상을 얻었다. 또한 그는 우호자 시장에서만 그의 프로스펙트 13명 가운데 12명을 모집했다. 그 가운데 4명은 첫 달에 폭발적인 판매량을 올렸고, 그 뒤 60일 만에 2명을 더 모집했다. 그는 첫달에 그룹 판매량 21만 9천 달러를 기록했으며, 개인 순수입을 1만 7천900달러나 올렸다. 그 결과, 내 수입은 월 평균 4만 달러로 올랐다."

"성공은 성공을 낳는다. 난 지난 18개월 동안 상대적으로 적은 노력으로 새로운 12레그를 후원했으며, 그 가운데 4명은 월 평균 소득이 2천 달러에서 8천 달러에 이른다. 동시에 내 리더들이 확장하는 것을 지원하여 내 월 소득은 10만 달러까지 상승하게 되었다."

"현재 33세의 나이로, 사업을 시작한 지 거의 6년이 지난 지금, 난 개인적으로 60명의 프론트라인을 모집했고, 그 가운데 6명은 월 평균 소득이 8천에서 4만5천 달러에 이른다. 또 3명은 약 2천에서 4천 달러에 달하고, 남은 몇 명은 이제 막 출발 단계에 있다. 나의 성공에 대해 보답할 사람들은 많지만, 놀라운 직업을 통해 특별한 성공을 누려 왔다는 말 한 마디면 된다."

마이클은 이러한 탁월한 업적으로 그의 회사에서 '올해의 네트워크 마케터'로 인정받았다. 우리는 현재 이러한 이야기들을 네트워크 마케팅의 미래의 물결을 일으키는 전략으로 내세우고 있다. 우리는 이러한 성공비율을 더 높일수록, 다음 10년에 더 많은 네트워크 마케터들이 우리의 대열에 물밀듯 쏟아져 들어오는 것을 목격하게 될 것이다.

네트워크 마케팅에 생소한 사람들은 가장 유명한 보상 플랜 4가지, 즉 브레이크어웨이breakaway, 유니레벨unilevel, 매트릭스matrix 바이너리binary를 간단히 이해할 필요가 있다. 물론 이들을 종합한 하이브리드Hybrid 플랜이 있기는 하지만, 이 4가지가 가장 보편적이다. 다음 설명은 지나치게 단순하지만, 초보자들은 이 보상 플랜을 깊이 이해할 필요가 없다. 지금은 이 보상 플랜에 대해 기초적인 것만 파악하면 된다.

가장 전통적이고 오래된 것은 브레이크어웨이 플랜이다. 이 플랜에서는 네트워크 마케터들은 모집하는 프론트라인의 숫자에는 제한이 없으며 그에 따른 보상을 받도록 되어 있다. 또 리더들은 회사의 기본 자격 요건을 충족시켰다고 인정을 받으면, 업라인으로부터 '독립하여' 자신의 조직을 형성한다. 브레이크어웨이 플랜에서의 리더들은 자신의 조직의 판매량 내에서 어느 누구에 의한 것이든, 무제한의 커미션을 받는다. 또한 그들의 프론트라인에 있는 '독립된' 리더들의 숫자에 근거하여, 지정된 레벨 수에 따라 커미션을 받는다. 비록 많은 퍼센트가 그룹 내의 판매량에 따라 보상되지만, 진짜 돈은 독립된 그룹의 수많은 회원들을 통해 벌게 된다. 브레이크어웨이 플랜에서는 프론트라인에 있는 네트워크 마케터의 숫자를 강조하기 때문에, 보상 플랜의 혜택을 충분히 받기 위해서 가입자가 많아야 한다는 사실을 새로운 네트워크 마케터들에게 알려 주게 된다.

유니레벨 플랜은 근본적으로 회사에서 정한 특정한 수의 레벨에 따라 20단계 이상으로 내려갈 수 있는 플랜들과는 반대로 커미션을 지급한다. 이 플랜은 레벨 수를 제한하는 것을 빼고, 그룹 판매량에 따라 지급되는 브레이크어웨이 플랜과 비교할 수 있다. 물론 유니레벨 플랜에는 '독립'이 없지만, 돈을 버는 유일한 방법은 프론트라인에 많은 사람들을 가입시킴으로써, 더 빠른 기하급수적 성장 기회를 증가시킨다는 점에서 비슷하다. 브레이크어웨이와 유니레벨에서는, 각각의 하위 레벨이 상위 레벨보다 더 크게 성장한다. 예를 들어 여섯 번째 레벨은 상위의 다섯 레벨을 합친 것보다 더 커야 한다. 따라서 프론트라인이 많을수록 여섯 번째 레벨도 더 커진다. 한편 유니레벨 플랜은 다른 플랜만큼 수입이 크지 않기 때문에, 다른 플랜과 혼합해서 사용하는 경우가 많다. 누구에게도 유니레벨 플랜에서는 성공하기 위해 필요한 사람의 숫자를 속이기가 어렵다.

매트릭스 플랜은 그 의미상 보상 플랜이 매우 제한적이다. 한 예로 3×7의 매트릭스를 생각해 보자. 여러분은 맨 꼭대기에 있고, 프론트라인에 3명이 있다. 그리고 두 번째 레벨은 9명, 세 번째는 27명, 네 번째는

81명, 다섯 번째는 243명, 여섯 번째는 729명, 일곱 번째는 2,187명이다. 따라서 전체 조직의 정원이 다 채워지면 여러분은 총 3,279명에 대한 보상을 받게 될 것이다. 많은 리더들은 이보다 10배에서 100배에 이르는 사람들을 거느리고 있다. 이것은 문자 그대로 무한한 기회를 유한한 소득의 위치로 전환시킨 경우다. 더군다나 이 플랜에서는 당신 밑의 사람들이 성공하기가 아주 어렵다. 일곱 번째 레벨에 속한 모든 사람들이 각기 그들의 매트릭스 조직의 최대한을 채워서 성공하려는 진지한 욕구를 가지고 있다고 가정해 보자. 그러한 욕구가 실현되려면 200만 명 이상의 네트워크 마케터들로 이루어진 회사가 필요할 것이다. 여기에서 문제가 발생하는데, 그 회사의 일곱 번째 레벨의 사람들이 성공하기 위해서는 중국, 미국, 그리고 독일의 전체 인구에 필적할 만한 사람들을 모집해야 하기 때문이다.

매트릭스 플랜의 현실을 무시한 선전 문구는 아직도 변함이 없다. "당신의 할 일은 3명을 후원하는 것뿐! 오직 3명!"

회사의 문서와 전체 판매 조직은, 개인적으로 3명만 후원하면 사업에 성공할 수 있다는 생각을 조장한다. 만약 그렇다면 그것은 대부분의 사람들이 하는 일의 전부일 것이다. 그러나 여러분이 이해해야 할 것이 있다. 즉 우리 산업의 역사 가운데, 어떤 회사의 어느 누구도, 개인적으로 3,4명만 모집하고 큰 돈을 버는 데 성공한 사람은 아무도 없다는 것이다. 그것은 헛된 기대다! 여러분이 만약 매트릭스 플랜의 회사에서 일한다면, 처음 네 번째나 다섯 번째 레벨을 채울 수 있을 만큼 많은 네트워크 마케터들을 모집할 준비를 하라. 그렇게 하면 여러분은 성공할 것이며, 그럴 때만 매트릭스 플랜은 효과를 발휘한다.

바이너리는 새로운 보상 플랜들 가운데서 가장 최근에 나온 하이브리드형이다. 매트릭스 플랜을 좋아하는 사람은 원래의 바이너리도 마음에 들 것이다. 이 플랜의 전제는, 프론트라인 2명만 모집하면 모두 끝난다는 것인데, 그 2명을 '이익 센터'라고 부른다. 일단 2명을 모집하면, 그 두 사람에게 여러분처럼 두 사람을 복제하라고 가르치는데, 이런 식으로 여러분이 부자가 될 때까지 계속하는 것이다! 그런데 대부분의 경우에는 그렇게 되지 않는다. 미래에는 완벽하게 보완이 될지 모르지만, 아직은 우리가 검토한 바이너리 플랜의 대부분이 양쪽의 판매량을 조절해서 균형을 잡아 줄 네트워크 마케터들이 더 필요하다. 그리고 그냥 놔두면, 양쪽이 전혀 다른 속도로 성장하는 경향이 있어서, 그 자체로는 판매량의 균형이 이루어지지 않는다. 따라서 네트워크 마케터들은 판매량의 균형을 유지하기 위해 어느 한쪽이나 양쪽에 충분한 인원을 보강해 주어야 한다. 그렇지 않으면, 네트워크 마케터들은 바이너리에서 양쪽 중에서 매출이 적은 쪽에 대해서만 보상을 받게 된다.

벌써 이 장을 자세히 읽어 보지 않은 매트릭스 회사와 바이너리 회사에서 비명을 지르는 소리가 들려온다. 그렇게 되기 전에 우리가 하는 말을 잘 들어 보기 바란다. 우리는 온갖 종류의 보상 플랜에서 극적으로 성공한 사람들을 만나 보았으며, 어느 것이 다른 것보다 낫다고 옹호하려는 것도 아니다. 다만 브레이크어웨이든, 유니레벨이든, 혹은 매트릭스든, 바이너리든 간에, 당신은 개인적으로 많은 사람을 모집해야 하고, 성공할 많은 수의 네트워크 마케터를 모집하는 데 장기적으로 개인적 역할을 수행해야 한다. 그러나 우리는 유명한 저자들과 최고 리더들이 이와 다른 주장을 하는 것을 들어 왔다. 2,3명의 프론트라인만 후원하면 무한한 부를 얻는 방법을 찾을 수 있다는 속임수를 믿지 말라. 어떤 보상 플랜을 선택하든지 간에, 성공은 많은 땀을 요구한다.

우리는 보상 플랜에 대해 판결을 내리려는 것이 아니다. 매트릭스나 바이너리에 속한 리더들이 새로운 프로스펙트들에게 보상 플랜을 설명할 때 헛된 기대를 불어넣지 말라고 경계하려는 것이다. 비현실적인 가정은, 프론트라인 네트워크 마케터의 숫자를 제한하는 보상 플랜에서 가장 빈번하게 나타나는 경향이 있다.

뉴욕 주 던디의 캐롤 피츠제럴드Carol Fitzgerald가 헛된 기대의 희생자가 된 것은 어느 신생 회사에서 일하면서였다. 그녀는 네트워크 마케팅 경험이 있었기에 이중으로 속은 기분이었으며, 뒤늦게야 자신이 속임수를 알아차렸어야 했다는 생각이 들었다.

"난 두 아이를 홈스쿨링으로 기르면서 큰 네트워크 마케팅 회사에서 3년 정도 부업으로 일한 경험이 있었다. 건강보조식품과 가정용품을 판매하는 크고 견실한 회사의 네트워크 마케터였다. 난 기록을 깨지는 못했지만, 매주 투자한 시간에 비해서 괜찮은 수입을 올렸으며, 수입은 매달 꾸준히 올라갔다. 또 우리 조직은 주로 여성들로 이루어져 있었는데, 그들은 일반회사에 근무한 경력이 있었지만, 수입을 계속 유지하면서 아이들과 집에 머물러 있기를 원했다."

"모든 것이 순조롭게 진행되어 갔다. 한 친구가 내게 전화를 걸어 '굉장한 환경 친화 제품'에 관한 이야기를 할 때까지는 그랬다. 나는 이제부터 그 이야기를 하려는 것이다. 그에게 네트워크 마케팅 회사냐고 물어 보았고, 이미 지금의 조직에서 열심히 일하고 있기 때문에 또 다른 회사에서 일하는 데는 관심이 없다고 설명해 주었다. 그녀는 현재 나의 성공을 알고 있었지만, 아주 적극적인 사람이어서 쉽게 단념하지 않았다. 그리고 나흘 뒤가 내 생일이었는데, 큰 상자 하나가 배달되었다. 상자 안에는 제품들의 샘플과 믿을 수 없을 정도로 대단한 보상 플랜의 설명서가 들어 있었다. 그제야 난 친구가 왜 그렇게 흥분했는지를 알게 되었다. 제품들도 대단했고, 제시된 보상 액수도 놀라웠다."

"바이너리 보상 플랜은 새로운 것이었다. 난 매트릭스 플랜에서 활동해 왔기 때문에 바이너리 플랜에 대해서는 아는 게 별로 없었다. 하지만 그것은 너무 좋아서 사실이 아닌 것처럼 보였다(왜 그때 마음속의 경보기가 울리지 않았을까?). 그것은 정말 빠른 성장과 신속한 현금을 얻을 수 있는 대단한 기회였다! 보상은 매주 지급되는데, 1천 달러어치의 판매 제품(각각 레그에서 500달러씩)에 대해서 250달러가 커미션이 지급되었다. 또 스폰서는 중요하지 않았고, 깊이에는 제한이 없었다. 그리고 무엇보다 좋은 것은 판매량이 없어지지 않고, 좌우 균형을 이룰 때까지 누적된다는 것이었다. 이런 플랜에서는 네트워크 마케터들이 일단 100달러어치의 제품을 구입하고, 똑같이 할 2명만 가입시키면 커미션을 받을 수 있는 자격이 생긴다. 또 네트워크 마케터들은 개인적으로 3자리까지 구입할 수 있는데, 연령 제한이 없으며, 가족 가운데 누구나 네트워크 마케터가 될 수 있었다. 거기서 난 그만 걸려들고 말았다. 이 회사는 모든 것을 갖추고 있었다! 제품들은 정말 혁신적이어서 환경에도 유익했고, 보상도 환상적이었다. 그래서 난 가족과 친구들 – 그때까진 아직 친구들이었죠 – 을 모두 도와줄 수 있었다. 그들은 이 훌륭한 제품을 100달러어치만 구입하면 된다. 그리고 난 그들을 나의 조직에 배치해서 그들 밑으로 조직을 구축할 수 있었다."

"난 무턱대고 뛰어들었다. 세 자리부터 구입해서, 내 아래로 아이들(훌륭한 대학 학자금을 위해)에 이어 남편, 부모, 시부모, 조부모, 형제, 자매, 내가 아는 모든 사람을 끌어들였다. 그들이 네트워크 마케팅에 경험이 있느냐 없느냐는 중요하지 않았고, 누구나 이 보상 플랜을 이해할 수 있었으며, 게다가 환경에도 도움이 되는 일이었다. 물론 우리 그룹에서는 누구나 나처럼 가입을 시켰다. 거의 모두가 3자리부터 구입하고, 친구들과 가족들에게 가입하라고 권유했다. 우리는 교회, 학교, 그 밖의 여러 비영리 기관들을 가입시켰는데, 그들은 다시 그들의 지원자들을 모두 불러 모았다. 결국 내 조직은 폭발적으로 발전했다. 즉 네트워크 마케팅의 진면목을 보여 준 것이다."

"내 제품들은 둘째 주에 도착했다. 우리에게 아직 네트워크 마케터용 키트나 훈련 매뉴얼이 없어서, 내가 우리 그룹이 사용할 수 있는 자료를 만들었다. 그런데 회사측이 내 훈련 자료를 좋아했기 때문에, 회사 전체가 사용하게 되었다. 난 전화 회의를 조직하기도 하고, 훈련 미팅을 주최했다. 돈이 굴러 들어오니까 사람들은 매우 흥분했다. 그러다가 그만 일이 터진 것이다! 제품 배달이 지체되기 시작하더니, 수표에 착오가 난 것이다. 회사의 경영자들은 우리 그룹이 엄청난 성장을 이룩해서 문제가 발생했다고 했다. 나는 그들에게서 문제를 해결할 직원을 채용하겠다는 약속을 받아 냈다. 그리고 우리는 계속해서 수없이 많은 가입 서류를 팩스로 받았다! 하지만 난 염려가 된 나머지 우리 조직을 관찰하기 시작했다. 우리 그룹에는 모두 나에게 팩스를 보내도록 했기 때문에 우리 조직의 성장을 관찰할 수가 있었다. 그러다가 우리 사람들에게 지불되어야 하는 액수에 큰 차이가 나는 것을 발견하고, 난 당장 자료를 준비해서 비행기를 탔다."

"내가 도착하자, 회사 간부들은 내 자료를 보고 아연실색했다. 그들은 '문제가 이렇게 심각할 줄은 몰랐던' 것이다. 그들은 회사의 프로그래머들을 불러들였고, 프로그램에 오류가 있어서 그것을 바로잡으려면 수천 개의 가입 원서를 다시 입력해야 한다는 결론을 내렸다. 물론 우리는 결정적인 시기 즉 모멘텀을 놓치면 안 되기 때문에, 나는 적극적인 자세를 견지하면서 모집을 계속하라고 강조했다. 또 그들은 제품 주문을 망쳐 버린 책임자를 해고해야 한다고 말했고, 난 모든 것을 2주일 내에 정상화시키겠다는 보장을 받았다. 그리고 우리는 모집을 계속했다. 수표와 제품 주문과 관련된 문제가 가끔씩 발생했지만, 그들은 노력하고 있는 것처럼 보였다."

"그러던 가운데 '검은 월요일'이 다가왔다. 사건은, 그날 도착한 우편물을 살펴보다가, 내가 지난번에 받은 수표 2장이 잔금 부족으로 되돌아온 것을 발견했을 때 시작되었다. 전화가 울리기 시작했고, 사람들은 흥분하였다. 수백 명의 사람들이 똑같은 우편물을 받았고, 모두 다 내 전화 번호를 가지고 있었던 것이다. 회사 전화에서는 결번이라는 녹음된 메시지가 들렸다. 현실이 들이닥친 것이다."

"마침내 회사 사장과 연락이 되었을 때, 그는 이 상황이 '전적으로 내 잘못'이라고 했다. 그들은 누군가가 조직의 좌우 균형을 완벽하게 이루고, 모든 사람에게 똑같은 행동을 가르칠 경우를 대비해 계획을 세운 적이 전혀 없는 것 같았다. 좌우 균형을 이룬 우리 그룹이 보상 플랜을 초과한 것은(일명 과부하가 걸린 것은) 불과 여덟 번째 레벨을 조직한 직후였다. 한편 우리 조직은 30레벨을 넘었고, 네트워크 마케터들은 수천 명에 달했다. 그러나 회사는 내게 교훈을 가르쳐 주고, 평생 잊을 수 없는 생일 선물을 주면서 문을 닫고 만 것이다."

"불행하게도, 그 사건은 우리 가족과 많은 친구들에게 네트워크 마케팅에 관해 아주 부정적인 감정을 남겨서, 내가 그것을 극복하는 데 여러 해가 걸려야 했다. 난 아직도 잔액부족으로 '지불 정지'된 가장 큰 금액의 부도 수표의 복사본 한 장을 업무 수첩에 붙여 놓고, 다른 사업처럼 네트워크 마케팅에서도 누군가에게 해를 입히지 않는 한 '벼락 부자가 되는' 프로그램은 없다는 것을 스스로 상기하고 있다. 천천히 그리고 꾸준히 하는 것이 경기에서 승리하는 길이다." 다행스럽게도, 캐롤은 남은 사람들을 끌어 모을 수가 있었고, 현재 경험이 풍부한 팀과 활동하면서 우리 산업의 모델이 될 만한 네트워크 마케팅 회사를 세우려고 준비중에 있다. 캐롤은 한 마디 더 덧붙인다. "이 책을 읽을지도 모르는 나의 모든 친구들에게는 꽃이나 초콜릿, 또는 간단한 카드만으로도 훨씬 더 멋진 생일 선물이 될 것이다."

네트워크 마케팅에서 첫출발하는 사람들을 위한 교훈을 한 마디로 하면 다음과 같다. 즉 바이너리는 장기적이고, 안정된 로열티 수입이 아닌 단기적인 현금 보상을 반영한다는 것이다. 따라서 실적이 없는 신생 회사에 들어가려고 한다면, 적어도 회사 경영자들이 좋은 경력을 가지고

POINT

네트워크 마케팅은 놀라운 잠재 소득, 엄청난 자유 시간, 여행, 권력 그리고 특권을 제공해 주는 빅 비즈니스다.

있는지 확인하라. 또 적어도 설립한 지 2년이 지나지 않은 회사에 참여하는 것은 대단히, 대단히 위험하다. 만약 회사에 들어가긴 해야 하는데, 그 회사의 창립자들의 진실성에 대한 정보가 하나도 없다면, 직접 나서서 부지런히 조사해 보라. 창립자들을 조사하고, 그들의 신원을 확인할 수 있는 곳에 전화를 걸어 보라. 그리고 그 회사의 보상 플랜이 검증되지 않고, 지나치게 훌륭해서 진실성이 의심된다면, 아마 실제로도 진실성이 없을 것이다. 따라서 워싱턴에 있는 '직접 판매 협회Direct Selling Association'에 전화를 걸어서, 고려 중인 회사가 회원사인지 확인해 보라. 회원사가 아니라면, 조심하라!

이 산업에서 처음 몇 년 간 견실한 회사에 근무하면서 품위 있는 생활을 하고 있다면, 그리고 캐롤처럼 지나치게 열정적인 스폰서가 고액 수표나, 너무 환상적이어서 진실성이 의심되는 보상 플랜을 보여준다면, 현재 회사에 그대로 남아 있는 것이 상식적으로 더 낫다. 네트워크 마케팅은 놀라운 잠재 소득, 엄청난 자유시간, 여행, 권력 그리고 특권을 제공해 주는 빅 비즈니스다. 그러므로 이 사업에서 성공한다는 것은, 많은 청중 앞에서 공연하고 기립 박수를 받는 국제적인 록 스타 대우를 받는 것을 의미한다. 여러분은 어디를 가든지 최고 요리사의 대접을 받고, 산업계와 의료계, 법조계의 유력 인사들과 교제하게 될 것이다. 회사의 직장인과 전 세계에 있는 다양한 전문직에 접근하려면, 전문직마다 불평자가 있다는 것과, 그들 가운데 가장 성공하는 사람들은 이러한 소득과 관련을 맺을 수 있는 사람들인 경우가 많다는 것을 명심하라. 또한 우호자 시장에서 냉담자 시장의 프로스펙트들로 옮겨갈 때, 이 사업이 숫자 게임이라는 것을 이해하고, 겁을 집어먹지 말아야 한다.

네트워크 마케팅은 이전의 블루칼라 출신들도 의사나 회사 경영자들과 경쟁할 수 있고, 그들을 앞지를 수도 있는 '위대한 균형 장치'다. 여러분은 업무 부담이 적다는 관점에서 그리고 후원시켜야 하는 사람들의 숫자가 적기 때문에 네트워크 마케팅으로 길을 잘못 들어섰는지도 모른다. 하지만 여러분이 직접 경험하기까지는, 매달 다섯 또는 여섯 자리 숫차의 소득을 올리는 기쁨에 대해서 그 누구도 진실을 말해 줄 수 없으리라. 그러므로 징징 우는 소리는 이제 그만 때려치우고 당장 일을 시작하라! 4년 플랜을 선택할 것인가, 아니면 40년 플랜을 선택할 것인가?

성공에 필요한 시간에 관한 부정확한 인식

다음 문제 영역 – 시간 투자 – 은 확실히 언급할 만한 가치가 있다. 사업의 중요한 측면에 관해 프로스펙트들을 오도하는 경우가 너무 많기 때문이다. 우리는 불과 몇 개월 만에 매월 다섯 자리 숫자의 소득을 올리게 된 동료들을 많이 봤지만, 우리 자신을 비롯해서 많은 사람이 그렇지 못하다. 우리는 신입 네트워크 마케터가 1, 2, 3년 목표에서 5, 10년 목표에 이르기까지 현실적인 목표를 세워야 한다고 생각한다. 그리고 업라인을 추적하여, 여러분이 10년 뒤에 벌어들이기를 원하는 액수를 현재 벌고 있는 사람을 찾아내라. 그리고 그 사람에게 현실적인 목표를 세울 수 있도록 도움을 요청하되, 자신이 월간 목표와 연간 목표에 각각 소비하는 시간과 노력의 양에 맞추어 목표를 세워라. 여러분도 되고자 하는 그 사람과 똑같은 시간과 노력을 투자한다면, 그와 똑같은 소득을

POINT
자신의 제한된 사고 방식에서 벗어나야 완전한 당신의 잠재력에 도달할 수 있을 것이다.

올릴 수 있다고 가정하는 것은 매우 합리적이다. 당신의 회사는 평균 수입 보고서를 발표해야 한다. 실제 목표를 세우는 방법은, 그런 보고서를 근거로 해서 다양한 레벨에서 현재 네트워크 마케터들이 실제로 얻고 있는 수입에 바탕을 둔다. 필요한 시간의 양에 관해서는 현실적이어야 하지만, 자신을 위해 적절한 목표를 정할 때 자신감을 높여야 한다. 다시 말해 자신의 제한된 사고방식에서 벗어나야 당신의 완전한 잠재력에 도달할 수 있을 것이다.

　성공에 필요한 시간의 양을 고려하면, 네트워크 마케팅에 부업으로 일하는 사람들은 전업으로 일하는 사람들보다 실질 소득이 적다. 가령 전업으로 일하는 사람이 월 20만 달러를 받을 때, 초보자가 그 절반의 시간을 투여하면 월 10만 달러를 벌 수 있다는 가정은 아주 논리적일지도 모른다. 그러나 현실은 반드시 그렇지 않다! 르네는 열정적인 부업자였는데 그녀는 4년 임기의 선출직 공직에 있었기 때문에, 임기를 마칠 때까지 전업할 수가 없었다. 벌어들인 대부분의 돈은 전업으로 우리가 함께 일하며 벌어들인 액수의 10퍼센트에도 미치지 못했다. 그것은 네트워크 마케팅이 전반적으로 복제의 사업이기 때문이다. 부업자 네트워크 마케터는 부업자 네트워크 마케터를 끌어들인다. 왜냐하면 리더가 부업을 선호하면, 모집하는 사람에게도 부업이 적절해 보이기 때문이다. 반면에 여러분이 매우 적극적으로 일하면서 이것을 큰 사업으로 생각한다면, 여러분의 다운라인도 마찬가지일 것이다. 여러분 자신에게 간단한 질문을 던져 보자. 여가 시간에 부업으로 일해서 백만장자가 된 사람을 만난 적이 언제인가? 경제적 풍요는 전업으로 전심전력하면서도 얻기 힘든 것이다.

우리의 책《파워 네트워크 마케팅》은 역동적인 네트워크 마케팅 조직을 구축하는 법과 부업과 전업의 불가피한 차이를 가르치기 위한 책이다. 우리는 평균적인 부업자 수입과 전업자 수입에 관련하여 수많은 회사들을 조사해 왔다. 그 결과 부업으로는 전업자 목표를 달성할 수 없다는 것을 알았다. 확실히, 이 사업에 '모든 것'을 바치는 사람들이 목표를 더 효과적으로 이룰 수 있다. 따라서 여러분이 선택만 하면 되는 문제이고, 예금한 돈으로 6개월 동안 꿋꿋이 버틸 수 있다면, 신중하게 회사를 선택하고 여러분의 모든 것을 바치라고 강력히 권한다.

이 사업에 참여하는 데 지금보다 더 유리한 시기가 일찍이 없었다. 또 전망 있는 사업으로서 네트워크 마케팅에 대해 지금보다 더 호의적이었던 적도 없었다. 그러므로 여러분 자신과 자신이 참여한 조직, 그리고 회사와 이 산업을 신뢰한다면, 자신이 발견한 것을 세상에 알려라! 그것이 마크가 한 일이며 – 때때로 열정에 불타서 1주일에 6, 70시간씩 일을 했다 – 그 결과 그는 3년 반 만에 매월 10만 달러짜리 수표를 받았다.

책임 의식과 경제적 압박에 눌리고, 의심이나 기존의 상식 때문에 이 사업을 전업으로 시작하는 것이 망설여진다면 르네를 복제하라. 그녀는 비록 부업으로 사업을 했지만, 네바다 주 리노의 카운티 행정 위원회에서 풀타임으로 근무하면서, 네트워크 마케팅을 진짜 비즈니스처럼 취급했다. 다음은 그녀의 설명이다.

"난 일관성 있는 계획으로 버텼다. 하루에 12명에서 15명의 프로스펙트들과 접촉하고, 우리 집에서 1주일에 한 번씩 적어도 15명의 프로스펙트를 대상으로 사업 설명회를 열었다. 또 2, 3차례 별도의 미팅을 가지기도 했다. 그 결과 한 달에 최소한 5명을 후원하는 성과를 올렸다. 부족한 시간은 주말까지 할애해, 내가 후원한 사람이 10명까지 올라간 적도 있었다. 직업상 일정이 바빴지만, 결코 태만을 부리지 않아 사업에 참여한 지 1년 반 만에 연간 소득이 10만 달러에 이르렀다. 하루에 5명에서 30명의 프로스펙트에게 접근하든지 간에 일관성이 제일 중요하다."

사람들에게 이 사업의 가능성을 알리는 것은 전혀 잘못된 일이 아니다. 진실은 그 자체에 강한 힘이 있다. 과장할 필요는 없지만, 우리가 이 목표를 달성하기 위해 투자한 시간과 노력은 모두에게 알려야 한다. 우리는 다른 사람의 미팅에는 참석하지 않고, 우리 자신의 미팅을 이끌고 있었다. 또한 우리는 다운라인을 관리하지 않았으며, 프론트라인 동료들의 프로스펙트 모집을 지원해 우리의 노력을 복제하는 조직들을 구축했다.

업라인이 모든 것을 대신 처리해 줄 것이라는 그릇된 전제

많은 신입 네트워크 마케터들은 열심히 일할 필요가 없다는 말을 듣고 모집에 응한다. 즉 그들이 해야 할 일의 전부는 프로스펙트를 업라인의 호텔 미팅에 보내기만 하면, 그들의 스폰서나 업라인이 사업 설명회를 열고 그들 대신 모든 사람을 가입시켜 준다는 확실한 약속을 듣고 가입을 한다. 하지만 기본으로 되돌아가 보자.' 네트워킹'의 정의는 '친구가 친구에게 전하는 것' 이다. **여러분은** 참여해야 한다. 친구들과 대화를 나누고, 이 사업에 관한 흥분을 나누어야 한다.

네트워킹은 좋은 영화나 새로 발견한 레스토랑을 친구에게 알리는 것과 전혀 다르지 않다. 또 전문가일 필요도 없다. 여러분은 누가 영화를 감독하고, 어디에서 영화를 찍었는지 모른다. 또 누가 안무하고 작곡했는지도 모른다. 영화에 출연한 배우들을 기억할 필요도 없다. 다만 여러분이 아는 거라곤 그 영화를 좋아한다는 것뿐이다. 그 영화는 여러분을 울리거나 웃기고, 또는 기분좋게 만든다. 그래서 여러분은 사람들에게 그 영화에 대해 말한다. 하지만 여러분이 그 영화에 대한 모든 것을 안다고 기대하는 사람은 아무도 없다. 단지 여러분이 추천한 것만 믿고, 그들은 기분이 내킬 때 그 영화를 보러 갈 것이다. 친구가 다른 친구에게 전하는 말이 네트워크 마케팅을 효과적인 유통 방법으로 만드는 핵심이다.

그런데 만약 친한 친구가 여러분에게 전화를 걸어 다음과 같이 말한다면 어떻게 생각하겠는가? "이봐, 나야. 지난주에 어떤 아가씨가 전화로 새 영화 하나를 소개해 줬어. 우리가 가서 봤는데, 너무 좋아서 자네에게 전화한 거야. 그 아가씨에게 전화해 봐. 그 아가씨는 영화에 관한 질문이라면 언제든지 전화로 대답해 줄 거야. 나보다 여러 번 봤거든." 이제 알겠는가? 업라인의 지원을 받을 때는 따로 있다는 것이다. 프로스펙트를 이해시키기 위해 권위자를 끌어들이는 때는 그들이 영화를 본 '뒤', 즉 사업 설명회에 참가한 '뒤' 다. 프로스펙트에게 시청각 사업 설명회를 소개하든, 아니면 가정에서 열리는 사업 설명회를 소개하든, 일차적인 접촉이 이루어진 뒤에 업라인을 이용하여 신뢰를 얻어라.

일차적인 소개를 할 때는 네트워크 마케팅이나 회사 제품에 대해 권위자일 필요가 없다. 또한 유창한 연설을 하거나, 업라인에게 전화를 걸 필요도 없다. 이 사업에서는 조금 덜 세련된 것이 효과적이다. 여러분이 배운 정보를 다른 사람들과 열정을 가지고 나눌 때, 여러분은 그들이 "와, 대단한 설명회 진행자군!"이 아니라, "저 정도면 나도 할 수 있겠군," 하며 떠나기를 바랄 것이다.

플로리다 주 파크랜드의 스티븐 프리드버그Steven Friedberg는 첫 번째 미팅에서 직접 불 속으로 뛰어 들어가 이런 교훈을 배웠다. 그는 그의 스폰서가 자신을 대신해서 미팅을 진행할 것이라고 믿고, 여러 명의 친구들을 초대했다. 또 그들에게도 다른 친구를 데려오라고 말했다. 그러나 미팅이 시작되기 5분 전, 거실에 19명이 모였을 때, 스티븐은 스폰서가 미팅을 진행할 수 없다는 것을 알게 되었다. "그 순간 난 거의 심장이 마비되는 줄 알았다. 너무 겁이 났고, 땀이 흘러 안경이 벗겨질 뻔했다. 너무 떨려서, 칠판에 선을 똑바로 그릴 수조차 없었다. 그래서 1시간 정도 진행되어야 하는 미팅이 19분밖에 걸리지 않았다. 그것이 내가 알고 있는 전부였기 때문이다."

"그런데 사태를 더 악화시킨 일이 벌어졌다. 내가 이미 회원으로 가입시킨 어떤 사람이 남은 시간 동안 진행을 맡았는데, 방 안을 왔다갔다하며 사람들에게 '당신도 할 수 있다!'는 구호를 외쳤던 것이다. 난 더 이상 망신을 당하지 않기 위해서, 쥐구멍이라도 찾고 싶은 심정이었다. 그건 가장 끔찍한 악몽이었다. 이 날의 악몽은 다음 날까지 계속되었다. 하지만 다음 날 3명이 가입을 했고, 내 사업은 순조롭게 발전해 갔다."

우리는 스폰서들에게 초보자들을 위해 처음 한두 차례의 미팅을 진행하라고 가르친다. 하지만 이 이야기를 보면, 사람들에게 나이키의 멋진 선전 문구처럼 '일단 해 보는(Just Do It)' 수밖에 다른 선택의 여지가 없을 때, 어떤 일이 벌어지는지를 알 수 있다.

네트워크 마케팅은 팀워크의 사업이다. 여러분의 업라인이 자신의 손을 잡고 모든 것을 대신 처리해 주리라는 헛된 기대에 속지 말라. 물론 우리가 여러 단계로 보상을 받는 이유는, 우리가 프로스펙트에게 씨앗을 뿌렸을 때, 우리의 업라인 스승들이 우리를 위하여 씨앗에 물을 주기 때문이다. 그러므로 여러분은 다운라인들이 관심 있는 프로스펙트를 초대하면, 그들을 가입시키는 일을 지원해야 한다. 이것은 업라인이 모든 것을 처리하는 문제와 다르다. 전체 조직을 건강한 하나의 신체 조직으로 기능할 수 있게 하는 것은 우리 모두가 각자의 역할을 충실히 하는 것이다. 또 여러분이 다른 사람들에게 큰 버팀대가 되어 줄 필요가 없는 것처럼 여러분도 어마어마한 버팀대가 필요 없다는 점을 명심하라. 그 버팀대가 가라앉을 때, 부를 향한 행진이 시작될 것이다.

그러나 여러분은 "난 아직 큰 돈을 벌지 못하고 있는데."라고 말할지도 모른다. 그것은 중요하지 않다. 대부분의 사람들이 필요로 하는 것은 같은 내용을 강화하여 연속해서 들어야 하는 것이다. "당신은 얼마나 버는가?"라고 한다면, 자신은 아직 초보 단계라고 말하고, 업라인 가운데서 현재 고소득을 올리는 사람의 비공개 전화번호를 알려 주기 바란다. 그들 가운데 끝까지 확인하고 싶어서 직접 전화를 거는 사람은 극소수에 지나지 않는다. 왜냐하면 그들이 실제로 원하는 것은, 그들이 전해들은 것을 친구가 아닌 접근 가능한 다른 누군가가 달성하고 있다는 소식을 듣는 것이다. 그러나 그들이 정말 끝까지 확인하고 싶어 하는 경우, 그 고소득자와 만날 수 있게 해야 한다.

은퇴 문제에 대한 해명

'은퇴'란 직장 생활의 끝을 나타내며, 스스로 완전히 물러가는 것, 또는 격리되는 것을 말한다. 은퇴라는 주제가 거의 모든 사업 설명회에서 등장한다는 것을 주목한 적이 있는가? 네트워크 마케팅에서 이는 자주 거론되는 헛된 기대이며, 거의 실현된 적이 없다. 이 사업은 너무 흥미진진해서, 안락의자에 앉아 전화로도 진행할 수 있기 때문이다. 많은 사람들이 프로스펙트를 처음 접촉할 때 '은퇴'라는 단어를 느슨한 의미로 사용하지만, 우리가 뜻하는 것은, 이 사업에 상당한 기간을 투자한 뒤에 아주 편안히 살 수 있다는 말이다. 일정한 시간이 지나면, 우리는 더 이상 부와 독립을 이루기 위해 사람들을 모집하는 일에 우리 인생을 소비할 필요가 없어진다. 하지만 우리는 우리를 의지하는 사람들을 지원하고 접촉할 수 있는 적절한 수단을 찾아내야 한다.

네트워크 마케팅 회사에서 더 이상의 제품 구매 조건 없이 연금 수령권, 즉 은퇴를 허용할 때, 실제로 완전한 은퇴를 선택하는 네트워크 마케터는 거의 없다. 또 진정한 리더는 가족을 위해 많은 시간을 할애하고, 소중한 자유시간과 근무 시간을 잘 배합하는 라이프스타일을 창조한다. 그러나 그런 리더는 전화로 항상 접촉할 수 있으며, 자신이 완전히 은퇴했다는 소문이 다운라인 사이에 떠도는 것을 결코 허용하지 않는다. 그런 소문이 퍼지는 것은 문제가 될 수 있으므로 피해야 한다. 하지만 은퇴 문제로 자신을 혼란시키지 말라. 그 이유는 다음과 같다.

첫째, 이처럼 누구나 참여할 수 있고, 많은 보상을 제공해 주는 사업은 NWM 외에는 없다. 모든 사람이 운동 선수나 배우가 될 수 없고, 자신의 프랜차이즈를 구입할 자금이 있는 것도 아니다. 하지만 누구든지 상당한 규모의 네트워크 유통을 할 수 있다. 그리고 한 번 맛을 들이면, 다른 일을 하는 것은 거의 불가능하다. 우리는 두 번이나 은퇴하려 했지만, 두 번 다 다른 생산적인 노력도 네트워크 마케팅에서처럼 즐거움을 누리지 못한다는 결론을 내렸다. 유명한 정신과 의사인 윌리엄 글래서 William Glasser는, 우리 모두 인생에 2가지 기본적인 욕구가 있다고 했다. 즉 사랑을 주고받고 싶은 욕구와 자신이나 타인에게 가치 있는 존재이고 싶은 욕구가 그것이다. 2차례나 일을 정리해 보았지만, 우리는 곧 사업을 통해 알게 된 친구들을 그리워하게 되었다. 결국 우리는 네트워크 마케터들을 모집하고 훈련하는 일이 다른 어떤 노력보다 재미있고, 도전적이며, 보상도 크다는 것을 깨달았다. 그래서 우리는 무엇을 시도하든, 항상 네트워크 마케팅으로 되돌아오는 것으로 끝을 맺었다.

우리가 매혹된 것은 이 산업에 다양한 경험이 수반되기 때문이다. 글을 쓰거나, 그룹을 대상으로 강의를 할 때, 혹은 사람들과 일 대 일로 전화 상담을 할 때, 우리는 개인의 성장, 결혼 상담, 가정의 가치, 회사 정책, 진실성, 소규모나 세계적인 사업 등 전 세계의 다양한 문화에 참여하게 된다. 더 나아가 우리가 교제하는 모든 사람의 개인적인 목표와 기업가적인 꿈들은 우리에게 가장 중요한 것들이다. 따라서 우리 두 사람의 배경을 고려할 때, 이처럼 수많은 사람들에게 극적인 영향을 미칠 수 있는 직업이란 거의 찾아낼 수가 없다.

여러분이 네트워크 마케팅의 은퇴에 관해 얼마나 자주 들었는지는 중요하지 않다. 진실은 우리의 다운라인은 항상 우리를 복제하려고 애쓰고 있는데 그들이 은퇴한 리더의 다운라인이 되길 원하지 않는다는 것이다. 그래서 네트워크 마케팅의 국제적인 리더인 크레이그 브라이슨 Craig Bryson은 이 산업의 리더들에게 항상 트리클다운 효과[주]에 대해 경고해 왔다. 어떤 회사든 월간 판매량에 대한 아무 조건 없이 연금 수령권이나 은퇴를 허용하면 결국 위에서부터 스스로 와해될 수 있기 때문이다. 우리도 그의 생각에 동의한다. 실제로 정상에 있는 많은 네트워크 마케팅 회사들이 전체 이익의 1 또는 2퍼센트를 리더에게 분배하거나, 아니면 보상 플랜 외에 추가 보너스 제도를 만들어 리더들이 생산적인 활동을 계속하도록 유도해 왔다. 이것은 리더들뿐만 아니라 업라인의 활동을 복제하려는 경향이 있는 다운라인 또는 그런 것이 부족한 다운라인에게도 소중한 가치가 있다.

5명을 대상으로 하든, 500명을 대상으로 이야기를 하든, 구체적인 기준 없이 프로스펙트들 앞에서 '은퇴'라는 당근으로 유혹하지 말라. 오히려 그들의 인생에 자기 결정의 기회를 주는 네트워크 마케팅의 능력에 초점을 맞추는 것이 좋다. 대부분의 사람들은 현재 직장에서 보내는,

---

주) Trickle-down Effect : 정부 자금을 대기업에 유입시키면 그것이 중소기업과 소비자에게까지 미쳐 경기를 자극한다는 효과. 여기서는 최고 리더들이 은퇴해 버리면 영향을 차례로 받아 조직이 와해된다는 의미 - 역자 주.

POINT
네트워크 마케팅을 직업으로 생각하지 말고, 실제로 인생에서 중요한 일을 하는 데 도움이 되는 하나의 수단으로 생각하라.

1주일에 10~20시간을 가족과 함께 보낼 수 있는 것만으로도 아주 기뻐할 것이다. 또 우리는 우리가 하는 일을 좋아하기 때문에, 언제 일이 끝나고, 언제 노는지를 알기 어려울 때가 있다. 그래서 우리는 하루에 12시간씩 일하는 대신, 생산적인 일에 2, 3시간씩 보내고, 나머지 시간은 가족과 함께 테니스, 스키, 패러글라이딩, 또는 독서나 저술로 보내고 있다.

이 사업이 우리에게 준 자유 덕분에, 우리는 저술을 하거나, 미국과 아시아에서 찰스 킹Charles King 박사와 함께 자격 인증 강좌 등을 지도할 수 있었다. 그러나 우리의 여가 활동은 네트워크 마케팅에 한정되어 있지 않다. 예를 들어 마크는 현재 연애 소설을 쓰거나, 교도소 프로그램을 개발하는 데 시간을 보내고 있다. 또 르네는 자신의 인생 경험에 바탕을 둔 자립에 관한 책을 집필하고, 노숙자를 위한 프로젝트의 위원장으로 활동하고 있다.

다른 말로 하면, 우리는 프로스펙트들에게 몇 년 안에 무한한 자유 다운라인의 역할 모델과 다운라인 지원을 계속하면서 하고 싶은 일을 마음대로 할 수 있는 자유를 누릴 수 있다는 말을 해야 한다. 네트워크 마케팅을 직업으로 생각하지 말고, 실제로 인생에서 중요한 일을 하는 데 도움이 되는 하나의 수단으로 생각하라. 이러한 설명은 성공한 네트워크 마케터들의 인생에서 실제로 일어나는 일을 표현하는 데 아주 적절하다.

어떤 제품이나 서비스도 판매할 필요가 없다는 잘못된 견해

네트워크 마케팅은 제품과 서비스가 생산자에서 소비자로 직접 전달되는 구전 광고 유통 방식이다. 제품과 서비스가 판매되면, 그러한 주문을 발생시킨 네트워크 마케터들은 조직에서 다단계 보상을 받는다. 이것이 네트워크 마케팅에 대한 정의이며, 종종 멀티레벨 마케팅Multi-Level Marketing으로 불리는 이유도 여기에 있다. 이것이 바로 우리 산업의 기초 원리라는 것을 생각하면, "우리 사업에서는 제품을 팔 필요가 없습니다. 여러분이 할 일은 보상 플랜을 제시하고 사람들을 가입시키는 게 전부입니다."라고 말하는 것을 이해하기가 어렵다. 모든 헛된 기대 가운데, 이것이 가장 부정확하다. 왜냐하면 그것은 우리 사업의 핵심을 부정해, 정부 규제 기관들로부터 의심을 받게 하기 때문이다.

일부 선의의 리더들이 이런 말을 하는 이유는 이해하지만, 우리 산업에 이보다 더 해를 끼치는 말은 없다. 예를 들어 훌륭한 프로스펙트들은 집집마다 제품을 팔러 다니는 것을 두려워하며 네트워크 마케팅을 꺼린다. 또 어떤 사람들은 화장품 외판원이 될까 봐 염려하기도 한다. 이런 잘못된 개념을 상쇄하기 위해, 많은 강력한 리더들이 새로운 프로스펙트들은 아무 것도 판매할 필요가 없다고 주장하는 것이다.

하지만 진실은 다음과 같다. 네트워크 마케팅은 제품을 조금씩 사용하고 나누어 쓰는 많은 사람들에 관한 것이다. 따라서 시스템이 잘 돌아가려면, 우리는 각자 자신의 역할을 수행해야 한다. 우리 가정을 우리의 제품과 서비스로 가득 채워야 한다. 우리는 초보자들에게 '10명만 구하라!' 라는 전투 구호를 가르친다. 그리고 직접 제품이나 서비스를 사용한 뒤, 프론트라인 네트워크 마케터들이 자신의 직계 가족과 친한 친구들 사이에서 10명의 고객을 찾아내는 일로 시작하라고 주장한다. 그것이 전부다. 단지 10명이면 된다. 상당한 규모의 네트워크 조직을 구축하기 전에, 누구든지 적절한 소매 고객을 10명만이라도 책임지고 찾아내야 한다. 이 일을 하는 데 몇 달씩 걸리지는 않는다. 단 며칠이 걸릴 수도 있지만, 그들이 똑같은 일을 하게 될 다른 네트워크 마케터를 모집할 준비를 갖추기 전에 그 일을 완수해야 한다. 그러고 나서 좀더 극적이고 돈을 많이 벌 수 있는 일인 리쿠르팅을 시작할 준비를 갖추게 된다.

간단한 수학만으로도 제품을 유통하는 각 사람의 중요도를 쉽게 이해할 수 있다. 제품을 주문하지도 않고 다른 사람과 나누지 않고 가입만 사람은 0의 매출을 창출할 것이다. 또 다운라인이 여러분의 과정을 복제하여 100명을 가입시키고, 그 100명이 다시 각각 100명씩을 후원한다면, 여러분은 누구에게나 1만 명의 조직원을 거느린다고 자랑할 수 있다. 그런데 만약 다운라인이 여러분의 노력을 모두 복제하기만 했다면, 그룹의 매출은 10,000×0을 해서 여전히 0이 된다. 당연히 커미션도 제로다.

우리 각자가 책임져야 할 제품의 유통에는 2가지 종류가 있는데, 개인적인 사용과 고객 주문이다. 우리는 여러분에게 각자 회사의 보상 플랜에 근거하여, 구체적 목표를 세워 조직 전체가 그 목표를 복제하도록 하라고 권한다. 예를 들면, 우리는 네트워크 마케터들에게 매달 500달러어치의 개인 판매량-여기에는 네트워크 마케터들의 직계 가족의 개인적인 사용과 고객들의 주문이 포함된다-을 달성하기 위해 노력하라고 말한다.

사업 지향적이면서도 제품 소개와 제품 체험 진행을 상상조차 하지 못하는 남녀들을 위해, 우리는 다음과 같은 것을 제안한다. 일단 제품이나 서비스를 직접 사용하고 10명의 고객을 찾아냈으면, 여러분의 모든 에너지를 사업자를 모집하는 데 쏟아라. 소수의 프로스펙트에게 사업 설명회를 진행할 때, 가입하여 사업가가 되려고 하지 않는 사람들도 있을 것이다. 그러나 그들은 여러분 회사의 제품이나 서비스에 관심이 있을지도 모른다. 그러므로 그들에게 불필요한 에너지를 쏟지 말고, 소매 고객의 편의만 제공하라. 또 어떤 사람들은 도매 가격으로 제품을 구입하는 데만 관심을 두고 가입할 것이다. 즉 바쁜 고객들은 샘즈 클럽^{주)}이나 코스트코^{주)}에 가입해서 연회비를 지불하는 것 대신에, 우리 산업을 통해 필요한 제품이 배달된다는 것을 인식해 가고 있다.

제품 판매를 주저하는 사람들에게는, 사업설명회 미팅에 참석하고 사업에 참여하지 않기로 결심한 사람들을 고객으로 만들기가 얼마나 쉬운가를 가르쳐라. 이것은 전문 직업인으로서 정체성을 상실하거나, 동료들에게서 방문 판매원으로 취급받는 것이 두려운 사람들에게 헛된 기대를 조장하지 않는 가장 정직한 방법이다. 또한 회사 간부들이나 다른 사업가들이 매력을 느끼는 방법이기도 하다.

성공은 오직 소매 판매를 통해서만 이루어질 수 있다는 그릇된 믿음

오리건 주 포틀랜드 출신인 스티브Steve와 지네트 바크Jeanette Baack는 사업 경험이 전혀 없이 네트워크 마케팅의 세계에 참여했다. 두 사람은 모두 학창 시절에 운동 선수였다. 스티브는 5년 동안 디트로이트 라이온스 팀에서 프로 풋볼 선수로 활동했으며, 지네트는 여전히 고난도 연기를 하는 에어로빅을 가르친다.

"우리에게 매력이 있었던 것은 고소득과 자유로운 시간이었다. 우리

주) Sam's Club : 월마트의 자회사. 회원제 창고형 할인점 - 역자 주.
주) Costco : 회원제 대형 할인 마트 - 역자 주.

는 제품을 자연스럽게 바꿔 썼지만, 시작하기 전에 사업에서 성공한 업라인 스승을 찾아내지 못한 치명적인 실수를 범했다. 우리는 100명 이상의 고객으로 이루어진 소매 기반을 구축했으며, 사업을 시작하고 1년이 지난 뒤 우리가 받은 수표를 보고 이렇게 말했다. '더 좋은 방법을 찾아야 했어.' 물론 정말 좋은 방법이 있었다! 우리는 새롭게 복제에 집중하면서 그것을 단순화했으며, 새로운 네트워크 마케터들을 파이프라인에 추가했다. 일단 이러한 원칙을 우리 사업에 접목시키자 다른 사람들을 가르치기가 아주 수월해졌다. 여러분이 열심히 인생에서 시기가 적절한 사람들을 찾아내느라고 바쁠 때는 사람들의 거절에 대해 걱정하지 마라. 현재 우리의 생활은 매우 좋다. 이제 우리는 프로 풋볼 선수의 수입을 대체하게 되었다. 더 중요한 건, 완전한 우리만의 시간이 생겼다는 것이다."

수많은 사람들이 잠재적인 성장 가능성과 그들이 할 일은 거금을 벌어들이기 위해 몇 가지 제품을 파는 것이 전부라는 말을 듣고 이 사업에 들어온다. 그것은 사실이 아니다. 우리 사업은 각자가 제품이나 서비스를 유통시키는 역할을 하는 사업이다. 따라서 스티브와 지네트의 경우처럼, 일단 큰 다운라인을 성공적으로 모집하고 그 과정을 복제하면, 돈이 들어온다.

보통 사람들은 과대 광고를 쉽게 믿지 않는다

오늘날의 사람들은 2, 30년 전보다 훨씬 예민하다. 우리는 모두 청년기에 도달하기도 전에 이미 수백만 가지에 달하는 매디슨 거리[주]의 광고

주) Madison Avenue : 미국 뉴욕 시의 거리. 광고 산업의 중심지 – 역자 주.

선전들의 공세를 받아 왔다. 또 성인이 될 무렵에는, 순회 흥행의 야바위꾼들, 전문 세일즈맨들, 그리고 뻔뻔하고 거만한 외판원들을 목격한 적이 있다. 또한 오늘날의 20대는 1940년대의 60대 노인보다 더 시큰둥하고 냉소적이다. 그 가운데서도 사람들이 가장 진저리를 내는 것은 네트워크 마케팅 사업에 대한 강압적인 권유다. 오늘날 대부분의 사람들은 대단히 눈치가 빠르고, 거짓말과 꾸며댄 말을 쉽사리 꿰뚫어 볼 수 있다. 그런데 우리 산업은 조건이 너무 좋은 나머지 진실성이 없어 보인다. 따라서 과장된 수입이나 조기 은퇴, 또는 제품 판매가 필요 없다는 거짓말을 꾸며대서 조건을 더 과장하려고 할 이유가 전혀 없다.

대부분의 전문직 종사자들은, 고등학교 학력만 가진 사람들이 아무런 위험 부담이나 자본도 없이 3년 안에 백만장자가 될 수 있다는 것을 이해할 수 없기 때문에 우리 산업을 기피하는 것 같다. 그러면 주의 깊은 사람이 사실만을 진실하게 전하는 강력한 리더의 권유로 네트워크 마케팅을 처음 접하게 된 경우에는 둘 중에 하나의 경우가 일어난다. 그 프로스펙트는 완전히 불신에 차서 고개를 흔들며 떠나거나, 혹은 잠재적인 수입과 라이프스타일에 흥분하여 1주일 동안 잠을 못 이루게 될 것이다. 따라서 우리 산업을 과장하거나 허위로 설명할 필요가 없다. 사실 그 자체로 충분하다.

우리 산업에 관한 지식이 별로 없는 프로스펙트에게 이러한 사실들이 얼마나 터무니없이 보일지를 잠시 생각해 보라. 우리 모두가 다양한 방법으로 말하고 있지만, 우리가 사람들에게 설명하는 내용은 본질적으로 다음과 같다. 무엇보다 우선, 우리는 사람들에게 비용이 100달러 또는 200달러도 안 드는 네트워크 마케팅이 대부분의 프랜차이즈보다 훨씬 수입이 좋다는 것을 믿느냐고 묻는다. 가령 맥도날드와 같은 대형 프랜차이즈의 주인이 100만 달러를 투자한 뒤 연간 20만 달러 이상을 번다면, 대체 네트워크 마케터는 어떻게 200달러를 투자해서 월 20만 달러를 벌 수 있을까? 그것은 계산이 안 된다. 하지만 프랜차이즈 주인은 토지를 구입하고 큰 건물을 지어야 하지만, 네트워크 마케터는 집에서 근무한다. 또 프랜차이즈 주인은 직원들에게 월 1만 달러를 지급하지만, 네트워크 마케터는 직원을 둘 필요가 없다. 손익분기점에 도달하기전 처음 6년 동안 프랜차이즈 주인은 잔돈 교환기를 노리는 10대 불량배들을 감시하는 감독에 불과하다. 반면 그 절반의 기간 동안, 네트워크 마케터는 1주일에 24시간씩 일하며 자신의 인생을 완전히 즐기게 된다. 우리는 이런 식으로 끝없이 보통의 프랜차이즈과 우리 사업을 비교할 수 있다. 왜냐하면 성공한 네트워크 마케터의 삶이 전통 사업에 종사하는 사람보다 더욱 바람직해 보이기 때문이다. 여러분은 바로 이런 것을 터득해야 한다. 즉 네트워크 마케팅은 이미 너무 조건이 좋아서 진실성이 없어 보인다. 따라서 결코 과장할 필요가 없다.

　우리는 여러분에게 이 사업의 기회를 정직하게 프로답게 설명할 것을 권한다. 헛된 기대는 문자 그대로 위대한 예비 네트워크 마케터들을 파멸시킬 수 있다. 사람들에게 거짓을 믿게 한다 해도, 일단 진실을 알게 되면 그들은 떠나 버린다. 실제로 한 달에 1만 달러씩 벌던 사람들이 누군가가 그 3배를 벌 수 있다고 유혹하는 바람에 회사를 떠난 경우도 있다. 우습게 들리겠지만, 그것은 정말 사실이다.

　이것은, 블루 칼라 출신들이 소아 심장병 전문의들의 연간 소득보다 더 많은 액수를 매달 벌 수 있는, 세상에 하나밖에 없는 사업이다. 그렇다면 왜 사람들에게 4개월 안에 그 돈을 벌 수 있다고 말하는가? 4년이라고 해도 사람들은 만족할 것이다. 사람들을 설득하여 우리 산업에 참여시킬 수 있는 방법으로는, 사업 설명회에 이어 다음과 같이 정직한 대화를 나누는 것이 가장 효과적이다.

　"여러분도 아시겠지만, 나는 여러분과 여러분의 아내가 이 재택 사업에서 뛰어난 파트너가 되리라고 생각합니다. 또한 여러분이 오늘 헛된 기대를 가지고 떠나는 것을 바라지 않습니다. 따라서 내 마지막 말을 명심해 주기 바랍니다. 이것은 세상에서 가장 수입이 좋고 재미있는 사업이지만, 반면에 가장 힘든 일이기도 합니다. 이것은 복권 같은 것이 아니며, 벼락부자가 되기 위한 구상도 아닙니다. 그러나 몇 년 동안만 많은 시간을 투자하면, 마침내 월 10만 달러를 벌게 되고, 이제까지 상상해 온 대로 모든 자유 시간을 즐기게 될 것입니다. 내가 힘들다고 하는 이유는, 열심히 일할 단 한 사람을 찾기 위해 많은 사람을 프로스펙팅해야 때문입니다. 그러나 훌륭한 프론트라인 네트워크 마케터 한 사람이 월 5만 달러 이상을 여러분에게 벌게 해 준다는 사실을 명심하십시오!"

여러분의 프로스펙트들은 여러분의 정직함에 감사할 것이며, 결코 헛된 기대를 조장했다는 비난을 받지 않을 것이다.

언젠가, 우리의 좋은 친구이며 유명 네트워크 마케팅 회사의 공동 설립자인, 예일 대학 출신의 레이 팔틴스키Ray Faltinsky가 언젠가 말한 적이 있다. 즉 이제까지 우리 산업의 역사 속에서 제기된 소송과 규제 조치의 대부분은 수입과 제품에 관한 과장된 주장에서 비롯되는 경우가 많다는 것이다. 우리의 자녀들을 위해서도, 다함께 우리 산업의 장기적인 발전에 심각한 위협이 될 수 있는 이러한 과장을 그만두어야 하겠다. 뿐만 아니라 사실만 전해도, 이 사업은 이미 "너무 환상적이어서 믿어지지 않는다."고 할 수 있다.

요 약

- 헛된 기대에 속지 말라. 네트워크 마케팅에서 성공하려면 많은 노력과 인내가 필요하다.

- 어느 누구에게나 네트워크 마케팅의 기회를 성공의 기회로 제시해 줄 수 있다. 하지만 누구나 성공의 기회로 삼을 '수' 는 있지만, 누구나 성공의 기회로 삼을 '의지' 가 있는 것은 아니라는 사실을 잘 구별하라.

- 네트워크 마케터들은 고액 수표뿐만 아니라, 네트워크 마케팅에 어느 정도의 노력이 필요한지를 논의하고 싶어 할 것이다.

- 성공에 필요한 노력에 대해 솔직해질수록, 네트워크 마케터도 점점 줄지 않을 것이다. 따라서 우리 산업에 대한 신뢰도 더 많이 구축할 수 있다.

- 브레이크어웨이나 유니레벨이든, 혹은 매트릭스나 바이너리든, 개인적으로 후원한 네트워크 마케터가 늘어날수록 수입도 증가한다.

- 네트워크 마케팅은 블루칼라 출신도 의사나 기업의 최고 경영자들과 경제적으로 경쟁할 수 있는 '위대한 균형 장치' 다.

- 이 사업을 진행하는 데 필요한 시간에 관하여, 업라인 네트워크 마케터들의 실제 업적과 회사에서 발표한 평균 소득에 근거하여 현실적인 목표를 세워라.

- 부업으로는 결코 전업자의 결과를 산출할 수 없다.

- 사람들에게 이 사업의 최대 가능성을 전하는 것은 잘못이 아니지만, 가능성을 과장할 필요는 없다. 진실 그 자체만으로도 충분히 놀랍기 때문이다.

- 이 사업을 시작하는 데는 일단 해보는 것보다 더 좋은 방법은 없다. 첫 번째 홈 미팅을 준비해서 시작하라.

- 네트워크 마케팅에서 은퇴란, 부와 독립을 이루기 위해 우리의 삶을 프로스펙팅하는 데 더 이상 소비하지 않는 것이며, 편안하게 우리에게 의존하는 사람들을 지원하기 위한 수단을 찾아내는 것을 말한다.

- 간단히 말해 네트워크 마케팅이란, 구전광고 방식으로 제품과 서비스를 유통시키는 것이다. 주문을 창출한 네트워크 마케터는 조직의 여러 단계에 걸쳐서 보상을 받는다.

- 가장 열성적인 네트워크 마케터들도 소규모 고객 기반을 확보할 책임이 있다. 하지만 제품의 소매만으로는 거금을 벌어들일 수 없다.

- 네트워크 마케팅은 제품을 조금씩 사용하고 나누어 쓰는 많은 사람들에 관한 것이다.

- 일단 고객 기반을 구축하면, 업라인 스승의 시스템을 복제하고, 다른 사람들에게도 똑같이 복제하라고 가르침으로써 조직을 구축하는 데 집중할 수 있다.

- 사업 설명회의 결과로서 반드시 고객과 도매 구매자들이 추가로 생겨날 것이다.

- 네트워크 마케팅은 대부분의 프랜차이즈보다 훨씬 수입이 좋으며, 약간의 투자만 하면 된다. 따라서 건물이나 직원이 필요하지 않고, 집 밖에서 시간을 보낼 필요도 없다.

- 헛된 기대는 문자 그대로 미래의 위대한 네트워크 마케터들을 파멸시키고, 네트워크 마케팅 산업 전체의 신뢰를 파괴할 수 있다.

- 사업 기회로서 네트워크 마케팅을 설명할 때 정직성과 전문성을 갖추어야 하지만, 우리 산업의 신뢰와 장기적 발전에 중대한 위협을 가할 수 있는 과장은 집어치워라.

- 네트워킹은 '친구가 친구에게 소개' 하는 것이다. 따라서 기꺼이 당신의 친구에게 개인적으로 열정을 함께 나누지 않으면 네트워킹은 작동하지 않을 것이다.

- 다른 사람을 사업에 참여시킬 때에는, 지원은 하되 그 사람을 대신해서 전부 다 해 주겠다는 약속은 하지 마라.

- 네트워크 마케팅을 직업으로 생각하지 말고, 실제로 인생에서 중요한 일을 하는 데 도움이 되는 하나의 수단으로 생각하라.

CHAPTER · 5

우호자 명단
탄두 공략하기

주저하지 말고 가족과 친구들에게 상류 사회의
라이프스타일을 제공하라

신입 네트워크 마케터의 경력에서 처음 6개월은 대단히 중요하다. 왜냐하면 어린아이의 생후 6년처럼, 네트워크 마케팅의 처음 6개월은 형성기이기 때문이다. 또한 신입 네트워크 마케터의 마음에 성공의 패턴이 확고하게 자리 잡는 것도 바로 이 시기다. 처음 몇 주일을 잘못 보내면 첫해에 살아남는 경우가 극히 드물다. 따라서 우리의 높은 자연 감소율은 초기 단계에 뿌려진 실패의 씨앗에서 비롯될 수 있다. 이번 5장의 내용을 직접 적용해 보라. 그러면 자연 감소율 통계에 포함되지 않고 첫해에 살아남는 사람들 축에 들 가능성이 아주 높아질 것이다.

네트워크 마케팅 사업 확립의 본질은 이른바 '우호자 명단' 이라고 부르는 것을 만들어 내는 데 있다. 그 일은 성공에 대단히 중요하기 때문에, 5장 전체에서 가장 강력한 자원인 우호자 명단을 이용하는 법을 각각 설명하고, 가르칠 예정이다. '우호자 명단' 이란, 여러분이 전화를 걸면 이름만 들어도 바로 알아볼 정도로 친분이 있는 친지들을 말한다.

'우호자 명단'의 가치는 처음 몇 개월 동안 신입 네트워크 마케터들이 친분 있는 사람들, 특히 평생 함께 사업하기를 원하는 사람들과 대화를 나눌 수 있다는 것이다. 최근 컨설팅 회사인 '21세기 글로벌 트러스트'라는 두뇌 집단의 전문가들과 우리는 파트너십을 맺었는데, 그 동기는 단순히 많은 프로스펙트를 걸러내는 일보다 '관계 마케팅'에 집중해서 21세기에 번영을 누릴 수 있는 방법을 네트워크 마케터들에게 교육하려는 데 있다. 진흙을 벽에 던져서 그 일부가 벽에 붙어 있기를 바라는 과거의 과정과 전혀 다른 우호자 시장 관계를 더 많은 네트워크 마케터들에게 이용할 수 있도록 쉽게 복제할 수 있는 시스템을 개발 중이다.

더욱이 네트워크 마케터가 초보자거나, 사업 설명이 서투른 것은 가족이나 친구 그룹에게 별로 중요하지 않다. 신입 네트워크 마케터들은 이른 바 '우호자 접촉'에서 시작하여, '냉담자 시장'에 들어갈 준비를 해야 하며, 한 번도 만난 적이 없는 전문직 종사자들을 모집하기 위해 노력할 것이다. 이것은 많은 프로스펙트들에게 접근하는 일이 중요한 경우의 이야기다. 마지막으로 우호자 명단을 가진 여러분은 이 사업에 종사하는 모든 사람과 구별될 것이며, 그것은 성공을 위한 자신만의 장점이다. 또한 우호자 명단 없이 이 사업에 접근하는 것은 길모퉁이에 서서 신문팔이를 하는 것과 같다.

대규모 우호자 명단 만들기

우호자 명단이 길수록 사업을 더 확고하게 안정시킬 수 있을 것이다. 사회 심리학자들은 30세쯤 되면 대개 2천 명 정도를 알고 있다고 말한다. 신입 네트워크 마케터들의 첫 단계는 개인적으로 친분이 있는 2천 명의 명단을 만드는 것이다. 벌써 우리 귀에는 하품 소리와 한숨 소리가 들린다. 우리가 무엇 때문에 그처럼 대규모 우호자 명단을 권하겠는가? 만약 네트워크 마케터들에게 200명의 명단을 만들라고 하면, 그들은 평균 6, 70명의 이름만 적고도 자랑스러워한다. 하지만 그들에게 10배 이상을 만들라고 하면, 대개 몇 백 명의 이름을 내놓고 목표 미달에 대해 변명할 것이다.

이제 명단 작성이 순조롭게 진행되면, 가장 즐겁게 사업을 같이 할 사람을 주요 25명만 선택하라. 우호자 명단은 모든 네트워크 마케터들을 올바른 길로 인도하는 열쇠이므로, 그것에 좀더 시간을 들이려 한다. 그 다음으로 사업을 구축하기 위한 도구로써 우호자 명단을 만들어 이용하는 방법뿐 아니라, 어떤 반대에 직면할 것인지, 또는 그 반대를 어떻게 극복할 것인지를 알려 주겠다.

사람은 누구나 우호자 명단을 가지고 있지만, 대부분 이름을 확인하고 기록하는 방법을 모른다. 물론 2천 명은 충격적인 숫자다. 하지만 더 충격적인 것은, 특별한 기억 환기 도구가 없으면 친지들 가운데 10퍼센트도 기억해 내지 못한다는 것이다. 기억 환기 도구란, 과거의 사람들을 기억나게 해 주는 사람들, 장소, 직업, 주소록 또는 사물의 목록을 말한다. 우리가 처음 네트워크 마케팅에 참여했을 때, 아주 광범위한 우호자 명단을 가지고 있었는데, 그 뒤 지금까지 모집한 많은 사람들은 우리보다 훨씬 더 많은 명단을 가지고 있었다. 우리는 전화 번호부, 고등학교 졸업앨범, 직업 안내서를 이용하여 수백 명의 명단을 만들어 냈다.

다음 항목은 우호자 명단을 만드는 데 도움이 되는 기억 환기용 참고 자료다.

명단을 만드는 데 도움이 되는 기억 환기용 자료

이런 사람을 알고 있다면 …

여러분이 존경하는 사람, 타인에게 진정한 관심을 나타내는 사람, 교회에서 활동적인 사람, 언제나 호감 가는 사람, 개인적인 상담을 하는 사람(교회 리더), 전문직에 종사하는 사람(의사, 변호사 등), 클럽이나 다양한 그룹 조직에 참여하는 사람, 시민 활동에 적극적인 사람, 학교나 사업에서 가르치는 사람, 대중을 상대하는 사람(공무원, 소방대원, 우편배달부, 시청 관리 등), 관리·감독·자문·훈련자로서 능력이 있는 사람, 인생에서 더 많은 것을 추구하는 사람, 야심과 확신에 차서 '자아가 강한' 사람, 리더로 대우받는 사람, 리더들의 눈을 끄는 사람, 이제 막 자녀들이 중학교, 고등학교, 대학에 들어간 사람, 개발이 필요한 특수 재능이 있는 자녀를 둔 사람, 자녀들이 따를 만한 훌륭한 본을 세우려는 사람, 사업을 운영하는 사람, 스트레스와 압박을 초래하는 중책을 맡은 사람, 자유를 원하는 사람, 새로운 직업이나 전직을 고려하거나 최근에 전직을 한 사람, 지금의 직업에서 발전할 수 없는 사람, 재능은 있으나 발휘하지 못하는 사람, 막 세일즈를 시작했거나 직접 판매에 경험이 있는 사람, 아이디어로 생계를 꾸려 가는 사람(작가, 디자이너, 흥행주, 광고인), 사업을 시작한 적이 없거나 실패했지만 아직 강한 욕망을 지닌 사람, 대학·비즈니스 스쿨·직업학교에 뜻이 있거나 막 졸업한 사람, 최근에 결혼하여 '새 출발'을 하려는 사람, 동네의 모든 사람을 아는 사람, 국제적인 연줄이 있는 사람, 신뢰감을 주는 사람, 공직에 선출된 사람, 현재 함께 일하는 사람, 체육관에서 만난 사람, 직업을 찾는 사람, 테니스를 함께 치는 사람, 옛날에 이웃으로 지낸 사람, 자신의 가정을 칭찬하는 사람, 훌륭한 직업이 있는 사람, 자신의 자동차를 정비하는 사람, 여러분이 크리스마스 카드를 보내는 사람, 세탁물을 맡아 주는 사람, 자신의 회계사, 함께 시민 활동을 하는 사람, 자신의 머리를 매만져 주는 사람, 온천을 운영하는 사람, 복사 가게에서 만나는 사람, 우편물을 배달해 주는 사람, 직업을 자주 바꾸는 사람, 집을 수리하는 사람, 피부와 머리에 관심 있는 사람, 키에 관심이 있는 사람, 헬스클럽에 다니는 사람, 가족과 더 많은 시간을 보내려는 사람.

친척 …

조부모, 형제, 자매, 고모, 삼촌, 사촌, 자녀, 손자 손녀.

우리의 …

우편배달부, 신문 배달부, 치과의사, 내과의사, 목사, 화초 재배가, 변호사, 보험 대리인, 회계사, 국회의원, 약사, 채식주의자, 검안사.

우리에게 무엇인가를 판매한 사람 …

집, 자동차 · 타이어, TV/오디오, 낚시 허가증, 사냥 허가증, 양복, 넥타이, 구두, 명함, 결혼 반지, 안경 · 콘택트렌즈, 진공 청소기, 보트, 캠핑용 자동차, 오토바이, 자전거, 거실 가구, 에어컨, 주방 기구, 잔디 깎는 기계, 배낭, 에이본 제품, 식품 보존 용기, 카페트 등을 판매한 사람.

기타 …

옆집 또는 길 건너에 사는 사람, 배우자의 이발사 또는 미용사, 자녀의 학교 교사, 신랑 들러리 또는 신부 들러리, 결혼 사진을 찍어 준 사진사, 직장의 구매 담당, 학교의 재무 과장, 사냥이나 낚시를 함께 다니는 사람, 군대 동료, 집 설계를 해 준 건축가, 함께 볼링을 치러 다니는 사람, 사친회 회장, 배우자의 대학 동창, 야영에서 만난 사람, 물건 사러 다니는 상점의 신용 관리자, 배우자의 옛 학교 선생이나 교장, TV를 고쳐 준 사람, 소파를 고쳐 준 사람, 옛 직장에서 알던 사람, 함께 경마 하러 다니는 사람, 함께 카 풀을 이용하는 사람, 전화를 설치해 준 사람, 세탁소 주인, 도자기 선생, 택시 회사를 운영하는 사람, 잔디 깎는 사람, 집에 페인트칠을 해 준 사람, 강아지를 산 애완동물 가게 주인, 냉장고를 설치해 준 사람, 운전 면허를 갱신해 준 사람, 아파트 주인, 로터리 · 라이온스 · 키와니스 클럽에서 함께 활동하는 사람, 청년회의소 회장, 브리지 상대, 원예 클럽 회원, 독서 클럽 회원, 자녀의 유치원 교사, 교회 집사, 덮개와 커튼 가게 주인, 운동 클럽 지배인, 속도위반 · 주차 위반 딱지를 뗀 사람, 소득세 담당자, 빨래 해 주는 사람, 도배공, 올여름 자녀에게 수영을 가르쳐 준 수영 강사, 구조대에서 활동하는 사람, 휴가 때 찾아가는 해변 별장이나 산장의 주인, 주유소 주인, 아내의 가발을 판 사람, 유아원 원장, 소포 배달원, 해충 구제 회사 직원, 아내의 겨울 코트를 판 상점의 주인, 동네에서 아이스크림 장사, 시내의 보석상 주인 또는 지배인, 알루미늄 차일을 판매하는 사람, 여행사 직원.

안면이 있는 전문직 종사자

간호원, 프로 골퍼, 학생, 패션 모델, 경비원, 보안관, 소방서장, 비서, 용접공, 크레인 기사, 사탕 외판원, 형사, 음악 교사, 미술 강사, 식자공, 삼림 감독관, 재봉사, 목수, 파일럿 · 스튜어드, 이동 주택 판매원, 은행 지점장 · 금전 출납 계원, 양복공, 정비사, 편집인, 실험실 기사, 레스토랑 주인, 사설 구내 교환대 교환원, 사회복지사, 경호원, 카 레이서, 제지공, 벽돌 조적공, 제도사, 인쇄공, 사무장, 빵집 주인, 공장 감독, 영양사, 기계공, 마취의, 외과의, 사서, 장의사, 선교사, 부동산 중개인, 철도 승차권 판매업자, 신문 운전기사, 불도저 기사, 버스 운전사, 항공기 탑승권 판매자, 컴퓨터 프로그래머, 이동 주택차 판매원, 사무기기 판매원, 음료

수 판매원, 항공 관제사, 실내 장식가, 수영 강사, 타이프라이터 판매원, 식품점 주인, 보험 설계사, 창고 관리인, 이삿짐 트럭 기사, 임대 자동차 대리인, 프로 야구 선수, 프로 농구 선수, 프로 풋볼 선수, TV 앵커, 프로듀서, 공구 금형 제조업자, 요리 기구 판매원, 댄스 교사, 제재소 기사, 산업 기사, 연구원, 전화가설공, 석판 인쇄공, 어부, 기계 수리공, 웨이터, 웨이트레스, 가구 판매 대리인, 공증인, 농부, 배우, 토지 개간인, 말 매매인, 통계 전문가, 시멘트마감공, 골동품 거래인, 양조장 판매원, 기사, 토건업자, 지압사, 발병 전문 치료사, 경매인, 전기 기사, 치과 위생사, 구두 수선공, 물리 치료사, 모텔 주인 · 지배인, 고속도로 순찰 경관, 판사.

시간을 내어 자료를 이용해서 명단을 만들라. 신입 네트워크 마케터는 여러 가지 기억 환기용 자료를 가지고 조용한 방에 앉아 2천 명의 우호자 명단을 만들기 위해 노력해야 한다. 또한 순조롭게 시작하려면 2,3일 걸려야 하며, 첫달 말일쯤에는 명단을 공략하는 제대로 된 길을 가야 한다. 여러분은 이 도구를 가지고 시작한 것을 결코 후회하지 않을 것이다. 네트워크 마케팅은 기본적으로 수많은 사람들과 대화를 나누어야 한다. 따라서 우호자 명단이 길수록 성공의 기회는 더 많아진다.

우호자 명단 탄두 공격해 오다

일반적으로 이 숙제를 내준 이후에 우호자 명단 탄두가 공격해 온다. 스폰서와 신입 네트워크 마케터가 논란을 시작하는 것도 이 무렵이다. 종종 직접 말로 반대하지 않는 경우도 있는데, 이는 신입 네트워크 마케터들이 겉으로 드러내지 않기 때문이다. 신입 네트워크 마케터들은 대부분 2천 명의 프로스펙트를 알지 못하는 이유와 친구들과 가족들을 맨 먼저 '찾아다닐' 수 없는 이유를 10가지 이상 댈 수 있다. 그러나 여러 해 동안 그 주장들을 들어 왔으나 정당한 것이 하나도 없었다. 그러므로 신입 네트워크 마케터들이 반드시 성공하려면 우호자 시장 단계를 결코 무시해서는 안 된다.

모집의 첫 단계에서 신입 네트워크 마케터들에게 대응하기 위해, 그들이 이용하는 합리화와 변명을 몇 가지 살펴 보자. 먼저 스폰서들에게 우호자 시장 명단을 가지고 사업을 시작할 뜻이 없다고 확실하게 밝히는 네트워크 마케터가 많지 않다는 것을 명심하라. 사람들이 가족이나 친구들에게 전화 거는 것을 주저하는 데는 많은 이유가 있다. 우호자 명단 탄두를 조심하라는 것은 바로 이러한 저항을 가리킨다. 우호자 명단 탄두가 타격을 가하면, 위대한 네트워크 마케터가 될 많은 사람들을 완전히 죽게 할 수 있다.

첫째 탄두 : 확신의 결여

네트워크 마케팅은 마케팅 개념에 대한 자신의 확신을 나누는 과정인데, 독특한 마케팅 개념에 너무 열광한 나머지 도저히 가슴에 담아 둘 수가 없어 다른 사람과 나누게 되는 것이다. 자신이 발견한 것을 사람들에게 알리고 싶어 도저히 기다릴 수도 없고 밤에 잠도 이루지 못한다. 그러나 이 정도의 확신이 없는 사람들은 주저하기가 쉽다. 여기에 딜레마가 있다. 또 그러한 확신이 들기만을 기다리는 사람은 기회를 상실할 위험이 있다. 그러한 확신 없이 일을 진행하면 친구들이 그 목소리에서 주저하는 소리를 들을지도 모른다. 그러므로 주저하는 이유가 무엇이든, 우선 최선을 다해 그것을 돌파해 내라. "그것은 너무 환상적이어서 진실성이 없는 것 같아." "다른 사람들에게는 잘됐는지 모르지만 나는 자신이 없어." "내가 잘못해서 친구들을 잘못 인도하면 어떻게 할까?" 이러한 염려를 자신이 신뢰하는 업라인과 의논하라.

어떤 일이든, 자신이 발견한 것을 친구들과 나누기를 주저하지 말라. 그러나 신입 네트워크 마케터는 대개 이런 구실을 댄다. "내가 부자가 되기까지는 친구들한테 전화하고 싶지 않아." 물론 이 경우에도 해결책은 성공의 실적을 가지고 있는 업라인 리더들의 지원에 의지하는 것이다. 네트워크 마케팅을 매우 효율적으로 이루어지게 하는 것은 그러한 팀 접근 방식이다. 바로 그러한 확신이 없어서 주저하는 사람은 캘리포니아 주 로스가토스의 미미 조이 스웬슨Mimi Joy Swenson에게 일어난 일을 겪을 수도 있다. 다음은 미미 조이의 설명이다.

"첫해에 부업으로 사업을 구축하면서 2천 명의 명단을 만들었다. 나는 그 명단을 구분하려고 몇 가지 범주를 만들었는데, 그 하나가 '전화하기 두려운 명단'이었다. 이 명단은 현재의 직장에서 성공한 사람들의 이름인데, 그들에 대해서는 좀더 교육을 받고, 돈도 벌면서 이 사업을 전업으로 할 때까지 접촉을 미루는 게 낫다고 생각했다."

"나는 샌프란시스코에서 회사의 평션에 참석하러 갔는데, 회의장으로 들어서다가 기막힌 광경을 목격했다. 즉 전화하기 두려운 명단에 1번으로 올라 있는 사람을 만난 것이다. '누군가의 초대를 받고 왔겠지.' 라고 생각하며 그 사람에게 가만히 다가갔다. '안녕하십니까. 여기서 뵙다니 재미있군요. 웬일이시죠?' 나는 당황해하며 그 사람에게 물었다. 그는 아주 당당하게 대답했다. '최근에 이 멋진 사업을 소개받고, 사업을 구축해서 지금의 수입보다 더욱 많은 돈을 벌기로 결심했답니다!' 난 계속 울그락불그락 분을 삼키며 말했다. '음, 별로 놀라운 일이 아니군요. 당신은 크게 성공할 겁니다.' 난 그에게 행운을 빌어 주었고, 상처 입은 강아지처럼 힘없이 어기적거리며 행사장 뒤편으로 가서 자리를 찾았다. 나는 자리를 잡고도 몹시 처참한 기분이 들었다. 그런데 미팅이 시작되는 순간이었다. 딸아이 학교의 여자 교장이 참석한 것을 보았는데, 그녀는 명단에 올라 있지도 않은 사람이었다! 내가 이 이야기에서 얻은 교훈은, 이 사업을 위하여 사람을 결코 미리 판단하지 말라는 것이다. 다음 미팅 때 같은 방에 앉을지도 모르기 때문이다!"

미미 조이가 우호자 명단에 있는 사람들로 시작하는 것이 왜 중요한가를 깨닫고 주저 없이 그들에게 전화를 걸게 되어서, 이제야 네트워크 마케터의 일과 라이프스타일을 즐기면서 보상 플랜 정상의 절반을 오르게 된 셈이다.

확신 수준이 1천 퍼센트에 이르기까지 우호자 명단에 있는 사람들에게 접근할 때 다음과 같은 대본을 시험해 볼 수 있다.

"최근에 너무 흥미진진한 새 사업에 참여하게 되었는데, 여러분께 말씀드리지 않을 수 없군요. 대부분의 사람들이 1년 동안 버는 것보다 더 많은 돈을 한 달 만에 버는 사람들이 있습니다. 그런데 저는 그보다 그 라이프스타일에 관심을 갖게 되었습니다. 그들은 모든 일을 집에서 자신이 원하는 시간에 처리하며, 안정된 수익을 창출하는 것이 저에게는 놀랍기만 합니다. 이것이 정말인지 아닌지 모르지만, 그 사업 구상을 떨쳐 버릴 수가 없군요. 저는 그 사업에 참여하는 사람들의 능력을 보았을 때, 전 바로 당신과 당신의 아내(남편)가 생각났습니다. 두 분 말고는 나와 함께 사업을 할 사람이 떠오르질 않는군요. 더구나 당신은 이 지역사회에 있는 사람들과 모두 친분이 있고, 그들은 모두 당신을 대단히 존경합니다. 제가 정말 무언가를 알고 있다고 생각하지만, 두 분이 직접 보시고 제가 제 정신이 아닌지 말씀 좀 해 주셨으면 합니다. 친한 친구들 몇이 수요일 밤에 오기로 되어 있는데, 두 분에게 이 사업이 실제로 어떻게 돌아가는지를 정확히 보여 드리고 싶군요. 수요일이 안 된다면 목요일 낮은 어떨까요? 전 정말 두 분의 의견을 듣고 싶습니다."

이 사업을 통해 지금의 수입을 대신할 만큼 돈을 벌 때까지, 어느 정도 주저하는 것은 이해가 간다. 하지만 우호자 명단을 회피하는 것으로 문제를 해결하려고 하지 말라. 낯선 사람에게 접근하는 것은 여러분 가족이나 친구, 혹은 친지들을 접촉하는 것보다 훨씬 어려운 일이다. 또한 여러분에게 편안하고 적절한 말을 찾아내라. 무엇보다 우호자 명단에 있는 사람들에게 전화 거는 일부터 시작하라. 네트워크 마케팅은 생활을 위한 것이기 때문에, 가장 마음에 맞는 사람들과 사업하기를 원하게 마련이다. 그러므로 마음에 드는 사람 25명에게 먼저 접근하라. 의심 때문에 사업을 시작하지 못하는 사람은 반드시 실패할 것이다. 따라서 정직하게 진행하는 방법을 찾아내면 성공할 수 있다. '성공과 함께 확신이 온다'는 말을 믿어라.

둘째 탄두 : 자존심의 결여

많은 사람들이 우호자 시장을 기피하는 이유는 그들의 초라한 자아상 때문이다. 그것은 미묘한 문제이므로 민감하게 접근해야 한다. 어떤 사람들은 친구와 친척들이 자신을 존경하지 않는다고 생각한다. 자신이 접근하는 친구들이 자신에게 대기업가가 되려 한다며 비웃을 것이라고 생각하는 사람이 많다.

여기서 고전적인 시나리오를 한 번 살펴보자. 밥은 주말에 포커 게임을 즐기는 버스 운전사다. 그는 함께 포커를 즐기는 사람들로 이루어진 세 그룹에 각각 속해 있다. 밥은 우호자 명단을 만들면서 포커 클럽에서 친분을 맺은 12명의 이름을 적었다. 그런데 문제가 하나 생겼다. 즉 밥이 사회 경제적으로 가장 낮은 계층에 속한다는 것이다. 밥은 다른 사람들이 모두 전문직에 종사하므로, 자신의 포커 기술은 존중해도 사업 문제에 관해서는 자신의 말에 귀 기울이지 않을 거라고 생각했다. 하지만 밥의 생각은 완전히 틀렸다. 따라서 훈련 가운데 이 문제를 일반적인 문제로 다루지 않으면 밥은 그 사람들에게 접근하지도 못할 것이다. 어떤 그룹에도 밥과 같은 사람은 꼭 있으므로, 그런 사람들에게는 다음과 같은 이야기를 해 주기 바란다.

"여러분, 여러분이 이 사업에서 성공하자마자 직면하게 될 가장 큰 시련은, 여러분에게서 이 사업 기회를 소개받지 못한 사람들의 분노일 것입니다. 여러분에게는 접근하기 두려운 의사나 변호사 같은 친구들이 있을지도 모릅니다. 그러나 그들이 여전히 1주일에 60시간씩 사무실에서 일하는 동안, 여러분이 월 3만 달러의 수입을 올리는 사업에 참여했다는 것을 알게 되면, 그때부터 그들은 더 이상 여러분을 친구로 생각하지 않을 것입니다. 그들은 왜 여러분에게 분노하겠습니까? 여러분이 그들을 충분히 배려해서 이 사업을 소개하지 않았기 때문입니다. 비록 사업 설명회에 참석하기를 거절한다 하더라도, 참석하고 말고는 그들의 선택임을 솔직하게 말해 주어야 했습니다. 물론 여러분은 자신이 알게 된 사업 기회를 곧바로 그들에게 소개하지 않았다고 해서 1년도 안 되어 원망을 듣게 될 거라고는 생각도 못했겠죠."

여기서 소개하는 전략을 주목하라. 우리는 그것을 조용한 접근 방법이라고 부르는데, 법률이나 의학 같은 전문직 종사자에게 적용한다. 변호사나 의사가 아닌 사람들은 대개 전문직 종사자들을 우러러본다. 또한 우리 사업에서는 학생이나 가정부가 회계사나 기업의 최고경영자를 후원하는 일이 드물지 않다. 우리는 1에서 10까지 10등급으로 구분하는데 그 가운데 자신이 5등급이라고 생각한다면, 일단 한번 10인 사람을 사업에 후원하여 참여시킨다면, 당신도 10등급이 된다. 자신의 안전지대를 벗어나, 명단에 있는 모든 사람들에게 이 사업 기회를 소개하라. 우리는 모두 잠재적으로 10등급이며, 진지하게 전력을 다해서 프론트라인 네트워크 마케터들을 많이 모집해야 한다. 우호자 명단 탄두가 당신을 주저하게 하지 마라.

셋째 탄두 : 신뢰 상실에 대한 두려움

네트워크 마케팅에 참여하는 전문직 종사자들이 늘어남에 따라, 적절한 시기가 올 때까지 자신의 참여 사실을 알리지 않으려고 하는 것은 당연하다. 예를 들어 어떤 사람은 아내의 사업인 것처럼 가장할 수도 있다. 문제는, 당신이 전문직 종사자인데, 이 산업에 대해 반신반의하는 태도를 사람들이 감지한다면, 그들 또한 의심하게 된다는 것이다. 그런 경우 어떤 사람은 참여하지 않으려고 할 것이고, 또 어떤 사람은 참여는 해도 배우자나 다른 사람을 통해 사업을 구축하려 할 것이다. 그러나 덕망 있는 사람이 우리 산업에 참여하게 되면, 모든 사람을 위해 문이 활짝 열리기 시작한다. 또한 정상까지 성공하는 사람들은 대개 전통 사업이나 법률, 의학계의 '성공자들'이 아니라 보통 사람들이다. 하지만 전통 사업의 성공자들도 스폰서들을 최정상까지 밀어 주면서 막대한 부를 얻을 수 있다.

자신이 네트워크 사업구축에 얼마나 열성적인지를 동료들에게 알리기를 꺼려한 탓에 이 사업에서 실패한 사람들의 이야기가 매우 많다.

한 가지 이야기는, 르네가 샌프란시스코 베이 지역 출신인 수잔Susan과 리차드Richard 부부를 가입시킨 1990년으로 거슬러 올라간다. 수잔은 회사 중역으로 산후 휴가 중이었으며, 아기와 집에서 지내며 회사로 돌아가고 싶은 마음이 없었기 때문에 사업에 대한 강한 동기를 지니고 있었다. 그녀는 유능하고 조직적이었으며, 솔선 수범형이었다. 한편 리차드는 식품 제조 회사에 근무하는 고급 네트워크 마케터였으며,《포춘》지가 선정한 국제 시장에서 점유율이 높은 500대 기업에 속하는 회사에서 높은 지위에 있었다. 그러나 그는 자신의 직업에 더 이상 흥미가 없었다. 그래서 그는 네트워크 마케팅에 참여했는데, 회사 동료들 사이에서 체면이 깎일까 봐 걱정되었다. 그는 상사에게 참여 사실을 알릴 여유가 없었다. 네트워크 마케팅 사업에서 많은 수익을 창출하기 전에 실직

할지 모른다는 염려 때문이었다.

리차드는 세심하게 선정한 사업 동료들과 믿을 만한 친지들을 아내에게 소개해 주면서 은밀하게 사업을 진행했다. 그는 사업을 진행하고 최고의 프로스펙트들을 전문적으로 다룰 수 있는 아내의 능력을 절대적으로 신뢰했다. 그러나 문제는 **그의** 동료들이 **그를** 알고, 또 사업 기회에 대한 **그의** 판단과 통찰을 신뢰하지만, 그의 아내의 능력에 대해서는 제대로 알지 못한다는 데 있었다. 수잔은 리차드가 소개한 사람들에게 전화를 걸고, 그들을 위해 사업 설명회를 진행하는 데 여러 달을 보냈다. 일부 미팅에는 리차드가 참석하기도 했다. 하지만 직업상의 신뢰를 잃을까 두려워한 나머지, 자신이 사업을 절대적으로 확신한다는 것을 공개적으로 인정하지 못했다. 또한 언젠가는 전임으로 이 사업에 참여할 작정이라는 것도 알리지 못했다. 다만 이것은 전적으로 **아내의** 사업이며, 자신은 사업하는 아내를 열렬히 지원하기만 한다는 인상을 주었다.

1년 뒤 수잔은 여자 친구 몇 명과 직장에서 알던 남자 동료 2명, 그리고 남편의 사업 동료들의 아내들을 가입시키는 실적을 올렸다. 그러나 그들의 사업은 기대와 달리 이륙하지 못했다. 수잔과 리차드는 결국 사업에서 슬그머니 손을 떼고 제품 도매 구입자로 남게 되었으며, 수잔은 옛 직장으로 복귀했다. 그러고 나서 두 사람은 모두 네트워크 마케팅에 환멸을 느꼈다. 르네는 그들 두 사람과 개인적으로 친밀한 관계를 맺고 있어서, 그들이야말로 이 산업에서 성공할 수 있는 사람들이라는 것을 알고 있었다. 그들은 인맥, 동기 부여, 타고난 능력을 갖추고 있었으며, 친구와 동료들로부터 존경을 받고 있었기 때문이다. 물론 수잔은 자신이 네트워크 마케팅 사업을 성공시키지 못한다면, 가족이나 친구들 가운데 그 누구도 성공할 수 없다고 생각했다. 그러나 리차드를 사업에 참여하지 못하도록 한 것은 직업과 전문가로서의 명성을 잃을지 모른다는 두려움 때문이었다. 즉 일어나지도 않을 일에 대한 두려움이 그들의 성공 가능성을 파괴해 버린 것이다.

여기서 얻을 수 있는 교훈은, 누구든지 우호자 명단의 프로스펙트를 가장 잘 알고 있는 사람이 전화를 걸어야 한다는 것이다. 다시 말해 수잔은 그 동안의 경과를 이해하지 못하기 때문에, 적절하지 못한 모집 방법으로 인해 위축되었을 것이다. 또한 그녀는 자신이 솔선수범형이 아니라고 생각한 것이 고작이었다. 회사에서 여성 가운데 최고 소득자였던 사람이 자신의 사업에서는 실패한 것이다. 그녀는 곧 우울증에 빠졌으며, 르네에게는 그것을 변화시키거나, 그녀를 이해시킬 능력이 없었다. 왜냐하면 르네도 당시 사업에 참여한 지 겨우 2년째여서, 문제를 정확하게 집어낼 수가 없었기 때문이다. 그러나 수잔이 나중에 알게 된 것처럼, 그녀가 리차드와 그의 명성을 사업과 조화를 이루도록 지도했다면, 그들은 틀림없이 오늘날 이 산업의 최고 소득자가 되어 있을 것이다. 그들은 놀랄 만한 잠재력을 지니고 있었으므로 함께 일했다면 대단한 업적을 이루었을 것이다. 신뢰를 잃을지 모른다는 두려움 때문에 헤아릴 수 없이 많은 신입 네트워크 마케터들이 참여를 주저하고 있다. 우리는 리더로서 두려워해서는 안 된다. 일단 사람들의 잠재력을 절대적으로 확신하면, 그들이 기준을 정해서 그것을 위해 계속해서 전진할 수 있도록 격려해야 한다!

이 말은 새로운 사업을 시작할 때 당연히 수반되는 진정한 두려움을 버리라는 뜻이 아니다. 그것은 당연한 두려움이다. 무엇 때문에 새로 건설한 다리가 폭풍우와 외부 압력을 견디어 낼지를 확인도 하기 전에 불태워 버리겠는가? 해결책은 이른바 '균형 잡힌 위험 감수'에 있다. 즉 프로스펙트들에게 자신이 이 사업을 얼마나 절대적으로 확신하고 있는가를 알려 주지 않으면 실패한다. 반면에 직장 주변에서 새로운 사업을 과시하고 다니면, 새로운 수입원이 생기기도 전에 직장과 봉급이 날아갈 수 있다.

해답은 2가지 태도의 중간에 있다. 다시 말해 상당한 액수의 예금을 가지지 않았고, 외부 사업의 참여로 타격을 입을 정도라면 상사를 후원하는 일은 보류해야 한다. 뿐만 아니라 가까운 주변에 있는 모든 사람들도 후원을 보류해야 할지도 모른다. 하지만 현재의 고객들이나 이전의 고객들, 혹은 동료들 가운데는 개인적 자유와 경제적 안정을 가져다 줄 사업 기회에 관심이 있거나, 관심 있는 사람을 알고 있는 다른 이들도 많이 있다. 이들에 대해서는 주저하지 말라. 프로스펙트는 당신이 신념의 사람이란 걸 알 필요가 있다. 자신의 인생과 다른 사람의 인생을 변화시킬 수 있는 이 사업의 위력에 관해 자신이 얼마나 깊게 확신하고 있는지를 알려라. 그리고 리차드와 같은 남편들에게는 미팅 때마다 이 사업을 전업으로 곧 하겠다는 강한 의지를 밝히도록 격려하라.

텍사스 주 달라스의 스티브 슬레지Steve Sledge는 직업적인 신뢰 상실의 위험을 감수한 사람이다. 스티브와 그의 아내 캐롤라인Caroline은 수잔 부부와 거의 동시에 이 사업에 참여했지만, 그들은 둘이 함께 조화를 이루며 사업을 잘 해냈다. 다음은 스티브의 말이다.

"이전의 부동산업 동료 한 사람에게 네트워크 마케팅의 위력이나 우리가 자리잡은 거대하게 확장되는 시장, 그리고 회사의 진실성과 보상 플랜의 잠재력을 보여 주었지만 관심이 없었다. 그는 어떻게 그런 '비전문적인' 일을 할 수 있느냐고 물었다. 난 세기적인 경제적 기회를 잡았다고 1천 퍼센트 확신하기 때문에 이렇게 대답했다. '빌, 내가 잘못이라면 당연히 실패할 것이네. 만약 그렇게 되면 내가 그 멍청한 피라미드 사업에서 실패했다고 모든 사람에게 떠들고 다녀도 좋네. 반대로 내가 옳다면 난 부자가 되겠지. 그러면 자넨 사람들에게 뭐라고 할 텐가?'"

여기서 효과가 있는 말은 '1천 퍼센트 확신한다'는 말이다. 스티브는 1천 퍼센트 확신했고 리차드는 그렇지 못했다. 물론 리차드가 확신했다 해도, 그는 그 사실을 동료들과 기꺼이 나누지 못했을 것이다. 두 이야기의 차이는 여기에 있다. 현재 스티브와 캐롤라인은 조직에서 많은 리더들과 보상 플랜의 정상을 누리고 있다. 그 조직은 지금 12개국에 걸친 세계적 조직이지만, 그것은 그들의 변함없는 확신으로 시작되어, 두 사람이 기꺼이 그 확신을 표현한 덕분에 성공을 이룬 것이다.

그들은 사업을 번창하게 하는 데 필요한 일이라면 무엇이든 기꺼이 함께 하려는 의지가 있었기에 정상에 오른 것이다. 초기에는 일을 오래 해도 수입이 적었다. 그래서 스티브는 목표를 달성하기 위해 집 근처 구역에 신문 배달을 해서 가욋돈을 벌었다. 그는 자신의 사업에 너무 흥분한 나머지 도저히 잠을 이룰 수가 없었다고 했다. 또 그는 다음과 같이 회상하고 있다. "가끔씩 배달이 늦어지면 사람들이 앞마당에 나와 기다렸다. 내가 메르세데스 벤츠를 타고 지나가면서 신문을 던지면, 갑자기 자동차 썬루프를 통해 날아오는 신문을 보던 사람들은 깜짝 놀라곤 했다. 지금도 사람들의 놀란 표정이 떠오르면 웃음이 나온다. 그들은 그때의 '신문 배달원'이 몇 년 안에 세계적인 사업을 건설하여 100만 달러 이상을 벌게 되리라고는 짐작도 못했을 것이다."

넷째 탄두 : 네트워크 마케팅에서 이전 실패로 인한 당혹감

사람들이 우호자 시장에 접근하기를 꺼려하는 보다 일반적인 이유 가운데 하나는 당혹감이다. 그들은 이미 3차례나 네트워크 마케팅 제품과 사업 기회를 소개한 경험 때문에 어려움을 느끼고 있으며, 차마 가족이나 친한 친구들에게 네 번째 한 번 더 접근한다는 생각은 견딜 수가 없다. 그것은 실제로 당연한 염려다. 그러나 인간의 본성이지만 정당화할 수 있는 충분한 이유가 되는 것은 아니다. 반대로 어떤 사람들은 여러 회사에서 일해 본 경험 덕분에 이제야 가장 훌륭한 접근 방법을 갖게 된 경우도 있다. 다음에서 이 문제를 염려하는 신입 네트워크 마케터들을 가르치기 위한 대화 내용을 소개한다. 사소한 이야기가 오간 뒤 그들은 우호자 시장의 프로스펙트들과 다음과 같은 정보를 나눈다.

"당신 부부는 제가 네트워크 마케팅 분야를 아주 자세히 연구해 왔다는 것을 아실 겁니다. 저는 지난 몇 년 동안 다양한 전문가들에게 많은 지식을 배우려고 여러 다른 회사에 가입했습니다. 그 결과로 노력의 보상을 받게 되었다는 말씀을 드리게 되어 기쁩니다. 전 이 산업을 완전히 알게 되면서 최단 기간에 월 3~5만 달러를 벌 수 있는 세계적인 조직을 찾아냈습니다. 집에서 일하느라 시간이나 돈, 그리고 에너지를 소비해 왔는데, 지금은 너무 흥분한 나머지 매일 밤잠도 못 이룰 지경이죠. 당신을 속히 만나서 이만한 돈을 버는 데 관심이 있는지 알고 싶습니다."

자신의 과거 경험이나 신입 네트워크 마케터들의 과거 경험을 부채로 여기지 말고 자산으로 삼아라! 당신이라면 생명 보험이든, 자동차든, 다른 어떤 물건이든 간에, 경험이 풍부한 사람에게서 구입하지 않겠는가? 여러분의 상황이 이와 같다면, 반드시 이 전략을 이용하여 우호자 시장에 속한 사람들에게 접근하라.

다섯 번째 탄두 : 프로스펙트의 자격 구별하기

전통 사업과 네트워크 마케팅 사이에는 결정적인 차이가 있다. 전통적인 세일즈와 마케팅 담당자들은 항상 판매 대상자의 자격을 구별하라고 배운다. 예를 들어 제록스 판매원은, 필요하지 않거나 여유가 없는 회사에 레이저 프린터를 판매하려고 하지 않는다. 다시 말해 판매 대상자의 자격을 구별하는 것은, 판매를 시도하기 전에 그 판매 대상자가 제품이나 서비스를 필요로 하고, 또 구입할 여유가 있는지를 미리 결정하는 것이다. 그러나 네트워크 마케팅을 '위대한 균형 장치'라고 부르는 이유는, 누구든지 놀라운 수준의 성공을 이룩할 수 있기 때문이다. 어떤 사람은 너무 대단해서 이 사업에 접근할 수가 없고, 또 어떤 사람은 너무 부적합해서 성공할 수가 없다고 미리 단정하는 것은 문자 그대로 경

POINT

어떤 사람은 너무 대단해서 이 사업에 접근할 수가 없고, 또 어떤 사람은 너무 부적합해서 성공할 수가 없다고 미리 단정하는 것은 문자 그대로 경제적 자살 행위다.

제적 자살 행위다. 어떤 경우에도, 자격 있는 사람과 없는 사람, 관심 있는 사람과 없는 사람, 접근할 수 있는 사람과 없는 사람을 미리 결정하지 말라.

 가장 성공적인 네트워크 마케터 팀의 하나인 톰Tom과 테리 힐Terry Hill의 경우를 살펴보자. 테리는 북 아메리카 전체에서 제1위 제록스 판매원으로서 기업계를 떠났다. 그녀는 판매 대상자의 자격을 구별하는 전문가였으며, 톰은 메릴 린치에 근무하는 주식 중개인이었다. 따라서 그들은 네트워크 마케팅 첫해에 프로스펙트의 자격을 구별하지 않는 습관을 들이기 위해 옛 습관을 많이 버려야 했다. 마침내 그들이 옛 습관을 완전히 버리게 된 것은 네트워크 마케팅 초기에 그들의 집에서 사업 설명회를 가질 때였다. 비디오가 상영되는 동안 톰과 테리는 방을 나갔다(이 사업에서는 금지 사항이다). 비디오가 끝나자 한 신사가 사무실로 내려와서 말했다. "감사합니다. 하지만 저에게는 적합하지 않은 사업이군요. 시간을 내 주셔서 고맙습니다." 그 신사는 사무실을 나가다가 고개를 돌려 속삭이듯 말했다. "그런데, 다른 친구는 자고 있군요." 톰이 방으로 들어가 비디오를 끄자 그 남자가 일어났다. 톰이 참석해 줘서 감사하다는 인사를 하며 자료를 건네주려 하자 그 프로스펙트는 벌떡 일어서더니 격정적인 목소리로 말하는 거였다. "대단한 사업이군요. 전 가입하겠습니다!"

 누구든지 인생에서 적절한 시기가 오면 모든 것이 아무리 잘못돼 보여도 모든 것이 잘 된다. 잠이 들어 의식이 없는 사람도 흥분할 수 있다는 것은 확실하다. 현재 이 네트워크 마케터는 미국과 오스트레일리아에 수백 명의 네트워크 마케터를 거느리고 있다. 그는 톰과 테리가 구축한 조직에서 강력한 레그 중의 하나다. 톰과 테리는 현재 네트워크 마케팅 사업을 팔고(미국에서는 네트워크 마케팅 조직을 사고 팔 수 있다) 가족과 함께 테네시 주의 작은 도시로 이사했다. 그들은 회사 생활로 보낸 세월들을 모두 청산한 뒤 스트레스가 없는 곳으로 떠난 것을 아주 다행으로 여기고 있다. 이제 두 사람은 늘 바라던 대로 한가로운 생활을 즐길 수 있을 만큼 시간과 돈을 가지고 있다.

우리의 프론트라인 네트워크 마케터들 가운데 또 한 사람은 학생 교사로 근무하며 월 800달러를 벌던 대학생이었다. 또 그의 형 데이비드는 텍사스 주 휴스턴의 뺑소니 사건을 조사하는 형사였다. 지금 말하는 사람들은 네트워크 마케팅 산업의 전설적인 인물인 데니스Dennis와 데이비드 클립튼David Clifton이다. 그들이 사업에 참여하게 된 것은 데니스의 장인의 소개에 의해서였다. 그 장인은 학자이며 신학자인 로이 블리저드 2세Roy Blizzard Jr. 박사였다. 그들 세 사람과 그 부인들은 모두 각각 수백만 달러를 벌었을 뿐 아니라 현재 존경받는 이 산업의 리더가 되어 있다. 그 형제들은 자신이 사업에 참여했을 때 아무도 붉은 카펫을 깔아 주며 알아 주는 사람이 없었다는 이야기를 자주 한다. 즉 회사 회장이 '거물'을 알아보고 전화를 걸어 입사를 환영해 주지 않았다는 것이다. 그들은 한낱 대학원생과 경찰에 지나지 않았다. 그때 두 형제는 두려웠고, 그 아내들은 겁에 질렸다. 데이비드의 아내 재키Jackie는 자기 남편이 연간 1만7천 달러짜리 연금 프로그램에서 완전한 연금 수령권을 얻으려면 13년만 더 지나면 된다는 것을 잘 알고 있었다. 그런데 재키처럼 영리한 아내가 무엇 때문에 그러한 안정을 버리고 떠나길 원하겠는가? 네트워크 마케팅에서는 누구나 '병아리'로 출발하게 마련이다. 거물은 팀에 의해 만들어지고, 실적에 따라 거물로 인정된다. 그 증거가 이 책 안에 있다.

　데니스와 데이비드는 현재 전체 네트워크 마케팅 산업에서 가장 잘 나가는 연사들이다. 하지만 그들이 네트워크 마케팅에 참여하기 전에는 아무도 엑슨 사나 소니 사에서 입사 면접도 받을 수가 없었다. 사업에 대한 교육이나 관리직의 경험이 없었기 때문이다. 그러나 오늘날 그들은 20개국에 10만 명이 넘는 네트워크 마케터들로 이루어진 국제적인 조직을 관리하고 있으며, 우리 네트워크 마케팅 소득의 절반 이상을 차지하고 있다.

　네트워크 마케팅 이전에는 성공한 적이 없는 네트워크 마케터들의 이름을 계속 나열할 수는 있지만, 이 이야기들은 우리의 초점을 잘 말해준다. 하나님을 농락하지 말라. 비천한 직업을 가진 사람이라도, 그가 활력이 넘치는 큰 조직을 건설하지 못할 것이라고 단정하지 말라. 또한 친구 한 사람이 의사라고 해서, 네트워크 마케팅이 그보다 저급하다고 생각하지 말라. 많은 의사들이 의술을 혐오하며 같은 액수의 돈을 벌 수 있는 다른 직업을 찾고 있는지도 모른다. 또 어떻게 해서든지 이 우호자 명단 탄두에 굴복하지 말라. 프로스펙트의 자격을 구별하는 실수를 범하지 말라.

여섯 번째 탄두 : 이해관계의 갈등

　어떤 전문직 종사자들은 이해관계의 갈등을 염려해서 네트워크 마케팅의 건설을 주저하는 경우가 있다. 마크는 목사로서 자신의 교인들을 개별적으로 접근하는 것이 갈등을 일으킬까 염려했다. 또한 르네는 카운티 위원회 의장으로서 선거구민들에게 접근하는 것을 두려워했다. 이러한 두려움은 우리 세계의 큰 부분을 차지하므로, 우호자 시장을 프로스펙트로 삼는 데 심각한 제한을 가했다. 그러므로 우리는 전문직 종사자들의 염려를 당연한 것이라고 이해한다. 그것은 윤리의 문제도 될 수 있다. 어쨌든 사람들은 현재의 직업이 위협받는 것을 바라지 않으며, 자신의 직업을 그만둘 때를 스스로 결정하고 싶어 하지, 남이 그 시기를 결정해 주는 것을 원하지 않는다.

여러분에게 도움이 될 만한 2가지 제안을 하겠다. 우선 직장이 있을 때 자신이 활동하는 특정한 네트워크 마케팅 회사의 이름을 언급하지 말고, '라이프스타일'을 통해 프로스펙트를 찾으라는 것이다. 즉, 일상적인 생활 과정을 통해 사람들 고객, 소비자, 점원 등이나 헬스클럽, 은행, 식품점에 근무하는 사람들에게 접근할 때, 그들의 매력 있는 개성을 매우 칭찬하라(진심으로 하라). 그러한 개성을 가지고 있으면 이 사업에서 두드러질 수 있다는 것과 자신이 파트너로 삼고 싶은 사람이 바로 그들과 같은 유형의 사람이라는 것을 알려라. 그리고 거기서는 그 문제를 논의할 수 없지만(예를 들면, "여기는 그럴 만한 장소가 아닙니다." 또는 "회사 정책에 어긋납니다."라고 말하라). 서로에게 적절한 시간을 찾아보자고 솔직하게 말하라. 허락하면 전화를 걸겠다고 말하라. 그리고 나서 명함을 교환하고 그 뒷면에 연락하기에 가장 적절한 때를 적어라. 이것이 르네가 집중적으로 사용한 방법이며, 큰 효과를 거두었다. 그녀가 상황을 정직하게 처리했기 때문에 갈등을 일으킨다고 불평한 선거구민은 거의 없었다.

그 방법이 효과가 없다면 마크의 접근 방법을 이용해도 좋다. 그는 교인들에게 접근한 적은 없지만 교회에서 그 일을 대신할 만한 부부를 모집했다. 그리고 그들은 신뢰를 얻기 위해 마크의 이름을 이용했다.

타깃 마케팅(Target Marketing)

타깃 마케팅을 이용해서 우호자 명단의 우선 순위를 결정하는 것도 좋다. 타깃 마케팅이란, (1) 사업 기회, 부업 또는 대체 수입, 또는 감세(減稅)에 관심이 있거나, (2) 제품이나 제품의 특별한 효과에 관심이 있는 영향력 범위 내의 사람들에게 가입 활동을 집중하는 것이다.

찰스 킹 박사의 연구를 보면 타깃 마케팅의 사례를 알 수 있다. 헬스 센터의 어느 에어로빅 강사가 30~50세의 중산층으로 이루어진 에어로빅 반에 비타민 건강보조식품군을 소개했다. 그러자 건강, 몸매 관리, 운동에 관한 공통된 관심과 연령 분포에 따라서 여러 반이 비타민 제품을 선택했다. 6개월 만에 그 강사는 60명이 넘는 소매 구입자들로 이루어진 고객 기반을 확보했다. 일부 고객들은 뒤에 도매 가격으로 제품을 사거나 자신의 사업을 발전시키기 위해 네트워크 마케터가 되었다. 그 강사는 헬스 클럽의 타깃 마케팅 '공식'으로 다른 지역 헬스 센터에 근무하는 에어로빅 강사들과 계속 사업 설명회를 가졌다. 거기서 그녀는 사업의 개념을 소개했고, 각 개인을 후원하여 다운라인에 가입시켰다. 또 그들이 이 과정을 복제하여 자신들의 조직을 발전시키도록 훈련하기도 했다. 물론 거대한 국제 사업의 구축이 목표라면, 타깃 마케팅의 성공의 열쇠는 모든 에너지를 한곳에만 쏟지 않고 자신과 관계 있는 여러 개의 그룹에 골고루 집중하는 데 있다.

3자간 통화를 이용할 때는 언제인가

여러분이 우호자 명단에 있는 사람들과 전화 통화하는 일의 중요성을 확신한다고 가정해 보자. 그 다음엔 어떤 일이 일어나겠는가? 또 이 팀 접근 방식은 어떻게 진행되겠는가? 3자간 통화 방식은 적절한 때 이용하면 귀중한 도구가 될 수 있다.

프로스펙트들은 대개 개인적인 사업설명이 있기 **전에** 3자간 통화를 몹시 꺼려할 것이다. 가족이나 친한 친구들과 첫 번째 전화 통화를 할 때부터 스폰서와 함께 해야 한다면(아무리 친한 친구들이라 하더라도), 그들은 문자 그대로 제품 스타터 키트Starter Kit 구입 외에 다른 활동은 더 이상 하지 않으려고 할 것이다. 그것이 바로 20년의 활동 기간을 통틀어, 우리가 프로스펙트와의 첫 번째 접촉 때 항상 3자간 통화 방식을 기피해 온 이유다. 신입 네트워크 마케터가 이 전략을 기피하는 것은 당연하다.

이 문제를 잘 생각해 보자. 전문직 종사자나 회사 중역이 무리를 지어서 친구들을 공략할 필요가 있겠는가? 프로스펙트의 입장에선 이것이 무리를 지어 접근하는 것으로 보인다. 가족이나 친구들에게 전화를 걸어 미팅에 초대하거나, 자신의 집에서 개인적으로 시청각 설명회를 열지 못하는 네트워크 마케터라면, 네트워크 마케팅에서 성공하는 데 필요한 그 어떤 일도 하지 못할 것이다. 더 이상 말이 필요 없다. 신입 네트워크 마케터들은 훈련을 받고 난 뒤 언제든지 스폰서가 없는 데서 가장 친한 친구들이나 가족에게 전화를 걸 수 있어야 한다. 왜냐하면 스폰서들은 반대를 이겨내기 위해서나 그의 신입 네트워크 마케터에게 자신이 얼마나 유능한가를 입증하기 위해 항상 지나치게 흥분하기 때문이다. 따라서 이 단계에서는 3자간 통화가 대단히 부자연스럽다. 더욱이 최초 접근에서 사업 설명이 적절하게 이루어졌으면, 극복해야 할 정도로 심각한 반대는 없어야 한다. 만약 반대가 많다면 그 사람은 프로스펙트가 아니다. 그런 사람에게는 6개월 뒤 다시 전화를 하라. 또한 업라인과 함께 그들을 졸라대지 말라. 스폰서는 나중에 건설적인 조언을 하기 위해서 네트워크 마케터의 통화를 처음 몇 차례 조용히 듣기만 하는 것이 도움을 주는 유일한 방법이다.

3자간 통화의 가장 적절한 시기는 프로스펙트가 사업 설명회에 참여한 이후다. 그 방법은 네트워크 마케팅의 개념을 접한 이후, 예컨대 이야기는 들었지만 아직 유보 상태인 경우에 가장 효과적이다. 이때가 업라인의 도움이 절실하게 필요한 때다. 열성적인 프로스펙트에게 활용할 수 있는 대화 내용의 대본을 여기에 소개한다. "참 좋은 질문이군요. 이미 말씀 드렸듯이, 전 이 사업이 전혀 생소합니다. 하지만 저보다 훨씬 오랫동안 이 사업에 종사해 온 사업 동료가 있습니다. 그 사람과 지금 당장 전화 통화를 해보는 게 어떨까요?"

   당신은 단지 전화기의 회의용 버튼을 누르고, 스폰서나 업라인의 전화번호를 돌린 다음, 다시 회의용 버튼을 누르면 그만이다. 즉시 3자간 통화를 할 수 있다. 그렇지 않으면 프로스펙트에게 업라인의 전화 번호를 가르쳐 주고, 편리할 때 전화 통화를 하도록 하라. 열성적인 프로스펙트는 전화를 걸 것이다.

   이 전략들은 각각 나름대로의 장점이 있다. 3자간 전화 회의는 새로운 네트워크 마케터에게 프로스펙트의 가입 절차가 어떻게 마무리되는지를 가르쳐 준다. 또한 그것은 신입 네트워크 마케터의 사업에 대한 신뢰를 강화시킨다. 이것은 종종 신입 네트워크 마케터에게 큰 도움이 되기도 한다. 또 프로스펙트와 업라인의 2자간 직접 통화는 훨씬 융통성 있는 일정 수립을 가능하게 해 주며, 열성적인 프로스펙트와 미온적인 프로스펙트를 구별해 준다. 예를 들어 먼저 전화를 걸어오는 경우는 사업에 확실한 열성을 가지고 있다는 것을 나타낸다. 마크는 직접 통화를 좋아하는 반면, 르네는 3자간 통화를 더 편안해 한다. 확실히 그 방법들을 적절하게 이용하라. 즉 프로스펙트에게 완전한 사업 설명이 이루어지거나, 시청각 사업 설명회가 끝나기 전까지는 이용하지 말라.

팔로우업^{주)} 카드 파일 이용하기

　이제 우호자 명단을 만들고 유지하는 데 필요한 가장 중요한 도구를 말하려 한다. 우리의 충고에 귀를 기울여 포기하지 말고 그대로 실행하라. 그러면 당신은 결국 고소득자의 대열에 속하게 될 것이다. 아주 짧은 시간 안에 이 방법으로 전화를 거는 데 들인 시간보다 더 많은 프로스펙트들을 얻게 될 것이다.

　12인치 길이의 카드 파일 캐비닛을 1개 구입한다. 또한 12달을 표시할 수 있게 12개의 칸막이와 31일을 표시할 수 있게 31개의 칸막이를 구입한다. 라벨과 숫자가 붙은 색인 카드 칸막이를 구입해도 좋다. 그리고 수백 장의 색인 카드를 구입하여, 카드 상단에 우호자 시장의 프로스펙트의 이름을 적는다. 이름 옆에 전화 번호를 적고, 카드 왼편 이름 밑에 인쇄체로 '최근에 접촉한 날짜'라고 쓴다. 오른편에는 '실천과 결과'라고 쓴다. 사람들의 이름과 전화 번호를 얻을 때마다, 특히 처음 만나거나 프로스펙트에 오른 새로운 사람들을 만날 때마다 새로운 카드를 만든다. 물론 컴퓨터광들을 위해 프로스펙트들을 조직하고 팔로우업을 할 수 있는 소프트웨어 프로그램도 있다. 중요한 것은 프로스펙트들을 계속 관찰하기 위한 시스템을 갖추는 것이다.

　이제 중요한 시스템에 대해 이야기할 차례다. 시스템을 갖추는 시점부터 프로스펙트 카드에 오른 모든 사람들에게 그들이 가입하거나, 아니면 사망할 때까지 6개월에 한 번씩 전화를 걸어야 한다. 그리고 그들이 네트워크 마케터가 되거나 장례식을 치르게 될 때까지 결코 포기하지 말라. 프로스펙트들이 당장은 왜 함께 일하기에 적절하지 않은지에

주) Follow-up : 프로스펙트를 후원할 때까지 후속 관찰하는 것 또는 신입 네트워크 마케터를 리더로 성장시킬 때까지 후속 관찰하는 것을 말한다 – 역자 주.

대해 온갖 이유를 대면, 다음에 연락해도 좋겠느냐고 정중하게 물어 보라. 그러면 그들은 거의 언제나 좋다고 대답할 것이다. 그러고 나서 팔로우업 파일에 있는 그 사람의 색인 카드를 해당 달로 옮겨라. 물론 같은 달에는 날짜 구분용 칸막이를 이용한다. 어떤 사람은 이틀 내에 팔로우업이 필요할 수도 있다. 또 연락이 되지 않는 사람의 카드는 다음 날짜의 파일로 옮겨야 한다.

미국과 유럽, 아시아에서는 어떤 분야든 전업 근로자의 경우 평균 3.7년마다 직장을 바꾼다. 따라서 6개월에 한 번씩 프로스펙트들과 접촉하도록 노력하라. 아무리 강하게 거절했어도 전직할 시기가 오면 그 사람을 잡을 수 있을 것이다. 불가피한 전직 시기에 적절하게 사업 설명을 한다면 네트워크 마케팅은 실패할 수가 없다. 앞에서 강조한 말을 명심하라. 네트워크 마케팅은 전적으로 시기에 달렸다. 프로스펙트가 인생의 변화를 가져오기에 적절한 시기에 있으면 네트워크 마케팅을 얼마나 적절하게 설명했느냐는 중요하지 않다 그 사람은 사업을 시도해 보기로 결정을 내릴 것이다. 반대로, 시기가 적절하지 않은 프로스펙트는 아무리 전문적으로 사업 설명을 해도 받아들이지 않는다.

스티브 슬레지는 팔로우업 시스템을 이용하는 것이 재미있다고 말한다. "때때로 이전의 회사 동료들에게 네트워크 마케팅의 위력을 설명하고 기하급수적인 성장을 나타내는 5×5×5의 삽화를 보여 줬는데, 그들이 비웃는 것이었다. 어떤 친구는 웃음을 터뜨리며 말했다. '이봐, 스티브, 부자가 되면 전화하게.' 그래서 그렇게 했다. 부자가 된 뒤 마지막 한 사람까지 계속해서 전화했다!"

우호자 시장부터 시작하기

이제 신입 네트워크 마케터들이 우호자 명단에 있는 사람들을 가입시키는 일을 미뤄 보려고 내놓는 몇 가지 핑계를 알게 되었다. 그런데 스폰서들이 그들에게 그 일을 하도록 격려하는 것이 왜 그렇게 중요할까? 냉담하고 비정한 세상에서 한 번도 만난 적 없는 사람들을 설득하여 그들의 직장을 버리고 네트워크 마케팅에 참여하도록 노력하는 것보다 우호자 시장의 프로스펙트들을 가입시키는 일이 훨씬 쉽기 때문이다. '냉담자 시장'의 프로스펙트들을 가입시키려면 전문성과 열정, 능력 그리고 용기가 필요하다. 정말 낯선 사람들을 설득하여 그들의 주급과 안전한 직업을 포기하고 피라미드 다단계 회사에 들어오도록 만들어야 하는 것이다. 적어도 프로스펙트들은 그렇게 생각한다. 여기서 숫자가 중요한 역할을 한다. 똑같은 수의 호의적인 반응을 얻어내려면 냉담자 시장에서는 우호자 시장보다 훨씬 많은 사람들과 접촉해야 할 것이다. 그러한 상황에서는 당신은 리쿠르팅 미팅에서 제기되는 일차적인 거부에 대해 훨씬 더 대담하고, 능숙하게 대응하는 것이 좋다. 냉담자 시장은 적절한 명칭이다. 그것은 정말 '냉담하다'.

우호자 시장은 친분이 있는 사람들로 이루어진 것이기 때문에 완전히 낯선 사람들보다 훨씬 이해심이 있고 너그럽다. 우리 산업에는 이러한 오래된 속담이 있다. "모든 위대한 네트워크 마케터들은 처음에는 다 비천한 네트워크 마케터였다." 아무도 당당하고 자신만만하게 출발하지 않는다. 따라서 가장 가까운 관계인 가족이나 친구에게 먼저 접근하는 것은 충분히 이해할 수 있다. 또한 우리는 혼자가 아니다. 스폰서가 당신의 집에서 당신의 친구들을 대상으로 처음 2, 3차례 사업 설명회를 진행하거나, 장거리인 경우에는 전화로 지원할 것이다(그것은 5장 후반에서 다루게 된다) .그러면 이제 우호자 시장의 프로스펙트들에게 접근할 수 있는 적절한 방법을 검토해 보자.

성공은 능력보다 태도의 결과다

네트워크 마케팅에서 진정한 성공을 가져오는 것은 능력보다 태도이므로, 가장 큰 자산은 '열정' 이다. 하지만 우리가 말하는 것은 학습된 태도인 거짓 흥분이나, 업라인이 써 준 각본대로 따라 하는 것이 아니다. 우리가 말하는 것은 자연스러운 열정, 즉 불과 몇 달만 있으면 월 2만 달러를 벌 수 있다는 것을 깨달은 직후의 흥분을 가리킨다.

다시 한번 강조하건대, 이 사업 기회에 대해 정말 흥분하지 않았다면 열정을 불러일으킬 만한 것은 무엇이든 읽고 들어라. 열정은 효과적인 프로스펙팅에 필수적이다. 우호자 시장의 프로스펙트들에게 전화를 걸기에 앞서 자신에게 동기를 부여하고, 긍정적인 심리 상태로 유도하는 데 효과적이라면 그 어떤 전략이라도 이용하라. '확신' 의 수준이 깊을 수록 성공의 기회도 커진다.

또한 그것은 무엇보다도 자신이 '교육자' 라는 사실을 깨닫는 데 도움이 된다. 우리는 세일즈맨도 아니고 모집 전문가도 아니다. 우리의 직업은 살아가면서 안정된 로열티 수입을 얻을 수 있는 더 좋은 방법이 있다는 사실을 가능한 많은 사람들에게 가르치는 것이다. 사람들을 설득해서 직업을 바꾸어 네트워크 마케팅에 참여하도록 할 수 있는 유일한 방법은, 그들을 설득하여 45분 동안 여러분과 함께 사업을 객관적으로 검토할 수 있게 하느냐에 달렸다. 우호자 시장의 프로스펙트들에게 전화를 걸 때, 우리의 유일한 목적은 사람들이 회사를 진지하게 고려하도록

POINT
'확신'의 수준이 깊을수록 성공의 기회도 커진다.

만드는 것이다. 아마 네트워크 마케팅 사업의 역사에서 첫 번째 전화를 통해 직업을 바꾸게 하고 자신의 회사에 참여하게 할 만큼 설득력이 있는 사람은 아무도 없었을 것이다. 또한 우리는 시종일관 전화로만 제품이나 서비스를 판매할 수 있는 네트워크 마케터도 알지 못한다. 따라서 그렇게 하려고 애쓰지 말라! 네트워크 마케팅은 교육의 사업이다. 여러분은 프로스펙트들에게 시청각 자료를 보여주는 것으로 시작하고 싶겠지만, 결국에는 얼굴을 마주보며 대화를 나누어야 한다. 그것은 다른 사람들에게 제품이나 서비스를 사용하고 나누어 쓰는 조직을 구축하도록 가르치는 방법이다.

또한 프로스펙트들에게 전화로 전하는 정보가 많을수록 그들이 오디오를 듣거나 사업 설명회에 참석할 가능성이 줄어든다는 것을 명심하라. 전화를 통해서는 그들의 **호기심**을 충족시키지 말고 호기심을 불러 일으키려고 노력하라. 또 첫 번째 전화에서는 정보를 주거나 많은 질문에 답을 해 주지 말라. 단지 열정을 나누고 그들이 참석할 미팅을 위한 시간과 장소만 정하라. 반드시 진심으로 대화하고 정말로 가입시키고 싶은 사람들을 초청하라.

네트워크 마케팅은 그 리더들과 창설자들이 오래 전에 사람들은 일반적으로 어떤 감정에 근거하여 결정을 내린다는 사실을 터득한 독창적인 산업이다. **'많은 돈에 대한 욕망'**이, 사람들을 미팅에 참석하도록 동기를 부여하는 여러 가지 이유 가운데 하나다. 이 책 후반부에서 '상실의 두려움'이 어떻게 많은 사람들에게 부를 창출하게 하는 동기가 될 수 있는지를 보여 줄 예정이다. 더 좋은 직장에 대한 유혹을 빼고, 어떠한 제품이나 서비스도 사람들에게 직업을 바꾸게 할만큼 흥미진진하지 않다. 그러나 '자신의 시간을 완전히 조절할' 수 있고 매월 2, 3만 달러에서 5만 달러(1달러당 1천200원의 환율로 계산하면 2만 달러는 2천400만 원, 3만 달러는 3천600만 원, 5만 달러는 6천만 원이다)까지도! 수입을 올릴 수 있는 가능성은 모든 사람들(가장 냉소적인 사람까지도)의 주목을 끌 것이다.

따라서 여기에 친구들과 가족들에 대한 또 다른 접근 방법이 있다. 사소한 이야기부터 시작하여, 의도적으로 빨리 이야기를 끊고 아주 열정적인 태도로 숨을 거칠게 몰아쉬며 다음과 같이 말하라.

"전화를 드린 진짜 용건을 말씀 드려야겠군요. 실은 더 이상 지체할 수가 없어서요. 아내와 저는 우연히 알게 된 것 때문에 몹시 흥분하고 있는데, 그것을 나누고 싶군요. 솔직히 말해, 당신 말고는 우리가 파트너로서 평생을 함께 보내고 싶은 사람이 달리 생각나지 않아서요. 잘 들어 보세요. 몇 주 전에 나에게 주어졌던 것과 똑같은 질문을 던져 볼게요. '열심히 일을 하면, 한 달에 2만, 3만, 아니 5만 달러까지 합법적이고 윤리적으로 벌 수 있고, 일을 그만두고 몇 년 동안 휴식을 취하면서도 여전히 별다른 투자 없이 그만한 액수를 벌어들일 수 있는 사업에 관심이 가시겠습니까?'"

이 접근 방법을 잠시 연구해 보면 거절할 이유가 전혀 없다는 것을 알게 된다. 있을 수 있는 거절이 모두 포함된 질문을 절묘하게 프로스펙트에게 던진 것이다. 우선 그 프로스펙트에게 사업 기회를 조사해 보도록 권한다. 그것은 도덕적이고 윤리적이며, 시작하는 데 최소한의 비용밖에 들지 않는다. 잠재적 수익은 실질적이고, 안정적이고 로열티 수입이다. 거기에다 모든 사람들이 가장 중요하게 여기는 것으로, 성공하면 많은 자유시간을 누리게 된다는 것이다. 이 질문을 듣고 나서 친구가 조금이라도 논쟁을 하려 든다면, 거절하든 안 하든 그 사람은 오늘의 프로스펙트가 아니다. 따라서 주저하는 사람을 졸라대지 말라. 반드시 긍정적인 말로 대화를 마무리 짓고, 몇 달 안에 다시 연락을 해도 좋다는 허락을 받아라. 그러고 나서 그 프로스펙트의 카드에 간단히 '관심 없었음'이라고 쓰고, 정확히 6개월 뒤에 다시 연락할 수 있도록 폴더에 간직해 두어라. 네트워크 마케팅은 변화의 준비가 되어 있는 사람들을 찾아내는 타이밍의 사업임을 명심하라.

사람들을 네트워크 마케팅에 팔지 말라

신입 네트워크 마케터들이 범하는 가장 큰 실수 가운데 하나는 적절하지 못한 시기에 논쟁을 하고, 사람들을 사업에 '팔려고' 하는 것이다. 잠깐만 생각해 보라. 우리가 제기한 질문에 대해 언제 거절한 적이 있는가? 전혀 없다. 그렇다면 신입 네트워크 마케터가 전화를 끈질기게 붙들고 앉아서 모든 거절을 반박하려 하고, 친구를 죽도록 들볶아서 무엇을 얻을 것인가? 더군다나 업라인 역시 전화를 하면서 프로스펙트를 졸라댄다면 어떻게 하겠는가? 6개월 뒤에도 그 친구는 마음을 열고 받아들이지 않을 것이다. 비록 그 시기가 적절하더라도 마찬가지다.

캘리포니아 주 샌프란시스코의 알렉스 마Alex Marr는 어렵게 이 교훈을 배웠다. "처음 네트워크 마케팅 사업을 추진하려고 결정했을 때, 나는 로스쿨Law School 졸업반이었다. 친구들과 동료 학생들에게 내 결심을 알렸을 때, 나는 그들이 선의였지만 끔찍하게 부정적인 충고로 맹공격을 가해 오는 것에 대해 전혀 무방비 상태였다. 대부분의 친구들은 비웃었고, 어떤 친구는 그 산업에 대해 노골적으로 혐오감을 나타냈다. 또 몇 명은 '뱀 기름'과 '사기꾼 판매'와 같은 내용으로 내 이름이 찍힌 팸

플릿을 인쇄하기도 했다. 그러나 그들 가운데 아무도 우리 회사와 사업 기회에 관해서 사실 그대로 보려고 하지 않았다. 그 친구들은 영리했을 뿐 아니라 법조인으로서 출발을 앞두고 있었는데도 그랬다. 법조인은 판결을 하기 전에 사실을 정확히 파악하는 것이 생명인데 말이다."

"나는 처음에 낙심했지만 대단한 기회가 온 것을 알고 있었다. 그때부터 난 네트워크 마케팅이 합법적이라는 사실을 입증하는 산더미 같은 증거를 모으기 시작했다. 그것은 로스쿨에서 배운 것이었다. 1년 동안 책, 기사, 신문 스크랩과 함께 오디오 테이프와 비디오테이프를 모은 뒤, 난 다시 몇몇 친구들에게 접근했다. 나를 뒷받침할 증거들을 손에 쥐고 있었기에 난 훨씬 자신만만했다. 하지만 내가 모은 사실과 숫자들을 보고 나서도 거의 모든 친구들이 사업 설명회에 참석하기를 거절했다. 난 완전히 나가떨어졌다! 어떻게 그들은 우리 회사에 참여하는 것을 거절할 수가 있었을까? 모든 통계 숫자가 회사에 참여하는 것이 그들에게 이익이라는 것을 분명히 보여 주는데도 말이다."

"나는 로스쿨에서 배운 교훈을 몇 주일이 지나서 완전히 잊어버렸다. 나는 누구에게도 우리 네트워크 마케팅 회사에 참여하는 것은 위대한 결단이라고 지식으로 설득할 수 있다. 하지만 그 사람이 우리 사업에서 성공할 수 있다는 믿음이 없고, 자기 자신 또는 배우고 성장할 수 있는 자신의 능력에 대해 확신하지 못한다면, 내가 모은 모든 사실과 통계 숫자는 아무 쓸모가 없다. 그는 우리 회사에 참여하지 않을 것이며, 참여한다고 해도 그 뒤에 아무 일도 하지 못할 것이다. 밖으로 나가 진정한 관심을 표명한 사람들에게 사업 설명회를 열 수 있었는데도, 난 아무런 관심이 없는 사람들을 설득하기 위해 정보를 모으느라 1년을 허비한 것이다. 마크 야넬은 이 교훈을 다음과 같이 잘 요약했다. '억지로 설득당한 사람은 결코 자신의 의견을 바꾸지 않는다.' 이제 나는 관심을 보이는 사람을 골라내기까지는 아무에게도 사실을 보여 주는 일로 시간을 허비하지 않는다. 그 충고를 일찍 따랐다면, 학습 곡선에서 1년을 절약할 수 있었을 것이다."

애리조나 주 페이슨의 패트릭 슈마허Patrick Schumacher도 이와 비슷한 학습 곡선을 가지고 있었다. 그는 《석세스》지에서 다음에 친구를 만나면 자신의 사업을 원한 적이 있는지 물어 보라는 기사를 읽었다. "'자네에게 500달러로 시작할 수 있는 회사를 하나 소개하겠네. 그 회사는 《포춘》지가 선정한 500대 기업의 최고 경영자가 벌어들이는 액수만큼을 지급할 수 있는 잠재력이 있다네. 그리고 자네의 협력 업체가 연구 개발, 포장, 임금 지불 장부, 해외 시장의 개척, 그리고 법적인 문제를 모두 책임질 걸세. 자, 이런 회사가 있다면, 자네는 어떻게 할 텐가? 이 사업에 대해 알고 싶지 않은가?' 난 첨단 기술 회사에 근무하는 한 친구에게 똑같은 메시지를 E-메일로 보냈다. 그 친구는 회사가 자신의 연봉을 삭감했다고 불평한 적이 있기 때문이다. 그러나 그는 관심이 없다는 답장을 보내 왔다. 심지어는 무슨 사업이냐고도 묻지 않았다. 완전히 무관심이었다. 난 절대로 믿을 수가 없었다!"

"그리고 2주일 뒤 제수씨가 우리 집에 왔는데, 그녀는 우리 집에 있는 샤워 용품을 사용했다. 그리고는 그 제품이 좋다며 무슨 제품이냐고 물었다. 일단 내가 그녀를 후원한 후, 제품 구입에 거의 1천 달러를 지출했다. 또한 자신이 얼마나 흥분해 있는지를 설명하느라 입을 다물지 못했다. 그러다가 두 달이 지난 뒤 그녀는 시간이 없어서 사업을 그만두겠다고 했다. 그녀는 남편의 성형외과 병원을 관리하고 있었다. 그래서 그녀에게 성형 수술에 수천 달러를 지불하는 사람들이 젊음을 유지하기 위해 우리 제품을 이용하지 않겠느냐고 물었다. 그러나 대답이 없었다. 아마도 내가 SW 규칙주)을 몰랐다면 무엇인가 했을 것이다. 나는 '다음'이

주) "Some Will, Some Won't, So What, because Someone else is always Waiting." : 어떤 사람은 할 것이고, 어떤 사람은 하지 않을 것이다. 그래서 어쨌든 말인가, 다른 누군가가 항상 기다리고 있을 테니까.(다음 사람에게 가자!) - 역자 주.

라는 낱말을 이해한 뒤로부터는 앞으로만 전진할 뿐 뒤를 돌아보지 않았다."

패트릭의 접근 방법은 확고하다. 이제는 그의 태도 역시 확고해졌다. 네트워크 마케팅에 종사하면 어쩔 수 없이 알고 있는 사람들과 대화를 나누게 된다. 또 가능한 한 많은 사람에게 손을 뻗쳐야만 적절한 시기를 만난 사람들을 찾아낼 수 있다. 그때가 바로 개인적인 관계가 시작되는 시기다. 우리는 그것을 '관계 마케팅'이라고 부른다.

친구들을 억지로 사업에 끌어들이지 말라

신입 네트워크 마케터가 범하는 또 다른 실수 가운데 하나는 20명이나 되는 친구들을 억지로 사업에 끌어들이는 것이다(그것은 단지 프로스펙트를 놀라게만 한다!). 그 신입 네트워크 마케터는 그 친구들을 결승점까지 끌고 가느라고 다음 6개월 동안을 소비한다. 많은 선의의 사람들은 네트워크 마케팅이 사람들을 우리 산업에 팔고, 그들을 성공시키기 위해 온갖 방법을 다 동원하는 과정이라고 생각한다. 불행하게도 그것은 문자 그대로 우리 사업의 본질과 정반대다. 우리의 일은 그들을 위해 모든 일을 대신 처리하는 것이 아니다. 단지 그들 스스로 일을 처리하는 방법만 가르쳐 줄뿐이다. 우리는 교육자다. 따라서 우리는 사람들에게 제품이나 서비스를 판매하는 새로운 방법과 삶을 영위하는 새로운 방법을 가르친다. 우리가 교육하는 사람들이 많아질수록(시청각 자료를 보게 한 다음, 우리 집에 둘러앉아 사업에 관한 전체 이야기를 듣게 하는 방법을 통해), 우리의 수입도 많아진다. 또한 많은 돈과 자유 시간을 창출하는 사업의 파트너십을 위해 열정을 가지고 접근하는 사람들이 많을수록 우리

집의 사업 설명회에 참가하는 사람도 많아질 것이다.

그러므로 우호자 명단에서 단 1명도 빠뜨리지 말아야 한다. 또한 전화를 걸 때 - 혼자서 걸어야 하며, 무리를 지은 3자간 전화는 안 된다 - 자신이 열정적인지를 확인하라. 그리고 사업에 참여하고자 하는 열망을 그들과 나누고, 프로스펙트에게 돈이나 자유시간, 그리고 평생 파트너십에 관해 집중적으로 질문하라.

러시아 태생의 영적 교사 게오르게이 구르지에프Georgei Gurdjieff의 제자인 철학자 모리스 니콜Maurice Nichol은 이렇게 말하곤 했다. "사람들은 모두 잠들어 있다. 새로운 사상이나 행동 방식을 소개할 수 있을 만큼 그들을 혼수상태에서 깨어나게 하려면, 의식에 상당한 충격을 주지 않으면 안 된다."

우리도 그 말에 동의한다. 고수입을 올릴 수 있다고 말하지 않는 한 대부분의 사람들은 계속 잠들어 있을 것이다. 월 2,3만 달러 심지어는 5만 달러를(최고 고소득자들이 실제로 벌고 있는 금액이다) 약속하는 것은 사람들을 일깨워 사업 설명회에 참가하게 할 만큼 상당한 충격이 될 수 있다. 그때 전직을 고려하거나 실직을 염려하는 사람은, 긍정적인 반응을 보이면서 오디오 설명을 듣고 사업 설명회에 참가할 수도 있다. 그것이 효과적인 네트워크 마케팅의 핵심 가운데 하나다. 많은 사람들이 이 사업을 할 수 있는 잠재적인 리더십을 가지고 있지만, 적절한 시기가 올 때까지 드러내지 않을 수도 있다.

우호자 시장의 프로스펙팅을 통해 뜻밖의 친구 만들기

경우에 따라 제품과 사업 기회를 소개함으로써 우호자 명단은 영향력

범위 안에서 극단까지 확장될 수 있다. 넬디아 허드맨 알키스트Neldia Hudman Ahlquist는 수많은 전처들의 경우처럼 전남편의 새 아내 조이스 허드맨Joyce Hudman과 사이가 나빴다. 두 사람은 모두 텍사스 주 휴스턴 외곽에 있는 소도시 출신들이었다. 넬디아는 그때 상황을 이렇게 설명한다.

"우리 사이에 긴장이 아주 팽팽할 때였다. 둘 다 서로 아는 친구와 조이스는 법률 사무소에 함께 근무했는데, 그녀는 그 친구에게 자기가 사무실에 있는 동안은 나를 오지 못하게 하라고 요구했다. 조이스가 그 법률 사무소를 떠난 뒤, 사무소의 동업자 한 사람이 우리 회사 제품인 선물세트를 구입해서 모든 비서들에게 나누어주었는데, 그들은 그 제품이 너무 맘에 들어서 조이스에게도 말을 했다. 한번은 전남편에게 조이스의 밸런타인데이 선물로 우리 제품을 사라고 권했다. 그는 웃으며 말했다. '조이스는 당신이 판 거라면 아무 것도 쓰지 않을 거야.' 그러면서도 그는 우리 제품을 사 주었다. 놀라운 일은, 남편이 구입한 제품을 사용해 본 조이스가 내게 전화를 걸더니 다른 제품에는 무엇이 있는지, 우리 집에 와도 되는지를 물었다. 우리는 피부 보호에 관한 상담을 했고, 조이는 나의 신입 네트워크 마케터가 되어 돌아갔다."

"우리는 지금 친한 친구로 지내며 함께 사업을 하고 있다. 또 우리의 변화는 우리 아이들에게 놀라운 영향을 미쳤다. 조이스와 나는 최근에 달라스에서 열린 회사의 커벤션에 가서 방을 함께 쓰기도 했다. 내가 조이스를 '전남편의 아내'라고 소개하면 사람들은 모두 어리둥절해한다. 더 재미있는 것은, 지난주에 내가 조이스의 집에 가서 우리 아들을 기다릴 때의 일이다. 거기에 다른 두 여자가 있었는데, 한 여자는 다른 여자의 남편과 약혼을 하고 자기 아들을 데리러 그곳에 온 것이다. 알고 보니 두 여자도 우리 사업을 하고 있었다. 그것은 이 사업을 통해 만들어질 수 있는 놀라운 우정이다. 전혀 생각하지도 못했던 사람들을 친구로 만들었다."

우호자 명단을 최대한 이용하기

어떤 '우호자 명단' 탄두에도 공격을 받지 말라. 명단에 있는 모든 사람과 접촉하되, 사업의 파트너로서 함께 할 수 있는 자신의 도시에 있는 사람들로부터 시작하라. 상위 20위 또는 30위에 속한 가족들 및 친구들과 접촉하고, 이 놀라운 기회를 직접 볼 수 있도록 그들을 초대하라. 가능하면 스폰서가 처음 2, 3차례 홈 미팅에 참여해야 한다. 한 번에 3명에서 6명씩 참여하는 소그룹을 대상으로 사업 기회를 설명하는 것이 가장 좋다. 또한 불가피하게 생길 수 있는 '불참객'을 대비해서 원하는 수의 2배를 초대하라. 그리고 처음 90일 동안은 '관계 마케팅'에 집중하라. 즉 가장 절친한 사람들부터 접촉하고, 삶의 질을 높이는 데 목적을 둔 사업 파트너 관계를 만들기 위해 초대 대상을 확대하라. 첫해의 진행 과정에 따라 자신의 모든 시간을 명단의 나머지 사람들과 접촉하고, 약속을 정하거나 기회를 설명하는 일에 바쳐라. 또 우리가 '그들을 다른 사람의 설명회에 데려가'고 말하지 않았다는 것을 주목하라. 이들은 '여러분의' 프로스펙트들이고, '여러분의' 약속이며, '여러분의' 사업 설명회다. 우호자 명단을 이용하면서 자신이 바라는 목표에 도달할 때까지 이 과정을 계속 반복하라. 물론 새로운 동료들을 가입시키고 나면, 그들이 여러분의 노력을 복제하도록 가르쳐라. 즉, 회사의 제품과 서비스를 이용하고 몇몇 친한 친구들과 나누어 쓰도록 가르쳐라. 그리고 프로스펙트들을 물색해 약속을 정하고, 그들의 우호자 명단에 있는 사람들과 함께 그들 자신의 미팅을 여는 일을 지원하라. 또한 사업 설명회처

POINT

소개를 요청하는 것을 잊지 말라. 거절을 당할 때마다 새로운 프로스펙트 1명을 소개받을 수 있다면, 여러분의 '우호자 명단'은 고갈되지 않을 것이다.

럼 여러분의 집에서 1주일에 한 번 소그룹 단위로 이 훈련을 실시하라. 우리는 토요일 아침을 추천한다. 일단 여러분의 신입 네트워크 마케터들이 숙제(제품 주문, 글로 쓴 목표 설정, 우호자 명단 작성)를 완료하면, 그들은 여러분과 함께 일 대 일 개인 훈련 미팅을 가질 수 있는 자격이 생긴다.

우호자 명단을 최대한 확대하고 싶다면 소개를 요청하는 법을 배워라. 명단에 있는 누군가가 거절하면, 그 순간이 바로 그의 동료들 가운데서 이 사업에 관심이 있을 만한 한 두 사람의 이름을 알려달라고 요청할 때다. 요청할 때는 구체적이어야 한다. 예를 들어 보자. "공장에 근무하는 사람들 가운데 이직하려는 사람을 알고 있습니까? 직장에 있는 친구들 가운데 가장 활동적인 사람이나, 모든 사람들이 존경하는 사람은 누구죠?" 이와 같이 소개 요청하는 것을 잊지 말라. 거절을 당할 때마다 새로운 프로스펙트 1명을 소개받을 수 있다면, 여러분의 '우호자 명단'은 고갈되지 않을 것이다.

요 약

- '우호자 명단'이란, 여러분이 전화를 걸면 이름만 들어도 바로 알아볼 정도로 친분이 있는 친지들을 말한다.

- 21세기의 방향은, 진흙을 벽에 던져서 그 일부가 벽에 붙어 있기를 바라는 그런 철학과 반대되는 우호자 시장의 관계를 근거로 건설하는 것이다.

- 우호자 명단을 광범하게 구축할수록 사업의 기반을 더 확고하게 정립할 수 있을 것이다.

- 2천 명의 친구들과 친지들을 기억해 내는 데 도움이 되도록 신입 네트워크 마케터들에게 기억 환기용 도구를 이용하는 법을 가르쳐라.

- 신입 네트워크 마케터들이 우호자 시장에 접근하는 것을 회피하기 위해 사용하는 주장과 합리화에 굴복해서는 안 된다.

- 의심 때문에 사업을 시작하지 못하는 사람은 반드시 실패할 것이다. 하지만 사업을 계속 추진하고 인내한다면 성공할 것이다.

- 자신의 안전지대를 벗어나 명단에 있는 모든 사람들에게 이 사업 기회를 소개하라. 특히 이미 성공했기 때문에 이 사업을 고려하지 않을 것 같은 사람들에게 소개하라.

- 전문직 종사자들은 자신이 이 네트워크 마케팅에 참여한 것을 공개적으로 인정하지 않으려는 경향이 있다. 하지만 참여 사실

을 인정하기를 꺼려하는 것은 그들의 사업에 부정적인 영향을 미칠 수 있다. 그들의 의심과 불안은 프로스펙트들과 네트워크 마케터들에게 모두 감지될 수 있기 때문이다.

- 네트워크 마케팅에 참여한 사실을 직장 동료들에게 알릴 수 없다면, 가정에서 사업 설명회가 진행되는 동안 여러분이 이 산업과 회사에 자부심과 열정을 느끼고 있다는 것을 반드시 보여 주라.

- 다른 네트워크 마케팅 사업을 할 때 이미 우호자 시장에 접촉한 경험이 있기 때문에 같은 사람들에게 다시 접근하는 것을 꺼린다면, 여러분이 연구하고 분석한 결과 비로소 좋은 회사를 발견하게 되었다는 것을 가족이나 친구들에게 확신시킴으로써 그러한 거리낌은 쉽게 극복할 수 있다.

- 프로스펙트의 자격을 결코 구별하지 말라. 어떤 사람은 너무 대단해서 이 사업에 접근할 수가 없고, 또 어떤 사람은 너무 부적합해서 성공할 수가 없다고 미리 단정하는 것은 문자 그대로 경제적 자살 행위다.

- 전문직 종사자로서 잠재적인 이해관계의 갈등으로 인해 모집 활동을 주저한다면, 다음 2가지 가운데 하나를 선택할 수 있다.
  1 '라이프스타일'을 통해 프로스펙트를 찾는 것이다. 다시 말해, 일상생활의 과정 속에서 접근해 사업 이야기는 전혀 언급하지 않고, 적절할 때 함께 일하고 싶다는 것을 그들에게 알린다.
  2 여러분의 동료와 친분이 있는 누군가를 후원해서 그 동료에게 윤리적으로 접근할 수 있다.

- 타깃 마케팅을 이용함으로써 우호자 명단의 우선순위를 정하는 것도 좋다. 타겟 마케팅을 통해 우호자 시장이나 미지근한 시장에 속한 특정 그룹과 개인적인 배경을 함께 나눈다.

- 신입 네트워크 마케터들에게 항상 스폰서의 참여 없이 그들의 가장 친한 친구나 가족과의 전화 통화를 격려하라.

- 3자간 통화는 사업 설명회 이전보다 이후가 가장 효과적이다. 혹은 프로스펙트에게 업라인의 전화번호를 가르쳐 주고, 편리할 때 전화 통화를 하게 하는 것도 좋다.

- 팔로우업 카드 파일 시스템을 이용하여 여러분의 프로스펙트들을 추적하라.

- 프로스펙트 카드에 오른 모든 사람들에게 그들이 가입하거나 아니면 사망할 때까지 6개월마다 한 번씩 전화하라.

- 우호자 시장에서 시작하는 것이 가장 좋다. 친구나 친척에게 접근하는 것이 낯선 사람에게 접근하는 것보다 훨씬 쉽기 때문이다.

- 네트워크 마케팅에서는 태도가 능력보다 훨씬 중요하다.

- 모집 활동을 하는 동안 자신을 세일즈맨이 아닌 교육자로 생각하라.

- 사업 설명회에 참여할 때까지, 프로스펙트의 호기심을 충족시키기보다 자극하는 데 중점을 두어라.

- 사업 파트너의 가능성이 있는 우호자 시장의 프로스펙트들과

접촉할 때, 회사나 제품에 관한 특성보다 거액의 수입과 자유시간을 강조하라.

- 프로스펙트들이 거액의 수입과 자유시간을 얻을 수 있는 열정적인 파트너 관계를 받아들이지 않는다면, 그들과 논쟁하지 말고, 그들의 카드를 보존해 두었다가 6개월 뒤 다시 전화하라.
- "억지로 설득 당한 사람은 결코 자신의 의견을 바꾸지 않는다."
- SW 규칙을 명심하라.("Some Will, Some Won't, So What, because Someone else is always Waiting." : 어떤 사람은 할 것이고, 어떤 사람은 하지 않을 것이다. 그래서 어쨌단 말인가, 다른 누군가가 항상 기다리고 있을 테니까. (다음 사람에게 가자!)
- 처음 90일 동안은 '관계 마케팅'에 집중하라. 즉, 가장 절친한 사람들부터 접촉하고, 삶의 질을 높이는 데 목적을 둔 사업 파트너 관계를 만들어 내기 위해 초대 대상을 확대하라.
- 첫해에는 원하는 목표를 이룰 때까지 자신의 모든 시간을 명단의 나머지 사람들과 접촉하고, 약속을 정하거나 기회를 설명하는 일에 바쳐라. 또한 동료에게도 여러분을 똑같이 복제하도록 가르쳐라.
- 명단에 있는 누군가가 거절하면, 사업 기회에 관심이 있는 다른 직장 동료 1, 2명을 소개해 달라고 요청하라.
- 사람들이 거절할 때마다 새로 1명씩 소개받는 법을 터득한다면, 우호자 명단은 결코 고갈되지 않을 것이다.

CHAPTER · 6

주의 혼란탄 막아내기

혼란 가운데서도 초점을 유지하라

다음으로 성공을 위한 싸움에서 부딪치게 되는 또 다른 큰 장애물이 있는데, 그것은 우리 산업에 참여한 모든 네트워크 마케터들에게 영향을 미친다. 우리는 이 장애물을 '주의 혼란탄'이라 부른다. 이 사업의 변화무쌍한 성격 때문에 이 폭발물에 빠지기가 아주 쉽다. 간단히 말해서, '주의 혼란탄'은 네트워크 마케터들의 초점을 혼란에 빠뜨려서, 이제까지 배운 시스템을 포기하고 새로운 마케팅 시스템을 미친 듯 추구하게 만드는 심리적 폭발물을 가리킨다. '주의 혼란탄'은 흔히 첫해에 폭발하는데, 신입 네트워크 마케터들에게 더 빠르고, 더 쉬운 방법으로 성공을 가져다 줄 수 있는 새로운 리더나 회사, 또는 판매 도구나 시스템을 추구하게 한다.

이 혼란탄은 최고의 새로운 도구나 완벽한 성공 전략으로 가장하고 나타나기 때문에 속기가 아주 쉽다. 또 새로운 매뉴얼이나 비디오의 형태로도 등장하는데, 단지 새것이라는 이유만으로 현재 사용하는 프로그램보다 훨씬 효과적이라고 생각하는 신입 네트워크 마케터들이 많다. 또 어떤 경우에는 새로운 리더가 최신의 시스템을 들고 나타나는데, 그가 자신보다 더 많은 돈을 벌기 때문에 그의 시스템이 자신의 시스템보다 훌륭하다고 생각한다. 우리가 완전히 좌절에 빠져 있을 때는, 더 훌륭한 보상 플랜을 갖춘 회사로 나타날 수 있다. '주의 혼란탄'이 사람의 형태로 나타나건, 시스템 또는 회사의 형태로 나타나건, 첫해에 저지를 수 있는 최악의 실수는 새로운 시스템이 나타날 때마다 유혹에 빠져 방향을 전환하는 것이다.

이 사업은 시스템을 복제하는 과정이기 때문에 시스템을 바꿀 때마다 다운라인은 혼란에 빠지게 된다. 네트워크 마케팅의 경우, 첫해에 직면하는 가장 힘든 싸움은 더 빠르고, 더 좋고, 더 쉬운 길의 유혹을 받을 때마다 치러야 하는 내적인 싸움이다. 여러분이 바라는 만큼의 돈을 버는 업라인의 시스템을 계속해서 정확히 복제한다면, 여러분도 결국 그 목표에 도달하게 될 것이다. 하지만 항상 시스템을 바꾼다면 여러분은 결코 그 목표에 도달하지 못할 것이다.

네트워크 판매 사업을 진행하는 데는 수없이 다양한 방법이 있으며, 어떤 방법을 택하더라도 언제나 원하는 대로 엄청난 수입을 올릴 수 있다. 성공으로 가는 유일한 방법은 없다. 하지만 네트워크 마케터가 너무 혼란에 빠져서 끊임없이 시스템을 바꾸고, 다운라인에게도 바꾸라고 강요한다면, 실패는 불 보듯 뻔한 일이다. 이번 장에서는 여러분과 여러분의 신입 네트워크 마케터들을 유혹에 빠지게 하는 '주의 혼란탄'에 대비하는 법을 가르칠 예정이다.

끊임없이 시스템 바꾸기

우리는 지금까지 이 산업에서 전설적 인물이 될 만한 수많은 프론트라인들을 잃었는데, 그 이유는 그들이 끊임없이 시스템을 바꾸었기 때문이다. 어떤 경우에는 외국 시장의 리더들을 모두 잃은 적도 있다.

한 번 상상해 보라. 우리가 새로 개척한 나라의 개업식에 1천500명의 열성적인 프로스펙트들이 몰려들었다. 우리 회사는 이미 20개국에서 성공을 거둔 수십억 달러 규모의 네트워크 마케팅 회사였으며, 새로 모집한 네트워크 마케터들 전체가 첫 번째 5레벨에 속해 있었다. 또한 우리의 스폰서들은 모두 유명 인사였고, 모든 훈련 매뉴얼(오디오 테이프, 비디오 테이프, 책)이 각국의 언어로 번역되어 있다. 그리고 스폰서들은 그 나라에 거주하며 여러분을 지원하는 데 많은 시간을 보내기로 했다. 이러하다면 어떻게 되겠는가? 이 상황에서는 실패란 도저히 불가능해 보인다.

그러나 믿지 않겠지만, 최종 결과는 실패였다. 핵심 리더들이 18개월 만에 사업을 포기한 것이다. 실패한 이유는 그들 조직의 명칭을 '야넬 조직'에서 다른 알려지지 않은 그룹 이름으로 바꾸고, 우리가 가르친 모든 시스템을 점차 바꾸어서 일상적인 훈련 자료를 변경하는 데 많은 시간을 소비한 데 있었다. 바로 '주의 혼란탄' 때문이었다. 우리의 시스템은 모두 성공이 입증된 반면, 그들의 시스템은 하나같이 빠르게 실패했다. 하지만 그들은 아직도 훌륭한 보상 플랜이 없어서 그들의 조직이 붕괴했다고 주장한다. 더욱이 우리는 그들에게 재정 지원과 언급하지 않은 여러 가지 형태의 지원을 했었다! 사실은 그들과 그들의 다운라인은 '주의 혼란탄'에 희생된 것이다. 그러나 솔직히 말해서 그들의 스폰서인 우리도 그들의 실패에 대해 어느 정도 책임이 있다. 왜냐하면 그들이 시스템을 바꿀 때마다, 우리는 시스템을 너무 자주 바꾼다고 지적한 것 밖에는 강하게 이의를 제기하지 않았던 것이다.

전통 산업의 경우 사업이 붕괴되고 나면 비난을 퍼붓는 것과는 달리, 우리는 실패해도, 그 그룹의 네트워크 마케터들과 여전히 친구로 지낸다. 우리에게는 이 경험이 중요하고도 고통스러운 교훈이었다. 따라서 우리와 같은 실수를 피할 수 있도록 이 교훈을 다른 사람들에게 전하고자 한다. 우선 신입 네트워크 마케터들에게는 여러분의 시스템을 복제하도록 주입시켜야 한다. 즉 그들에게 처음부터 스폰서의 시스템을 따르고, 거기에서 이탈하지 않도록 가르쳐야 한다. 현재 우리는 신입 네트워크 마케터들에게 이 시스템에서 이탈하는 날이 바로 우리의 지원을 잃는 날이라는 것을 분명히 밝힌다. 이것은 우리에게 심각한 문제다. 우리가 새로 개척한 외국 시장에서 최고의 프로스펙트들을 골라 모든 훈련 도구를 제공하고, 최고의 프로스펙트들을 모집하도록 지원한 뒤, 회사의 최고위층이 참석한 개업 축하연에 그들을 가입시켰다고 하자. 이 모든 일을 해도 이미 다른 지역에서 효율성이 입증된 시스템을 복제하지 않는다면 그들은 반드시 실패할 것이다. 이것이 '주의 혼란탄'의 놀라운 실체다.

눈가리개가 없는 사업

또한 '주의 혼란탄'은 첫해에 발생하는 혼란을 모두 무시하고, 자신이 어디를 향해 가며, 어떻게 도달할 수 있는지를 명확히 알지 못하는 신입 네트워크 마케터들의 무능력을 가리키기도 한다. 신입 네트워크 마케터들은 잡동사니 같은 회사나 모집 시스템들, 혹은 비디오나 매뉴얼 그리고 엄청나게 많은 다른 판매 시스템에 의해 쉽사리 혼란에 빠진다. 따라서 신입 네트워크 마케터들에게는 첫해 동안 눈가리개를 착용하도록 경고해야 한다. 또한 다운라인 전체에 혼란이 일어나는 것을 피하려면 한 가지 성공 시스템을 일관되게 복제하는 것이 가장 중요하다. 리더가 도중에 시스템을 바꿀 때마다 일어나는 것은 혼란뿐이다.

어떤 욕심 많은 사업자는 사업 계획의 목표나 시스템 없이 곧바로 모집에 뛰어드는 경우가 있다. 이 경우에 많은 신입 네트워크 마케터들은 한밤에 열쇠를 찾아다니는 남자와 비슷하다. 어떤 이웃이 그 남자가 몇 시간 동안 풀밭에서 무엇인가를 찾고 있는 것을 본다. 마침내 그 이웃 여자가 다가와 도움이 필요하냐며 묻는다. "뭘 찾고 계시죠?"

"열쇠를 잃어버렸어요," 그 남자가 말한다. 남자와 함께 풀밭을 기어다니며 이웃 여자가 다시 묻는다. "이 풀밭에서 잃어버리셨나요?"

"아뇨." 남자가 대답한다. "하지만 여기가 불빛이 더 밝아서요."

자신에게 편안하거나 자아상에 더 적합한 방식, 또는 옛날의 근무 습관에 일치하는 방식으로 사업을 하려는 네트워크 마케터들이 무수히 많다. '불빛'은 거기가 더 밝은지 모른다. 하지만 경제적 안정과 개인적 자유를 이룩하는 것이 여러분의 목표라면, 안전지대에서 벗어나 불빛도 밝지 않고 환경도 그다지 우아하지 않은 곳에서 일을 해야 한다. 첫해에 대가를 치르면 곧 행복한 삶이 찾아올 것이다.

아칸사스 주 엘도라도의 피아 디첸Pia Dietzen은 인생에서 수많은 도전에 직면한 경험이 있었기 때문에 네트워크 마케팅 세계에 들어오기 전에 이미 이러한 교훈을 여러 번 터득한 바 있었다. 피아는 덴마크를 떠나 미국으로 와서, 도착한 지 5개월 만에 부동산 중개 면허를 취득했다. 그 뒤 임신한 상태에서 낮에는 풀타임으로 근무하며 학업을 시작했다. 그녀는 제왕절개로 아이를 출산한 뒤 몇 주일도 안 되어 직장에 복귀했는데, 이 모든 과정을 거치면서 태권도의 검은 띠를 따기도 했다. "아무

것도 풀리지 않을 것 같았던 이 비참한 시기에 나의 삶을 계속 유지시켜 준 것이 무엇인지 아는가?" 그녀는 묻는다. "우리 내면에는 목표에 계속 집중하면 우리를 도와주는 원동력이 있다고 믿는다. 또 나는 네트워크 마케터들에게 무슨 일이 있어도 포기하지 말라고 가르친다. 모든 네트워크 마케터들에게, '사람들과의 대화를 오래 할수록 여러분의 목표는 더 가까워집니다. 터널 끝에 있는 저 불빛을 놓치지 마세요.' 라고 말한다."

매사추세츠 주 앤도버의 조 루비노Joe Rubino 박사와 톰 벤툴로Tom Ventullo 박사는 10년 동안 치과 병원을 운영하다가 네트워크 마케팅에 참여하게 되었다. 그들은 치과 의사로서 크게 성공을 거두었지만 치과 의술에 대한 열정을 모두 상실한 상태였다. 열정은 식었으며, 치과 의술만이 그들이 아는 전부였다. 그들은 처음부터 네트워크 마케팅에 매력을 느꼈지만, 모두 수줍어하고 내성적인 성격이었다. 따라서 그들은 성공적인 사업을 구축하기 위해 안전 지대를 박차고 나와 다른 사람들과 대화를 나누는 법을 익혀야 했다. 물론 일반적인 염려도 그들에게 닥쳤다. 사람들이 어떻게 생각할까, 동료들에게 어떻게 비칠까?

그들은 스스로 부과한 한계 때문에 족쇄에 매인 기분이 되고 방향 감각도 없어졌다. 보통 외향적인 사람들이 탁월한 능력을 발휘하는 사업에서 내성적인 두 사람을 최고의 네트워크 마케터로 변화시킬 수 있던 것은 무엇이었을까? 그들은 평생 '작은 경기를 해' 왔고, 조심스럽게 위험을 피하는 데만 초점을 맞추어 왔다. 이 철학은 그들을 세상의 위험으로부터 보호해 주었지만, 그것은 또한 무서운 대가를 수반하기도 했다. 즉 '승리하기 위해서' 가 아니라 '패배하지 않으려는' 경기는 두 파트너의 내면을 고갈시키고 있었다. 조용한 체념 속에 사는 수많은 사람들과 마찬가지로, 그들이 극복해야 할 적은 서서히 그들의 영혼을 죽이고 있는 세상에 대한 두려움이었다. 노먼 커즌Norman Cousins은 이렇게 쓰고

POINT
노먼 커즌은 이렇게 쓰고 있다.
"인생의 진정한 비극은 죽음이 아니라, 우리가 아직 살아 있는 동안 내면이 죽어 가는 것이다."

있다. "인생의 진정한 비극은 죽음이 아니라, 우리가 아직 살아 있는 동안 내면이 죽어 가는 것이다."

조와 톰은 건강이나 행복, 관계, 그리고 세상에 대한 공헌을 위해 자신들이 치러야 할 대가가 무엇인지를 깨닫고 나서 전력 투구하기로 결심했다. 그들은 힘든 일을 일부러 해야 하는 이유를 찾아내야 했고, 자신이 누구이며 무엇을 제공해야 하는가에 대해 자신감을 키워야 했다. 아직도 그렇지만, 그들의 1가지 비전은, 체념 상태에 사는 수백만 명의 사람들에게 일단 마음만 열면 인생에는 무한한 변화의 가능성이 있다는 것을 알려 주는 것이었다. 그들은 네트워크 마케팅 팀의 지원을 받아, 개인적인 코치들과 의논한 뒤 행동 계획을 실행에 옮기면서 성공을 기대하기로 결심했다. 외적으로는 아무 것도 바뀌지 않았다. 전반적인 변화는 그들의 내면에서 일어났다.

조 박사와 톰 박사는 네트워크 마케팅 사업을 시작한 지 6년 만에 치과 병원에서보다 훨씬 많은 수익을 올리게 되자 치과 의사를 완전히 그만두었다. 그들은 세계를 순회하며 네트워크 마케팅에서 성공하는 법에 대해 강연도 하고 글도 쓰고 있다. 1995년 12월에 조 박사는 《석세스》지의 표지 기사로 실렸는데, '네트워크 마케팅의 기업가적인 엘리트들은 어떻게 초고속으로 재산을 형성하고 있는가'라는 제목의 표지 기사에서 그는 '백만장자 제조기'로 불렸다. 그의 저서 《100만 달러짜리 네트워크 마케팅 조직을 건설하는 비결Secrets of Building a Million-Dollar Network Marketing Organization》은, 인생의 목표를 설정하고 경제적으로 성공하는 법에 대해 포괄적으로 접근했다. 그들은 우리가 삶을 변화시키는 이 산업의 힘을 이용하여 우리 자신뿐만 아니라, 다른 무수한 사람들의 인생에도 공헌할 수 있다는 사실을 보여 주는 살아 있는 체험 사례다.

카렌 존슨Karen Johnson은 전에 메리 케이에서 수여하는 핑크빛 캐딜락의 수상자인데, 네트워크 마케팅 사업의 가장 강력한 여성 연설자 가운데 한 사람이었다. 그녀는 남편 빌 커튼Bill Curtain과 파트너를 이루어 신생 네트워크 마케팅 회사에 참여했다. 카렌은 업라인을 자신의 역할 모델로 삼았는데 찰리 밀러Charlie Miller 제이 프림Jay Primm 그리고 마크 배럿Marc Barrett이었다. 그들은 모두 최단시간에 회사의 최고 레벨에 오르는데 기록을 세웠다. 카렌은 그들이 정상에 오를 수 있다면 자신도 할 수 있다고 확신했다. 그래서 그녀는 직장을 나왔다. 빌도 자신의 사업을 팔고, 두 사람이 함께 네트워크 마케팅 사업에 참여했다. 그들은 페르시아만 걸프 전쟁이 일어난 1991년 1월에 최단 시일 내에 이그제큐티브 레벨에 올랐다. 하지만 불행하게도 그들의 자격요건에 도전하는 이그제큐티브 4명이 전쟁 뉴스를 시청하다가 60일도 안 되어 모두 비전을 잃고 회사를 떠났다. 다음은 카렌의 설명이다.

'7개월 뒤 빌과 나는 간신히 다시 4명의 자격 요건에 도전하는 이그제큐티브들을 새로 얻게 되었는데, 그때 마침 바바라 월터스Barbara Walters가 우리 회사를 특집으로 다룬 《나이트라인》에 출연하여 '꿈인가, 사기인가?' 라는 악랄한 질문을 던졌던 것이다. 이 TV 방송으로 인해 네트워크 마케팅 회사들은 언론 매체와 정부 규제 기관들로부터 전례 없이 혹독한 감시를 받게 되었다. 그 뒤 10개월 동안 우리 회사가 언론 매체로부터 무자비한 공격을 받게 되자, 우리의 자격 요건에 도전하는 이그제큐티브 4명은 모두 희망을 잃고 말았다. 조사 뒤 우리 회사는 무죄가 입증되었지만, 우리는 자격 요건에 도전하는 이그제큐티브 3명을 더 잃게 되었다. 언론 매체와 정부 규제 기관에 대항해서 우리 회사를 옹호하느라 값비싼 대가를 치른 것이다. 그 일이 모두 끝난 뒤 우리는 총 11명의 이그제큐티브를 잃어버렸다. 가족들은 우리에게 옛 직장으로 돌아가라고 애원했지만, 우리는 그럴 수가 없었다. 왜냐하면 우리에게는 꿈이 있었기 때문이다."

"1992년 6월에 우리는 또 다른 사업 영역에 던져졌다. 새로운 디비전이 추가되어서 우리는 화장품과 퍼스널 케어 제품을 취급하던 안전 지대를 벗어나, 산화 방지제, 킬레이트화된 미네랄, 신진 대사 조절제 따위를 배워야 했다. 하지만 우리는 해냈고, 1993년 8월에 최초로 완전한 자격을 갖춘 이그제큐티브가 우리 조직에 등장했다. 우리는 3년 동안 더 열심히 일을 했고, 결국 1996년 9월에는 우리 회사 최고 레벨에 도달하게 되었다."

카렌은 메리 케이와 함께 하던 시절을 회고하며 그때 자주 들었던 말을 이렇게 전한다. "성공에 대한 잠재력이 클수록, 그 사람이 직면해야 하는 역경도 커진다. 황금은 불을 통해 정련되듯이, 우리의 헌신에 도전이 없다면 어떻게 위대한 리더십을 바랄 수 있겠는가?"

도전에 성공적으로 맞선 카렌과 빌은 일반 회사와 전통 사업 운영이라는 족쇄에서 해방되어, 현재 캘리포니아 주 레돈도 비치에 살고 있다. 주변의 모든 사람들이 떨어져 나갔을 때 무엇 때문에 버틸 수 있었느냐는 질문에 대해 카렌은 이렇게 대답했다. '여행이 시작되기 전부터 목적지를 눈으로 선명하게 그려 보는 것이 가장 중요하다.'

조 박사와 톰 박사, 피아, 그리고 카렌과 빌에게 성공은 위대한 목적의식과 직접 연관되어 있었다. 그들이 모두 네트워크 마케팅 사업에서 성공한 이유는 내적으로나 외적으로 주변의 모든 혼란을 물리치고, 목적지와 그곳에 도달하는 방법에 대해 명확한 비전을 가지고 끝까지 버텼기 때문이다. 목표를 이룬다는 것은 새롭고 더 나은 현실 – 실제로 눈으

POINT
목표를 이룬다는 것은 새롭고 더 나은 현실 실제로 눈으로 직접 볼 수 있는 현실에 익숙해져 가는 과정이다.

로 직접 볼 수 있는 현실 – 에 익숙해져 가는 과정이다. 즉 최종적인 결과에 집중하면서, (1) 가능성에 대한 믿음을 유지하고, (2) 부정적인 영향을 차단하라. 그리고 (3) 그 최종 목표가 어떻게 달성되는가를 염려하지 말라.

도중에 시스템 바꾸기

'주의 혼란탄'의 첫 번째 징조 가운데 하나는 이미 배운 모집 방식을 조금이라도 바꾸고 싶은 유혹일 것이다. 예를 들어 여러분의 스폰서는 우호자 시장 명단에게 사업 관계를 맺고 싶다거나 막대한 수입과 자유시간을 얻을 수 있는 흥분을 나누라고 말한다. 이 둘은 보편적인 매력이다. 이렇게 우호자 명단에 접근하는 것이 아주 중요하다고도 할 것이다. 여러분은 고개를 끄덕이며 동의하지만, 실제로는 이런 생각을 할 것이다. "그처럼 엄청난 수입을 올린다는 엉뚱한 생각을 가지고 친구들이나 가족들에게 접근할 수는 없어." 그래서 여러분은 접근 방법을 바꾸기 시작한다. 즉 가장 훌륭한 프로스펙트를 피하거나, 아니면 수입을 줄여서 말하거나, 혹은 제품 선전에 도움이 되는 일을 전혀 하지 않는다. 스폰서가 막대한 수입과 자유시간 접근법을 이용해야 한다고 말한 것은 전혀 상관하지도 않는다. 여러분은 마음속으로 친구들과 가족들이 그러한 막대한 수입을 믿지 않을 거라고 생각한 것이다.

스폰서와 논쟁을 하지 않는 것은 이미 이 시스템을 이용하겠다고 약속했기 때문이다. 그러나 여러분은 자신이 무엇이 가장 좋은지를 알고 있다고 생각한다. 무슨 일이 생길지 짐작되는가? 여러분이 그런 식으로 생각하면 여러분이 모집한 사람들도 모두 그렇게 생각한다. 우리 사업을 그렇게 쉽게 보는지는 알 수 없지만, 가입한 사람들은 모두 자신이 스폰서나 이 산업에 종사해 온 그 어떤 사람보다 더 많은 것을 알고 있다고 믿는다. 따라서 그들의 타고난 지도력이 뛰어날수록 시스템을 바꿀 가능성도 더 커진다.

신입 네트워크 마케터들이 접근 방법을 변경하지 못하게 하려면, 훈련하는 동안 그들의 의향을 파악해야 한다. 가령 신입 네트워크 마케터들은 관계 마케팅으로 사업을 시작하는 것이 얼마나 중요한지, 또는 의식에 충격을 주기 위해 막대한 수입 금액을 인용하는 것이 얼마나 중요한지를 이해하지 못할 수도 있다. 따라서 그들에게 원래의 시스템에서 이탈하기가 얼마나 쉬운지를 가르쳐야 한다. 그들에게 다음과 같이 솔직하게 말하라. "이제 여러분은 가장 유망한 프로스펙트들에게 접근하는 것을 미루거나, 수입의 규모를 줄이고 싶은 유혹을 받을 것이다. 그러나 어떻게 하든 시스템을 그대로 이용하라. 우리가 가르쳐 준 접근 방법을 그대로 이용하는 것이 가장 중요하다."

신입 네트워크 마케터들에게 반드시 이해시켜야 할 점은, 네트워크 마케팅은 인간관계로 시작되며, 수많은 프로스펙트들과 그들에 대한 끈질긴 팔로우쓰루^{주)}가 필요하다는 것이다. 접근 방법 가운데 그들이 바꾸는 또 다른 부분은, 훈련 때 가르쳐 준 숫자를 낮추는 것이다. 여러분이 그들에게 개인적으로 적어도 100명을 후원해야 한다고 제시하면, 그들

주) Follow-through : 프로스펙트에게 사업 기회를 설명하고 후속 관찰하면서 가입하게 하는 과정을 팔로우업이라고 하며, 이를 좀더 장기적으로 진행하는 것을 팔로우쓰루라고 한다 – 역자 주.

은 50명의 프론트라인만 모집하면 충분하다고 단정하는 경우가 많다. 또 전업 네트워크 마케터에게 냉담자 시장으로 넘어가면 적어도 1주일에 100명의 프로스펙트에게 접근해야 한다고 하면, 그들은 30명이나 50명이면 충분하다고 단정한다. 우호자 명단에 2천 명의 프로스펙트를 작성하라고 제시하면, 그들은 대개 아무 말 없이 우리가 제 정신이 아니라고 생각할 것이다. 신입 네트워크 마케터들은 성공의 걸림돌이 되지 않을 거라고 확신하겠지만, 그러한 시스템의 변경은 '주의 혼란탄'의 첫 번째 요소다. 따라서 새로 모집한 네트워크 마케터들에게 하나의 시스템을 가르칠 때마다, 그 시스템에서 조금만 이탈해도 실패를 가져올 수 있다는 점을 반드시 강조해야 한다.

긴장이 풀려 있는 훈련 기간 동안 신입 네트워크 마케터들에게 첫해에 직면할 수 있는 여러 가지 도전에 관해 미리 경고만 해도, 훗날 그들이 반발하거나 중심을 잃어서 건설적인 비판이 필요할 때 많은 도움이 될 것이다. 모든 것들을 이야기하느라 시간을 허비하고 싶지 않거나, 큰 돈을 벌어들이는 업라인이 만든 시스템이 없다면, 모든 신입 네트워크 마케터들이 가입할 때 이 책을 나누어주어라(부끄러움도 없이 책을 이 추천하다니 죄송할 따름이다!). 하지만 가장 훌륭한 조언은 업라인에게서 나온다는 것을 명심하라. 그들은 이미 그 회사에서 검증을 받았기 때문이다.

다른 사업의 유혹

어떤 변화는 당신의 영향력의 범위 밖이라 통제가 불가능해 보이는 것도 있다. 그러므로 다운라인을 위협하는 온갖 종류의 유혹과 도전에 대비하기 바란다. 네트워크 마케팅의 놀라운 진실은, 일단 회사에 정착하게 되면 아무런 유혹도 받지 않고 몇 십 년 동안 순풍에 돛 단 듯이 순조롭게 사업을 진행할 수 있다는 것이다. 그러나 네트워크 마케터가 된 첫해에는, 경쟁자들이 난데없이 나타나 회사를 바꾸도록 간청할 것이다. 성공과 인내는 존경을 가져다주지만, 새로운 것만 좇다가는 쉽게 망가진다. 다음은 마크가 성공한 업라인을 처음 만났을 때의 이야기다.

"그때 나는, 수입과 라이프스타일 때문에 항상 존경하던 그 업라인의 얼굴을 마주 대한다는 생각에 마음이 들떠 있었다. 그 사람은 다른 도시에 살고 있었기 때문에, 그에게 전화를 걸어, 자동차로 240킬로미터 거리에 있는 우리 도시로 와서 우리의 최고 네트워크 마케터들에게 사업을 지도해 줄 수 있느냐고 물었다. 나는 그가 초청을 즉각 받아들이는 데 놀랐다. 그는 고급 과정을 훈련받을 사람들이 모두 모이면 1주일 안에 오겠다고 말했다. 나는 아주 의기양양했다. 그때만 해도 우리 리더들이 호텔 미팅에 중독되지 않았기 때문에, 난 도시 규모의 미팅을 준비해 본 적이 없었다. 그래서 최고 네트워크 마케터 25명만 우리 집에 초대해서 업라인 영웅의 고급과정 훈련을 받게 했다. 내 진짜 스승은 리차드 칼Richard Kall이었지만, 이 리더는 가까이 살고 있었고 회사에서 나보다 겨우 세 레벨 높았다. 그러나 그는 소문에 의하면 월 1만5천 달러의 수입을 올리고 있었다. 그래서 난 우리 네트워크 마케터들이 훌륭한 지도를 받게 되리라고 생각했다."

"그때 일이 어제 일처럼 생생하게 떠오른다. 우리는 정말 텍사스식 야외 파티를 열었다. 커다란 갈비 통구이와 온갖 진수성찬이 다 갖추어져 있었다. 그리고 다른 사람들이 음식을 먹는 동안, 우리의 위대한 영웅이 앞으로 진행될 미팅을 의논하기 위해 조용한 방으로 가자고 했을 때 나는 몹시 기뻤다. 나는 그를 위층에 있는 내 사무실로 안내했고, 우리는 얼굴을 마주보며 의자에 앉았다. 내가 말을 꺼내기도 전에 그가 말했다.

'마크, 오늘밤엔 밤새울 준비를 하게. 내가 유에스에이 비타민USA Vitamin이라는 회사의 엄청난 보상 플랜과 리쿠르팅 비디오를 발견했거든. 우리 회사가 훌륭한 보상 플랜을 갖추고 있다고 생각하거든 이것을 들어보…….'"

"난 충격을 받았다. 내가 네트워크 마케팅에 참여한 첫해에 처음으로 강력한 '주의 혼란탄'이 폭발한 것이다. 그리고 이 폭탄은 모든 사람들을 시스템에서 이탈시킬 게 뻔했다. 그가 우리의 최고 네트워크 마케터들에게 이야기할 준비를 하고 있었기 때문이다. 나는 소란을 부리고 싶지 않았고, 시간이 30분밖에 남지 않았기 때문에, 빨리 대책을 세워야 했다. 그가 이야기를 하는 동안, 나는 방법을 궁리하느라 골똘히 생각에 잠겨 있었다. 마침내 대답할 말이 떠올랐다. '이봐요, 더그, 당신 이야기에 충격을 받았습니다. 내 아내에게 당신이 나한테 이런 제안을 했다는 것을 알릴 수가 없어요. 그렇지 않으면 아내는 몹시 상처를 받을 것입니다.'"

"그러자 더그가 말했다. '이해하네. 내 아내도…,' 난 결정적인 말로 그의 이야기를 가로막았다."

"'저… 당신이 아무 말도 하지 않은 걸로 합시다. 아내가 이 대단한 사업을 직접 보았으면 해서요. 또 우리 네트워크 마케터들에게도 아무 말 하지 말았으면 합니다. 당신이 그들에게 이야기할 때는 아내와 내가 이미 당신 팀에 합류해 있어야 할 테니까요. 무슨 말인지 아시겠죠?'"

"더그는 고개를 끄덕이며 동의했고, 몹시 의기양양해 했다. 그는 우리를 자신의 네트워크 마케터로 모집할 수 있으리라고 확신했던 것이다. 그는 우리 셋이서 저녁때 따로 만날 때까지 한 마디도 입 밖에 내지 않겠다고 약속했다. 미팅은 순조롭게 진행되었고, 아무도 우리의 위대한 스승이 이미 딴 사업에 참여하고 있다는 것을 꿈에도 생각하지 않았다. 물론 사람들이 모두 돌아간 다음, 나는 그가 양다리를 걸치고 있는 데 대해 혼을 내주었다. 특히 첫해에 사업을 포기한 것이 얼마나 어리석은 짓인지를 지적해 주었다. 그러고 나서 우리는 원수가 되어 헤어졌다. 그게 그가 바라는 방식이었다. 하지만 그는 아직도 가끔씩 전화를 걸어 그의 최근 네트워크 마케팅 사업을 함께 하고 싶다고 하면서, 왜 내가 그의 회사에 참여해야 하는지를 설명하곤 한다. 그때 이후 그는 대여섯 번은 회사를 바꾸었을 것이다. 그는 우리 회사에서 계속 활동했다면 우리의 노력만으로도 평생 동안 월 10만 달러 이상을 벌 수 있다는 사실을 깨닫고 어떻게 할까?"

모든 신입 네트워크 마케터들에게 전하는 속담이 있다. 즉 '남의 떡이 더 커 보인다.' 가 그것이다. 장담하건대, 동쪽에서 해가 떠오르는 것과 마찬가지로 신입 네트워크 마케터들은 반드시 첫해에 다른 회사들로부터 유혹을 받게 된다. 그것은 100퍼센트 확실하기 때문에, 모든 신입 네트워크 마케터들의 훈련 과정에서 반드시 언급해야 한다. 그리고 네트워크 마케터들이 항상 염두에 둬야 할 사항은, 트리클다운 이론주)은 경제학보다 우리 사업에서 훨씬 잘 적용된다는 것이다. 리더들에게 무엇인가를 가르쳐서 그것이 잘 적용되면, 조직에 속한 모든 사람들이 순식간에 배우게 될 것이다. 여러 해 동안 이 산업에 종사해 온 우리 같은 사람들은 진정한 성공의 원리, 즉 '인내'를 터득했다. 또 여러 해 동안 한 회사에 근무하며 해마다 새로운 레그들을 구축해 온 네트워크 마케터들은 지금 큰 부자가 되어 있다. 남의 떡이 더 크다고 생각하는 사람들은, 오래 지속되는 부는 한 회사에서 꾸준히 활동해야만 이룩할 수 있다는 것을 알게 될 것이다.

네트워크 마케팅에서 성공하려면 2개 이상의 회사에 소속되어 있어야 한다고 확신하는 네트워크 마케터들은 온갖 주장을 늘어놓는다. 그

주) trickle-down theory : 정부 자금을 대기업에 유입시키면 그것이 중소기업과 소비자에게까지 미쳐 경기를 자극한다는 이론 – 역자 주.

POINT
여러 해 동안 한 회사에 근무하며 해마다 새로운 레그들을 구축해 온 네트워크 마케터들은 지금 큰 부자가 되어 있다.

러나 그렇지 않다는 증거가 이 책 안에 있다. 우리는 1개 이상의 다운라인을 동시에 구축한 사람 가운데 성공한 사람은 이제까지 1명도 만나지 못했다. 또한 몇 년 동안 두 회사 시스템을 신봉하는 수백 명의 사람들을 만나 왔다. 하지만 명심하기 바란다. **'그것은 제대로 진행될 수가 없다!'** 한 튼튼한 네트워크 마케팅 회사에서 최고 수준의 소득을 얻기 위해서는 집중하여 모든 노력을 다 쏟아야 한다. 의심할 여지없이 분명히 많은 네트워크 마케터들이 다른 회사의 유혹을 받을 것이며, 어떤 사람들은 실제로 우리가 잘못이라는 것을 입증하려 애쓸 것이다. 그들이 그것을 증명할 때까지 우리는 사실을 계속 강조해야 한다. 물론 이제까지 그렇게 성공한 사람은 아무도 없다!

어떤 사람들은 이른바 '튀어 나갈 자세'에 몰두하는 경우도 있다. '튀어 나갈 자세'란, 이 회사 저 회사로 쉽게 옮겨 다니는 것[주]을 말하는데, 그들은 그 회사가 장기적으로 계속 사업을 하지 않으리라는 것을 아주 잘 알고 있다. 그러나 그들은 초도 물품 구입에서 생기는 커미션과 빨리 돈을 벌기 위해서 금 거래 사업에서 해외 사업으로 쉽게 회사를 바꾼다. 그것이 피라미드 사기다. 따라서 그들은 성공하는 사람이 몇 안 되어도 상관하지 않는다. 또 회사가 언제 문을 닫아도 상관없다. 중요한 것은 그 과정에서 현금 몇 푼을 쉽게 만질 수 있느냐가 전부다. 이런 사기꾼들을 조심하라. 그들이 바로 우리 산업을 먹칠하는 자들이다.

주) 우리나라에서는 속칭 '떳다방' 이라고 부른다 - 역자 주.

전통적인 회사의 피라미드 구조에서는, 모든 기업들이 고객의 요구나 전문성을 충족시킬 수 있는 간부를 찾게 마련이다. 만약 병원 운영에 지쳐 있는 의사가 동업자로 근무할 전문의나 의사를 찾는다면, 의학 분야를 전문으로 하는 헤드헌터를 찾으면 될 것이다. 그곳에는 수십 명이 대기하고 있다. 또 IBM에서 어떤 기술직에 전문가를 필요로 한다면 광고를 내거나 기술직 전문 헤드헌터에 전화를 걸 것이다.

　바로 이것이다. 자유 사회에서는 사람들이 항상 자기 향상을 추구한다. 그리고 회사의 간부들은 어떤 인재 스카우트 기관에서 상사인 관리자를 스카우트해 가도 별로 상처를 입지 않는다. 그것은 있을 수 있는 일이며, 인생은 그런 것이다. 그런데 만약 우리의 리더 한 사람이 다른 네트워크 마케팅 회사 주변을 탐색하기 시작하거나 실제로 사업 설명을 하러 간다면, 사람들은 하늘이 무너지는 것처럼 생각한다. 소문은 광속도로 퍼진다. 업라인들은 즉각 그 한심한 리더의 배신을 막기 위해 6, 7 레벨에 속한 모든 네트워크 마케터에게 통보하고 이탈 방지 작전을 전개할 것이다. 그들은 모두 회사가 그 리더를 잃으면 자신들은 파멸하고, 전체 조직의 열정과 추진력이 파괴될 것이라고 생각한다. 정말 기막힌 일이다!

　사실, 모든 신입 네트워크 마케터들은 사업을 하는 동안 여러 차례 회사를 바꾸고 싶은 유혹을 받는다. SW 규칙을 명심하라. "어떤 사람은 할 것이고, 어떤 사람은 하지 않을 것이다. 그래서 어쨌단 말인가, 다른 누군가가 항상 기다리고 있을 테니까, (다음 사람에게 가자!)" 우리는 모두 성인이며, 다른 회사에서 더 행복할 수 있다면, 우리 회사에서 힘겨워하는 사람들이나 아무런 발전 없이 우리의 시간만 소모시키는 사람들을 붙잡아 두고 싶은 마음이 전혀 없다. 우리는 그들에게 '행운을 빌어 줄 것' 이다. 하지만 새로운 경쟁 회사를 접하기 전에 그들은 그러한 전환을 준비해 온 것이 분명하다. 새로운 출발을 할 때마다 그들은 자신들의 명

예를 조금씩 훼손할 뿐 아니라 부자가 되는 길에서 한 걸음씩 더 멀어진다는 것을 곧 깨닫게 될 것이다. 정말 엉터리 네트워크 마케팅 회사에 들어가지 않는 한 어떤 회사에서도 성공하는 것은 가능하다.

성공의 열쇠는 회사를 옮겨 다니는 것을 중단하고 한 회사에서 굳게 버티는 것이다. 월수입 1만 달러를 찾으러 이 회사 저 회사를 전전하는 사람들의 그 열광적인 태도를 가리켜서 피터 허쉬Peter Hirsch는 '코카인 심리주)'라는 명칭을 붙인 바 있다. 이와 대조적으로, 그는 더 확실하고 안전한 접근 방법으로 '당근 주스 심리주)'를 추천하는데, 당근 주스 심리에 따르면, 건전한 조직을 꾸준히 구축해 나가야만 장기적이고 안정된 수익을 얻을 수 있다는 것을 인정한다. 인생과 마찬가지로 네트워크 마케팅에서도 우리는 뿌린 대로 거둘 것이다.

다른 리더들에 의한 혼란

'전문적인' 언론인들의 가르침을 따르거나, 다른 네트워크 마케팅 회사에 참여하고 싶은 유혹은 사업의 자연스러운 일부로 보인다. 하지만 자신의 회사에 있는 리더들이 떨어뜨린 '주의 혼란탄'의 경우는 어떤가? 그러한 놀이는 얼마나 위험한가? 물론 대단히 위험하다. 이 문제는 특히 사업 시작 첫해인 네트워크 마케터들을 혼란에 빠뜨려 무력하게 만드는, 가장 극복하기가 힘든 문제다. 리더들이 이 문제를 아주 자세히 설명해 주지 않으면, 그들은 자신의 회사 내에서 쉽사리 리더들의 조롱과 비웃음의 표적이 될 수 있다.

주) 마약처럼 화끈하고 효과가 빠른 것을 찾는 심리. 건강에는 도움이 안 된다-역자 주.
주) 별로 맛은 없지만 꾸준히 마시면 건강에 정말 좋다-역자 주.

흔히 '주의 혼란탄'은 한 번도 성공적인 다운라인을 구축한 적이 없으면서도, 이전의 경험에 의지해서 자신이 하는 일을 잘 안다고 믿는 사이비 리더들에 의해 고착된다. 10년 동안의 경험과 1년의 경험을 열 번 한 것 사이에는 중대한 차이가 있다. 그것이 바로 네트워크 마케터들에게 일차적으로 네트워크 마케팅에 경험이 없는 사람들을 모집하라고 권하는 이유다. 그들이 훈련하기가 훨씬 쉽기 때문이다. 근본적으로 이 회사 저 회사를 전전하는 네트워크 마케팅 중독자들은, 새로운 네트워크 마케터들에게 수많은 문제들을 일으키는 '아는 체'를 일삼는 사람들일 경우가 많다.

리더들이 '주의 혼란탄'을 폭발시킬 때 잠재적으로 일어날 수 있는 혼란을 검토해 보자. 당신이 네트워크 마케팅 초년생이고, 조직을 구축하는 데 탁월한 실적을 올렸다라고 가정해 보자. 또한 850명의 그룹원을 가졌고, 월 3천 달러의 수입을 올리고 있다. 또 여러분의 그룹은 기하급수적으로 성장하고 있으며, 그들은 모두 당신의 훈련 방식을 따르고 있다. 그런데 전혀 다른 업라인 그룹의 리더가 그 도시에 와서 자신의 네트워크 마케터들을 훈련시킬 예정이다. 그것은 오픈 미팅이어서 그 도시의 모든 사람이 초대된다. 당신의 네트워크 마케터들과 이 위협을 사전에 논의하지 못한다면 열광적인 흐름을 막지 못할 게 뻔하지만, 당신은 질투나 과잉 방어로 보이고 싶지 않다.

물론 여러분이 이 사업을 시작한 것은 불과 6개월이며, 가장 유능한 리더들 가운데서도 아직까지 많은 돈을 벌만큼 오래 사업을 한 사람이 없다. 그러므로 이 단계에 있는 사람들은 조금이라도 빠르고, 더 쉽게 부를 얻을 수 있다는 말에 대단히 취약하다. 미팅이 열리고, 당신은 거기 참석하여 연사가 대단히 효율적인 것으로 입증되었다는 새로운 프로스펙팅 시스템을 소개하자 움찔 겁을 집어먹는다. 당신은 당신의 다운라인이 열심히 적고 있는 것을 눈치챈다. 이것은 당신의 업라인들이 자신들의 시스템만큼 효율적이지 못하다고 가르쳐 준 바로 그 시스템이다. 실제로 그들이 몇 년 전에 시험해 본 결과 쉽게 복제할 수 있는 시스템이 아니었다. 따라서 다음과 같은 상황에 대비하라. 일반적으로 당신의 리더들 가운데 거의 절반이 의기충천해서 밖으로 나가 이 흥미진진한 새 시스템을 실행에 옮기지만 6개월 만에 실패로 끝나게 된다. 그러는 동안 그 시스템은 리더들을 이탈시켜 그들의 추진력을 파괴해 버릴 것이다. 대체 이러한 '내적인' 주의 혼란탄을 어떻게 막아내야 하는가?

우리가 대단히 존경하는 어느 정신과 의사는 언젠가 이런 말을 했다. "어떤 문제든 그 문제를 의식하면 이미 90퍼센트는 해결된 것이다." 마찬가지로 초기 단계에서 네트워크 마케터들을 효과적으로 훈련시킨다면, 이미 이 문제를 (제거한 것은 아니지만) 처리한 것이나 같다. 여기서 문제를 처리하는 방법을 소개한다. 여러분은 신입 네트워크 마케터들을 훈련시킬 때 다음과 같이 선언해야 한다.

"우리는 여러분의 스승으로서 여러분을 지원하여 될 수 있는 대로 빨리 수백만 달러를 벌어들이게 하고, 여러분의 시간을 마음대로 사용하게 하는 것이 우리의 일이라고 생각합니다. 그리고 우리는 여러분에게 2가지를 보장할 수 있습니다. 즉 (1) 우리는 결코 효율적인 시스템에 대한 정보를 감추지 않을 것이며, (2) 우리가 직접 체험하여 깨달은 실패를 불러올 수 있는 실수를 결코 허용하지 않을 것입니다. 우리의 뜻을 모두 이해하시겠습니까? 우리는 여러분이 성공하는 것을 보고 싶습니다. 여러분의 스승으로서, 우리는 여러분이 1가지 중요한 원칙에 동의해 줄 것을 강조합니다. 여러분이 이 원칙에 동의하지 않는다면, 우리는 여러분을 도울 수 없기 때문입니다. 공평하지요? (그들의 동의를 얻어라!) 여러분은 어떠한 상황에서도, 같은 도시의 어느 리더가 여러분의 다운라인들에게 새로운 시스템을 선전하거나 책이나 자료를 추천한다 해도, 우리와 함께 검토할 때까지는 결코 새로운 시스템으로 바꾸지 않겠다고 우리에게 약속해야 합니다. 다시 말해서, 우리의 지원으로 여러분이 월 1만5천 달러의 수입을 올릴 수 있을 때까지 새로운 시스템으로 바꾸면 안 됩니다. 그 이후에는 여러분이 원하는 대로 무슨 일을 해도 좋습니다. 이에 만족하지요? (다시 이 대목에서 그들의 동의를 얻어라.) 우리는 여러분을 혼란에 빠뜨리거나 초점을 흔들리게 할 여유가 없습니다. 여러분의 다운라인들에게 새로운 개념을 가르치게 하거나, 역효과를 가져올 다른 어떤 일도 하게 할 여유가 없습니다. 우리는 첫해에 여러분이 규모가 큰 미팅에 참여할 때는 사전에 우리와 상의할 것을 제안합니다. 공평하지요?"

　이러한 불가피한 주의 혼란탄에 대해 신입 네트워크 마케터들의 주의를 환기시키는 것은 시스템의 문제를 미리 해결하기 위해 큰일을 하는 것이다. 더 중요한 것은 새로운 리더가 판매 도구를 팔러 도시에 올 때마다 이러한 충고를 되풀이해도 좋다는 허락을 미리 받았다는 점이다. 그리고 그 리더가 도시에 도착하기 1주일 전쯤 여러분이 전체 다운라인들에게 음성 메일로 그 문제를 환기시키는 경우에도, 그들은 여러분의 경고를 예상 밖의 행동이나 질투의 표현으로 여기지 않게 된다. 만약 훈련할 때 그 주제를 다루면서 모든 네트워크 마케터들에게 그들의 프론트라인들을 대상으로 똑같이 복제하도록 가르치지 않는다면, 새로운 리더가 도시에 올 때마다 여러분의 네트워크 마케터들은 몇 개월씩 퇴보할 수 있다. 알다시피 새로운 시스템이라고 해서 반드시 비효율적인 것은 아니다. 문제는, 전체 다운라인들에게 새로운 시스템을 도입할 때마다 모든 네트워크 마케터들이 모든 것을 처음부터 다시 시작해야 한다는 것이다. 또한 새로운 마케팅 전략에 능숙해지려면 몇 개월의 노력이 필요하다.

기생충 스승

신입 네트워크 마케터들을 혼란에 빠뜨리는 그 다음 요인은 이른바 '기생충 스승'다. 기생충 스승이란, 적절한 조직을 건설해 본 경험도 없으면서, 다른 사람들에게 조직 구축 방법을 가르쳐 주기 위해 책을 저술하거나 오디오 테이프를 녹음하는 자칭 스승을 말한다.

어느 날 두 번째 레벨의 신입 네트워크 마케터가 당신에게 전화를 걸어 자신을 소개하다가, 무심코 자신의 스폰서(즉 당신의 프론트라인)가 당신이 전혀 모르는 새로운 네트워크 마케터 모집 활동에 참여하고 있다는 사실을 누설한다. 그래서 여러분은 그 프론트라인 동료에게 전화를 걸어 잠시 다른 대화를 나누다가 그의 신입 네트워크 마케터과의 대화 내용을 조용하게 말하고, 그에게 새로운 우편 광고(DM) 방식에 관해 질문한다. 그는 당황하면서도 어느 유명한 저자(실제로 자신의 조직을 건설해 본 적이 없는 사람이라는 것을 여러분은 알고 있다)가 쓴 훌륭한 책을 방금 읽었다고 설명해 준다. 그룹의 그 누구에게도 대량 우편 광고는 전혀 효과가 없었다는 사실을 무시하고, 그는 그것을 이용하고 있고 다른 사람들에게도 가르치고 있다.

우리는 모두 자신이 원하는 방식으로 이 사업을 할 권리가 있는 독립된 네트워크 마케터라는 사실을 인정하고 존중한다. 하지만 우리 조직의 리더로서, 우리들은 네트워크 마케터들 가운데 적극적으로 지원하고 싶은 사람이 누구인지를 결정할 권리가 있다. 또 신입 네트워크 마케터들을 훈련할 때, 여러분의 시스템을 따르는 사람들만 지원한다는 사실을 확실하게 이해시켜라. 여러분의 승인 없이 시스템을 바꾸는 사람들은 여러분의 지원을 받지 못할 것이다. 우리는 왜 이 문제에 이토록 단호한가? 우리는 여러분이 성공하기를 바라고, 우리 시스템이 효율적이라는 것을 알고 있기 때문이다. 하지만 우리는 다른 것에 관해서는 아는 바가 없다.

또 다른 문제를 발생시키는 것은 저술가가 되려는 불타는 욕망을 가진 성공한 네트워크 마케터들이다. 그런 사람들이 쓴 책을 조심하라. 그 책은 아주 '독창적'일 수 있다. 아무도 이용해 본 적이 없는 시스템과 전략들을 비롯해서 성공한 네트워크 마케터들이 양산한 자료들을 많이 봤다. 책이나 테이프를 만들려는 불타는 열정이 동기가 되어서 만들어진 개념들은 언뜻 보기에는 논리적인 것 같다. 문제는 리더가 쓴 자료들을 읽은 신입 네트워크 마케터들이 대개 그것들을 복음으로 받아들인다는 것이다. 얼마나 많은 불쌍한 영혼들이 이처럼 입증되지 않은 리쿠르팅과 훈련 테크닉을 복제함으로써 네트워크 마케팅에 실패해 왔는지 곰곰이 생각할 때가 많다. 성공한 네트워크 마케터들이 제시하는 그 테크닉들은 실제로 그들이 이용해 본 적이 없다. 이는 슬프지만 사실이다.

당신이 신입 네트워크 마케터라면, 우리는 당신에게 업라인들을 추적하여 크게 성공한 네트워크 마케터를 찾아낸 다음 그가 이용해 온 시스템을 정확히 따를 것을 권한다. 이 산업에 관한 지식을 얻고 싶다면, 적어도 회사 내의 베테랑 가운데 한 사람에게 전화를 걸어 거대한 조직을 성공적으로 건설한 저자들이 쓴 유용한 책들에 관해 추천해 달라고 하라. 입증되지 않은 시스템들을 설명하는 새로운 저자들이나 '기생충 스승'의 시스템을 따름으로써 여러분의 비전을 잃지 말라. 이 분야에서 베스트셀러를 쓴 사람들 가운데는 아무 것도 구축한 경험이 없는 경우가 많다. 또 어떤 저자들은 20개나 되는 다양한 회사에 근무한 경험이 있으며, 그런 사람은 그의 저서를 1만 권만 사 주면 여러분의 조직에 들어올 것이다. 하지만 그들은 효율적이지 못하거나 시도해 본 적이 없는 전략들을 퍼뜨리는 수가 많으며, 신입 네트워크 마케터가 그 책들을 읽고 실행에 옮긴다면 몇 개월 동안 시간만 낭비하게 될 것이다.

'주의 혼란탄'의 열병

그 다음의 혼란은 새로운 제품이나 서비스가 도입될 때 회사 자체의 부주의 때문에 발생하는 경우가 많다. 그것이 이른 바 '화끈한 제품'이다. 이것은 새롭고 흥미로운 기술이나 특수한 틈새 품목으로, 네트워크 마케터들은 품위나 체면을 모두 다 버리고 골드러시 시대에 기차를 타고 유콘으로 가는 올드 페스터스 빈Old Festus Bean처럼 미친 듯이 달려든다. 따라서 신입 네트워크 마케터들의 비합리적인 언사나 변덕스러운 행동은 대체로 새로운 제품의 발표로 인한 것이다. 특히 현장의 중요한 리더가 열광적으로 참여하는 경우, '화끈한 제품'의 '주의 혼란탄'은 아주 파괴적일 수 있다. 아래에서 1가지 예를 살펴보자.

이런 유형의 '주의 혼란탄'의 열병은 어떤 회사의 경우 아주 단순한 일로 시작되는데, 한 네트워크 마케터는 자신의 그룹에 속한 모든 사람들이 새로 발매된 제품을 1개씩 주문하면 그 다음 달에 자신이 3만 달러의 추가 수입을 얻게 된다는 것을 알게 되면서 시작된다. 이 단순한 계산에 미친 듯이 흥분한 의사들은 다음 해에 2천 만 달러의 이윤을 가져다 줄 그 제품들을 보관하기 위해 창고를 빌리고, 의사 조수에게 지게차 운전을 가르치는 지경에 이르렀다. 그러나 이러한 상황을 더 불안하게 만든 것은, 아무도 아직까지 그 제품을 보거나 사용해 본 적이 없고 제품에 대한 아무런 연구 결과도 발표되지 않은 상황에서 이러한 사태가 발생했다는 것이다. 이 모든 움직임들은, 새로 나온 제품이 너무 대단해서 미국에 사는 모든 사람들이 그 제품을 구입하려고 1마일은 늘어설 거라는 소문에서 비롯되었다. 회사의 리더들은 제품의 공급이 제한되어 있으며 주문이 밀릴 수도 있다는 암시를 흘렸으며, 네트워크 마케터들은 재고가 바닥나지 않도록 필요 이상으로 제품을 구입하였다. 그에 따라 높은 열기가 계속 유지된 것이다. 우리가 목격한 바로는 이러한 잘못 진행된 활동의 희생자가 수천 명에 달했으며, 1년 뒤까지 사업을 구축하지 못하고 여전히 혼란에 빠진 네트워크 마케터들도 있었다. 어떤 사람들은 닥치는 대로 모든 사람들을 고소하겠다고 위협했고, 또 어떤 사람들은 2천만 달러를 놓쳐 버린 것에 대해 분통을 터뜨렸다.

  회사의 신제품이 혼란의 원인일 경우 우리는 이러한 유형의 '주의 혼란탄'에 우리 자신과 우리 다운라인들을 어떻게 보호할 것인가? 업라인 리더들에 의한 끔찍한 열병에 직면하여 우리는 어떻게 이성을 유지할 것인가? 하지만 탐욕과 인간의 본성을 생각해 보면, 우리는 어떠한 보호 장치가 있다는 것을 확신할 수가 없다. 견실하고 좋은 회사가 기막히게 멋진 새로운 서비스나 제품을 발매할 때, 사람들이 흥분 상태에 빠지는 것을 막을 도리가 없다. 그러나 당신은 적어도 균형을 유지할 수는 있을 것이다. 당신의 리더들에게 신제품을 직접 사용해 본 다음 그룹에 속한 모든 사람들에게 사용을 권하라고 말하라. 그러나 제품을 구입하기 위해 집을 저당 잡히는 일은 없어야 한다. 지나치게 흥분하기 전에 신제품의 효능이 완전히 입증될 때까지 기다려라. 그리고 무엇보다, 창고를 먼저 빌리지는 말라!

  우리의 경험으로 미루어 보면, 진짜 돈을 버는 것은 처음 떠들썩한 판촉활동 때가 아니라 신제품의 효능이 입증되고 몇 개월이 지난 뒤다. 네트워크 마케터들이 외국 시장을 새로 개척할 때나 신제품 발매 때 조급하게 굴면, 그들은 대개 이 사업에서 오래 버티지 못한다. 상품의 장기적인 전망을 정확히 가늠하기 어려운 두 번째 달이 중간쯤 지날 무렵에는, 제품의 주문이 아직 밀려 있는 상태일 수도 있다. 3, 4개월이 지난 뒤 그 제품과 서비스가 광고대로 효능이 입증되고, 수요를 충족시킬 만큼 생산량이 충분해서 우리가 원하는 대로 구입할 수 있다면, 판촉이 아닌 소비에 근거한 실제 판매가 시작된다. 그러면 친구들이나 가족들에게 알리고, 사업설명회에 새로운 내용을 추가해야 한다.

무엇보다 가장 큰 위험은, 화끈한 신제품이나 서비스의 발매로 인해 네트워크 마케터들이 혼란에 빠진 나머지, 그들의 초점이 경제적인 안정과 시간적인 자유를 판매하는 것에서 단순히 신제품을 파는 것으로 바뀔 수 있다는 것이다. 그것은 진짜 위험한 일이다. 아무도 자신의 최고 네트워크 마케터들이 네트워크 마케팅의 꿈에서 단일 서비스나 제품으로 방향 전환하는 것을 바라지 않을 것이다. 프로스펙트들은 결코 우리처럼 새로운 치약이나 시디롬(CD-ROM)에 흥분하지 않는다는 것을 명심하라. 새로운 서비스나 제품을 판매하는 가운데서도, 네트워크 마케터들은 자신의 모집 활동의 초점을 어떻게 하면 한 달에 2, 3만, 심지어는 5만 달러를 벌어 완전한 경제적 독립을 이루느냐에 두어야 한다. 즉 신상품의 발매나 새로운 외국 시장의 개척에 흥분해서 프로스펙트들의 호기심을 자극하면서, 넓은 시야에서 바라보라. 무엇보다 모든 신제품에 대해 균형 잡힌 시각을 유지하라. 성공이 입증되기 전에는 지나치게 열중하거나 어떤 한 가지 제품이나 서비스를 중심으로 사업 설명회를 구성하지 말라. 열광은 결코 안정된 성장을 가져오지 않는다.

(일반 직장) 구조의 결여

많은 네트워크 마케터들은 네트워크 마케팅에 구조가 결여된 탓에 고통을 받는다. 특히 전통 사업의 세계에 익숙한 사람들이 그렇다. 그들은 월요일 아침의 조회나 생산 할당량, 또는 점차 더욱 많은 것을 요구하며 그들을 궁지에 몰아넣는 감독자들에게 익숙해 있다. 그러나 네트워크 마케팅에서는 자기 자신이 자신의 동력에 활력을 불어넣고 자신의 작업

속도를 정하는 오너다. 전통적인 세일즈의 시스템은 네트워크 마케팅에서 이용하는 시스템과 정반대다. 어떤 세일즈맨들은 최고의 세일즈맨으로서 제록스사를 떠난 뒤의 테리 힐과 같은 전통적인 구조가 없으면 처음에는 갈피를 잡지 못하고 우왕좌왕한다.

많은 사람들의 경우 상세한 실천 계획과 매일의 할당량으로 가득 찬 시간표가 필요하다. 실천 계획과 시간표가 있으면 그들은 혼란에 빠지지 않고, 확실한 방향 감각이 생긴다. 일단 구체적 목표를 세운 다음에는 1일 계획표나 일정표, 또는 어떤 형태든 계획을 실천해 나가는 데 도움이 되는 도구를 이용하라.

또 다른 사람들의 경우에는 시간 자체가 문제다. 그런 사람들은 이미 분주한 생활에 지쳐 있는 기분이다. 그런 생활에서 그들이 어떻게 1가지 일을 더 끌어들일 수 있겠는가. 특히 네트워크 마케팅 사업처럼 시간 소모적인 일이면 더 말할 것도 없다. 계획 없이 동분서주해 온 탓에 그들은 도시를 사방팔방 돌아다니거나 교통 체증과 싸울 것이다. 그렇지 않으면 일 대 일 미팅이나 사업 설명회, 혹은 훈련 미팅 따위를 여느라 시간을 비효율적으로 사용하고 있을 것이다. 그들은 완전히 혼란에 빠져서 무엇이 정말 생산적인 활동인지에 대해서도 자신이 없다.

뉴햄프셔 주의 프랜세스타운 출신의 팜 델러헌티Pam Delahanty는 업라인에게 조언을 구해 해결책을 찾았다. 그녀는 자신의 생활과 사업에서 뒤지지 않으려고 노력하는 동안 얼마나 소진된 느낌이 들었는지를 다음과 같이 설명한다. "나에게 가장 큰 도전은 시간이었다. 무엇보다 나는 치과 위생사로서 풀타임으로 근무하고 있었고, 거기에다 이제 막 아장아장 걸어 다니며 말썽을 피우는 두 아이의 엄마였다. 또 함께 시간을 보내고 싶은 남편이 있었다. 이것저것 다 하려다가 너무 긴장되고, 지쳤다. 또 때로는 죄책감을 느끼기도 했다. 완전히 균형을 잃었고, 만신창이가 된 기분이었다. 어머니, 아내, 친구, 직원에다가 이제는 네트워크 마케터까지 너무 많은 역할을 하고 있는 나 자신을 보았다. 이 사업이 제공해 주는 가능성에 대해 강한 확신을 가지고 있었지만, 이미 지나치게 빡빡해진 일정을 생각하면 나의 확신을 다른 사람과 나누기 위한 시간과 에너지를 찾기가 어려웠다."

"나는 업라인인 제이 클라크Jay Clark 박사와 린다 영Linda Young에게 도움을 청했고, 그들의 조언에 따라 나의 핵심적인 가치를 탐색하기 시작했다. 그 결과 내게 가장 중요한 것은 인간관계·흥미·자발성·경제적인 자유 등이 가져다주는 마음의 평화라는 것을 알아냈다. 일단 이런 것을 알게 되자, 난 이러한 가치들을 내 생활과 사업에 어떻게 적용할 수 있을지를 살펴보았다. 일일이 개별적인 역할에 신경 쓰지 않고도, 일상생활을 열심히 해 가면서 제품과 사업의 혜택을 나눌 수 있다면 어떨까? 또 그것이 자발적이면서 재미도 있으면 어떨까? 이러한 요소들을 나의 사업에 적용한 이후, 내가 무슨 말을 할까, 어떻게 보일까, 혹은 반응이 어떨까를 염려하면서 시간을 낭비하지 않게 되었다. 그래서 내 삶은 훨씬 활력이 넘쳐났다. 나는 삶의 활력이 잠을 충분히 자고, 잘 먹는가에 달려 있다고 생각하곤 했다. 그러나 이제는 가치 있는 활동에 자신을 던지면 내가 필요한 모든 에너지를 얻을 수 있다는 것을 믿는다. 즉 행동이 에너지를 창조하는 것이다."

"난 새로운 열정을 발견한 뒤 엉뚱하고도 즉흥적인 대화를 했던 것을 결코 잊지 못한다. 처음으로 네트워크 마케터 모집 인터뷰를 하러 가던 길에 경찰이 내 차를 막았다. 내가 멈춤 표시를 무시하고 지나갔던 것이다. 내가 경찰에게 새로운 사업 때문에 얼마나 긴장해 있는지를 열심히 설명했더니, 그는 경고만 하고 웃으면서 날 보내 주었고, 행운까지 빌어 주었다. 그래서 난 감사의 인사로 우리 회사의 치약 샘플을 주었다. 그리고 다시 1주일 뒤 그 경찰이 내 차를 또 멈춰 세웠는데, 이번에는 우리 제품을 구입하기 위해서였다. 몇 년이 지난 지금까지 그 경찰은 나의 충실한 고객이다."

가족의 오랜 친구 한 사람이 캘리포니아 주 프레스노의 수니 넬슨 Sunie Nelson을 처음 네트워크 마케팅에 소개했을 때, 그녀는 1주일에 7, 80시간씩 일을 하고 있었으며, 2가지 일을 하고 있었다. 곧 수니는 친구에게 틈이 전혀 없어서 네트워크 마케팅 사업을 할 수 없다고 통고했다. 그러나 그녀는 자신의 어려운 상태를 끊임없는 업무 일정과 미해결 상태인 4만 달러의 빚을 생각할수록 더 이상 아무 것도 잃을 것이 없다는 결론을 내리게 되었다. 그래서 수니는 TV와 잠의 일부를 포기하기로 결심했는데, TV는 자신이 원하는 곳으로 데려다주지 않을 것이고, 모자란 잠은 나중에 보충할 수 있다고 생각한 것이다. 그 뒤로 그녀는 친분이 있는 모든 사람들과 사업 기회를 나누기 시작했다. 활동 계획표를 만들어 그대로 지켜, 2개월 만에 이그제큐티브 디렉터가 되었는데, 그녀의 회사에서 최단시간의 기록을 세웠다. 그 기록은 5년 동안 깨지지 않았다. 2년 뒤 수니는 최고 레벨에 올랐으며, 지금은 가장 좋아하는 취미인 수상 스키 회전 경주를 마음껏 즐기고 있다.

사람들이 우리 산업에 참여하지 못하는 데 대한 일차적인 핑계 가운데 하나는 시간이 없다는 것이다. 그러나 팜과 수니는 모두 이 문제에 대한 해결책을 발견했다. 그들은 '주의 혼란탄'을 피하고, 그룹을 구축하기 위해 필요한 일을 하는 데만 집중했다. 당연한 일이지만, 일단 사업이 자신들에게 어떤 의미를 가질 수 있는가를 깨닫자 그들은 모두 시간을 찾아냈던 것이다.

지금 시간을 조절하고, 사업에 주의를 집중하는 데 어려움이 있다면, 스승에게 도움을 청하라. 업라인에 속한 누군가나 여러분이 본받고 싶은 다른 누군가에게 조언을 요청하는 것이 바람직하다. 1주일에 한 번씩 10분 또는 15분 동안의 짧은 전화 대화를 통해 조언을 들을 수 있다. 르네는 한 동안 오리건 주 웨스트린의 카렌 맥기한 Karen McGeehan의 스승

노릇을 해 왔다. 카렌은 매주 월요일마다 르네에게 자신의 사업 활동을 보고하는데, 그 주에 접촉한 사람들이나 약속한 숫자, 혹은 자신의 사업 설명회에 참여한 사람들의 숫자(그녀의 발전에 대한 진정한 척도)를 요약해서 전한다. 카렌의 목표는 1주일에 10회씩 사업 설명회를 열어서, 한 달에 5~8명 정도의 사람들을 가입시키는 것이다. 카렌는 목표가 빗나갈 때 르네와 그 주에 목표를 충족시키는 데 방해가 된 것이 무엇이었는지를 토의한다. 또 르네는 카렌이 모든 장애를 막아내도록 도움을 준다. 우리가 외국에 나갈 때는, 카렌이 팩스나 전자 우편을 통해 르네에게 보고서를 보내며, 서로 대화는 못하지만 글로 소식을 주고받는다. 시간이 지나면서 르네와 카렌은 친밀한 관계를 맺게 되었다. 여러분들도 자신의 활동을 시스템화하고 성공과 실패를 명확히 구별하는 데 스승이 도움을 줄 수 있다는 사실을 깨닫기 바란다.

팀 스포츠에서 홀로 활동하기

씨앗을 심는 것은 신입 네트워크 마케터의 역할이며, 여러 업라인들은 그 씨앗에 물을 줘야 한다. 이 사업에서 네트워크 마케터들이 혼자 활동하려 한다면 혼란에 빠지기가 쉽다. 그런데 사실은 우리 모두가 한 팀의 일원이라는 것이다. 신입 네트워크 마케터들은 그들의 모델처럼 부와 독립을 이룰 때까지 업라인의 지원을 이용하는 법을 배워야 한다.

펜실베이니아 주 쿠츠타운의 존 프랜지John Prange는 50대의 채식주의자로, 네트워크 마케팅을 하기까지는 하는 일마다 모두 성공을 거두었다. 존은 다음과 같이 말했다.

"내가 무엇인가가 잘못되었다는 것과 그 전처럼 성공을 거두지 못한다는 것을 깨닫는 데 2년이 걸렸다. 나는 많은 후보 선수들을 모집할 수 있었지만, 팀에서 경기를 하려는 사람은 아무도 없었다."

존은 자신의 명백한 실패가 정말 고통스러운 나머지 네트워크 마케팅 팀에 도움을 청했다.

존에게 주어진 조언은 그의 인생에서 결여되어 있는 것 – 결여되어 있다는 사실을 자신도 알지 못하는 어떤 것 – 을 찾아내기 위해 개인적인 성장 과정을 살펴보라는 것이었다. 프로그램이 하나하나 진행되어 가는 과정에서 그는 1가지 깨달음을 얻었다. "난 내가 어느 누구의 말에도 귀를 기울인 적이 없고, 항상 나 자신의 생각에만 귀를 기울여 왔다는 것을 깨달았다. 나는 지금의 내 인생이라는 경기를 여러 해 전에 내가 설계했다는 것을 깨달았다. 또 나의 내면을 크게 변화시키지 않는 한 그 경기를 통제할 수 없다는 사실도 직시할 수 있었다. 그 뒤 나는 새로운 각본을 쓰는 기쁨에 매혹되었다. 그 각본에서는 결과와는 상관이 없는, 인생보다 더 큰 게임을 전개할 수 있기 때문이다. 하지만 이 계획이 완성된 것은, 내가 결정을 내리고 헌신할 때 도움을 주면서 늘 나를 지켜봐 주는 사람들과 공동체를 이루기 시작한 때였다."

"그때 나는 그것이 상호 교환의 길이라는 것을 알았다. 나는 내 선수들이 자신의 기대대로 경기에서 승리할 수 있도록 긍정적이고 직접적인 피드백을 해 주어야 했다. 나는 항상 친구들에게 천사처럼 좋은 친구가 되기를 원했다. 하지만 이제 나는 우리 팀의 구성원들에게 사업을 그만 둘 때를 알려 주는 것이 중요하다는 것을 알게 되었다. 도움을 요청하는 사람으로서는 강하고 분명하게 요청을 해야 하고, 도움을 주는 사람은 나의 동료들이 내 마음을 읽을 수 없다는 것을 이해하게 되었다. 그들은 내가 이끌어 줄 것을 믿고 우리 팀에 참여한 것이다. 그래서 나는 그들에게 자신의 개별적인 비전을 존중하라고 요구했으며, 성공을 위해 그들 자신이 선택한 길을 계속 가도록 도움을 주었다."

POINT

우리는 우리 산업의 네트워크 구조 때문에 조언을 하기도 하고 조언을 받기도 하는 한 팀의 일원이다.

존은 진정으로 협력하는 팀의 일원이 되는 것이 성공의 열쇠라는 것을 발견했다. 그것은 다음과 같은 몇 가지 단계로 이루어진다. 첫째, 무제한의 가능성을 생각하라. 그리고 많은 선택 가운데 비전을 설정하라. 둘째, 자신의 인생에서 개선될 수 있는 여러 가지 특징들을 확인하고, 사업을 구축하기 위한 일상 단계들을 구체적으로 묘사하는 경기 계획을 수립하라. 셋째, 실천하라. 꾸물거리지 말고 일단 해보라! 넷째, 리더나 업라인 스승에게 자신의 성장을 위해 분명하게 도움을 요청하고, 다운라인들에게는 그들의 개인적인 목표를 염두에 두고 솔직한 피드백을 하라. 그 다음에는 자신의 사업이 기대보다 더 크게 진행되는 것을 지켜보라.

우리는 우리 산업의 네트워크 구조 때문에, 조언을 하기도 하고 조언을 받기도 하는 한 팀의 일원이다. 플랜에 따라 그 모든 것이 잘 진행될 때, 네트워크 보상 플랜은 절대적으로 정당화된다. 이 사업에서 혼자 활동하려고 하는 것은 강을 거슬러 올라가는 것과 같다. 이것은 일상의 과정에서 늘 무엇인가 주고받는 것이 있어야 하는 팀 사업이다. 혼란에 빠지는 것을 피하고 비전을 명확하게 유지하려면 자신의 팀에 어떻게 하면 더 헌신적으로 봉사하고, 또 팀의 도움을 받을 수 있는가에 대해 다시 평가해 봐야 한다.

개인적 위기에 의한 혼란

우리는 모두 진공 상태에서 일할 수 없다. 우리 사업의 성공은 열정에 비례하며, 열정은 다시 우리의 개인적인 삶의 영향을 받는다. 코네티컷 주 미들타운의 데니스 페졸레시Dennis Pezzilesi 박사는 인생 최대의 비극을 겪는 가운데서도 사업에 완전히 몰두함으로써 안정을 찾았다. 데니스 박사의 이야기는 다른 여러 가지 위기에도 해당된다.

"1992년 2월 28일 오전 10시 30분쯤, 나는 내 인생을 영원히 바꾼 자동차 사고를 겪었다. 이 비극이 일어나기 전만 해도 나는 성공한 사람이었다. 아니 성공했다고 나 스스로 생각했다. 나는 인생에서 하는 일마다 뛰어난 능력을 발휘했다. 또 나는 여러 가지 일을 할 수 있고, 그 일들을 모두 잘 해낼 수 있는 완벽주의자였다. 하지만 문제는 마음이 불행했다는 것이다. 나는 인생의 그 어떤 것에도 열정을 느끼지 못했다. 이러한 불안감은 이혼이나 음주 문제, 그리고 마침내 내 인생의 전환점이 된 자동차 사고로 이어졌다."

"그날 밤에도 나는 여느 날처럼 술에 취해 있었다. 술을 마시는 것은 내가 현실로부터 도피하는 유일한 방법이었다. 그날 밤 난 빨간 신호등을 무시하고 달리다가 승객 2명이 탄 자동차의 옆을 들이받은 것이다. 승객은 무사했지만 운전자인 렘포드 길링이 죽었다."

"그 순간 이후로 난 고소를 당했고, 재판에 나가야 했다. 결국 난 파산했고, 개인 병원을 운영하려다가 신문에 대서특필되어 10년 징역형에 처하게 될 위험에 직면했었다. 심지어는 세상에서 가장 헌신적인 새 아내 보니와 결혼 생활도 위기에 처해졌다. 내 마음은 죄책감, 수치심, 슬픔, 두려움, 절망감, 이러한 모든 감정들이 뒤섞인 상태였다. 나는 죽어 마땅한 사람이었다. 이것은 엄청난 비극이었으며, 내 안에 잠재해 있으면서 나를 삼켜 버리고 말았다."

"나는 자동차 관련 범죄로 유죄 판결을 받고 4년 징역형을 선고받았으며, 3년의 보호 관찰과 함께 30일 뒤 집행 유예로 집행이 정지되었다. 또한 2년 동안 불시에 소변 검사를 받고, 알코올 상담을 받았으며, 알코올 중독 방지 미팅에도 참가했다. 운전면허도 2년 동안 정지되었다. 나는 파산하여 병원 문을 닫아야 했다. 그리고 3천 시간의 사회봉사를 했다. 하지만 아무 것도 내 지난 삶을 만회해 줄 수는 없었다."

"같은 해 8월에 난 네트워크 마케팅을 알게 되었다. 우리 회사 사장은 네트워크 마케팅이 개인적인 성장을 위한 기회이며 그것이 재정적 성장으로 이어질 거라고 확신하고 있다. 난 새로운 네트워크 가족의 도움으로 나의 비극적인 삶을 숨기지 않게 되었다. 오히려 그것을 긍정적인 동기 부여에 활용했다. 나는 수백 명의 사람들에게 내 이야기를 들려주었으며, 그들은 다시 다른 수천 명의 사람들에게 '음주 운전을 하지 말라'는 메시지를 통해 영향을 미쳤다. 나는 이제 수치심으로 몸부림치는 대신에 다른 사람들에게 나와 렌포드 길링의 이야기를 전하면서 여러 생명을 구하게 된 것에 대해 그에게 영광을 돌리고 있다. 우리의 이 놀라운 산업이 제시해 준 철학이 없었다면 나는 여전히 술에 취해 죄책감과 절망감 속에 살고 있었을 것이다. 나는 현재 아내와 아름다운 관계를 유지하고 있으며, 사랑스런 세 살배기 아들과 번창하는 병원, 그리고 기하급수적으로 성장하는 네트워크 조직을 가지고 있다. 또한 무엇보다 열정적인 삶을 살면서 이 열정을 통해 수백만 명의 인생에 강력한 영향을 미치게 될 것이다."

데니스가 헌신적인 아내와 함께 그의 네트워크 마케팅 회사에서 이해심 있는 팀을 찾아낸 것은 행운이었다. 그는 자신의 비극적인 삶으로 인해 평생 동안 에너지를 아무렇게나 발산해 버릴 수도 있었다. 그러나 그는 고질적인 알코올 중독과 완전한 절망감에 굴복하는 대신, 주의를 돌

POINT
위기를 피할 수는 없지만, 우리는 각각의 위기를 개인적 도약과 사업적 도약을 위한 디딤돌로 받아들여 우리의 주의를 완전히 혼란에 빠뜨리는 것을 막을 수 있다.

려 생명을 구하는 일에 집중할 수 있었다. 네트워크 마케팅 산업에서 강력하게 선전하는 기하급수적인 성장은 단순히 돈에 관한 것만은 아니다. 데니스의 개인적인 삶을 통해 예시된 것처럼, 기하급수적 성장이라는 개념은 수많은 사람들의 인생을 변화시킬 수 있는 힘을 가리킨다. 데니스는 자신의 이야기를 숨기고 싶은 마음을 극복해 냈다. 즉 자신의 이야기를 공개함으로써 다른 사람들에게 깊은 영향을 미치게 되었다.

새로운 프로스펙트와 마주 앉을 때마다, 우리가 그들의 인생을 변화시킬 수 있는 기회를 가지고 있다는 사실을 깨달아야 한다. 그러나 그러한 일이 일어나게 하려면, 우리는 먼저 그들의 저항을 이겨낼 수 있는 방법을 찾아내야 한다. 프로스펙트에게 사업 기회가 너무 굉장해서 진실성이 결여된 것으로 보이거나 자신의 자아상과 맞지 않은 것으로 보이는 경우, 그들은 그 기회를 지나쳐 버리거나 받아들여도 곧 포기하게 된다. 그들이 당신과 함께 사업의 참여를 고려하게 되는 것은 바로 최종 결과를 눈에 그릴 수 있을 때다.

네트워크 마케팅은 이야기하는 사업이다. 자신의 약점을 드러내는 것을 두려워하지 말라. 여러분의 이야기에 인간적인 면이 담겨 있다면, 사업 설명을 하는 동안 사람들을 감동시키고 그들의 장벽을 허물 수 있는 기회가 훨씬 더 커진다. 위기를 피할 수는 없지만, 우리는 각각의 위기를 개인적 도약과 사업적 도약을 위한 디딤돌로 받아들여 우리의 주의를 완전히 혼란에 빠뜨리는 것을 막을 수 있다.

요 약

- '주의 혼란탄'이란, 네트워크 마케터들의 초점을 혼란에 빠뜨려서 이제까지 배운 시스템을 포기하고 새로운 네트워크 마케팅 시스템만을 미친 듯 추구하게 만드는 심리적 폭발물을 가리킨다.

- 효과적인 네트워크 마케팅은 시스템을 복제하는 과정인데, 시스템을 바꿀 때마다 다운라인 전체는 혼란에 빠지게 된다.

- 신입 네트워크 마케터들이 이미 검증된 시스템을 복제하지 않는다면, 모든 것을 쉽게 배우고도 실패할 수 있다.

- 초보 네트워크 마케터들은 스폰서들의 가르침을 따르고 거기서 벗어나지 않도록 교육을 받아야 한다.

- 신입 네트워크 마케터들에게 첫해에는 눈가리개를 착용하도록 경고해야 한다. 잡동사니 같은 회사, 모집 시스템, 비디오, 혹은 매뉴얼 등 엄청나게 많은 다른 판매 시스템 때문에 혼란에 빠질 수 있기 때문이다.

- 성공하는 네트워크 마케터들은 내적으로나 외적으로 주변의 부정적인 영향을 모두 차단할 수 있고, 자신들의 목표와 활동 계획에 집중하면서 명확한 비전을 가지고 과정을 지속할 수 있는 능력이 있는 사람들이다.

- '주의 혼란탄'의 첫 번째 징조 가운데 하나는, 접근 방법을 완

화하거나 수입 및 모집 인원을 줄임으로써 이미 배운 모집 시스템을 조금이라도 바꾸고 싶은 유혹일 것이다.

- 신입 네트워크 마케터들에게 '수레바퀴를 다시 발명'하려는 시도를 막는 방법은, 미리 그러한 일을 예측해서 훈련 미팅 때 증명된 시스템을 따르는 것이 중요함을 경고하는 것이다.

- 초보 네트워크 마케터들이 다른 사업 제안을 받게 될 위험은 다음과 같은 방법으로 막아라.

    1 그러한 사실을 미리 경고한다.
    2 한 회사에서 오래 버티는 것이 성공의 열쇠라는 것을 가르친다.
    3 서로 다른 회사에서 2개의 다운라인을 구축하는 것은 실패로 가는 지름길이라는 것을 설명한다.

- 대부분의 신입 네트워크 마케터들은 회사를 바꾸고 싶은 유혹을 여러 차례 받게 마련이지만, 조직의 그 누구도 절대적으로 없어서는 안 될 사람은 없다는 것을 명심하라.

- 조직을 계속 구축해 가면, 떠나기로 작정하는 사람들 아래서 새로운 리더가 나타날 것이다.

- 자신의 조직이 혼란에 처하지 않도록 막는 방법은, 새로운 모집 훈련 시스템으로 절대 변경하지 않으면서, 새로운 소식통에게 새로운 사실들을 수집하도록 미리 대비하게 하는 것이다.

- 성공적인 사업을 건설하는 열쇠는 한 시스템을 효과가 나타날 때까지 오래 고수하는 것이다.

- 믿을 수 있는 업라인에게 책 추천을 요청하고, 스승이 추천하지 않은 저자들을 추종하여 자신의 비전을 잃지 말라.
- '주의 혼란탄'의 열병은 새로운 제품과 서비스의 발매에 관한 발표로 발생한다. 흔히 회사 내의 존경받는 리더들은 그 제품이나 서비스가 너무 놀라워서 모든 사람들이 구입하려고 난리를 칠 것이라고 말한다. 당신이 직접 사용해 보기 전까지는 그들의 주장을 믿지 말라.
- 자신이나 자신의 동료가 가끔씩 '주의 혼란탄' 열병의 희생자가 되는 경우, 사업 설명회에서 흥미 있는 새로운 추가 제품을 언급하되, 원래의 활동 계획을 바꾸지 말고 꾸준히 자신의 페이스를 지켜라.
- 많은 네트워크 마케터들은 (직장)구조의 결여 때문에 고통을 겪는다. 특히 전통 사업의 구조에 익숙한 사람들의 경우는 더 그렇다.
- 시간을 조직하는 데 문제가 있으면, 일정을 제대로 관리하는 데 도움이 되는 계획표나 일정표를 사용하라.
- 자신의 사업과 개인의 성장을 위해 리더나 업라인 스승에게 명확하게 지원을 요청을 하고, 다운라인 동료들에게 그들의 목표를 염두에 두면서 솔직한 피드백을 하라.
- 혼란에 빠지는 것을 피하고 비전을 명확하게 유지하려면, 자신의 팀에 어떻게 하면 더 헌신적으로 봉사하고 또 팀의 도움을

받을 수 있는가에 대해 다시 평가해 봐야 한다.

- 우리 사업의 성공은 열정에 비례하며, 열정은 다시 우리의 개인적인 삶의 영향을 받는다.
- 사람들이 당신과 함께 사업의 참여를 고려하는 것은 바로 최종 결과를 눈에 그릴 수 있을 때다.
- 개인적인 위기를 겪는 경우 사업 설명 가운데 장벽을 허무는 데 도움이 되도록 과감하게 '자신의 이야기'에 그 위기의 내용을 포함시켜라.
- 위기를 피할 수는 없지만, 당신은 각각의 위기를 성공으로 향하는 디딤돌로 받아들임으로써 당신의 주의를 목표에서 완전히 이탈하게 하는 것을 막을 수 있다.

CHAPTER · 7

미팅 지뢰밭 피해 가기

역효과가 나는 모임의 함정을 피하라

일반 회사를 나온 사람들은 모두 다양한 경험들을 기억하고 있지만, 예외없이 끊임없는 회의에 대한 기억을 가지고 있다. 생산성을 높이고 싶은 많은 관리자들은 회의 증후군에 완전히 좌절하게 되며, 그들은 회의를 통해서는 가치 있는 것이 아무 것도 없다고 절대적으로 확신한다. 즉 회의 참여율이 높아질수록 생산성은 저하되는 것 같다. 회의는 결과 지향적인 직원들에게는 가장 큰 걸림돌이 될 수 있다.

그동안 퇴직한 간부들이 네트워크 마케팅 산업에 홍수처럼 밀려들어 왔다. 그들은 소중한 자원을 가지고 오는데, 가장 두드러진 것은 전문직 종사자들과의 광범위한 접촉 기반과 고급 관리 경험이다. 하지만 재난을 초래하기 쉬운 습관도 가지고 오는데, 그 가운데 많은 것들이 일반 회사의 경우 일차적인 구조 조정의 원인이 되었다(9장에서 이 문제를 더 자세히 다룰 예정이다). 이전에 근무하던 회사에서 상당히 많은 봉급을 받으며 끊임없이 회의만 쫓아다니던 간부들은 그런 습관을 우리 산업에도 끌고 들어오려는 경향이 강하다.

신입 네트워크 마케터들은 네트워크 마케팅에 참여한 첫해나 첫 달에 우리 직업에서 중요한 실패 원인의 하나인 무기력증에 빠질지도 모른다. 이것은 그들이 보기에 성공한 사람들에 의해 초래된 것이기 때문에 저항하기가 어려울 것이다. 무기력은 우리가 말하는 '미팅 지뢰밭'에서 생겨난다. 성공을 위한 싸움에서 이 지뢰밭이 '죽음(확실한 실패)'을 초래하는 경우는 거의 없지만, 네트워크 마케터를 병신으로 만들거나 상처주는 경우는 많다. 다시 말해서 그 지뢰밭은 신입 네트워크 마케터들을 완전한 잠재력에 도달하지 못하게 가로막는다. 일단 잘 위장된 이 폭발물을 밟게 되면, 신입 네트워크 마케터들은 남은 생활 동안 장애가 생기거나 불구가 되기도 한다. 운이 좋은 신입 네트워크 마케터들이라면 상당한 수입을 올리게 될 때까지 이 파괴력이 강한 폭발물을 피할 수 있을 것이다. 또 첫 달에 스폰서들이 이 지뢰밭에 끌고 온 불행한 네트워크 마케터들은 실제로 가장 먼저 '친애하는 고인(故人)'이 될지도 모른다. '미팅 지뢰밭'은 대개 불구로 만들지만 치명적일 수도 있다.

우리 산업이 어떻게 움직이는지 잠시 생각해 보자. 우리가 수입을 얻는 것은 제품이나 서비스의 주문이 이루어질 때다. 우리 조직이 커질수록, 주문도 더 많아진다. 우리 산업의 최고 경영자가 사람들에게 보상금을 지급하는 이유는 가격이 비싼 소매 상점을 건설하거나 많은 비용이 드는 광고 대리점을 고용하기 때문이 아니라 '구전' 광고를 하기 때문이다. 우리가 모집하고 훈련하는 사람들이 많아질수록, 우리의 조직은 커지고 우리의 수입도 많아진다. 따라서 효과적인 모집과 훈련 미팅이 우리 사업의 토대다. 네트워크 마케팅에서는 빙 둘러앉아 전략 회의로 시간을 허비해도 아무도 수입을 얻지 못한다. 따라서 사람들에게 우리 사업에 관한 이야기를 하지 않는 네트워크 마케터는 실제로 사업을 하

POINT
사람들에게 우리 사업에 관한 이야기를 하지 않는 네트워크 마케터는 실제로 사업을 하는 것이 아니다.

는 것이 아니다. 신입 네트워크 마케터들은 첫해만큼 개인적인 후원 활동에 열정적인 때는 또 다시 없을 것이다. 첫해는 네트워크 마케터 경력에서 가장 중요한 시기다. 7장에서는 '미팅 지뢰밭'을 자세히 설명하고, 효과적인 방어책을 제시하려고 한다.

첫 번째 지뢰밭 : 호텔 미팅

신입 네트워크 마케터가 리더가 되어 자신의 조직을 궤도에 올리게 되면 반드시 다른 도시의 어떤 리더가 조직을 충동질해서 전 도시 규모의 호텔 미팅을 개최하는 일이 생기게 마련이다. 새로운 사람들에게는 풍성하고 매력적으로 보이겠지만 그것은 결과적으로 당신의 그룹에 나쁜 습관을 가르치게 될 수도 있다. 아니면 그것이 일상화되어 1, 2명의 지역 리더가 강연하면서 새로운 프로스펙트들을 데려오게 하는 정기적인 호텔 리쿠르팅 미팅이 될 수도 있다. 그러한 미팅은 전 세계 모든 유명 호텔들에서 하루 종일 진행된다. 경우에 따라 상당히 훌륭한 강사가 등장하거나 수천 명에 이르는 사람들이 참석할 수도 있다. 그러나 역동적인 네트워크 마케팅 조직을 건설하는 모든 방법들 가운데서, 프로스펙트들을 처음 접촉하는 미팅으로서 대규모 호텔 미팅은 아마 최악의 방법일 것이다.

마크의 스승인 리차드 칼이 "내가 첫 번째 오스틴을 방문할 때는 호텔 미팅을 열지 말라."고 당부했음에도 불구하고, 마크는 그 조언을 어기고 호텔에서 미팅을 개최했다. 그는 연회장을 300명의 초대객으로 가득 채우고, 자신의 커뮤니케이션 기술과 리차드의 성공, 그리고 가장 유리한 사업 제안을 감안할 때, 청중 가운데 절반이 가입하리라고 확신했다. 마크는 밤을 새우며 1백 장이 넘는 네트워크 마케터 가입 원서에 자신의 아이디(ID) 번호를 적어 넣었다. 그런데 300명의 프로스펙트 가운데서 겨우 3명이 가입했으며, 그들마저 모두 60일 안에 떠나고 말았다. 마크는 첫 번째 '미팅 지뢰밭'을 밟고 난 뒤 다시는 같은 잘못을 되풀이하지 않기로 결심했다.

호텔 미팅은, 내구재를 판매하는 네트워크 마케팅 회사에서 거금을 투자할 한두 사람을 찾아내기 위해 많은 사람들을 빠른 시간 안에 걸러내기 위한 수단으로 처음 개발된 것이다. 이전에 이런 회사의 사장을 역임한 어떤 사람은 우리에게 농담 삼아 말하기를, 회사의 최고 '끝마무리(Closing) 전문가들'이 '최소한 3만 달러 이상을 가진 열성적인 프로스펙트를 탐색해 내기 위해서' 이 방법을 사용했다고 한다. 문제는 이런 회사들이 퇴출되거나 사업 초도 물품 구입으로 네트워크 마케터들의 차고를 제품들로 가득 채우는 일이 금지된 뒤에도, 그 호텔 미팅 방식은 여전히 유행하고 있다는 것이다.

호텔 미팅은 가장 비효율적인 모집 방식에 속한다. 네트워크 마케팅은 지금까지 항상 '피플 비즈니스People Business'였다. 따라서 프로스펙트들을 비인간적인 대규모 회의실에 맡기면 우리 사업의 친밀감은 완전히 사라진다. 팩시밀리, 컴퓨터, 비디오카세트레코더(VCR)이 나타나기 훨씬 이전에, 메리 케이Mary Kay는 역사상 다른 어떤 회사보다도 많은 여성 백만장자를 만들어 냈다. 암웨이는 개인적으로 열리는 홈 미팅을 이용하여 미국에서 10억 달러 상당의 제국을 건설했으며, 현재 가장 비숫한 경쟁 회사들보다 4배가 더 크다. 이상한 이유로 지난 80년대 후반 네트워크 마케팅이 실제로 꽃피우기 시작하자 대부분의 회사들은 홈 미팅보다 호텔 미팅을 선호하게 되었다. 호텔 미팅은 가정에서 정기적으로 열리는 사업 설명회에 대한 보충 수단으로서 이용되는 경우에만 가치가 있다. 그 이유를 분석해 보자.

호텔 미팅은 복제할 수가 없다

호텔 미팅을 개최하는 것은 네트워크 마케팅을 위해 전적으로 잘못이다. 우리 사업에서 가장 큰 두려움은 대중 앞에서 이야기를 하는 것이다. 호텔 미팅을 통해 우리 사업을 처음 접한 새로운 프로스펙트들은 곧 성공을 두려워하게 될 것이다. 하야트 호텔에 들어가 잘 차려 입은 부부가 마이크를 들고 수백 명의 참석자들에게 이야기하는 것을 보면, '난 저렇게 할 수 없어!' 라고 생각할 것이다.

대부분의 사람들은 대중 앞에서 이야기하는 것을 두려워한다. 우리가 종종 궁금해 하는 것은 얼마나 많은 미래의 성공할 수 있는 네트워크 마케터들이 호텔 미팅에 참석한 다음 그들이 대중 앞에 서서 연설을 해야 할지도 모른다는 생각 때문에 사업에 절대 참여하지 않기로 선택하는가 이다. 그런 생각은 겁을 줄 수 있다. 그러나 우리 직업에서는 아무도 백만장자가 되기 위해 연설을 할 필요가 없다. 그런데도 대중 연설이 네트워크 마케팅의 주요 부분이라고 믿고 시작도 하기 전에 떠난 사람들은 그런 사실을 이해하지 못한 것이다.

게다가 돈 문제도 있다. 리더들이 호텔의 연회장이나 미팅 장소를 빌리는 데는 상당한 비용이 든다. 그래서 호텔 미팅을 통해 리더들은 돈을 쓰고 대부분 빈털터리가 되거나, 아니면 돈을 벌어서 다른 사람들도 복제하도록 조장한다. 하지만 프로스펙트들과 다른 회원들이 회의실을 둘러보고 간단한 계산만으로 리더가 그들에게서 돈을 뜯어 가고 있다는 것을 알아차렸을 때, 그들은 어떤 생각을 하게 될까.

리더가 미팅을 통해 돈을 번다고 생각하면 증오심이 생길 것이다. 더욱이 일부 기업가적인 리더들은 네트워크 마케팅을 통해 돈을 버는 방법이 이처럼 대규모 미팅을 개최하는 것이라고 생각하게 된다. 또 어떤 리더들은 더 나아가 참석자들에게 책이나 테이프를 팔기도 한다. 그것은 많은 이익을 낼 수 있기 때문에, 이전에 가장 큰 회사 중의 하나에서 근무한 적 있는 한 리더가 호텔 객실, 음식, 책, 테이프, 시디롬 따위를 판매하여 1주일에 총 50만 달러의 수입을 올릴 수 있다고 우리에게 고백한 적이 있었다. 그러나 그는 투자 자금이 충분한 전문적인 컨벤션 기획자로서의 이점을 누리고 있는 것뿐이다. 모든 리더들이 그러한 방법을 복제할 수 있는 자금을 가지고 있는 것은 아니며, 가지고 있을 필요도 없다. 우리 사업의 본질은 주변 자료가 아닌 제품과 서비스의 판매로 돈을 버는 것이다.

호텔 미팅은 의존성을 낳는다

네트워크 마케팅은 모집된 리더들이 다시 다른 리더를 모집할 때 성공할 수 있다. 그럼으로써 그것은 독립성을 낳게 된다. 그래서 많은 회사들이 '독립 네트워크 마케터'주)라는 용어의 사용을 주장한다. 그러나 호텔 미팅은 정반대되는 결과를 가져올 뿐이다. 미팅에 참여해서 돈을 낸 사람들로서는 이렇게 생각할 수 있다. '됐어! 성공하기 위해서 일하지 않아도 된단 말이군. 내가 할 일은 친구, 가족, 동료들을 목요일 밤마다 하야트 호텔로 보내면 끝이야. 이 훌륭한 강사들이 내 대신 일을 다 처리해 줄 테니까.' 물론 그런 일은 결코 있을 수가 없다. 극히 적은 예외를 빼고, 결국 네트워크 마케팅에서 진짜 돈을 버는 사람은 자신들의

주) 회사마다 각각 다르게 표현한다. 예를 들면, 독립 디스트리뷰터(Independent Distributor) 또는 독립 자영사업자(Independent Business Owner)라고 부른다 – 역자 주.

미팅을 개최하는 사람들밖에 없기 때문이다. 그러므로 효과적인 리쿠르팅 미팅은 규모가 클 필요가 없으며, 아무도 공식적인 연설을 할 필요도 없다.

호텔 미팅에 참석하는 것을 이 사업의 실제 활동과 혼동해서는 안 된다. 많은 신입 네트워크 마케터들이 프론트라인 리쿠르팅에서 거절당하는 것보다 직업적으로 미팅에 참석하는 것이 훨씬 쉽다는 것을 발견한다. 네트워크 마케팅 사업을 시작할 때 네트워크 마케터를 모집하고 큰 조직을 건설하기 위해 호텔 미팅에만 의존하는 것은 잘못된 원칙에 근거한다는 사실을 이해해야 한다. "이 사업은 누워서 떡 먹기야. 열심히 일할 필요가 없다고. 사람들을 미팅에 보내기만 하면 되니까!"라고 말하는 사람들이 있는데, 천만의 말씀이다!

참석자가 적을 때 당황하게 된다

가정에서 미팅을 개최하면 불참객을 처리하기가 어렵다고 생각한다면, 호텔 미팅에서 그런 일이 생길 경우 어떤 기분이 들지 생각해 보라. 이 사업에서는 호텔 방을 빌린 미팅에 몇 사람밖에 나타나지 않는 경우보다 더 비참한 경험은 없다. 이 사업의 어떤 리더에게든지 물어 보라. 거의 모든 리더들이 적어도 한 번은 그런 미팅에 참석해서 같은 경험을 했을 것이다. 데이브 존슨Dave Johnson은 거의 10년 전 사업 첫해에 그러한 순간이 있었던 것을 기억하고 있다.

"사업 초기에, 나는 우리 라인에 참여시킬 사람들에게 이야기할 기회가 있으면 꼭 가야한다고 생각했다. 그런데 두 번째 레벨의 네트워크 마케터 가운데 하나인 홍타이 왕Hung-Tai Wang 박사가 나를 초대해, 메릴랜드 주 베세스다에 있는 하야트 리전시 호텔에서 훈련 미팅을 개최하기로 했다. 홍타이 박사는 내게 175명이 참석할 거라고 말했다. 그래서 나는 신용카드 한도액을 다 쓰고, 유나이티드 항공에 축적된 무료 마일리지를 현금으로 바꿔서 다운라인을 지원하러 갔다."

"미팅 개최일인 토요일, 나는 시작 시간인 오전 9시 30분보다 1시간 이른 8시 30분에 연회장에 도착했다. 그런데 연회장에는 아무도 없었다. 그리고 9시에 왕 박사가 도착했다. 시간이 지나 9시 15분이 되었는데도 우리 둘밖에 없었다. 9시 25분이 되자 5명의 손님이 왔다. 왕 박사는 오지 않는 네트워크 마케터들을 찾으러 복도를 오르내리고 있었다. 9시 45분이 되자, 그는 나머지 170명의 초청객이 어디 있는지 궁금해서 미칠 지경이 되었다."

"우리는 5명의 참가자를 상대로 하루 종일 세미나를 열었는데, 그 가운데 3명이 오늘날까지 사업에 종사하고 있다. 그러나 왕 박사는 나중에 고백하길 그날 천장에 매달린 샹들리에라도 자신의 머리 위에 떨어져서 만사가 끝장나기를 바랐다고 한다. 내가 여기서 얻은 교훈은, 언제 장래의 최고 리더를 만나게 될지 알 수 없다는 깨달음이었다. 만약 우리가 5명의 참석을 소홀히 여기고 기대한 만큼 많은 사람들이 참석하지 않았다는 이유로 세미나를 취소했다면, 그 3명의 리더가 어떻게 되었을지 한번 짐작해 보라."

만약 왕 박사 가정에서 미팅을 가졌다면 불참객들 때문에 당황하는 일이 없었을 것이다. 데이브와 왕 박사, 그들은 굉장히 운이 좋았다. 5명이 참석해서 3명의 사업자를 구했기 때문이다. 우리가 몇 해 동안 들어 온 무수한 이야기들 가운데, 호텔 미팅에서 이처럼 긍정적인 결과를 얻은 사람은 아무도 없었다. 현재, 홍타이 왕 박사는 아시아에서 가장 큰조직 가운데 하나를 거느리고 있으며, 이 사업에서 가장 많은 수입을 올리는 네트워크 마케터 가운데 한 사람이다. 데이브 존슨과 그의 아내 코니Coni는 우리 부부가 살고 있는 네바다 주 리노에 살고 있다. 르네는 개척기에 그들과 밀접한 협력 관계에 있었으며, 우리는 모두 절친한 친구가 되었다. 왕 박사의 업라인으로서 존슨은 아시아에서 가장 큰 조직의 리더이며, 우리 회사에서 가장 수입이 많은 네트워크 마케터에 속한다. 그들은 주로 여행을 다니면서 다른 사람들은 꿈에서만 경험할 수 있는 생활을 하고 있다.

폴라 쿡 에리히Paula Cook Ehrlich는 사업 초기에 남편을 따라 텍사스로 사업차 출장을 갔을 때 비슷한 경험을 한 이야기를 전하고 있다.

"나는 거기 머무는 동안 친지들 몇 명을 위한 사업 설명회를 열기로 했다. 미팅을 위해 우리가 머문 호텔 방을 이용하기로 하고, 모든 사람들에게 보여 줄 제품 몇 가지를 가지고 갔다."

"우연히 이 계획을 업라인에게 말했더니, 그는 자신이 텍사스에 아주 큰 조직을 가지고 있다면서 미팅을 소개하는 음성 메일을 보내겠다고 말했다. 나는 그가 호텔에 회의실을 마련해야 한다고 해서 50명 정도 모일 수 있는 방을 얻었다. 방을 얻고 그에게 전화를 걸었더니, 그가 방이 충분하지 않다고 해서, 100명 정도 수용할 수 있는 방을 얻어야 했다. 미팅이 있기 이틀 전이었는데, 그때 호텔에서 얻을 수 있는 방은 200명 짜리 밖에 없었다. 그래서 우리는 그 방을 빌리기로 하고 남은 공간을 채우기 위해 뒤에는 음료수대를, 앞에는 커다란 제품 진열대를 설치했다. 물론 내가 가져온 것보다 더 많은 제품과 진열 물품들이 필요해서 회사에 제품 일체를 특급 택배로 보내 달라고 부탁했다. 또한 진열에 필요한 물품들을 구하기 위해 시내로 달려가야 했다."

"다시 업라인에게 전화를 걸자 이미 음성 메일로 메시지를 2차례 발송했다고 하면서, 우리 미팅에 많은 청중이 참가할 거라고 장담했다. 또 이것이 내게 대단한 훈련이 될 거라고도 했다. 그의 말이 옳았다. 나는 다만 교훈의 비용이 얼마나 클지를 알지 못했을 뿐이다."

"드디어 큰 이벤트가 열리는 저녁이 되자, 진열대에는 제품들이 아주 아름답게 진열되어 있었고, 의자마다 사업 기회와 제품을 요약한 인쇄물이 놓여 있었다. 그리고 동료 2명이 일찍 와서 접수대를 담당하고 있었다. 그런데 예정 시간 15분전까지 **아무도 나타나지 않았다.** 그 순간 우리는 서로 말했다. '아무도 오지 않다니 재미있지 않아? 하 하!' 어떤 일이 벌어졌는지 짐작되나요? 예정 시간인 7시 30분이 되자, 방에는 4명이 있었다. 그들은 내가 원래 초대한 10명 가운데 4명이었다. 200명을 수용하는 방에 4명밖에 없었다고 상상해 보라. 우리는 그 4명의 초청객을 가입시켰으니 완전한 손해는 아니었다. 정말 값비싼 저녁이었다. 그들은 틀림없이 시장이 아직 포화 상태가 아니라는 인상을 확실하게 받았을 것이다. 그때 남편은 우스갯소리로 이 네트워크 마케팅 사업에 사기가 있다면 그건 우리 업라인이 텍사스 주 휴스턴에 다운라인을 가지고 있다는 주장일 거라고 해서, 우리는 함께 배꼽을 잡고 웃었다."

"우리가 방으로 돌아왔을 때 업라인에게서 미팅이 어떻게 진행되었는지 알려 달라는 메시지가 와 있었다. 상황을 알리자 그는 경악했다! 그가 내게 던진 첫 질문을 결코 잊지 못할 것이다. 그는 이렇게 말했다. '그만둘 건가요?' 솔직히 말해서 나는 그만둘 생각은 전혀 없었다. 내가 '아뇨, 물론 아니죠.' 라고 대답하자, 그는 내가 '진실한 성품을 가지고 있으며, 그만둘 결심이 아니라면 사업에 반드시 성공할 것'이라고 말했다. 나주에 밝혀진 것은, 음성 메일 시스템에는 아무도 그 메시지를 듣지 못하게 하는 돌연한 고장이 생긴 것이었다. 업라인이 호텔 방 값을 치르겠다고 제안했지만 난 거절했다. 하지만 그 이후 우리는 그 일로 많이 웃곤 했다."

"그 뒤 몇 년 동안 정말 그만두고 싶은 마음이 들 때 업라인의 말을 생각하곤 했다. 그러면 난 일을 계속할 수 있었다!"

폴라와 그녀의 남편 모트Mort는 7년이 지난 현재 마이애미비치에 살고 있으며, 회사의 정상에 올라 20개국이 넘는 지역에 퍼져 있는 조직에서 수입을 벌어들이고 있다. 그들은 항상 꿈에 그려 오던 라이프스타일을 누리고 있으며, 일시적인 후퇴를 극복할 의지만 있으면 누구든지 이 사업을 할 수 있다고 여전히 확신하고 있다.

가정이나 호텔에 몇 사람만 참석하는 것은 네트워크 마케팅 미팅에서 늘 있는 일이다. 하지만 여러분이 주최자일 경우 호텔 연회장에 4, 5명이 모인다면 기분이 좋을 리가 없다. 또한 비용마저 비싸다. 대부분의 네트워크 마케터들은 이런 실수를 한 번 이상은 할 여유가 없다.

호텔 미팅은 공개적이다

호텔 미팅은 본질상 인구의 25퍼센트를 시스템적으로 차단한다. 약간의 상식을 이용해 보라. 의사들과 회계사들 가운데는 네트워크 마케팅을 위한 호텔 리쿠르팅 미팅에서 환자나 고객에게 들키는 것을 꺼려하는 사람들이 많다. 회사 중역들과 회사 소유주들도 이러한 미팅에서 부하 직원이나 고객에게 들킬 위험을 감수할 사람들이 많지 않다. 또 교사들도 학부형이나 교장과 마주치는 것을 두려워한다! 우리는 언젠가 소아 심장병 전문의를 모집했는데, 우리 집 거실에 앉아 있던 그는 이렇게 말했다.

"어느 훌륭한 타 도시의 리더가 오스틴에서 강연할 때 내 여동생이 그 미팅에 참가해 달라고 했지만 난 거절했어요. 만약 어느 5세 된 아이의 부모가 아이의 심장 수술을 받기 전날 밤에 네트워크 마케팅 미팅에서 담당 의사를 만난다면, 그 의사를 어떻게 신뢰하겠어요? 제가 지금 여기 온 이유는 사적인 미팅이기 때문이죠."

새로운 프로스펙트가 사업을 접하는 것이 처음이라면, 가장 적합한 환경은 비록 초라할 지라도 여러분의 거실이라는 것을 명심하라.

호텔 미팅은 자유를 보여줄 수 없다

우리는 항상 새로운 프로스펙트들에게 '자유'가 가장 큰 보상이라고 강조한다. 그러면 목요일 저녁 7시 30분에 한 사내가 넥타이를 풀고 100

여 명이 모인 미팅에 들어서고 있다고 상상해 보라. 그는 자신이 이번 주에 회사에서 42시간을 보낸 사실을 생각하고 있을 것이다. 그렇다면 자신이 지금 다시 저녁 미팅에 참석하러 가야 하는 이유를 가족에게 어떻게 설명할 것인가? 아무도 늦은 밤 힐튼 호텔에서 주차 공간을 찾느라 시간을 버리고 싶지는 않을 것이다. 매주 열리는 대규모 호텔 미팅은 사람들에게 정규 근무 시간 이후 이미 과중한 일정에 또 다른 일정을 추가하도록 강요함으로써 자유의 개념을 파괴한다.

호텔 미팅은 포화 상태라는 환상을 만들어 낸다

어떤 지역도 너무 많은 네트워크 마케터들로 포화 상태를 이루는 것은 불가능하다. 하지만 포화 상태라는 인식을 주면 신입 네트워크 마케터들의 용기를 꺾을 수 있다. 사업 설명회는 소수의 친구들이 네트워크 마케팅의 유리한 사업 기회를 논의할 수 있는 어느 가정의 거실에서 열릴 때 훨씬 매력적이다. 대부분의 경우 도시의 전체 인구에 비하면 300명의 미팅은 양동이의 물 한 방울과 같다. 그러나 신입 네트워크 마케터들에게는 모든 분야의 사람들이 이 사업을 알고 있는 것처럼 보일 수 있다. 신입 네트워크 마케터는 이렇게 생각할지도 모른다. "어이쿠, 이 방에서만, 299명이 이 사업에서 나보다 앞서 있잖아!"

회사에 참여하면서 받은 인상이 무너지는 시기는 대규모 호텔 리쿠르팅 미팅에 수백 명이 밀려드는 모습을 처음 볼 때다.

호텔 미팅은 개인적 성장을 장려하지 않는다

개인의 성장과 발전은 지금까지 항상 우리 산업의 진정한 재산이 되어 왔다. 그러나 마이크를 들고 대중 앞에 서서 개인적인 성장을 경험하는 사람은 극소수에 지나지 않는다. 리더십 기술은 대부분의 경우, 신입 프론트라인 네트워크 마케터를 모집하기 위한 소규모 홈 미팅이나, 소그룹을 지도하는 법을 배우는 주말 훈련 미팅에서 개발된다. 우리는 네트워크 마케팅 산업에서 성공의 가장 긍정적인 결과는 재정적 독립이나 시간적 자유가 아니라 개인의 발전이라고 확신한다.

우리는 개인적으로 모집한 사람들 가운데 많은 사람들이 (그들 가운데 일부는 성공담이 될 가능성이 별로 없지만) 순전히 자신의 의지로 뛰어난 리더까지 발전하는 것을 자랑스럽게 지켜봐 왔다. 우리는 그들에게 리쿠르팅 미팅을 개최하기보다, 그들 자신을 돌보도록 장려한다. 그리고 어떤 성공한 리더들은 자신이 후원한 전직 의사, 변호사, 기업의 최고경영자들을 자랑하지만, 우리는 우리가 프론트라인으로 모집한 평범한 사람들, 즉 가정부, 학생, 경찰을 특별히 자랑한다. 그들은 모두 우리 산업에서 전설적인 백만장자가 되었다. 우리는 어쩌다가 테리와 톰 힐 같은 활동적인 전문직 종사자 몇 명을 모집하기도 했지만, 대부분의 경우 우리가 모집한 프론트라인 리더들 가운데 가장 높은 비중을 차지하는 사람들은 평범한 봉급쟁이들이었다.

모든 프로스펙트나 네트워크 마케터를 만날 때마다 우리가 전하고 싶은 메시지는 다음과 같이 간단하다. "우리는 보통 사람들이 열성적인 노력과 제품이나 서비스의 정당한 유통을 통해 부와 독립을 이룰 수 있는, 투자 자금과 경비가 적은 유통 사업에 참여하고 있다." 반면에 우리가 전하고 싶지 **않은** 메시지도 있다. "우리는 대중 연설 기술을 갖춘 사람들이 책과 테이프를 판매하고, 동기 부여 랠리를 주최함으로써 주간, 월간, 연간 미팅을 통해 이윤을 얻을 수 있는 피라미드 사업에 참여하고 있다." 후자는 정기 호텔 미팅을 주장하는 사람들이 자주 전하는 메시지다. 따라서 신입 네트워크 마케터가 성공을 향한 초기 싸움에서 마주칠 가능성이 있는 첫 번째 미팅 지뢰밭은 빈번한 호텔의 화려한 쇼다. 호텔 미팅은 정당한 네트워크를 구축할 수 있는 효과적인 도구가 아니며, 일반 대중이 쉽게 복제할 수도 없다. 호텔 미팅은 특별한 경우에 정기적으로 여러분의 그룹을 결속시키는 가장 훌륭한 방법인데, 업라인 리더가 방문할 때나 공식적인 시상식과 특별한 표창을 할 때, 또는 단순히 단합을 위해 개최할 수 있다. 하지만 대부분의 시간은 얼굴을 마주 대하는 프로스펙트 접촉이나, 가정에서 진행하는 전화 걸기, 혹은 당신 자신의 사업설명을 진행하는 데 소비해야 한다.

두 번째 지뢰밭 : 시간제 성인 탁아소

두 번째 '미팅 지뢰밭'은 가정에서 가장 빈번하게 발생한다. 우리는 그것을 시간제 성인 탁아소라고 부른다. 일반적으로 그것은, 일이 없을 때마다 자신의 가정을 모든 다운라인 동료들에게 개방하는 선의의 업라인 리더들이 만들어 낸다. 새로운 사람들과 노인들은 아무 때나 들러서 제품을 고르거나 그냥 커피 한 잔을 마시고 업라인을 방문할 수 있다고 생각한다. 그것은 많은 친구들을 가져 본 적이 없는 사람들에게는 위안을 주기도 하며, 사회 생활을 개선할 수 있는 멋진 방법이기도 하다. 또한 새로운 프로스펙트들을 만나서 거절당하는 것을 참아 내는 것보다 여러분을 존경하는 기존의 네트워크 마케터들을 지도하는 것이 훨씬 쉽다. 문제는, 큰 조직을 구축하는 것이 목표라면, 이 방법은 도움이 되지 않는다는 것이다. 그것은 노숙자들을 위한 24시간 휴게소를 여는 것과 같은데, 어느 정도 이득을 얻을 수도 있다. 이러한 사교 생활은 재미있을 수도 있지만, 매일 또는 주마다 들르는 사람들이 생산적이거나 자신의 사업을 성장시키는 데 도움이 된다고 믿는 것은 자기기만이다. 그것은 전혀 그렇지 않다.

세 번째 지뢰밭 : 교회 예배

또 다른 비효율적인 사교 미팅은 우리가 '교회 예배'라고 부르는 것이다. 일반적으로, 프론트라인 네트워크 마케터들이 사업 설명을 위해 리더의 가정에 손님을 데려오는 것은 매주 열리는 리쿠르팅 미팅 때이다. 이 미팅이 실제로 잘 진행되었어도, 대략 며칠만 지나면 그 자체가 쓸모없어진다. 그 이유는 다음과 같다. 첫 주에 5명의 사람들이 미팅에 참석해서 모두 그 과정을 복제한다면, 3주 뒤에는 155명의 프로스펙트가 참석해야 한다. 왜냐하면 원래의 5명에다 그들이 데려온 25명, 그리고 다시 그들이 125명을 데려와서 도합 155명이 되는 것이다. 대부분의 가정에는 그 많은 사람들이 편안하게 앉을 자리가 없을 것이다. 또 그때는 앉을 자리가 있어도, 4주가 지나면 780명으로 불어나 대책이 없게 된다.

여기서 한 가지 분명한 것은, 일부 리더들이 여러 해 동안 다운라인을 위해 매주 홈 미팅을 개최할 수 있는 이유는 그 그룹이 기하 급수적으로 성장하지 않았다는 것이다. 여러분의 목표가 매 주마다 개인적인 지원을 할 수 있도록 친구들로 이루어진 폐쇄적인 그룹을 구축하는 것이거나, 단순히 여러분을 존경하는 사람들로 이루어진 소그룹을 만들고자 한다면, 매주 열리는 네트워크 마케팅 지원 그룹보다 더 좋은 방법은 없다. 그것은 교회에 적을 두고 있지 않으면서도 매주 마음이 맞는 사람들과 2시간의 결속 미팅이 필요한 사람들에게는 훌륭한 방법이지만, 국제적인 네트워크 마케팅 조직을 건설하는 방법은 아니다.

관리가 전혀 불가능할 정도로 사람들이 많아지는 것뿐만 아니라, 기하급수적으로 성장하기 위해서 리더들은 자신이 파괴적인 상호 의존성을 만들어 냈다는 것을 곧 알게 될 것이다. 많은 돈을 벌고 자신의 시간

POINT
많은 돈을 벌고 자신의 시간과 운명을 마음대로 조절하기 원한다면, 여러분은 반드시 리더가 되어 자신의 미팅을 개최하는 한편 프론트라인들에게 여러분을 복제하도록 가르쳐야 한다.

과 운명을 마음대로 통제하기를 원한다면, 여러분은 반드시 리더가 되어 자신의 미팅을 개최하는 한편, 프론트라인들에게 여러분을 복제하도록 가르쳐야 한다.

르네는 우리가 결혼하기 전부터 리노에서 이러한 형태의 집회를 이끌며 겪었던 개인적인 경험을 다음과 같이 전한다.

"전직 수녀로서, 난 매주일 예배를 진행할 수 있는 권한을 얻었다. 난 천성적으로 예배를 진행하는 것을 즐겼으며, 그 당시 나는 다운라인을 위해 멋진 예배를 진행하고 있다고 믿었다. 나는 마음속으로 교사로서, 새로운 프로스펙트들에게 사업 기회를 설명하는 것을 좋아했다. 또 어떻게 해서든지 나의 프로스펙트들을 위해 그 미팅을 계속 유지할 작정이었다. 그리고 나의 네트워크 마케터들을 위해서도 그런 미팅이 좋을 거라고 생각했다. 우리 조직에서 보다 자립적인 사람들은 미팅에서 나가 자신들의 홈 미팅을 진행하는 경우가 많았지만, 나는 1주일에 한 번씩 화요일 저녁에 30명에서 40명 가량의 사람들 네트워크 마케터들과 그들의 프로스펙트들과 미팅을 가졌다. 내가 계속 그들을 인도하는 동안은 그 미팅에서 좋은 일들이 많이 생겨났다. 그리고 새로운 사람들이 우리 사업에 참여했지만 내가 정말 소중히 여긴 것은 우리들이 이룬 친밀감과 우정이었다."

"그리고 1991년 말 마크와 난 결혼을 했다. 그 뒤 내 생활에는 극적인 변화가 왔다. 전국에 산재한 마크의(지금은 우리의) 다운라인을 지원하기 위해 함께 많은 여행을 해야 했다. 나는 주간 미팅을 포기했다. 그래서 거의 하룻밤 사이에 리노 그룹이 해산되었다. 어느 정도는 우리 회사가 네트워크 마케팅의 역사에서 가장 혹독하게 언론 매체의 조사를 받았기 때문이었다. 하지만 대부분은 내가 그룹에 있는 모든 사람들을 의존적으로 만든 탓이었다. '교회' 문을 닫는 것은 나의 많은 동료들에게는 폐업을 의미했다. 내게는 힘들었지만, 좋은 교훈이 되었다. 여러분들도 '교회 예배'를 인도하려면, 적어도 조직에 있는 한 사람 한 사람의 독립성을 계속 장려해야만 한다. 그것이 그들 자신의 개인적 성장이나 모든 사람의 사업적 성장을 위해서 중요하다."

네 번째 지뢰밭 : 속임수 미팅

네 번째 '미팅 지뢰밭'은 아주 다양한 네트워크 마케터들에게 다양한 이름으로 불리고 있다. 어떤 사람들은 '만찬 미팅'이라고 부르는데, 대개 그 미팅에는 만찬에 초대받은 친구들이 참석하기 때문이다. 또 어떤 사람들은 '호기심 미팅'이라고도 한다. 친구와 동료들을 가정으로 초대하는 데 사용되는 접근 방식이 초대한 이유를 밝히지 않기 때문이다. 그래서 친구들은 주최자의 '꿍꿍이속'이 무엇인지 보고 싶은 호기심에서 참석한다.

실제로, 우리는 '속임수 미팅'이라고 부르는데, 한 번 초대받은 경험이 있는 우리들은 우리를 속인 것에 대해 친구들에게 얼마나 화를 냈는지를 기억하기 때문이다. 실제로 우리 가운데 많은 사람들이 여러 해 동안 네트워크 마케팅을 피한 이유는, 이 산업에 단 한 번 접한 것이 그러한 속임수와 연관되었기 때문이다. 여러분이 프로스펙트들을 유혹하기 위해 이러한 형태의 미팅을 이용하기 전에, 그것은 비효율적일 뿐 아니라 친구들 사이에서 정말 증오를 불러일으킬 수 있다는 점을 미리 경고하는 바다.

'속임수 미팅'은 아주 심각한 오해에 근거를 두고 있다. 10년 이상 사업을 해 온 일부 네트워크 마케터들은 친구들에게 자신이 근무하는 회사의 이름을 밝히는 것을 두려워한다. 높은 인지도 때문에 친구들이 네트워크 마케팅 시장이 이미 네트워크 마케터들로 포화 상태에 있다고 믿고, 사업 설명회에 오지 않으리라는 우려 때문이다. 이러한 우려는 2가지 이유에서 잘못된 것이다. 첫째, 사람들을 미팅에 초대할 때 회사 이름을 언급할 필요가 없다는 것이다. 둘째, 어떤 사회에서도 이 사업은 포화 상태에 이른 경우가 없다는 것이다. 다시 말해 친구들이 이미 여러분의 회사에 대해 들은 적이 있다는 사실이 곧 그들이 관심을 갖지 않으리라는 것을 의미하지 않는다. 거부할 가능성이 있는 것은, 사교 미팅이나 친구와의 만찬 미팅을 가장한 리쿠르팅 미팅이다.

속임수 미팅 또는 호기심 미팅은 프로스펙트들을 속여서 단순히 친구 집에 저녁 초대를 받아 가는 것으로 믿게 하는, 가정에서 열리는 사업 설명회다. 손님들이 도착하면, 그들은 대개 주인의 스폰서들인 다른 참석자들과 프로스펙트들로 보이는 2, 3쌍의 부부에게 소개된다. 일단 저녁 식사가 끝나면, 네트워크 마케팅의 기하급수적인 성장을 설명하는 사업 설명회가 정식으로 진행된다. 그때가 바로 초대객들이 '당했다'는 것을 깨닫는 순간이다.

이런 형태의 미팅은 처음부터 사기다. 진실성이 있는 사람들은 대부분 이런 속임수를 이용하여 친구들을 모집하기를 거부한다. 또 그런 식으로 설득 당한 사람들도 대부분 실패하게 마련이다. 미국, 아시아, 유럽을 두루 여행하는 동안 우리는 네트워크 마케팅을 처음 접한 것이 속임수 미팅이었던 탓에 여러 해 동안 우리 사업에 참여하리라고는 꿈도 꾸지 않았던 사람들을 수없이 만났다.

다섯 번째 지뢰밭 : 사무실 미팅

또 다른 종류의 '미팅 지뢰밭'은 사무실 미팅이다. 사무실 미팅에 절대 개입하지 말라고 업라인의 스승인 리차드 칼에게 경고를 받았음에도 불구하고, 마크는 그 경고를 무시하고 5개월이 지난 뒤 유혹에 굴복하고 말았다. 그 무렵 마크는 사무실을 운영할 만큼 많은 돈을 벌어들이고 있었다. 마크는 네트워크 마케팅 그룹들에게 다음과 같은 이야기를 자주 들려준다.

"나는 '거물 비니스맨Big Binisman'이 되어 있었다. 이는 우스갯소리로 '비니스'라고 발음한 것이다. '거물 비니스맨들'은 대단한 친구들이다. 우리는 대개 메르세데스 벤츠자동차를 몰고 다니고, 2천 달러짜리 디자이너 스포츠 코트를 입으며, 손목에는 번쩍이는 롤렉스 시계를 차고, 백금으로 된 아메리칸 익스프레스 카드를 지니고 다닌다. 무엇보다도 우리는 자신의 부를 입증할 수 있는 화려한 사무실과 고액의 경비 지출이 필요하다. 제일 심각한 것은 우리가 네트워크 마케팅에 참여하면서 피하려고 노력하는 것은, 우리의 자아가 우리에게 성공하면 가져야 한다고 충동질하는 것들이다. 월 1만5천 달러 이상을 벌어들이기 시작하자, 나는 스승의 반대를 무릅쓰고 네트워크 마케팅 사업을 사무실로 옮기는 결정을 내렸다. 왜냐하면 그만한 수익이 있으면 개인의 책상과 비서, 팩스, 회의실을 갖춘 환경에서 미팅을 개최할 때가 되었다고 생각했기 때문이다. 그래서 나는 텍사스 주 오스틴에서 가장 멋진 사무실 단지에 자리 잡은 아름다운 장소를 찾아냈다. 또한 내 대신 중요한 전화를 받아줄 파트타임 비서를 채용함으로써, '거물 비니스맨'이 된 것이다!"

"어떤 일이 일어났는지 아는가? 첫달에는 마감을 해보니 매출이 거의 50퍼센트나 떨어졌다. 그뿐 아니라 사업 설명회에 불참하는 사람들이 크게 늘어났다. 내가 전화를 받으면 사람들은 여비서의 태도와 무능력에 대해 불평을 늘어놓았다. 그래서 나는 여비서에게 전화 받는 기본을 가르치느라 시간을 보내야 했다. 두 번째 달에는 1명도 가입을 시키지 못했으며, 첫달에 가입시킨 몇 사람은 내 사무실에서 미팅을 열겠다고 주장하면서 자신들의 홈 미팅을 개최하기를 거부했다. 결국 세 번째 달에는 사무실을 다시 집으로 옮겨 버렸다. 나는 여기서 다음과 같은 사실을 터득했다. 즉 사무실 미팅은 홈 미팅처럼 효과적이지 않다는 것이다. 집으로 돌아오자 내 마감 후 매출도 곧바로 20퍼센트 가량 뛰어올랐으며, 다운라인의 네트워크 마케터들도 나처럼 가정에서 일을 하며 훨씬 행복해졌다."

우리는, 사무실을 두지 말라는 충고가 이미 사무실을 가지고 사업에 접근하는 사람들에게는 인기가 없다는 것을 알고 있다. 하지만 우리의 목표는 여러분들에게 사랑받는 것이 아니다. 우리의 목표는 불필요한 경비를 줄여 여러분도 우리와 마찬가지로 많은 수입을 올리게 하는 것이다. 그러나 여러분이 사무실을 운영하려 한다면, 적어도 다음의 사실들을 정확하게 파악하면서 운영하라.

첫째, 사무실을 빌리는 것은 비용 때문에 대부분의 사람들이 복제할 수가 없다.

둘째, 사무실은 불필요한 경비를 지출하게 한다.

셋째, 사무실 미팅은 네트워크 마케터로서 누려야 하는 자유를 제시해 주지 못한다.

사무실 미팅은 복제할 수가 없다

대부분의 사람들은 개인 사업을 하지 않고 직장에 다니기 때문에, 사무실을 운영하는 법을 전혀 알지 못한다. 이것은 복잡하고 불필요한 스트레스를 가져와서, 생산성을 저해할 수 있다. 또한 네트워크 마케팅의 기초를 배우는 데 너무 바빠서 사무실 운영에 전념할 시간이 없다. 게다가 많은 사람들은 사무실을 가질 여유조차 없다. 우리 가운데 그 누구도 처음 몇 달 안에 사무실을 운영할 수 있는 사람은 없으며, 우리라도 사무실 미팅에서는 결코 가입하지 않았을 것이다. 사무실 공간은 다른 사업가들과 나누어 쓴다 하더라도, 세계 어느 곳에서든지 비용이 많이 든다. 우리는 복제 사업에 종사한다는 사실을 명심하라. 우리가 사무실이나 보트, 또는 다른 어느 곳에서든지 사업을 할 여유가 없다면, 대부분의 사람들도 여유가 없거나 접근이 불가능할 것이다.

사무실은 불필요한 경비를 지출하게 한다

네트워크 마케팅의 가장 큰 장점 가운데 하나는 경비 지출이 없다는 것이다. 우리 사업에서는, 프랜차이즈의 비용이나 소규모 사업의 운영비 없이 대기업가가 되는 이득을 얻을 수 있다. 또한 이 사업의 장점은 당신의 거실에서 할 수 있다는 것이다. 뿐만 아니라 직원들이나 사무실 공간에 수천 달러를 투자할 필요도 없다. 따라서 사무실이 생산성을 증가시키지도 않는데, 어째서 불필요한 경비에 돈을 낭비하는가?

사무실은 자유의 본보기를 보여 주지 못한다

우리 산업에는 2가지 중요한 매력이 있는데, 막대한 돈과 자유로운 시간이 그것이다. 사무실에 가서 사업설명을 듣는 프로스펙트들은, 네트워크 마케팅 조직에 참여함으로써 자신이 사무실에 매일 것 같은 기분이 들 것이다. 그러므로 자유가 있을 수 없다. 그들이 여러분의 시스템을 복제하면, 곧 통근 시간에 교통 체증과 싸우게 될 뿐 아니라, 많은 시간을 거기서 보내야 한다는 의무감이 생길 것이다. 심지어는 그들의 다운라인의 리더들도 그 과정을 복제하게 된다. 그들은 자신의 사업 설명회도 그러한 전문적인 환경에서 개최되어야 한다고 생각한다. 또한 사무실을 빌리면, 여러분은 이 산업의 본질과 모순되는 유행을 퍼뜨리는 결과가 될 것이다. 이 산업의 본질이란 바로 보통 사람들에게 전통적인 사업 현장 밖에서 자유를 누릴 기회를 주는 것이다.

우리의 다운라인에는 호텔이나 사무실 미팅을 통해 성공한 사람들이 있지만, 그들의 수입은 우리의 절반에도 미치지 못한다. 여러분이 지금 얼마나 벌고 있느냐에 상관없이, 우리는 그들이나 여러분이, 이 사업을 통해 얻으려는 것에 바탕을 두고 결정을 내리길 바란다. 일부 네트워크 마케터들이나 외국 문화에서는 단지 동기 부여와 친목을 위해 그룹 사무실을 좋아한다. 우리는 이러한 선호를 이해하며, 네트워크 마케터도 자신이 바로 사장이라는 사실을 인정한다. 하지만 아무리 그렇다 하더라도, 우리가 모든 네트워크 마케터들 앞에서 우리에게 수백만 달러를 벌게 해 준 시스템을 옹호하지 못할 까닭이 없다. 우리의 의도는, 여러분이 네트워크 마케팅 사업을 정착시키는 한편 자신을 위해 현명한 결정을 내릴 수 있도록 모든 사실을 알려주는 데 있다.

여섯 번째 지뢰밭 : 술집 미팅 또는 레스토랑 미팅

또 하나의 위험한 상황은 술집 미팅이나 레스토랑 미팅에서 찾을 수 있다. 네트워크 마케터들은, 비디오카세트레코더, 칠판이나 화이트보드도 없으면서, 정신을 산란시키는 것이 많은 공공장소에서 미팅을 개최하는 경우 성공하리라는 기대를 버리는 것이 좋다. 알다시피, '약간의' 정신을 산란시키는 것은, 거나하게 취해서 노래를 불러 대는 것이나, 멀티비전에서 꽝꽝 울려 대는 스포츠 경기 따위를 말한다. 20여 년 전 우리 산업 초기에 저술한, 가장 유명한 네트워크 마케팅 서적 가운데 하나는, '어느 누구라도 술집 냅킨으로 사업 설명회를 진행하여 부자가 될 수 있다.'고 말했다. 하지만 그것은 터무니없는 헛소리다. 우리를 믿어라! 술집에 게시판만한 냅킨과 개인적으로 사용할 수 있는 비디오카세트레코더가 비치되어 있고, 음악이나 술, 혹은 오락 거리가 없다면 모르겠지만, 레스토랑이나 술집에서 진행하는 사업에는 효과적이거나 전문적인 것이 아무 것도 없다.

네트워크 마케팅의 비결은 가능한 많은 사람에게 우리의 사업 기회를 소개하는 것이다. 여러분의 프로스펙트를 가입시키는 데 사용하는 방법은, 그 프로스펙트들이 쉽게 복제하여 다시 그들의 네트워크 마케터를 모집할 때 효과적으로 사용할 수 있는 것이어야 한다. 이 일을 올바르게 진행하려면 굉장한 집중력이 필요하다. 선택할 수 있다면, 성공을 위한 가장 좋은 기회는 가정에서 소그룹 미팅을 주관하는 것이다. 가정만이 주변 환경을 완전히 통제할 수 있기 때문이다.

일곱 번째 지뢰밭 : '다른 사람의 장소'

또 다른 심각한 위험은 당신의 첫 번째 리쿠르팅 미팅을 '다른 사람의 장소'에서 개최하는 것이다. 가능하면, 프로스펙트의 가정이나 사무실에서 리쿠르팅하는 것을 피하라. 그것은 술집이나 레스토랑의 경우와 똑같이 정신을 산란하게 하는 것 때문에 효율적이지 못하다. 뿐만 아니라 대화를 전혀 통제할 수가 없다. 심지어는 프로스펙트의 친구가 우연히 들르거나, 전화벨 소리가 울리면, 사업 설명을 계속할 수가 없다. 또 프로스펙트의 아이가 무릎이 까졌다고 울면서 거실로 뛰어들어오면, 일시적이라도 프로스펙트의 주의가 산만해진다. 우리 사업을 잘 아는 어떤 사람은 우리가 자기네 집에 온다는 것을 알면 일부러 정신을 산만하게 만들곤 했다. 또한 우리가 가입시키려 했던 어떤 프로스펙트는 다른 네트워크 마케팅 회사에서 실패한 경험이 있는 친구 2명을 실제로 자기 집에 초대했다. 그것은 우리의 주의를 산만하게 하고, 우리가 전하는 내용을 무시할 수 있는 좋은 구실을 만들기 위해서였다.

차를 타고 시내를 거쳐 다른 사람의 집이나 사무실로 가는 것은 시간 낭비다. 또한 소그룹 미팅을 진행하면서 4~8배까지의 성과를 올릴 수 있는데, 무엇 때문에 일 대 일 미팅으로 곤란을 겪는가? 하지만 때로는, 프로스펙트를 도저히 초대할 수 없는 경우가 있는데, 그런 경우에는 그들의 장소에서 미팅을 갖는 것이 사업 설명을 전혀 하지 않는 것보다 낫다. 마크는 데니스 클립튼의 경우 그의 집에서 사업 설명회를 가졌는데, 그것은 분명히 가치가 있는 여행이었다. 하지만 가능한 한, 프로스펙트들을 여러분의 가정으로 초대하도록 노력하라. 가정에서 개최하면 미팅을 효과적으로 진행하는 데 필요한 통제력을 발휘할 수 있기 때문이다. 또한 그 미팅이 성공하면 프로스펙트가 그 과정을 정확히 복제할 가능성도 훨씬 높아진다.

여덟 번째 지뢰 : 테크놀로지

미래에는 새로운 기술이 도입된 방법을 이용할 수 있겠지만, 단순한 리쿠르팅 시스템에 계속 충실한 사람들이 극적으로 번영을 누리게 된다. 누구나 쉽게 복제할 수 없는 시스템은 성공을 가져올 수 없다는 사실을 명심하라. 우리는 인터넷과 이메일을 이용하여 새로운 네트워크 마케터들을 모집하고 훈련하는 네트워크 마케터들을 알고 있다. 하지만 모든 베이비 붐 세대 가운데 75퍼센트 이상이 아직 온라인을 이용할 줄 모르는데, 무엇 때문에 시장을 25퍼센트로 제한하는가? 또 어떤 사람들은 전화 모집, 자동 응답기, 주문형 팩스 등 다른 여러 가지 새로운 기술을 이용하려고 시도해 왔다. 전화와 얼굴과 얼굴을 마주 대하는 방식을 함께 사용하면, 이 '산탄총식'^{주)} 리쿠르팅은 효과적일 수도 있다. 그러나 프로스펙트에게 접근하는 데 테크놀로지만 사용하는 것은 너무 한계가 있으며, 그것만으로는 효과를 발휘하지 못한다. 새로운 테크놀로지를 산탄총식 접근 방식의 일부로서 직접 실험할 수는 있지만, 이 새로 추가된 테크놀로지를 핵심적인 시스템이라고 조직에 알리는 실수를 범하지는 말아야 한다. 네트워크 마케터들은 여러분이 사용하는 것과 똑같은 장비를 구입하기만 하면 성공할 수 있다고 여기지만, 그 가운데 일부는 구입할 여유조차 없다.

무엇보다 이 점을 명심하라. 즉 우리는 유통 산업에 종사하고 있다는 것이다. 우리는 우리의 네트워크에서 판매되고 사용된 제품의 양이나 서비스 숫자의 결과에 따라 수입을 얻는다. 따라서 일반 대중이 제일 쉽게 배울 수 있고, 가장 쉽게 복제할 수 있는 방식으로 제품을 유통시키고 시스템을 가르치는 것은 당연하지 않은가? 이러한 원칙을 고수하면, 여러분은 사업에서 크게 성공할 것이다.

성공적인 미팅의 열쇠는 복제다

사업 설명회와 훈련 미팅에서 시간을 가장 효과적으로 이용하는 법은

주) Shotgun Recruiting : 자동응답기, 주문형 팩스, 이메일 등 첨단 테크놀로지를 사용하여 리쿠르팅하는 방법을 저자가 비유적으로 표현했다.

물론, 홈 미팅이 왜 그렇게 효과적인지도 이해하기 바란다. 이 책은 네트워크 마케팅에 참여한 첫해에 사업 포기의 원인이 될 수 있는 상황을 피하는 법을 다룬 것이라는 점을 명심하라. 우리는 방금 논의한 바와 같이 지금까지 온갖 형태의 미팅을 진행해 왔으며, 그 모든 것들이 가정에서 비디오카세트레코더와 화이트보드를 이용한 사업 설명회보다 훨씬 효과적이지 못하다는 것을 발견했다. 우리는 네트워크 마케팅 자격 인증 강좌에 참가한 학생들에게 홈 미팅 방식만이 성공할 수 있는 유일한 방법이라고 결코 말하지 않는다. 우리는 절대주의자가 아니기 때문이다. 그러나 여러분이 진정으로 첫해에 살아남고자 한다면, 가장 효과적인 방법에서 가장 비효과적인 방법까지 모든 다양한 방식들을 이해할 필요가 있다. 사실 우리는 여러분이 단순히 살아남기만을 바라지 않는다. 언제나 하고 싶은 일을 마음대로 할 수 있는 세계적인 갑부가 되기를 바란다.

이제 우리는 오늘날 네트워크 마케팅에서 가장 쉽게 복제할 수 있는 최고의 과정이라고 믿는 것을 여러분에게 전하고자 한다. 성공적인 미팅의 진정한 열쇠는 항상 네트워크 마케팅의 기본적인 복제 원리를 중심으로 논의된다. 말주변도 없고 성공하기 힘든 사람에게 가르칠 수 없고 복제할 수 없다면, 어떠한 형태의 미팅도 결국 실패하게 마련이다. 따라서 포기하는 것이 마땅하다.

마크는 이 사업에 종사한 지 거의 4년째 되던 해에 이러한 원리의 본보기가 되는 일을 경험했다. 그는 다음과 같이 설명하고 있다. "나는 바니Barney라고 하는 아주 열정적인 친구로부터 전화를 받았다. 플로리다 주 포트 로더데일에서 온 전화였는데, 그가 개인적으로 200명 이상의 최고의 네트워크 마케터들을 후원했지만, 그 가운데 아무도 성공한 사람이 없다는 것이었다. 나는 그가 잘못한 것이 무엇인지 알기 위해 그의 생활 가운데 평소의 활동 상황을 설명해 달라고 부탁했다. 그의 프로스펙팅 기술은 뛰어났으며, 프로스펙트들을 미팅에 참가하게 하는 능력도 탁월했다. 불참객의 비율도 나보다 훨씬 낮았다. 내가 문제점을 알아낸 것은 바로 그가 그의 미팅을 설명하기 시작했을 때였다. 그가 설명한 그대로를 여기에 옮겨 보겠다."

"'마크, 아내와 나에게는 플로리다 남부 지역의 유명 인사들로 가득 찬 롤로덱스 명함 파일이 있어요. 우리는 2가지 사업에서 크게 성공했고, 최근에 수백만 달러를 받고 그 사업체들을 팔았죠. 2년 동안 낚시를 하며 지낸 뒤, 우리는 지루해져서 무엇인가 생산적인 일을 해야 한다는 것을 깨달았어요. 그래서 우린 네트워크 마케팅에 가입하고, 매주 열리는 2번의 미팅에 우호자 시장의 사람들을 1회에 10명씩 초대하기 시작했죠. 우리는 100피트짜리 요트에서 미팅을 열었어요. 우리 딸은 플로리다 대학에서 가장 훌륭한 여학생 클럽에서 활동하고 있었는데, 우리는 이번 여름 미팅 때마다 칵테일과 오르되브르를 대접하기 위해 딸아이와 그의 친구 3명을 고용했죠. 미팅은 약 2시간 동안 진행되었고, 그 동안 우리는 항구를 한 바퀴 돌면서, 회사 비디오를 틀어 주었어요. 또 여러분이 가르쳐 준 대로 화이트보드를 이용해서 설명을 했죠. 설명회가 다 끝나면, 우리는 요트를 정박시키고 참석자들을 토요일 훈련 미팅에 초대합니다.'"

"바니는 계속 가입시키는 것은 문제가 아니라고 말했다. 그의 가족과 친구들 모두가 가입할 예정이며, 많은 사람들은 실제로 초기의 스타터 키트보다 많은 제품을 주문했다고 했다. 그런데 수십 명의 프론트라인 동료들 가운데 딱 1명만이 다른 네트워크 마케터를 가입시킨 것이었다. 바니의 이야기를 자세히 들은 뒤에, 난 그에게 1가지 질문을 했다. '여러분의 프론트라인 네트워크 마케터들과 다른 프로스펙트 가운데 요트를 가진 사람이 얼마나 되나요?' 그는 웃으면서 '아무도 없어요.' 라고 대답했다. 그는 질문의 핵심을 알아차렸다. 그가 진행하는 미팅 형태를 복

POINT
다운라인의 홈 미팅을 일관성 있게 유지하면, 모든 프로스펙트들이 어떤 미팅에 참석하더라도 모두 똑같은 지식과 정보를 얻을 수 있을 것이다.

제할 수 있는 사람이 하나도 없었던 것이다. 그는 당장 미팅을 그의 집으로 옮기고, 칵테일과 오르되브르를 대접하는 것도 중단했다. 그 결과 다른 성공적인 네트워크 마케터들을 후원하는 데 성공했다."

때때로, 네트워크 마케터들에게 모집 또는 훈련 시스템을 가르칠 때, 우리는 자신도 모르는 사이에, 이전에 전해 듣기는 했지만 실제로 실천해 본 적이 없는 새로운 기술을 언급하게 마련이다. 우리가 새로 모집한 네트워크 마케터들을 심각하게 헤매도록 만든 것은 바로 그때다. 여기에 우리의 경험 법칙이 있다. 새로운 모집 방식이나 훈련 절차를 직접 실천해 보고, 그것이 잘 진행되어 6개월 동안 내내 매출이 증가하는 것이 보이면, 그때 그 방식을 실행에 옮기고 다운라인에게 그것을 가르치라는 것이다. 단지 어떤 새로운 시스템이 다른 곳에서 잘 진행되었다는 소문만 들었다면, 직접 시험해 보기 전까지는 그 방식을 진지하게 고민하지도 말고 다른 사람들에게 옮기지도 말라. 또한 다운라인의 홈 미팅을 일관성 있게 유지하면, 모든 프로스펙트들이 어떤 미팅에 참석하더라도 모두 똑같은 지식과 정보를 얻을 수 있을 것이다. 그것은 최고 회사들의 리더들이 지금까지 진행해 온 방법이며, 수십 억 달러의 부자로 성공한 사람과 논쟁을 하는 것은 어려운 일이다.

리쿠르팅 미팅

사람들을 가입시키는 방법에는 여러 가지가 있으며, 우리가 확실히 동의하는 것은 산탄총식 접근 방식이다. 광고, 경연 대회나 산책하며 이야기하기, 라이프스타일, 전화, 혹은 컴퓨터와 전자우편, 심지어는 전단과 게시판까지 모든 것을 이용하라. 또한 인쇄물을 나누어주고, 시사회와 프랜차이즈 세미나에 참석하라. 프로스펙트를 만날 수 있는 모든 방법을 이용하라. 하지만 사업 설명회를 진행할 수 있는 특별한 미팅 스타일을 선택하라. 그리고 처음 2년 동안은 시스템을 바꾸지 말라. 최고의 미팅은, 장소에서부터 마무리 인사까지 세부 과정 하나 하나를 쉽게 가르치고 복제할 수 있는 미팅이다.

스티브 슬레지Steve Sledge는 방안에 사람들이 가득 찬 가운데 그의 서재에서 사업 설명회를 진행하던 일과, 조용히 해 달라는 그의 요구에 가족들이 어떻게 대처했는지를 다음과 같이 회상하고 있다.

"나는 아내와 아이들에게 미팅을 방해하지 말아 달라고 부탁했다. 문제는, 그들이 밖으로 나갔다가 사업 설명회가 한참 진행 중일 때 집에 돌아와 보니, 서재를 통과하지 않고서는 집 안으로 들어올 방법이 없었던 것이다. 그래서 그들은 꾀를 냈는데, 욕실의 큰 칸막이를 들어내고 창문을 통해 기어 넘어왔다. 계속해서 나는 가족들이 집안으로 들어오면서 낄낄대고, 미소를 지으며, 나를 향해 손을 흔드는 모습을 보고 있었다. 그러는 동안 초청객들은 자신의 등 뒤에서 어떤 일이 벌어지고 있는지 까맣게 몰랐다." 이런 이야기들은, 우리 모두가 어떻게 우리 가정에서 세계적인 사업을 구축했는가를 추억하면서 되돌아보기에 재미있는 순간이다.

자기가 사는 도시에서 리쿠르팅을 시작하라

미국 네트워크 마케팅의 전설적 인물 가운데 하나이자, 친한 친구인 켄 폰티우스Ken Pontius는 사업 첫해에 자신이 사는 도시에서, 그리고 자기 집에서 사업을 시작하는 것이 얼마나 중요한가를 설명한다. 멀리 있는 네트워크 마케터들을 가입시키는 데 필요한 돈이나 기술과 지식은 초보자들을 주눅들게 할 수 있다. "가끔씩 네트워크 마케팅 사업 첫해에 수없이 저지른 코미디 같은 실수들이 기억날 때면, 끈질긴 인내를 통해 아내인 셜리Shirley와 내가 지금 해마다 수백만 달러를 벌고 있다는 사실이 믿기가 어렵다. 나는 우리 직업에 관심도 없고 참여하고 싶지 않은 사람들을 가입시켰다. 나의 불독 같은 고집으로 마구 밀어붙인 것이다. 나는 사람들이 인생에서 성공하려면 스스로 동기 부여가 필요하다는 것을 한순간도 생각해 본 적이 없었다. 또한 다른 사람들을 지원할 수 있는 돈이나 지식을 얻기 전에 다른 주에 사는 사람들을 가입시켰다. 어찌 된 영문인지 가정이나 내가 사는 도시에서 사업을 한다는 생각이 처음에는 전혀 떠오르질 않았다."

"나는 미팅을 진행하러 차를 타고 수 마일을 달려가서 바람맞기가 일쑤였다. 한번은 미조리 주에 사는 어느 목사를 위해 사업 설명을 진행하려고 221마일을 달려갔었다. 그 목사가 이미 호텔 미팅이 예약되어 있으며, 사람들로 만원을 이룰 거라고 약속했던 것이다. 그러나 상냥하고 귀여운 아가씨 하나가 나타났다가, 스퀘어 댄스인 줄 알고 왔다며, 곧바로 돌아서 나가 버렸다. 나는 첫해에 사업을 포기해야 하는 이유들을 열거하면 10페이지라도 가득 채울 수 있었지만, 포기하지 말아야 하는 이유는 한 문장이면 충분했다. 네트워크 마케팅은, 보통 사람들이 아무런 일반 경비 지출 없이 최소한의 투자로 수백만 달러를 벌 수 있고, 완전한 시간적 자유와 세계 여행의 기쁨을 누릴 수 있는 유일한 산업이다. 따라서 정상까지 성공을 이룬 우리와 여러분 모두에게 적용될 수 있는 마술

같은 두 단어는 '포기하지만 말라.' 다."

미팅의 시간과 장소

사실상 집이 없는 사람은 없으므로, 집은 리쿠르팅 미팅을 열기에 가장 적당한 장소다. 사람들은 우리에게 자주 이렇게 말한다. "맞아요, 마크와 르네, 여러분은 훌륭한 대저택에 사니까 그런 말을 하기 쉽겠죠." 그렇다. 하지만 우리는 초라한 환경에서 시작했다는 것을 명심하라. 여러분이 사는 곳이 아파트든, 트레일러든, 아니면 일반 주택이든 상관없이, 미팅을 위해서는 항상 가장 큰 방을 사용하라. 거기에는 3가지, 즉 TV와 VCR, 그리고 화이트보드나 플립차트를 비치해야 한다. 대부분의 사람들은 3가지 가운데 2가지는 이미 가지고 있다. 하지만 여러분이 가지고 있지 않다면 빌리거나 구입하라. 쉽게 복제할 수 있는 단순한 시스템을 만들어 내기 위한 노력의 일부로서 우리가 권하고 싶은 것은, 비디오를 보여 준 다음, 지우개로 닦을 수 있는 화이트보드를 사용하여 사업 설명회를 진행하라는 것이다.

첫해 동안 마크는 다양한 계층의 사람들을 가입시켰는데, 최근에 퇴직한 은행장이나 어느 페인트공의 아내까지 가입시켰다. 전직 은행가는 텍사스 주 오스틴에서 가장 멋진 주택지에 있는 100만 달러짜리 집에서 살고, 페인트공과 그 아내는 트레일러에서 산다. 은행가는 3개월 만에 사업을 포기한 반면, 페인트공의 아내는 현재 월 6천 달러를 벌고 있으며, 평생 그만한 수입을 올리게 될 가능성이 높다. 그러므로 가정환경의 좋고 나쁨은 결코 여러분의 열정만큼 중요하지 않다(앞 문장을 한 번 더 읽어 보라. 그것이 네트워크 마케팅 성공의 핵심이다).

미팅 때 음식을 대접하지 말라. 하지만 무엇인가 제공할 필요가 있다면, 물, 커피, 또는 아이스티 같은 음료수를 대접하라. 또한 평일의 정오를 전후해서 1시간 동안 미팅을 진행하는 것이 가장 좋다. 이 시간이 가장 좋은 이유는, 프로스펙트들이 점심을 앞당기거나 늦춰서 먹을 수 있기 때문이다. 그 다음으로 좋은 시간은 저녁이며, 가장 좋지 않은 시간은 주말이다. 왜냐하면 우리 산업이 정상적인 근무 시간에 진행되는 적절한 사업이라는 인상을 주고 싶기 때문이다. 미팅마다 이상적인 프로스펙트 수는 4~8명 사이이며, 일대 일 미팅을 진행하는 것을 피하라. 그런 미팅은 당신의 시간을 비효율적으로 사용하기 때문이다. 물론 드물게 사적인 미팅이 필요한 전문직 종사자들이 항상 있지만, 일반적으로 소그룹 미팅이 가장 좋다. '인터뷰와 사업 설명회 시작하기'에 관한 정보를 얻으려면, 우리의 저서 《파워 네트워크 마케팅》에서 이 주제에 대한 종합적인 단계별 접근법을 다룬 장을 참고하라. 이 장은 사업 설명회(사업 기회 설명회, 사업 보고회, 사업 면담, 또는 개인 사업 집회 등 부르고 싶은 대로 불러라)를 진행하면서 다뤄야 할 핵심 내용에 관한 더 구체적인 정보를 제공해 준다.

불참객이 있는 것이 정상이다

항상 여러분의 미팅에 참석하기를 원하는 프로스펙트들의 수보다 2배를 초대하라. 예를 들면, 5명을 원한다면 10명을 초대하라. 이 미팅에는 50퍼센트의 불참객이 생기는 것이 정상이다. 사람들은 여러분의 사업 설명회에 참석하지 못한 것에 대해 말도 되지 않는 핑계를 댈 것이다. 플로리다 주 보카 레이튼의 제리Jerry와 데비 캠피시Debbie Campisi는 사업 초기를 회상하면서, 책에 있는 모든 핑계를 들었다고 말한다. 여기서 두드러진 것 몇 가지만 소개하겠다.

"당신은 믿지 못할 거예요! 우리 집에 불이 나서 홀랑 타 버렸어요! 당신에 관한 정보와 내가 가진 것을 모두 잃어버렸어요. 당신의 미팅을 놓친 것이 정말 아쉽군요."

"약속 장소에 가다가 사고를 당했어요, 아직 내가 살아 있다는 게 믿어지질 않아요. 병원엘 가야 했지만, 지금은 괜찮아요. 모든 게 정상으로 돌아가기를 기다렸다가 몇 주 뒤에 우리 만나기로 하죠."

또한 그들이 자주 애용하는 핑계는 이런 것이다. "누군가가 내 자동차에서 당신의 제품 세트랑 내 소지품을 전부 훔쳐 가는 바람에 약속을 지키지 못했어요. 소지품에 당신의 전화번호도 있었기 때문에 전화를 걸 수도 없었죠. 당신이 이렇게 전화를 주시니 정말 기쁘군요."

또 이런 핑계도 있다. "난 몹시 들떠서 당신을 만나러 가려는데 남편이 집에 돌아왔어요. 남편은 이 사업이 물건 파는 데는 관심 없는 피라미드 사기라고 했어요. 그것은 초도 물품 구입 네트워크 사업이고, 사람들이 원하는 건 내 돈밖에 없다는 거였어요. 남편은 도대체 왜 내가 이런 것에 시선을 돌리는지 궁금해 하더군요." (2주일 뒤 그 남편은 정말 그의 설명에 딱 들어맞는 사기 피라미드 사업에 가입했다. 자신의 아내에게 하지 말라고 한 짓을 자신이 모두 그대로 한 것이다.)

얼토당토 않은 핑계를 듣더라도 놀라지 말라. 팔로우업 전화에서 어느 프로스펙트의 여자 친구는 이런 변명을 늘어놓았다. "미안하군요. 남자 친구가 잊어버렸나 봐요. 오늘이 애완 뱀의 생일날이거든요. 지금 생일 파티를 하고 있기 때문에 그이는 전화를 받을 수가 없어요." 제리는 그 장면을 한 번 눈에 그려 보았다고 한다. 뱀이 생일 모자를 쓰고 의젓하게 앉아 케이크를 자르는 모습을 말이다. 캠피시 부부는, 무슨 일을 하든지 사람들이 설명하는 것을 모두 그대로 받아들이지 말라고 충고한다. 성공한 기업가들은 변명이 실패의 집을 짓는 못이라는 것을 안다. 한 회사를 10년 넘게 다니고 나서야 제리와 데비 캠피시는 그 말의 진실성을 파악할 수 있는 경험을 했던 것이다. 두 사람은 이제 정상에 올라와 있다. 그들도 우리처럼 이 사업에서 만나 결혼을 했으며, 우리의 친한 친구이자 미국, 유럽, 아시아 전체를 함께 여행하는 동료이기도 하다. 우리는 모두 함께 사업을 하고, 세계 곳곳의 해변에서 휴식을 취하며 노는 것을 즐긴다.

우리는 이 산업에서 네트워크 마케터들 사이에 성공적인 결혼이 이루어지는 것을 많이 봐 왔다. 네트워크 마케팅은 같은 마음, 같은 사랑,… 그리고 같은 예금 구좌를 찾는 사람들의 안식처다. 지금 우리 산업 주변에는, 1가지 소송 사건이 연방 대법원의 판결을 기다리는 중이라는 소문이 떠돌고 있는데, 그것은 네트워크 마케터들은 이제 결혼만 하는 것이 아니라, 혼전이라도 아무런 제약 없이 두 사람의 다운라인의 법적인 합병에 동의할 것을 요구하는 소송이다. 물론 그것은 소문일 뿐이다.

훈련 미팅

성공에 중요한 또 하나의 미팅은 훈련 미팅이다. 우리는 〈파워 트레이닝〉이라는 3시간짜리 비디오를 제작했는데, 우리가 단계별로 무엇을 해야 하는가를 정확히 보여 주면서, 성공적인 훈련의 가장 중요한 요소들을 강조하고 있다. 그러나 특별히 훈련과 관련하여 우리가 언급할 필요가 있는 몇 가지 철학적인 문제들이 있다.

어떤 연구에 따르면, 평균 이상의 지능을 가진 사람의 경우 미팅의 첫 시간에는 새로 배운 자료 가운데 약 15퍼센트를 기억하며, 둘째 시간에는 약 10퍼센트, 그리고 그 이후에는 3퍼센트 이하로 떨어진다고 한다. 따라서 첫 번째 훈련 미팅에서, 이 문제에 관한 다른 어떤 훈련기간에서도, 수많은 사실과 아이디어들을 세세하게 전달하는 것은 불필요한 일일 뿐 아니라, 어리석은 시간 낭비일 뿐이다. 많은 참석자들이 여러분이 제시한 것들의 대부분을 잊어버린다는 것이 과학적으로 입증된 이상, 무엇 때문에 중요한 자료들을 가르치려 하는가?

우리의 훈련 시스템은 전체적으로 15분마다 주제를 바꿀 수 있도록 설계되어 있다. 그것은, 인간의 주의 지속 시간은 1가지 주제에 푹 빠져서 1시간 이상 집중할 수 없다는 확고한 사실에 근거를 두고 있다. 그러므로 인간의 정신은 새로운 주제를 받아들이기 전에 휴식을 취해야 한다. 우리는 주말에 마라톤 훈련 미팅을 진행하는 네트워크 마케터들을 만난 적이 있다. 어떤 리더들은 그들의 훈련이 너무 강렬하고 포괄적이어서 끝마치는 데 8시간이 걸린다는 사실을 자랑하기도 한다. 미안한 말이지만, 그것은 미친 짓이다.

훈련 미팅의 주제

훈련의 첫 단계로, 사람들에게 토요일 아침 10시부터 정오까지 훈련 시간을 둘로 나누어 각각 50분 단위로 실시하도록 가르친다. 첫 번째 시간에는 가입 원서, 제품 주문 양식, 기타 서류들을 작성하는 법과 다른 사람들에게 그 서류 작성법을 가르치는 법을 알려주어야 한다. 이때는 스타터 패키지에 포함된 제품들과 그 사용법, 그리고 10명의 고객 기반을 구축하는 법을 소개하는 시간이다. 다운라인들이 사용하기를 바라는 안내 책자나 잡지 기사는 물론 회사의 문서들도 소개하라. 그 과정은 대개 훈련 첫 시간에 진행한다.

두 번째 시간에는 보상 플랜에 대한 간단한 설명과 함께 목표 설정법, 2천 명의 우호자 명단 구축법, 이 놀라운 기회에 관하여 가족이나 친구들에게 접근할 때 인간 관계의 중요성에 집중하는 법을 다룬다. 그리고 두 번째 시간이 끝날 무렵에는 새로운 동료들에게 다음과 같은 4가지 숙제를 내준다. 즉 (1) 집에 돌아가서 스타터 패키지에 있는 제품들을 직접 사용해 볼 것, (2) 가족들과 친구들 가운데 확실한 고객 10명을 찾아낼 것, (3) 제공된 자료를 이용하여 서면으로 목표를 작성할 것, (4) 제공된 기억 환기용 도구를 이용하여 우호자 명단을 작성해 볼 것 등이다.

또한 2천 명의 우호자 명단과, 10명의 고객을 찾아내는 데 열성적인 사람들이 일반적으로 성공한다는 것을 명심하라.

훈련을 진행하는 동안, 신입 네트워크 마케터들에게 그들이 오늘은 비록 학생이지만 다음 주에는 교사가 된다는 사실을 상기시켜라. 이 시스템은 복제하기가 너무 쉽기 때문에, 다음 주에 자신들이 배운 그대로 진행하면서 새로운 네트워크 마케터들을 편안한 마음으로 훈련시키게 될 것이다. 당신의 시스템을 조금이라도 변경하지 않는 것이 중요하다고 강조하라. 만약 훈련 시스템을 1페이지로 줄일 수 없다면 그것은 너무 복잡한 것이다. 터무니없는 생각으로 여겨질지 모르지만, 한 페이지 안에 모두 담을 수 있는 훈련 시스템이 효과적이다! 우리는 신입 네트워크 마케터들을 첫출발시키는 데는 1페이지짜리 훈련 양식을 사용하고, 훈련 때는 25페이지짜리 '출발하기' 매뉴얼을, 그리고 열성적인 사업가들에게는 《네트워크 마케팅 백과사전 Encyclopedia of Network Marketing》이란 책을 사용한다. 그런데 우리의 방식을 배우려는 지방 네트워크 마케터들에게는 맨 처음 우리가 어떤 것을 팩스로 보내는지 짐작이 가는가? 그것은 1페이지짜리 훈련 양식이다! 또한 그 양식을 보내는 경우, 우리는 네트워크 마케터들 마음속에 있는 무언의 반발을 극복해야 한다. 예를 들면 다음과 같은 것들이다. "이건 너무 간단해. 너무 멋지게 보여서 믿을 수가 없어." 따라서 우리는 모든 사람들에게 시스템은 간단하지만 실천은 쉽지 않다는 것을 말해 준다.

우리 사업이 세상에서 가장 멋진 직업인 이유는 이해하기가 가장 쉽기 때문이다. 사람들은 사업의 경험도 없는 학자에게서 복잡한 사업 모델을 배우느라 교실에서 무수한 시간을 보낼 필요가 없다. 또한 사람들은 참여하는 역할을 통해 가장 많은 것을 배우며, 실수를 하면서 서로에게 배우기도 한다. 따라서 우리의 목표는 신입 네트워크 마케터들에게 빨리 탯줄을 끊어 버리고, 그들이 선택한 사업 진행 속도에 따라 리더십과 열성적인 활동을 요구하는 것이다. 신입 네트워크 마케터들이 자립하여 간단한 성공 공식을 따르는 것은 빠를수록 더 좋다. 또한 우리는 항상 우리 방식이 얼마나 간단하고 복제하기 쉬운가를 지적해 줌으로써 네트워크 마케터들이 성공을 지향하도록 재교육해야 한다. 그렇게 하지 않으면 대부분의 사람들은 "거실에 앉아, 비디오나 보여 주면서 이렇게 많은 돈을 벌 수 있는 사람은 아무도 없어."라고 하면서 떠나가기 때문이다. 그러나 우리는 그렇게 했고, 마크의 가정부도 마찬가지였다. 그래서 쉽게 복제할 수 있고, 검증된 전략으로 TV와 VCR이 있는 사람이라면 누구나 그렇게 할 수 있다. 최고의 리더들이여, 훈련 미팅을 단순화하여 두 시간으로 제한하라.

  자 이제, 자신의 집으로 돌아가 제품을 사용해 보고, 목표를 작성하고, 수백 명으로 이루어진 우호자 명단을 만들어 10명의 고객을 찾아내고, 그런 다음 준비가 다 되었다고 연락해 온 교육생들을 어떻게 할 것인가? 이들은 여러분이 일 대 일로 개인적인 전략 미팅을 가질 사람들 - 여러분이 만나기를 기원해 온 사람들 - 이다. 이때가 우리 일이 사람들을 골라내는 일에서 강력한 사업 관계를 수립하는 일로 전환되는 순간이다. 이 개인적인 훈련 미팅을 통해서 여러분이 도와줄 일은, 네트워크 마케터 각자에게 적합한 활동 계획을 수립하고, 그들이 평생 사업 파트너로 만들고 싶어 하는 사람들을 선택해서 접근하는 방법을 의논하는 것이다. 또한 여러분이 그들의 첫 번째 사업 설명회를 지원할 수 있는 구체적인 날짜를 정해 줘야 한다. 이 두 번째 훈련 미팅에서 걸리는 시간은 1, 2시간 정도며, 상위 25명의 우호자들을 접촉하기 위한 구체적인 기술을 다룬다. 또 그들에게 우리 사업을 소개하는 시청각 자료를 나누어 주고, 관심 있는 사람들과 만날 약속을 정해야 한다. 그것이 신입 네트워크 마케터들이 우호자 명단을 가지고 다음에 진행할 일들이기 때문이다.

제품 훈련은 필요하지 않다

여러분은 우리가 훈련 미팅을 논의하는 과정에 무엇인가 특별히 빠뜨린 것이 있다는 것을 알아차렸을지도 모른다. 즉 특별한 제품을 가진 회사의 네트워크 마케터인 우리가 왜 상세한 제품 안내 훈련을 빠뜨렸는지 의아해 할 것이다. 그 이유는 다음과 같다. 그런 것은 전혀 필요하지 않다는 것이다. 개인 용품, 비타민, 동물 먹이, 또는 다른 소비재의 성분을 알고 싶은 불타는 욕구를 가진 사람들은 직접 사용해 보거나 개인적으로 연구해 보면 된다. 하지만 미리 경고해 둘 것은, 제품의 전문가가 된 네트워크 마케터들 치고 거대한 국제 조직을 성공적으로 구축한 사람이 거의 없다는 것이다! 우리가 지난번 저서를 위한 조사를 할 때 미국 최고의 네트워크 마케터들과 인터뷰를 하면서 드러난 중요한 사실 가운데 하나는, 제품이나 서비스에 관한 상세한 내용을 가르칠 것을 강조하는 사람이 하나도 없었다는 것이다. 정말 단 1명도 없었다!

이 책을 읽는 사람들 가운데는 자신들이 유통시키는 모든 제품에 포함된 성분들의 기능에 정통한 것에 대해 자부심을 느끼는 이들이 있다는 것을 우리도 안다. 그런 사람들은 위와 같은 말에 당황할 것이다. 하지만 용기를 갖기 바란다! 우리는 이제까지 항상 스스로를 놀림감으로 삼아 왔으며, 우리 자신의 수없이 많은 우스꽝스러운 실수들을 드러내 왔다. 그러나 우리 사업상, 몇 년 동안 수십 명의 프론트라인 리더들을 모집하고, 강력한 국제 조직을 구축하고자 하는 사람들은 부와 독립을 이룩하는 법을 수많은 사람들에게 교육하는 일에 집중해야 한다. 이것은 사실이다. 부와 독립은 항상 우리 산업의 가장 흥분되는 '제품'이었으며, 또 앞으로도 계속 그럴 것이다.

한때 우리 두 사람은, 여전히 우리의 조직을 구축하면서 우리의 지식으로 사람들을 매혹시킬 수 있도록 1가지 두발 제품에 대해 전문가가 되기로 작정했다. '두발 건강을 위해서는 혈액 순환이 활발해져야 하는

데, 그러기 위해서는 모세 혈관을 확장시켜야 한다. 그리고 그 다음에는 모낭의 돌기를 자극해야 한다. 그러기 위해 과학자들이 점액 다당류를 정확히 분자 크기까지 분류(分溜)하는 데 사용하는 과정을 우리는 암기했는데, 그리 오래 걸리지 않았다.' 우리가 미팅에서 이런 두발에 관한 지식을 과시하면, 의사들 가운데는 두 눈이 휘둥그레지는 사람도 있었다. 그러나 그런 지식을 가지고는 1명의 고객도 얻지 못했을 뿐 아니라, 단 1명의 네트워크 마케터도 가입시키지 못했다. 그래서 우리는 두발에 관한 지식을 과시하는 일을 그만두고 말았다. 우리는 지식 자랑을 다음과 같은 열정적인 소개로 바꾸었다. "그 제품이 저한테는 참 좋더군요. 여러분에게도 좋을 거예요. 한 번 써 보시는 게 어때요?"

훈련할 때 주요 제품들과 서비스에 관한 전반적인 이해를 제시하는 것 외에 제품을 다루지 말라. 네트워크 마케터들에게 제품을 모두 사용해 보라고 해서, 직접 소비를 통해 배우도록 권하라. 네트워크 마케팅은, 제품을 직접 사용해 보고, 그 결과에 너무 흡족해서 가족이나 친구들과 나누어 쓰는 사업이다. 그것은 제품 기능의 복잡한 세부 사항에 관한 지식에 근거한 사업이 아니다. 최근에 본 영화나 최근에 발견한 레스토랑을 친구에게 권하던 사례를 기억하라. 여러분이 네트워크 마케팅을 판매하는 제품들도 전혀 다르지 않다.

여기서 제시한 8개의 '미팅 지뢰밭'은 첫해에 피해야 하는 장애물이다. 다른 장애물들도 분명히 있지만 이것들이 가장 위험하다. 장래가 촉망되는 네트워크 마케터들이 부주의로 호텔이나 사무실, 혹은 다른 공공장소에서 사업 설명회를 열어 실패한 경우가 무수히 많다.

자신은 국제적인 대기업에 근무하는 전문가라는 사실을 명심하라. 새로운 파트너를 적절한 프로스펙팅 도구와 리쿠르팅 미팅에 인도하는 것보다 더 좋은 일은 없다. 그러므로 무엇보다 상황을 장악하라. 리쿠르팅이 목적이든, 훈련이 목적이든 간에 미팅은 간략하고, 쉽게 복제할 수

POINT

다른 어떤 전문가들이 사람의 눈을 바라보며 5년 안에 완전히 개인적인 자유를 누리면서 월 2,3만, 심지어는 5만 달러를 벌 수 있다는 것을 자신 있게 말할 수 있겠는가? 네트워크 마케팅에 종사하는 우리밖에는 아무도 없다.

있어야 한다. 사적인 환경에서 미팅을 진행하고 제일 좋은 환경은 가정이다. 자신이나 자신의 그룹이 단합이나 핀 인정식을 위해, 또는 다시 동기 부여를 위해 필요하다고 느낄 때만 정기적으로 대규모 집회를 개최하라. 또 미팅의 시간과 장소는 여러분이 지정한다. 첫 번째 사업설명회에 관한 모든 것을 직접 통제하고, 특히 더 중요한 것은 최근에 가입한 네트워크 마케터들을 훈련하는 방법을 통제하라. 당신도 일단 훈련을 경험하고 그 훈련이 잘 진행되면, 훈련 과정을 가르칠 수 있다.

프로스펙트들에게 운명과의 약속을 제공한다는 태도를 유지하라. 다른 어떤 전문가들이 사람의 눈을 바라보며 5년 안에 완전히 개인적인 자유를 누리면서 월 2, 3만, 심지어는 5만 달러를 벌 수 있다는 것을 진심으로 말할 수 있겠는가? 네트워크 마케팅에 종사하는 우리밖에는 아무도 없다. 신입 네트워크 마케터들은 모든 '미팅 지뢰밭'을 전염병처럼 피해야 하며, 그룹 미팅의 경우는 이따금 다른 네트워크 마케터들과 단합시키는 **수단**과 또한 그룹이 이용하는 시스템을 긍정적으로 강화시키는 수단으로만 이용해야 한다. 자신이 대표하는 산업에 자부심을 느끼고, 여러분 자신의 미팅을 개최하는 것을 두려워하지 말라.

요 약

- 불필요한 미팅에 참석하는 것은 이 산업에서 여러분을 사망으로 인도하는 장애물이 되기도 한다.

- 대규모 호텔 미팅은, 가정에서 정기적으로 열리는 사업 설명회에 대한 보충 수단으로서 이용하지 않으면 효과가 없다.

- 매주 열리는 호텔 미팅이 비효율적이고 쉽게 복제할 수 없는 이유는, 비용이 많이 들고, 상호 의존성을 조장하며, 불참객 때문에 당황할 수 있고, 공개적이며, 자유의 본보기를 보여 줄 수 없으며, 포화 상태라는 환상을 주는 경우가 많다. 그리고 개인적인 발전을 장려하지 않는다.

- 경우에 따라 개최되는 호텔 미팅은 업라인 리더의 이야기를 듣고, 상을 주거나, 핀 인정식을 할 때, 그룹을 결속시키기 위해 이용하는 것이 가장 좋다.

- 여러분의 모든 시간은 얼굴과 얼굴을 마주 대하는 프로스펙팅과 전화 방문, 또는 가정에서 개최하는 사업 설명회에 투자해야 한다.

- '교회 예배'란 정기적으로 열리는 리쿠르팅 미팅인데, 리더가 모든 참석자들을 위해 사업 설명회를 진행하는 미팅을 통해 프론트라인들은 초청객을 리더의 가정으로 데려오는 것을 배우게 된다. 장기적으로 계속될 경우, 상호 의존성을 조장함으로써 파멸에 이를 수 있다.

- '속임수 미팅'은 사교 미팅을 가장해서 친구들을 초대하는 만찬 파티로, 그들은 참석하고 나서야 자신들이 네트워크 마케팅에 관한 설명회를 위해 초대되었다는 것을 알아차리게 된다.

- 사업 설명회를 위해 사람들을 여러분의 집으로 초대할 때 네트워크 마케팅에 관해 호기심을 불러일으키는 것은 타당하다. 하지만 여러분의 의도를 속이는 것은 절대 좋지 않다.

- 집밖의 사무실을 이용하는 것이 현명하지 못한 이유는 다음과 같다.
    1 대부분의 사람들이 복제할 수 없다.
    2 불필요한 경비를 지출하게 된다.
    3 네트워크 마케터로서 누려야 하는 자유의 본보기를 보여 주지 못한다.

- 비디오카세트레코더(VCR)나 화이트보드도 없으면서, 정신을 산란시키는 것만 많은, 술집이나 레스토랑 같은 공공장소에서 미팅을 진행하는 경우 아무도 성공을 기대할 수 없다.

- 가능하면, 프로스펙트의 가정이나 사무실에서 미팅을 진행하는 것을 피하라. 이런 곳은 상황을 전혀 통제할 수가 없다.

- 첨단 기술을 이용한 모집 방식 인터넷, 전자우편, 전화 방문, 자동 응답기, 주문형 팩스 등을 이용하는 방식 들은 다른 접근 방법과 함께 사용해야 효과적이다. 하지만 1가지 기술만 이용하는 것은 쉽게 복제할 수 없는 극히 한정된 시스템이다.

- 성공적인 미팅은 네트워크 마케팅의 기본적인 복제 원리를 중

심으로 논의한다.
- 여러분의 다운라인 중에서 말주변도 없고 성공하기 힘든 사람에 의해서 복제할 수 없는 어떠한 형태의 미팅도 결국 실패하게 마련이다.
- 사업을 시작할 때, 자신이 사는 도시에서부터 네트워크 마케터 모집을 시작하라.
- 리쿠르팅 미팅을 진행할 때, 환경의 좋고 나쁨은 여러분의 열정만큼 중요한 부분이 아니다.
- 네트워크 마케팅은 정상적인 근무 시간에 진행되는 정당한 사업이라는 인상을 주어라.
- 자신이 미팅에 초대한 사람들 가운데 50퍼센트는 참석하겠다는 약속을 했더라도 불참할 것이라고 예상하라.
- 훈련의 첫 단계로, 최근에 가입한 네트워크 마케터들에게 사업의 기초를 가르치기 위해 매주 토요일 아침마다 2시간씩 비워 둘 것을 권한다.
- 1단계 훈련에 따라, 숙제를 완료한 프론트라인과 개인적인 일대 일 전략 미팅을 가져라.
- 제품의 세부 사항을 훈련의 중요한 부분으로 삼을 필요가 없다. 네트워크 마케팅은, 제품을 직접 사용해 보고, 그 결과에 너무 흡족해서 가족과 친구들과 나누어 쓰는 사업이지, 제품 성분이나 서비스에 대한 기술적인 지식에 근거한 사업이 아니기 때문

이다.

- 목적이 리쿠르팅 미팅이든, 혹은 훈련이 목적이든, 미팅은 간략하고, 쉽게 복제할 수 있어야 한다.

CHAPTER · **8**

소개 권총 탄알 빼기

다른 사람에게 맡기는 대신 네트워크 마케터를 직접 리쿠르트하고 훈련시켜라

　잘못하면 오발해서 우리 산업의 잠재적인 리더들을 다치게 할 수 있는 파괴적인 무기가 있다. 이 작은 무기는 신입 네트워크 마케터들에게도 역발(逆發)하여 불구로 만들고, 타 지역에 있는 프로스펙트들을 모집하고 훈련하는 능력을 파괴하는 수가 있다. 우리 두 사람도 모두 신입 네트워크 마케터였던 첫해에 이 무기를 발사했으며, 전 세계 모든 지역의 네트워크 마케팅에서 신입 네트워크 마케터들이 매일 발사하고 있다. 우리는 그 무기를 '소개 권총'이라 부른다. 그 권총이 어떻게 작용하는지 살펴보자.
　전화벨이 울린다. 그것은 여러분의 네트워크 마케터 한 사람에게서 온 전화로, 아주 열정적인 목소리로 여러분에게 말한다. 즉 다른 주에 인맥이 좋은 중요한 프로스펙트가 있는데, 그녀는 신용이 좋아서 업라인의 모든 사람들에게 수십억 달러를 벌어 줄 만한 사람이라는 것이다.

일단 그 말이 끝나자, 권총이 발사된다. "그래서, 그 사람을 그 도시에 있는 누군가에게 소개해야겠어요. 그곳에 당신이 소개할 만한 리더가 있나요?"

더 복잡한 것은 외국인 프로스펙트로, 언어 장벽 때문이다. "우리가 방금 도쿄에 있는 네트워크 마케터를 가입시켰는데, 그 사람이 몹시 들떠 있어요. 그 지역에서는 어떤 종류의 훈련 미팅이 진행되고 있죠? 그 사람을 당장 소개하려고요."

이런 방법으로 사람들을 소개하려는 데서 생기는 문제는 아주 간단하다. 그것은 거의 잘 진행되지도 않고, 역효과를 내는 경우가 많아서, 신입 네트워크 마케터들에게 부정적인 영향을 미친다. 또 그들의 성공에 영구적인 장애가 될 수도 있다. 네트워크 마케팅의 성공은 네트워크 마케터를 찾아내서 모집하고, 훈련시키는 능력과 관련이 있다. 또한 다른 사람들에게 똑같이 복제하도록 가르치는 능력과도 관련이 있다. 따라서 남에게 자신을 대신해 모든 일을 처리하게 하는 '공짜 심리'를 통해서는 이제까지 어떤 네트워크 마케터도 성공한 적이 없다. 그와 관련해서 인용할 만한 사례들이 많이 있으며, 8장에서는 여러분이 직면할 수 있는 각각의 상황에 대비할 수 있게 해줄 것이다.

타 지역의 훈련 미팅 소개하기

타 지역 스폰서링의 경우, 네트워크 마케터들은 대개 신입 네트워크 마케터들을 가입시킨 다음 특정 장소에서 진행되는 훈련 미팅에 보낸다. 다른 이야기를 하기 전에 우선 이렇게 말해 보자. 즉, 대부분의 네트워크 마케터들이 이런 방법을 이용한다. 왜일까? 솔직히 말하면, 그들은 이 방법 외에 어떻게 할지 모르기 때문이고, 그것이 그런 상황에 대처하는 가장 쉬운 방법이기 때문이다. 그러한 방법에는 대체로 전문가다운 어떤 분위기가 있으며, 사람들을 사업에 첫발을 내딛게 할 수도 있다. 그러므로 장거리 후원 탄알을 맞으면, 여러분은 가볍게 부상을 입을지도 모른다. 하지만 조심하라. 심각한 부상을 입었는데도 여러분 자신은 모르는 수가 있다. 그것은 여러분의 네트워크 마케팅 경력에 치명상이 되기도 한다.

다음과 같은 상황을 살펴보자. 훈련은 신입 네트워크 마케터들을 사업에 첫발을 내딛게 하는 아주 개인적이고 중요한 단계다. 거듭 말한 것처럼, 이 사업을 하는 데는 여러 가지 방법이 있지만, 일관성이 성공의 핵심이다. 시스템을 자주 바꾸는 것은 미숙한 네트워크 마케터들에게는 치명적일 수 있으며, 노련한 네트워크 마케터들도 마찬가지다. 당신의 신입 네트워크 마케터에게 책임감 있고, 지원을 잘하는 업라인이 되려고 한다면, 그 사람이 사업을 시작하는 법을 강력하게 가르쳐야 한다. 이것은 자립심을 키우는 것이다. 여러분이 조직 전체에 자립심을 퍼뜨려야 한다. 만약 가르치는 일을 우연에 맡기거나, 자신의 새로운 다운라인을 가까운 곳에서 열리는 아무 훈련 미팅에 소개한다면, 당신은 심각한 위험을 감수하게 된다. 즉 여러분의 신입 네트워크 마케터를 공짜 심리에 내맡기게 될지도 모른다.

어떤 시스템을 이용하는가에 관한 혼란은 고착되는 경우가 많다. 여러분은 신입 네트워크 마케터에게 홈 미팅의 중요성을 언급했지만, 여러분이 소개한 지역 훈련 담당자는 프로스펙트들을 매주 열리는 호텔 미팅으로 데려올 것을 제의할지도 모른다. 또 여러분은 잠재적 사업 파트너와의 개인적인 상호작용의 중요성을 강조해 왔지만, 지역 훈련 미팅에서는 여러분의 신입 네트워크 마케터가 프로스펙트들에게 발송할 수 있는 새롭고 멋진 리쿠르팅 비디오에 관한 이야기를 듣고, 개인적인 거절을 회피하게 된다. 따라서 신입 네트워크 마케터에게 다양한 시스템을 소개하는 것은 가장 나쁜 짓이고, 결국 그들을 허우적대게 만든다.

그러므로 시스템이 실제로 중요하다고 확신한다면, (사실은 중요하다) 다음과 같은 충고에 주의하기 바란다. 즉 새로운 프론트라인 동료들을 위해 리더나 그룹을 선정할 때 조심하라는 것이다. 아이를 위해 탁아소를 고르는 것처럼 신입 네트워크 마케터의 훈련 미팅도 까다롭게 선정하라. 우리 사업에서는, 신입 네트워크 마케터들이 어떻게 훈련받느냐가 성공에서 가장 중요하다. 하지만 선택권이 있다면, 가능한 모든 해결책 가운데 직접 아이를 키우는 것이 최선의 방법이듯이, 네트워크 마케팅에서도 자신의 소중한 프론트라인들을 유아기에서 성인기까지 직접 돌보는 것이 최선의 방법이다. 또한 복제가 경기의 이름이라는 것을 명심하라. 자신의 신입 네트워크 마케터들을 다른 미팅으로 보낸다면, 그들도 그렇게 할 것이다. 자신의 신입 네트워크 마케터를 직접 훈련시킨다면, 그들도 그렇게 할 것이다.

최근에 우리 회사에서는 강한 규제 압력 때문에 회사 자체적으로 훈련 자료를 만들고, 리더십 트레이닝을 개최하기로 했다. 우리는 이러한 정책 변화에 강력하게 반대하는 소수에 속한다. 우리가 볼 때, 그것은 사회주의식 자녀 양육에 가깝다. 자신에게 자녀가 있는 경우, 만약 정부에서 모든 부모는 그들의 자녀들을 정부가 선택한 공공 탁아소에 보내야 한다고 결정한다면 어떤 느낌이 들지 상상해 보라. 모든 아이들은 권력자의 철학에 따라 양육될지도 모른다. 그것은 미국의 민주주의와 대립되며, 선택의 자유에 위배된다.

그 훈련 시스템을 현장에서 뛰고 있는 리더들이 만들거나 승인하지 않는 한, 우리는 우리의 소중한 신입 네트워크 마케터들의 훈련을 위해 회사에서 강제하는 어떠한 훈련도 단호하게 반대한다. 또 만약 네트워크 마케팅 회사 중역들이 이 사업에서 성공하는 법을 알고 있었다면, 회의를 열어 자신이 이용해 본적도 없는 판매 도구를 만드는 대신에, 현재 봉급의 10배를 벌어들이면서 가족들과 편안히 지냈을 것이다. 우리가 그들에게 훈련 프로그램을 설계하도록 맡긴 것은, '할 수 있는 사람은 하고, 할 수 없는 사람은 가르친다'는 옛 속담이 현실화된 것뿐이다.

하지만 동시에 우리는 회사에서 왜 이러한 입장을 취하게 되었는지를 이해할 수 있다. 연방 상업 위원회[주]에서는 기반이 튼튼한 네트워크 마케팅 회사에 대해 대단히 강경한 입장을 취하고 있다. (여러분이 만약 5년 미만의 신생 회사에 근무한다면 정신을 바짝 차려라. 여러분이 이 산업에서 최고가 되면, 여러분도 주목을 받게 될 것이다.) 또한 연방 상업 위원회는 회사의 안내 책자, 카탈로그, 현장에서 만든 훈련 교재들을 세심하게 조사하고 있다. 그리고 이 정부기관은 회사가 이 간행물의 내용에 대해 궁극적으로 책임질 것을 요구하고 있다. 그에 대한 대응으로, 네트워크 마케팅 회사들은 안이한 해결책을 취하기로 결정했으며, 현재 소송을 피하기 위해 모든 내용을 통제할 수 있도록 훈련 자료들을 제작할 수 있는 권한을 다시 요구하고 있다. 그 결과 회사는 모든 훈련 절차에 대해서 권한을 행사하게 된다.

연방 기관의 조사에 대한 조건 반사적인 반응을 취하게 된 까닭은 이해하지만, 회사의 방식은 여전히 제대로 진행되지 않는다는 것이 우리의 견해다. 우리는 강제 탁아를 지지하지 않는 것처럼 회사가 강제한 훈련 시스템을 신뢰하지 않는다. 또한 도시 규모의 훈련 미팅이 신입 네트워크 마케터들을 대신해서 일을 처리해 준다는 잘못된 견해도 받아들일 수 없다. 특히 네트워크 마케터로서 형성기인 첫해 동안은 더욱 그렇다. 여기에 잠재된 문제점들은 탁아소 선택을 하지 못하는 데서 생겨나는 문제들만큼이나 위협적이다. 다른 도시에서 개최되는 지역 훈련 미팅에

주) FTC : Federal Trade Commission : 공정거래 감시 기관. 우리나라의 공정거래위원회와 비슷한 기능을 수행하는 기관이다 – 역자 주.

신입 네트워크 마케터를 보내는 일과 관련된 끔찍한 이야기들은 수없이 많다.

다음은 마크의 경험담이다. 1986년에 마크가 고향에서 온 사촌 스티브Steve를 지역 미팅에 소개했다. 크게 성공을 거둔 네트워크 마케터가 미팅을 진행한다는 이유에서였다. 스티브가 유머러스하게 전하는 그날 저녁의 상황은 이렇다. "내가 그 사업에 눈을 돌리게 된 것은 의사라는 직업에 신물이 나 있었고, 나 같은 경력으로는 다른 데서 받아주지 않으리라는 것을 알고 있었기 때문이다. 나는 마크가 집 뒷마당에서 테니스 시합을 끝낸 뒤 네트를 뛰어넘는 모습이 담긴 신문을 보내 주었을 때, 그리고 그가 6개월 전에 파산한 것을 알았을 때도 몹시 흥분이 되었다. 그 뒤 마크가 내게 안내서를 보내 주었다. 난 가입 서류를 작성하고, 훈련을 받게 해달라고 그에게 전화를 걸었다. 마크는 그 지역 의사가 토요일 훈련 미팅을 진행하기 때문에, 내가 그 미팅에 참석해야 한다고 말했다. 그러나 난 다른 의사에게 도움을 받는다는 사실에 자존심이 상했다는 것을 인정한다. 35세의 성공한 의사가 무엇 때문에 네트워크 마케팅에 가입해야 하겠는가? 나는 이 미팅이 알코올 중독 방지 모임과 다를 바 없다고 자기 합리화를 했다. 처음에는 당혹스러울지 모르지만, 결국 전부 똑같은 이유로 참석했을 테니까 말이다."

"차를 타고 미팅에 가는 동안, 나는 앞으로 만나게 될 모든 흥미진진한 기업가와 비즈니스 전문가들을 생각하기 시작했다. 문을 들어서는 순간, 나의 의구심 – 부정적인 의구심 – 은 현실이 되고 말았다. 바로 그 주에 내가 치료했던 환자 하나가 내게 다가오더니, 모든 사람이 다 들을 만큼 큰 목소리로 농담을 걸어 왔다. '아니 이런, 박사님, 간단한 수술에도 그 정도 치료비를 받으시면서, 시간제로 피라미드 사업까지 하실 필요가 있나요?'"

"10명에서 15명 되는 사람들이 그 말을 듣고 일제히 나를 바라보았다.

난 그것이 너무 창피했고, 얼굴이 화끈 달아올랐다. 그리고 그 말을 웃어넘긴 뒤 그와 악수를 나눈 다음, 멀찍이 떨어져 재빨리 그와 그의 일행으로부터 벗어나려고 반대편에 있는 빈 의자에 자리를 잡고 앉았다."

"내 옆에는 옷을 잘 차려 입은 여자가 앉아 있었는데, 착실한 시민으로 보였다. 그래서 인사를 하고 잠시 이야기를 나눴다. 그녀는 자신도 다른 도시의 어떤 부부 밑에 가입을 해서, 처음으로 이곳 훈련 미팅에 참석하게 되었다고 말했다. 그리고 자신을 이 미팅에 보낸 사람은 전에 자신을 치료해 준 마사지 치료사였다고 했다. 또 그녀는 보물 지도를 보며 복을 비는 것이 가장 흥분되었다고 한다. 그 보물 지도라는 것은 잡지에 난 사진들을 오려서 캔버스에 붙여 놓은 거라고 했다. 그녀는 다음과 같이 말했다. 나는 이때 아무도 이 대화를 엿듣지 않기를 바라면서 단추를 풀고 주위를 둘러보았다. '저는 하루에 두 번씩 그 사진 밑에 앉아, '후' 라는 주문을 외우면서, 뜻밖의 수입이 무릎으로 굴러 떨어지는 광경을 눈으로 그려보았어요.' 그녀가 강신술 집회에 갔을 때, 미가엘 천사장이 나타나 고대 아랍어로 그녀에게 이 미팅에 참석하라고 일러주었다는 말을 했을 때, 나는 더 이상 참을 수가 없어서 밖으로 나오고 말았다. 그리고 다시는 네트워크 마케팅 미팅에 참석하지 않았다."

우리는 이보다 훨씬 심한 이야기도 많이 들었다. 그러므로 우리말을 주의해서 듣기 바란다. 여러분 조직의 네트워크 마케터들이 전화를 걸어, 미시간이나, 플로리다, 혹은 텍사스에 새로운 사람을 소개하려고 하는데, 훈련이나 지원할 만한 리더가 없느냐고 묻거든, 딱 잘라 '없다!' 고 말하라. 이것은 단순히 '가입이나 시키고, 소개나 하는' 사업이 아니다. 신입 네트워크 마케터들은 검증된 훈련 자료를 이용하여 경험을 쌓고 자립할 때까지 지원을 받아야 한다. 확실하게 정착이 된 이후에 비로소 추가 지원과 회사의 결속을 위해 다른 리더의 미팅에 참가할 수 있다. 그러나 정착될 때까지 상당한 시간이 필요할 것이다.

항상 다음과 같은 야넬의 81번째 법칙을 명심하라. '믿을 만한 사람을 타 도시 미팅에 보낼 때마다, 리더 모두가 자질을 갖춘 것이 아니라는 것을 증명하기 위해 하나님이 이 세상에 보낸 사람이 그 사람의 옆에 앉게 마련이다.' 우리는 그러한 사실을 직시해야 한다. 그러므로 신입 네트워크 마케터를 다른 리더의 미팅에 보내려면, 그 미팅을 철저히 조사하고, 리더의 수준과 내용을 알아본 다음에 보내도록 하라. 또한 가장 저항이 적은 방침을 취하고 맹목적으로 사람을 보내지 말라. 자신의 다운라인과 관계없는 사람에게 자신과 똑같이 자신의 네트워크 마케터들에게 관심을 기울여 주기를 기대할 수는 없다. 모든 리더의 일차적인 책임은, 자신이 보상을 받는 자신의 라인에 속한 사람들을 훈련하고 지원하는 것이다. 가장 탁월한 리더들도 자신의 미팅에 여러분의 동료들이 참석하는 것은 상관하지 않겠지만, 여러분의 동료들을 위해서는 1킬로미터도 더 달려가지 않을 것이다. 대부분의 리더들은 자신의 라인을 건설하고, 자신의 네트워크 마케터를 지원하기 위해서는 끝까지 최선을 다할 것이다. 반면에 여러분의 네트워크 마케터들은 분명히 방치될 것이다. 단순히 프로스펙트들을 기존의 미팅에 소개하는 것은, 첫출발을 하는 중요한 시기에 있는 사람들에게 보잘것없는 지원을 제공하는 결과가 될 것이다.

훈련 미팅을 직접 진행하라

자녀 양육을 위한 선택권이 주어져서, 집에 머물 수도 있고, 집에서 사업을 운영할 수 있다면 그 부모는 어떻게 해야 하겠는가? 여러분은 아마 '다운라인의 자녀들'을 지원하는 일에 대해서도 이와 똑같은 본능을 가지고 있을 것이다.

여러분이 훈련은 1페이지짜리 훈련 개요로 축소할 수 있는 간단하고, 쉽게 복제할 수 있는 시스템이어야 한다는 우리 주장에 동의한다고 가정하자. 또한 프론트라인에 방금 가입한 사람이 다른 주에 산다고 해보자. 그러면 한 페이지짜리 훈련 시스템의 복사본을 팩스로 전송하는 것으로 시작하라. 그에게 그 시스템을 자세히 검토할 것을 요청하고, 하루 이틀 뒤에 모든 질문에 답변해 주겠다는 제안을 하라. 그리고 약속된 시간에 그의 질문에 답변할 수 있도록 전화를 걸라. 그러고 나서 자신의 시스템의 출처와 신뢰성을 그에게 알려주도록 하라. 미리 대처할 필요가 있으므로 그 시스템에 이의가 있는지 물어 보아야 한다. 또 그에게 자신이 이 시스템을 얼마나 열렬히 신뢰하고 있는지와 지원을 원한다면 이 시스템으로부터 어떠한 이탈도 허용되지 않는다는 점을 알려주는 것으로 대화의 결론을 맺어라. 그를 그 시스템에 전념하게 하라.

다음 단계는 타 지역 다운라인에게 소개 키트와 스타터 패키지를 회사에서 구입하게 하는 일이다(일반적으로 우리 지역에서 우리도 그렇게 하지만, 우리에게서 제품을 구입하는 것과는 반대다). 그때 선택권이 여러분에게 있다면, 이 사업을 진행하는 간단하고 '골치 아프지 않은' 방법을 가르쳐 주는 간단한 매뉴얼(40페이지 미만)을 구입하게 하라. 그러한 매뉴얼은 쉽게 복제할 수 있고, 한 페이지짜리 개요로 축소해서 시스템을 설명할 수 있어야 한다. 그래서 어떠한 계층의 사람도 배우고, 실행하고 가르칠 수 있어야 한다. 타 지역에 있는 신입 네트워크 마케터가 제품을 사용하고 간단한 매뉴얼을 읽은 뒤에는, 또 다시 전화 대화를 마련하여 자신의 시스템에서 가장 중요한 문제들을 다루도록 하라. 때때로 신입 네트워크 마케터들이 첫 번째 제품 패키지를 구입한 이후나 숙제를 완료하기 전에 그만두는 경우도 있을 것이다. 어느 정도의 빠른 회원 감소는 우리 사업에서 정상적이다. 하지만 계속 함께 일하는 사람들을 위해,

사업을 구축하는 데 도움이 될 수 있는 가장 효과적인 동기 부여 도구를 1, 2가지 추천하라. 이들은 개인적으로 밀접한 관계를 맺고, 평생의 사업 파트너 관계를 형성할 사람들이다. 이 열성적인 사업자들에게는 완전한 훈련 매뉴얼을 구입할 것을 권한다. 우리는 열성적인 네트워크 마케터들의 지침이 될 《네트워크 마케팅 백과사전》을 연구하고 집필하는 데 여러 해를 투자했다(업라인 스승이 이미 비슷한 책을 내지 않았다면, 이 책을 마음대로 이용하라).

우리는 또한 여러분과 타 지역에 있는 모든 열성적인 프론트라인 회원들 사이에 매주 전화를 통한 지도 미팅을 가질 것을 권한다. 즉 '전화해 주세요.' 라는 주문을 걸어, 그들이 전화 지도 미팅을 시작하도록 만들라. 그리고 그들이 전화를 해 오면 확실하게 지원해야 한다(하지만 전화를 하지 않으면 다음 사람에게로 넘어가라). 또한 반드시 주간 전화 회의를 통해 그들의 접근 스타일과 접근 숫자를 검토해야 한다. 그 주에 접근한 프로스펙트는 몇 명이었는지, 몇 개의 시청각 패키지를 배포했는지, 혹은 약속 일정을 몇 개나 잡았는지, 실제로 사업 설명회에 참여한 사람은 몇 명인지, 몇 명을 가입시켰는지 등을 논의하라. 그리고 그들의 접근 스타일과 접근한 숫자가 지나치게 저조할 때마다 용기를 주어라. 스승이 되어 주고, 사례를 통해 지도하라. 그들의 열성적인 프로스펙트들의 가입 절차를 '마무리짓는 일' 을 지원하라. 개인적인 차원에서 신입 네트워크 마케터가 어떻게 발전할 수 있는지에 대해 건설적인 비판을 하라.

다운라인 네트워크 마케터들을 지도할 때, 일을 잘못 처리했다고 지적하는 실수를 범하지 말라. 그런 지적은 실수를 강화하고, 그들을 더 심한 좌절로 몰아넣을 뿐이다. 여러분은 '하지 말아야 할 것' 을 어떻게 하게 되는지를 생각해 본 적이 있는가? 변화 과정에 있는 네트워크 마케터들을 도와주려면, 그들에게 '잘하기' 바라는 것을 제시하라. 극복해

POINT
다운라인 네트워크 마케터들을 지도할 때, 일을 잘못 처리했다고 지적하는 실수를 범하지 말라. 그들에게 '잘하기' 바라는 것을 제시하라.

야 할 장애물은 사람의 '내면'에 있는 경우가 많다. 그리고 동료가 자신감의 부족으로 고민하고 있다면, 그에게 '하지만 내가 할 수 있다면…?' 하고 자문해 보도록 권하라. 가능성을 생각하면 의식이 확대되고, 자존심이 높아지며, 성공의 기회가 더 커지기 때문이다. 최고의 코치는 사람들의 내재된 능력을 일깨우는 사람이다. 열심히 노력만 한다고 해서 성과를 거둘 수 있는 것은 아니다.

요컨대 여러분의 네트워크 마케터들을 리더로 훈련하고 그들의 네트워크 마케터들에게도 똑같이 행하도록 가르쳐라. 그리고 모든 사람에게 리더로 등장할 기회를 부여하라. 또한 여러분은 다음과 같은 SW 규칙을 알고 있다. "어떤 사람은 할 것이고, 어떤 사람은 하지 않을 것이다. 그래서 어쨌단 말인가, 다른 누군가가 항상 기다리고 있을 테니까, (다음 사람에게 가자!)" 리더가 되지 못하는 사람들은, 도시 규모의 집회가 열리는 경우, 거기에 참석해서 상호 의존성에 이끌리게 된다. 그것이 바로 여러분의 대비책이다. 아마도, 천사장이 나타나 그들을 집으로 데려올지도 모르겠다!

단순한 훈련 시스템의 가치

단순한 시스템을 가르치는 것은 조직의 리더가 되기 위한 좋은 출발이다. 사고방식이 올바른 리더들로부터 시작하여, 그 시스템이 그들에게 성공을 가져다 줄 수 있다는 것을 입증한다면, 여러분은 그들이 다시 그 시스템을 바꾸지 않고 전수할 수 있는, 좋은 기회를 얻게 된다. 다음은 1페이지짜리 훈련 매뉴얼의 사례다. 마음에 들면 서슴지 말고 적용하라.

훌륭한 훈련 시스템은 조직에서 가장 경험이 없는 사람도 복제할 수 있는 방식으로 진행된다. '야넬의 성공 훈련 시스템' 다음에 있는 '네트워크 마케팅 흐름도'에서 볼 수 있듯이, 그 시스템의 흐름은 완전한 원을 그리는데, 신입 네트워크 마케터들에게 그 과정을 거치게 한 다음 그들에게 똑같이 복제하도록 가르친다.

야넬 성공 훈련 시스템

가이드라인 Guideline

1 1년 동안이나 재정적인 목표에 도달할 때까지 이 검증된 훈련 시스템에 전념하라. 1가지 검증된 방식을 지키는 것이 가장 중요하므로, 다른 시스템을 가르치거나 선전하는 집회에 참석하지 않는 것이 좋다.
2 가장 만족할 만한 평생의 사업 파트너 관계를 형성할 수 있는 사람들을 신중하게 선택하고 접근하는 일부터 시작한다. 또 참여한 사람들에게 똑같이 복제하도록 가르쳐라.
3 점차 냉담자 시장으로 옮겨갈 때, 접근하는 사람들의 숫자에 더 집중하라. 그때 프론트라인의 깊이Depth보다 폭Width에 초점을 맞춰라. 그러나 마치 프론트라인인 것처럼 여러분의 지원을 요청하는 모든 사

POINT
"단순함은 가장 진보적인 교육의 증거다."
– 에밀 캐디 박사(Dr. Emile Cady)

람을 지원하라.
4 가정에서 사업 설명회를 한 후에나 타 지역 사람이 가입한 이후, 열성적인 사람들에게는 업라인 리더에게 전화를 걸도록 권하라.
5 우리는 초점을 유지하기 위해 여러분 자신이 훈련 자료를 만드는 것을 금한다. 첫해 동안이나 재정적인 목표에 도달할 때까지 오직 이 검증된 시스템에만 의존하라.
6 다운라인을 구축하기에 앞서 가족과 이웃들 사이에 고객 기반을 구축하라.
7 모든 노력을 하나의 강력한 조직을 건설하는 데 집중하되, 절대 다른 여러 회사에서 2개 이상의 라인을 건설하려고 하지 말라.
8 성공은 자신에 대한 신뢰와 투자에 달렸다. 따라서 신입 네트워크 마케터에게 돈이나 제품을 절대 빌려주지 말라.
9 자신의 사업에 충실하라. 다른 저급한 제품 대신 자신의 제품이나 서비스를 사용하라.
10 최종 결과에 계속 초점을 맞추고, 자신이 이룬 업적에 자부심을 가져라. 거절, 중도 탈락, 꿈을 훔치는 자들(Dream Stealers), 좌절 등으로 인해 자신의 비전을 포기하지 말라. 그래야만 자신의 마음이나 자신의 미래를 100 퍼센트 통제할 수 있다.

시스템 System

1 1주일에 한 번씩 그룹 미팅으로 열리는 '첫 단계 훈련'에 스폰서와 함께 참석하라.

2 가입 서류를 작성하라. 회원번호를 부여받고, 제품을 주문하라.

3 될 수 있는 대로 빨리 개인 고객 10명만 확보하라. 사업 개시 제품 패키지를 받으면, 직접 사용해 보고 그 결과를 근거로 흥분된 마음을 전하라.

4 서면으로 목표를 작성하고, 이미 이루어진 것처럼 눈에 그려 보라. 최종 결과에 계속 초점을 맞추고, 사업 계획은 그 목표에 대한 수단이 된다는 것을 인식하라.

5 우선 2천 명의 우호자 명단을 만들고, 사업 파트너가 될 수 있는 상위 25명의 우선순위를 정하라. 프로스펙트를 6개월에 한 번씩 다시 접촉할 수 있도록 카드 파일 시스템을 갖춰라.

6 스폰서에게로 돌아가서 개인적인 전략 미팅을 갖고, 목표에 바탕을 둔 구체적인 활동 계획을 만들어라.

7 우리 사업을 통해 이룰 수 있는 재정적 안정과 시간적 자유를 가지고 사람들에게 접근하라. 또 상위 25명의 사람들에게 전화를 걸어서, 사업 파트너가 되어 주기를 자신이 얼마나 간절히 원하는가를 전하라. 사람들을 조직에 끌어들이는 것은 바로 여러분의 열정임을 명심하라. 하루 프로스펙팅 목표를 반드시 달성하라.

8 프로스펙트들에게 시청각 패키지를 제공하고, 우리 산업의 타이밍, 흐름, 장점, 즐거움 등을 소개하라.

9 홈 미팅 사업 설명회를 개최할 때, 우호자 명단에 있는 사람들과 그들이 소개한 사람들을 4~8명을 참석시켜라(업라인은 처음 2,3차례 참석할 것이다).

   a 네트워크 마케팅 산업의 신뢰를 입증할 기사나 복사물 따위를 나누어주

어라.

b 자신의 이야기를 (5분 정도) 하고, 이미 성공한 업라인의 이야기를 전하라.

c 회사의 입장과 장점을 설명하라. 자신이 많은 회사 가운데 왜 이 회사를 선택했는지 그 이유를 설명하라.

d 관심이 있는 사람들에게 카탈로그나 샘플과 아울러 제품에 관한 개인적인 체험을 제시하라.

e 회사와 제품에 관한 안내와 간단한 보상 플랜에 관한 설명이 포함된 비디오를 틀어라. 그리고 나서 다음 내용을 칠판에 쓰면서 설명하라.

- 오늘날 대부분의 근로자들이 직면하는 문제들 40년 플랜과 단선적 수입을 설명하라.
- 75퍼센트의 높은 자연감소율에도 불구하고 5×5×5로 나가는 기하급수적 성장을 설명하라.
- 사람들이 회사를 그만둘 때 롤업[주]되는 요인을 설명하라.

f 어떠한 질문에도 답변을 하라. 열성적인 프로스펙트들에게는 핵심 업라인의 전화번호를 알려 주고, 질문이 있는 경우 그 업라인에게 전화를 걸거나, 3자간 통화를 하도록 권하라.

g '사업 개요'를 나눠주고, 회원에 가입해야 하는 다음 3가지 이유를 설명하는 것으로 마무리지어라. 즉 (1) 도매가로 구입할 수 있고, (2) 사업 소득세의 혜택과 여행 경비 절감을 누릴 수 있으며, (3) 부와 독립을 통한 라이프스타일을 창조할 수 있다.

h 프로스펙트들을 다음 토요일 훈련 미팅에 초대하라.

10 다음과 같은 방식으로 참여할 것을 요청하라. 즉 큰 조직을 구축하는

주) Roll-up : 롤업이란 자신의 다운라인 중에서 일정한 기간 매출이 없거나 기준 미달인 경우 그 아래의 매출 실적이 있는 다운라인이 매출이 없는 다운라인을 추월하여 자신에게 더 가까운 레벨로 올라오는 것을 말한다 – 역자 주.

사업자, 소매 판매를 주로 하는 사업자, 또는 도매 구입자로 가입하게 하라. 그렇지 않으면 단순한 고객이 되기로 작정하거나, 최소한 사람을 소개할 수도 있다.
11 제품 패키지를 지정하고, 신입 네트워크 마케터가 구입하기를 바라는 정확한 훈련 자료의 목록을 만들어라. 또 주문처를 알려주는 전화번호부를 만들어라.
12 신입 네트워크 마케터들을 위해 1주일에 한 번씩 '첫 단계 훈련'을 개최하라. 제품 구입, 목표 작성, 우호자 명단 만들기 착수, 고객 기반 구축과 같은 숙제를 완료한 네트워크 마케터들을 위해 개인적인 전략 미팅을 마련하라.

결 과

막대한 수익, 완전한 시간적 자유를 누릴 수 있다. 또한 자신의 도움으로 다른 사람들도 같은 것들을 창조할 수 있다는 사실에서 만족할 수가 있다.

타 지역 리쿠르팅 미팅 소개하기

누군가를 타 지역 훈련 미팅에 보내는 것을 의심하면서, 소중한 프로스펙트를 자신이 참석하지 않는 다른 사람의 리쿠르팅 미팅에 맡기는 것은 순전히 미친 짓이다. 우리가 보기에 그것은 마치 부부가 양자를 고르는 데 비서를 대신 양자 기관에 보내는 것만큼이나 이치에 맞지 않는다. 우리는 애완견이나 고양이를 고를 때도 다른 사람을 보내지 않는다. 어느 누가 대단히 존경하는 사업 동료를 아무렇게나 선택한 미팅에 보

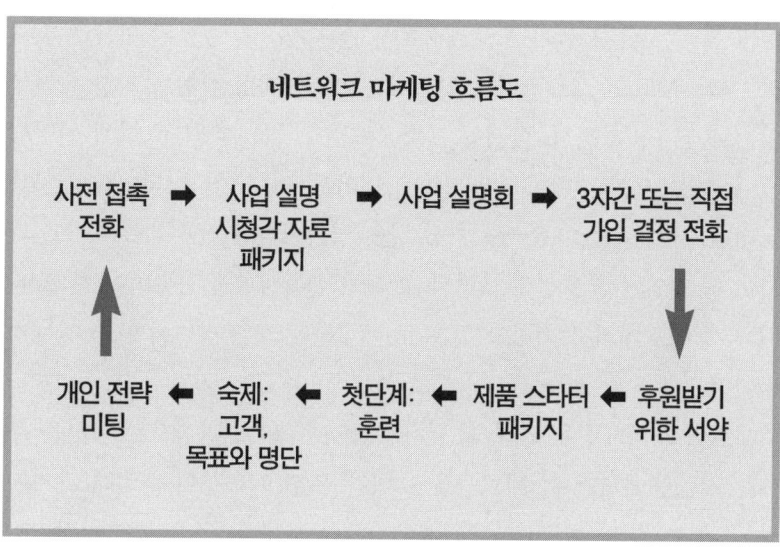

내 전혀 낯선 사람의 보호에 맡기겠는가? 프로스펙트에게 우리 사업을 소개할 때가 오면, 우리는 1가지 기본적이고 확고한 믿음이 있다. 즉 네트워크 마케팅에 대한 설명회는 사적인 환경에서 소그룹을 대상으로 이루어져야 한다는 것이다. 그렇지 않으면 네트워크 마케팅의 본질을 무시하게 된다. 또 그것은 무엇보다 친구에게서부터 친구에게로 전파되는 사업이지, 조명, 카메라, 슬라이드 쇼, 액션 등이 있는 형식적인 연출 작품이 아니다.

타 지역에 있는 프로스펙트에게 네트워크 마케팅 회사를 소개하려면 우선 인간적으로 가능한 선에서 개인적인 접촉으로 시작할 것을 권한다. 뿐만 아니라 타 지역의 네트워크 마케터를 모집하는 일은 같은 지역의 경우보다 훨씬 많은 비용이 든다는 사실을 알고 이 일을 시작해야 한다. 그 비용에는 시청각 자료 패키지, 장거리 전화 요금, 우편요금, 일반 전화 요금 등이 포함된다. 그 비용을 감당할 여유가 없는 한 시작도 하지 말라. 그리고 사전 접촉 전화를 통해 접촉하고자 하는 사람들을 신중하게 선택한 뒤, 사업과 프로스펙트에 관한 자신의 흥분된 마음을 전하라. 그런 뒤에 그 프로스펙트에게 네트워크 마케팅 산업에 관한 여러분의 흥분된 마음, 회사, 마케팅 제품 라인, 조직을 간단명료하게 설명해 줄 수 있는 오디오 테이프와 비디오 테이프, 또는 멀티미디어 패키지를 보내라. 자신이 그 자료 패키지를 받는 입장이라면 전체적으로 어떤 기분이 들 것인가를 상상해 보면서 그 패키지와 설명을 검토해야 한다. 거기에 실제로 여러분이 하고 싶은 모든 질문에 대한 답변이 들어 있는지 말이다.

네트워크 마케팅에 관해 더 많은 것을 배우려고 진심으로 관심을 보이는 사람들에게만 이 자료들을 보내라. 또한 여러분이 점검하고 지원할 수 있는 것 이상으로 많은 양의 자료를 보내지 말아야 한다. 장거리 전화는 모두 합해서 적어도 1시간 정도로 두 번은 걸어야 한다. 그리고 첫 번째 통화에서 여러분이 네트워크 마케팅에 어떻게, 왜 참여하게 되었는지를 이야기하라. 또한 **그들**이 자료 패키지를 받고 그것을 검토할 시간을 가진 뒤 사업 논의를 위한 전화 통화 시간을 미리 정해야 한다. 누군가에게 비디오테이프를 보게 하거나 오디오 테이프를 듣게 하는 것은 진짜 어려움이 될 수 있다. 그것이 바로 우리가 선별된 타 지역 프로스펙트들과 경우에 따라 여러분의 사업 설명회에 참석할 수 없는 지역의 프로스펙트들에게만 이 방식을 사용하는 이유다. 타 지역 프로스펙트들의 가입률은 얼굴을 마주 대하는 사업 설명회의 경우보다 낮게 마련이다.

팔로우업 전화는 약식 사업 설명회가 된다. 반드시 사업의 중요한 측면들과 벌어들일 수 있는 돈, 또 이러한 사업 형태를 구축하는 방식의 단순성이나 성공하는 법을 정확하게 단계별로 가르치기 위해 그들과 어떻게 협력할 것인지를 부각시켜야 한다. 질문에 성실히 답변하고 반대를 주의 깊게 들어라. 그리고 업라인의 지원을 통해 열성적인 프로스펙

POINT

네트워크 마케팅의 고유의 윤리는 자신을 생각해줘서 이 사업에 소개해 준 사람에 대한 충성에서 생겨난다.

트들을 가입시켜라. 그런 다음 그들에게 자신보다 경험이 풍부하고, 크게 성공을 거둔 사업 동료에게 전화를 걸게 하라. 직접 통화든 3자간 통화든 모두 가능하다. 가입하는 데까지 진전되려면 대개 한 번 이상의 전화 통화가 필요하다.

이제 업라인의 지원으로 개인적인 관계에 바탕을 둔 장거리 사업 설명이(자료 패키지와 전화를 통한) 끝났으므로 그들을 가입시킬 준비가 된 것이다. 일단 준비가 되면 그들을 회사의 존경하는 리더가 진행하는 지역 리쿠르팅 미팅에 참석시켜도 좋다. 앞서 제안한 바와 같이, 프로스펙트를 지역 미팅에 참석하도록 권하기 전에 그 조직과 진행자를 신중하게 선택할 필요가 있다. 훈련 리더가 자신과 같은 시스템을 사용하는 업라인의 회원이거나 스승이 아니라면, 어떤 경우에도 프로스펙트를 그 훈련 미팅에 참석시켜서는 안 된다.

프로스펙트가 여전히 약간의 거부감 때문에 참여하기를 주저한다면 중대한 결정을 내려야 한다. 그를 다른 도시에서 열리는 사업 설명회에 보내는 것은 아이를 혼자서 뉴욕에 보내는 것과 같다. 그러나 어떤 수단을 써도 그를 가입시킬 수 없다면 이 즈음에서 위험을 감수할 가치가 있는지도 모른다. 그것은 신중하게 내려야 할 결정이다. 이 계획을 따르려면, 두 사람 사이에 충성의 관계가 확립된 경우여야만 한다. 네트워크 마케팅의 고유의 윤리는 자신을 생각해 줘서 이 사업에 소개해 준 사람에 대한 충성에서 생겨난다. 따라서 여러분이 사용할 시스템의 보충 지원에 지나지 않는 미팅이라는 것을 사전에 주지시키고, 그 프로스펙트가 미팅에 참석하도록 하라. 그리고 그가 귀가한 뒤나 늦어도 그 다음날 아침에 전화를 걸어서 미팅과 진행자, 혹은 초청객이나 사업 설명회에 대한 반응을 관찰하라. 일단 소개 권총을 쏘고 나면, 즉 잠재적인 사업 동료를 지역 미팅에 보내고 나면 '모든 것이 잘 되겠지' 하고 안심하지 말라. 당연히 걱정을 해야 한다. 그러나 일단 팔로우업을 하고 여러분의 시스템을 따르겠다는 약속을 받아 내면 어느 정도 안심을 해도 된다.

지역 리쿠르팅 미팅 소개하기

우리는 효과가 있다고는 믿지 않지만, 네트워크 마케터들이 개인적으로 새로운 네트워크 마케터와 함께 하려는 노력을 해보기 전에 그들을 왜 다른 도시에서 열리는 리쿠르팅 미팅이나 훈련 미팅에 보내는지는 이해가 간다. 하지만 어느 누가 무엇 때문에 자신의 소중한 프로스펙트들을 같은 도시에서 열리는 다른 리더의 미팅에 보내서 네트워크 마케팅을 처음 접하게 하겠는가? 간단한 시스템을 통해 직접 그들을 완벽하게 올바른 출발을 하게 할 수 있을 때는 이해가 가지 않는 짓이다. 따라서 성공을 하려면 자신의 지식을 새로운 동료들과 나누고 그들 각자에게 똑같이 복제하도록 가르쳐야 한다. 호텔 미팅은 보완책이나 강화책이지, 중심이 되는 방법이 아니다. 그러므로 새로운 프로스펙트들이 대규모 공식 행사에서 네트워크 판매를 처음 접하게 해서는 안 된다.

《열정적인 삶Living with Passion》의 저자인 피터 허쉬Peter Hirsch는 우리 산업을 처음 접하게 된 경위를 다음과 같이 회상한다.

"나의 네트워크 마케팅에 대한 악몽은 첫 번째 사업 설명회 가운데 시작되었다. 한 친구가 나를 차에 태워 호텔 미팅으로 데려갔는데, 그 일은 사업에 참여한 지 거의 8년이 지난 지금에도 몹시 반감이 느껴진다. 그때 내 얼굴에 나타난 표정은 아마도 이랬을 것이다. '내가 만약 이 회사에 들어간다면, 나는 이제 더 이상 옷을 입을 자격도 없어.' 미팅을 진행하는 사람들은 '우리가 할 수 있다면, 여러분도 할 수 있다!'는 기분을 사람들에게 불어넣으려는 것 같았다. 하지만 그것은 내 기분과 전혀 달랐다. 내가 느낀 감정은 이랬다. '이 방 안에 있는 사람들은 말하는 법이나 옷 입는 법을 전혀 모르는군. 저들은 글을 읽을 줄도 모를 거야. 이런 사람들과 함께 있기 싫어. 이 사람들 같이 되고 싶지 않아. **도와 줘!!!!! 여기서 날 구해 줘!**' 거기서 내가 당장 떠나지 못한 것은 차가 없었기 때문이었다. (말이 나와서 하는 말이지만, 그렇다고 해서 여러분의 차에 손님들을 납치해 오는 것을 정당화할 수는 없다. 내 말은 호텔 미팅을 열지 말고, 사업 설명회를 열려면 꼭 성공하라는 것이다. 초청객들이 인질로 잡혀 있는 게 아니라 자진해서 머물고 싶도록 하라는 것이다.) 그 친구는 나를 집에 내려놓고 제품 하나를 써 보라고 주었다. 나는 다투는 데 진력이 나서 그냥 받았다. 그것은 보온병처럼 생긴 정수기였다."

"나는 그날 저녁 일이 너무 끔찍해서 사람들이 무엇 때문에 그 회사에 들어가려 하는지 도무지 이해할 수가 없었다. 내 머릿속에는 어떤 사람이 오른쪽에는 정수기, 왼쪽에는 권총이 놓인 부엌 식탁에 앉아 혼잣말로 이렇게 중얼거리는 장면이 떠올랐다. '권총을 쏘기 전에 이 정수기를 한 번 사용해 보는 것이 좋겠는걸.' 그리고 1주일이 지나서 나는 그 회사에 들어갔다. 이유는 2가지였다. 첫째, 정수기가 품질이 아주 좋았다. 나는 그 제품이 맘에 들었고, 또 필요하기도 했다. 둘째, 내가 생계를 위해 하는 일이 지겨워서 - 내 직업은 변호사였죠. - 네트워크 마케팅을 탈출구로 삼은 것이다."

"첫달에 우리 조직은 도매가격으로 10만 달러 가까운 판매고를 올렸다. 인생이 멋있게 보였다. 나는 비참하게 사는 변호사들을 많이 알고 있었다. 그래서 부자들과 유명 인사들의 라이프스타일을 추구했다. 그런데 진짜 악몽이 시작되었다. 두 번째 달에 벌어들인 수입이 첫 번째 달보다 적었던 것이다. 심지어는 세 번째 달도 두 번째보다 적었다. 그 뒤 무슨 일이 일어났을까? 그들은 미팅 때 이런 일이 일어날 수 있다는 것을 입 밖에 낸 적도 없었다! 이런 추세는 계속되었고, 나는 곧 무일푼이 되고 말았다. 파멸은 정말 참혹했고, 타격이 엄청나게 심했다. 나는 그야말로 이 사업의 진면목을 배웠던 것이다. 네트워크 마케팅이 무엇이라는 걸 이제야 배우게 된 것이다. 회사에 들어간 첫주에 초도 물품 구입이라는 케케묵은 네트워크 마케팅 방식을 배웠다. 그리고 나는 네트워크 마케팅에서 법적으로나 윤리적으로 가장 나쁜 것은, 필요하지도 않고 판매하지도 않을 수천 달러어치의 제품을 권유하는 짓이라는 걸 깨달았다."

피터는 결국 그 회사를 떠났으며, 사업을 배우면서 우리처럼 소그룹에서 자신의 사업 설명회를 진행하고 훈련 미팅을 개최했다. 그 과정에서 배운 것은 첫 번째 주문을 걱정하지 말라는 것이다. 그는 힘든 경험을 통해 프로모션용 판매량과 반대되는 실제 판매량이 견실한 조직을 건설하는 길이라는 것을 우리처럼 믿게 되었다. "만약 적은 주문에 맞추어 사업이나 고객을 건설한다면, 우리는 꾸준히 사업을 계속할 수 있을 것이다. 하지만 초도 물품 구입에 따라 사업을 건설한다면 오래 지속하지 못할 것이다. 또 그렇게 되면 결국 우리의 친구들이 다 떠나가게 될 것이다." 피터 허쉬는 '말 그대로 실천하는' 보기 드문 사람 가운데 한 명이다. 《열정적인 삶》은 그의 저서의 제목일 뿐만 아니라, 그가 하는 모든 일들은 열정과 관련이 있다. 남들이 일생 동안 버는 돈보다 몇 배나 많이 버는 최고 네트워크 마케터가 회사의 관행에 동의할 수 없다는 이유로 그만둘 때는 얼마나 많은 열정이 필요할까? 그런 일을 해냈기 때문에 피터는 그것을 알고 있을 것이다. 그는 네트워크 마케팅에서 가장 도덕적이고 양심적인 젊은이로, 우리가 대단히 존경하는 친구다.

진실성의 문제

물론 우리가 참석할 수 없는 경우, 훌륭한 프로스펙트를 우리 지역이나 타 지역을 막론하고 미팅에 소개하지 않는 데는 실제적인 이유들이 더 많이 있다. 얼마 전 우리가 연사로 참여한 미팅에서 어떤 부부가 접수대 근처에 탁자를 설치해서 참석자들의 접수를 받은 적이 있었다. 미팅이 시작되자, 그 부부는 참석자 명단과 접수금을 챙겨 달아나 버렸다. 그리고 얼마 뒤 그들은 참석자 명단에 있는 사람들에게 전화를 걸기 시작했다. 우리가 알아낸 사실은 믿을 수가 없었다. 그들은 다른 회사의 리더들이었는데, 몇 차례 똑같은 수법을 써서 다른 네트워크 마케터들의 프로스펙트들을 훔쳐 간 것이다. 대규모 집회의 경우라면 얼마나 기막힌 일이겠는가!

그보다 훨씬 교활한 형태의 절도를 이야기해 보자. 그것은 리더들이 자기 회사에서 프로스펙트를 훔쳐 가는 일이다. 이런 일은 어쩌다 일어나는 것이 아니라, 회사의 정상에 있는 리더들이 자주 써먹어 이제는 고질화되었다. 가끔 회사 소유자와 간부들이 내막을 알고 축복까지 하는 경우도 있지만, 감히 인정한 적은 없다.

피터 허쉬가 몇 달 전 울적한 기분으로 우리에게 전화를 걸어, 함께 주말을 보낼 수 없겠느냐고 물었다. 우리는 훌륭한 친구 사이였기에 물론 그를 우리 집에 초대했다. 이 청년 스타는 그의 회사의 최고 소득자로서, 대단히 규모가 큰 조직의 리쿠르팅과 훈련을 책임지고 있었다. 그 주말에 우리는 그 회사의 리더들이 회사에서 특별 대우를 받는 다른 리더를 시켜 피터에게서 다운라인 전체를 훔쳐 냈다는 것을 알았다. 피터는 그 회사를 그만두고, 월 3만 달러의 수입을 포기했다고 말했다. 그런 결단은 우리보다 훨씬 큰 용기가 필요하다.

다행스럽게도 이것은 회사 리더들 사이에 일반적으로 일어나지는 않지만, 종종 일어난다는 것은 사실이다. 또 우리는 회사 소유자들이 네트워크 마케팅에서 여러 가지 윤리적인 곤경에 직면하는 것을 목격해 왔다. 어떤 회사들은 그 과정에서 명성의 일부 또는 전부를 희생하고 나서야 큰 부를 이룩하기도 한다. 또 어떤 경우는 높은 윤리 기준을 고수해 왔지만 많은 돈을 버는 데는 실패한 회사들도 있다. 심지어는 실제적인 제품 판매보다 필수적인 지원 자료 오디오 테이프, 비디오 테이프, 인쇄된 매뉴얼 판매로 돈을 벌려는 회사도 있다. 우리는 회사들이 훈련 프로그램의 실질 가치의 몇 배 이상 되는 대금을 청구하고, 그 수입으로 다운라인에게 커미션을 지급하는 것을 목격해 왔다. 이런 회사들이 조사를 받으면 연방 상업 위원회의 기준을 절대 통과하지 못할 것이다.

우리는 수많은 사람들과 마찬가지로 네트워크 마케팅 산업에 대해 이상주의적인 기대를 가지고 있다. 우리가 처음 참여했을 때, 이 산업의 대중적인 이미지가 별로 좋지 않았다. 하지만 우리는 진실을 알고 있었다. 이 산업은 입소문을 통해 고품질 제품과 서비스를 대량으로 판매하는 것을 목표로 삼는 한편, 네트워크 마케터들에게 정말 가치 있는 것을 보상으로 주는 깨끗하고 견실한 산업이었다. 그 덕분에 우리 모두는 품위 있는 생활을 영위할 수 있는 것이다. 이 산업이 지속적으로 발전해 가면서, 그 이상주의는 부분적으로 현실과 타협하였다. 물론 오늘날 다양한 회사들이 등장하고 있지만, 막대한 돈을 벌면서 즉 연간 매출액이 10억 달러에 이르는 그 과정에 타협을 하지 않은 회사를 하나도 본 적이 없다. 어떤 회사도 남의 회사에 돌을 던질 수 있는 입장이 아니다.

그러나 네트워크 마케팅의 윤리적 과실은 전통 사업에 비하면 사소한편이다. 예를 들면, 작년에 일본에서 가장 큰 은행은 사기죄로 미국에 200만 달러의 벌금을 물어야 했다. 1995년, 미국 최대의 담배 회사의 최고 경영자 7명이 상원 조사위원회에 출석하여 오른 손을 높이 들고 "담배는 머시멜로우 만큼 중독성이 없으며, 어떠한 효능 촉진 첨가제도 함유하고 있지 않다"는 선서를 했다. 2년 뒤 동일한 회사의 경영자들이 다시는 담배를 광고하지 않겠다는 조건으로 장래에 발생할 수 있는 모든 소송 사건에 대해 20억 달러의 배상금을 지불하기로 했다. 최근에 우리 동네의 어느 교차로에 있는 윈스턴 담배 광고판에 "우리는 벌거벗었으며, 첨가물도 다 빼앗겼다. 허풍 아님."이라고 씌어 있었다. 이런 산업에 종사하면서 어떻게 자부심을 가질 수 있겠는가?

다음은 우리가 네트워크 마케팅 초보자들에게 보내는 메시지다. 즉 우리 산업에 자부심과 현실적인 기대를 가지고 회사를 선택하라. 또한 자신의 가치에 근거해서 최고의 기록을 가진 회사를 택하라. 하지만 우리는 오늘날 모든 측면에서 합격점을 받을 수 있는 회사가 없다고 확신한다. 즉 최고 소득자, 현장 네트워크 마케터들 사이의 완전한 조화, 존경받는 회사의 리더들, 공평한 기회, 높은 윤리 기준, 완벽하게 균형을 이룬 프론트엔드와 백엔드 보상 플랜[주] 수요가 있고 가격 경쟁력이 있는 고품질의 제품, 회사가 장수할 가능성, 국경이 없는 글로벌 마케팅 플랜, 평균 이하의 자연감소율 등을 모두 갖춘 회사는 없다는 말이다. 아마도 언젠가는 최고의 윤리 기준을 지키면서 판매 기록도 모두 깰 수 있는 회사가 등장할 것이다. 하지만 그런 일이 일어나지 않더라도 네트워크 마케팅 회사들은 여전히 윤리적으로 전 세계 대부분의 전통 기업들보다

주) 프론트엔드(Front-end)는 자신이 가입시킨 앞부분의 사람들, 즉 1대, 2대와 같이 앞쪽에 더 많은 커미션을 배정한 플랜이다. 이 플랜은 초기에 더 빨리 돈이 된다. 백엔드(Back-end)는 더 뒤쪽에 있는 사람들, 즉 5대, 6대에 더 많은 커미션을 배정하는 플랜이다. 이 경우 초기에는 수입이 적지만, 시간이 갈수록 수입이 많아진다. 거대한 조직을 구축하고 장기적인 비전을 갖고 일하는 사업자에게는 백엔드가 더 좋다 – 역자 주.

앞선다. 실제로 비교도 되지 않는다.

　네트워크 마케팅이 성숙하면 순수성이 사라지게 된다. 즉 5년 이상 존립한 회사들은 대체로 높은 기준에 맞는 좋은 기록을 가지고 있다. 하지만 불행하게도 대단히 파렴치한 네트워크 마케터들이 점차 늘어나고 있다. 우리 산업의 본질을 감안하면, 비윤리적인 행위는 개별 네트워크 마케터들 자신이나 우리 조직에 들어오는 사람들을 위해 마땅히 근절되어야 한다. 회사 정책을 뚜렷하게 위반한 사람들을 잘라 버릴 수 있는 회사의 경영진에 의해서만 통제될 수 있다. 만약 이 문제가 초기 단계에서 처리되지 않고, 제멋대로 비윤리적으로 네트워크 마케터들이 계속 활동하게 되면, 돌이킬 수 없는 단계가 온다. 결국 비윤리적인 네트워크 마케터는 거물이 되고 세력이 커져서 회사를 해치거나 산업 전체를 해치지 않고서는 제거할 수 없게 된다.

　우리는 네트워크 마케터를 모집하고 훈련하는 과정에서 새로운 동료들을 보호하고, 온정주의나 이기적인 탐욕이 없는 정책들을 엄격하게 시행하려는 의지를 보여 주는 회사들과 친밀한 관계를 맺음으로써 우리 산업의 진실성을 보존할 수 있다. 간단히 말해, 규칙을 어긴 거물들을 과감하게 내쫓고, 조직에 신뢰할 수 있고 원칙을 지키는 사람들을 초대하며, 그들에게 윤리적으로 사업을 진행하도록 가르치는 회사를 선택하라는 것이다.

상실의 두려움

　무서운 사실에 대비하라. 여러분의 조직에 있는 누군가를 감시자 없이 다른 도시에서 열리는 미팅에 참석하라고 권할 때마다, 그 네트워크

POINT

네트워크 마케팅 조직의 기하급수적 성장은, 세계 어느 지역에서든 후원하고, 후원받고, 쉽게 복제할 수 있는 시스템을 다른 사람들에게 가르칠 수 있는 네트워크 마케터의 능력에 달렸다.

마케터를 다른 리더에게 빼앗길 것을 대비하거나 예상해야 한다. 그런 일이 어떻게 일어나는지 1가지 사례가 여기 있다. 밥은 네트워크 마케팅에 종사한 적이 전혀 없으며, 우리 산업의 단순함도 이해하지 못한다. 그런데 그의 친구 스티브는 그 지역의 리더가 진행하는 주간 미팅이 밥의 도시에서 열린다는 소식을 들은 적이 있다. 그래서 밥이 가입도 하기 전에 소개를 해서, 그 지역 미팅에 참석하게 한다. 물론 그가 혼자서 미팅에 도착하여 아직 가입하지 않았다고 말하면, 지역 리더들은 떨 듯이 기뻐하고 구원의 손길을 내밀 것이다. 대개 그들은 밥에게 친절하게 대한 다음, 저녁 미팅이 진행되는 동안 이 사업을 처음 소개한 네트워크 마케터에게 더 이상 충성하지 말고 자기들에게 가입하라고 설득할 것이다. 그들은 결국 회사와 특별한 관계를 맺게 해 주겠다는 약속과 지역의 도움 없으면 성공할 수 없다는 암시로 밥을 유혹한다. 고향에서 적절하게 지원할 수 있는 스폰서 밑에 가입할 수 있는데, 무엇 때문에 800킬로미터나 멀리 있는 친구 밑에 가입하려 하는가?

그것은 거짓말이지만, 밥은 알아차리지 못한다. 또한 우리 산업의 구조적인 진실성*도 아직 이해하지 못한다. 지역의 도움이 필요하다는 것은 신화이다. 신화가 아니라면, 밥의 사업은 아무런 확장의 가능성도 없이 그 지역으로 발전이 제한될 것이다. 반대로 성공적인 사업을 구축하는 비결은 자신의 조직의 리더가 되는 것이며, 그런 리더는 지역적인 지

주) 네트워크 마케팅 사업을 소개해 준 것에 대한 감사와 신의로 서로 성공을 위해 함께 노력하며 서로 신뢰하고 진실로 대하는 업라인과 다운라인의 구조를 말한다 - 역자 주.

원을 확대하기 위해 남에게 결코 의존하지 않는다. 네트워크 마케팅 조직의 기하급수적 성장은, 세계 어느 지역에서든 후원하고, 후원받고, 쉽게 복제할 수 있는 시스템을 다른 사람들에게 가르칠 수 있는 네트워크 마케터의 능력에 달렸다.

그러므로 밥은 자신을 사업에 소개해 준 스티브를 무시해서는 안 된다. 비록 스티브가 경험이 없고 멀리 떨어져 있지만, 스티브 위에는 업라인이 있으며 업라인은 그가 가진 필요한 능력이나 수입, 그리고 경험을 그와 함께 나눌 수 있다. 또 이 사업에서 성공하는 데 필요한 검증된 기술을 가르쳐 줄 수 있다. 하지만 그러한 사실을 알아차리지 못한 밥은 순진하게도 지역 조직에 가입을 하고, 2주 뒤에 스티브에게 전화를 걸어 조용히 그 소식을 털어놓기로 결심한다.

얼마나 많은 네트워크 마케터들이 프로스펙트들을 다른 지역 미팅에 보냈다가 파렴치한 리더에게 빼앗겨 이 사업을 그만두게 되었는지는 이야기할 필요도 없다. 물론 신입 네트워크 마케터들에게 가입과 훈련이 완료될 때까지 다른 지역의 프로스펙트를 미팅에 보내지 말라고 가르친다면 이런 일은 결코 일어날 수 없다. 그런 일이 일어난다면 가입과 훈련은 필요하지 않다. 따라서 우리의 견해는 지역적인 지원과 주간 미팅이라는 전체 개념은 성공적인 조직을 건설하는 방법이 아니다. 우리는 모두 타 지역 리더들의 후원을 받았고, 전화로 훈련과 지원을 받았다. 실제로 마크는 월 1만 5천 달러를 벌 때까지 스승인 리차드 칼Richard Kall을 만나지 못했다. 그러나 리처드에게 처음 전화를 걸었을 때, 시스템을 전해 받을 수 있었고, 마크는 그대로 실천했다. 그는 네트워크 사업에 처음 참여했지만, 전화로 많은 것을 배운 덕분에 회사에 들어간 지 4개월 만에 많은 돈을 벌었다.

POINT

외국 시장에서의 성공은 충성과 의사 소통, 번역이 잘된 훈련 자료, 그 나라에서 출발하는 그룹의 자립과 능동적 성격 등에 달렸다.

국제적인 리쿠르팅

외국 시장에서는 네트워크 마케팅 고유의 구조적 진실성이 실제로 붕괴할 위험에 처해 있다. 새로 오픈한 시장이 아무리 유망해도 네트워크 마케터와 그 조직의 불화는 소개 권총의 직접적인 결과인 경우가 많다. 물론 누군가를 다른 리더의 미팅에 보낸 일이 없어도 그런 일은 일어날 수 있다. 따라서 외국 시장에서의 성공은 다음 몇 가지에 달렸다. 즉 (1) 스폰서와 신입 네트워크 마케터 사이의 충성과 의사 소통, (2) 사전에 검증된 간단한 시스템을 제공하는 번역이 잘된 훈련 자료, (3) 그 나라에서 출발하는 조직의 자립과 능동적 성격 등에 달린 것이다. 성공은 단순히 훌륭한 사람을 발견하고 지역에서 열리는 아무 훈련 미팅에 '소개한' 결과로 이루어지는 것은 아니다. 오히려 소개는 실패를 가져올 가능성이 매우 높다!

적절하고 진실하게 가르치면 누구나 네트워크 마케팅 사업에 성공할 수 있다. 또한 다른 사람들에게 성공하도록 가르칠 수도 있다. 성공에는 무수한 공식적 미팅, 훈련 센터, 제품 세미나, 과대 선전 등이 필요 없다. 따라서 앞서 말한 파렴치한 네트워크 마케터들이 기하급수적으로 성장하면 여러 가지 문제를 일으킬 수 있다. 그런 네트워크 마케터 하나가 회사 미팅이나 오픈 미팅, 또는 훈련 센터에서 다른 사람의 네트워크 마케터를 만났는데, 그가 수천 마일이나 떨어진 다른 나라에서 가입했다는 것을 알았다고 하자. 그 파렴치한 네트워크 마케터는 이 사업의 구조적 진실성을 무시하고 지역의 리더에게 가입하는 것이 더 유리하다며 여러분의 네트워크 마케터를 유혹할 것이다. 무엇이 유리하다는 것일까? 지역 리더에게 가입하면 사무실을 함께 사용할 수 있고, 훈련 센터를 이용할 수 있으며, 지역 문화에 정통한 사람에게 철저한 지원을 받을 수 있기 때문이다.

네트워크 마케터가 성공하려면 그런 것들이 정말 필요할까? 사실은 그렇지 않다. 하지만 여러분의 네트워크 마케터는 쉽게 설득 당해 그렇게 믿을 것이다. 정말 비도덕적인 리더는 외국의 스폰서에게 충성하는 그 네트워크 마케터를 매수하기 위해 '리베이트'를 제공할 수도 있다. 그때 국제적인 조직을 건설하기 위한 우리의 희망과 꿈을 비추는 찬란한 빛인 당신의 네트워크 마케터가 스폰서와의 연결 고리인 현재의 아이디(ID) 번호를 포기하고 새로운 번호로 가입하는 법을 배우면 그것으로 도둑질은 끝이다. 그렇게 되면 당신의 전 네트워크 마케터는 이 과정을 복제해서 그의 다른 동료들에게도 똑같이 행동하는 법을 배우게 된다. 이러한 관행은 양식 있는 많은 네트워크 마케터들에게 가장 큰 상심거리가 되어 왔다. 또한 그것은 1년차 신입 네트워크 마케터에게만 일어나는 일이 아니다. 10년 된 고참들도 당할 수 있다. 그런 일이 빈번하게 발생하면 회사에서는 관련된 회원들을 모두 추적해서, 발견하고, 원래의 라인으로 복귀시키는 일이 불가능해 진다.

이 8장을 읽을지도 모르는 회사의 경영진들에게 보내는 메시지는 이런 것이다. 이러한 관행은 막을 수 있으며, 초기에 뿌리를 뽑아야 한다는 것이다. 경영자들은 이러한 일이 맨 처음 발생할 때 그런 행위를 한 사람들에 대해 단호한 조처를 취해야 한다. 즉 한 번은 경고, 두 번째는 벌금, 세 번째는 쫓아내야 한다. 회사의 처벌은 '우리는 네트워크 마케터들 사이의 비도덕인 행위를 용납하지 않겠다.'고 소리 높여 확실하게 선언하는 것이다. 이제 여기서 이야기는 끝이다. 만약 회사에서 비도덕적인 행동 양식을 보여 주는 사람들을 몰아내지 못하면 그러한 선례는 정착된다. 그런 행동은 이 사업의 본질상 복제를 통해 점차 확산될 것이다. 그리고 일단 괴물이 탄생하면 그것을 통제하는 것은 불가능하다.

여기서 설명하는 상황은 우리를 비롯해 다른 사람들도 직접 경험해 왔으며, 이 사업의 다른 문제들을 전부 합한 것보다 더 큰 두통거리가 되어 왔다. 당신의 회사가 아직 젊고 당신이 국제적으로 진출해야 한다면, 모든 수단을 동원하여 국제적인 정책을 엄격하게 적용해야 한다. 필요하면 매출이 많은 네트워크 마케터들의 퇴출도 불사해야 한다. 일단 회사가 국제 정책 시행에 관해 얼마나 진지한가를 보여 주면 그 말은 곧 확산될 것이다. 그런 행동을 고려하는 사람들은 두 번 생각할 것이며, 쫓겨나는 위험까지 감수하려 하지 않을 것이다. 하지만 회사가 전 세계 네트워크 마케터들에게 이 메시지를 보내는 일을 너무 지체하면 악마를 판도라의 상자에 되돌려 보내려는 노력과 비슷해질 것이다.

네트워크 마케팅은 거대한 사업이며, 국제 시장에 진출하면 규모가 훨씬 더 커진다. 이 사업의 어떤 전설적인 네트워크 마케터는 불법적인 사전 활동 때문에 수백만 달러를 손해 보았다고 고백한 적이 있다. 그 돈은 모두 공식적인 사업 개시 전에 제품과 자료를 들고 그 나라에 먼저 진출한 사람들의 주머니로 고스란히 들어갔다. 하지만 정말 놀랄 일은, 우리 산업의 여러 정직한 리더들이 그들의 선점과 부를 얻을 수 있는 기회를 회사가 전혀 관여하지 않는 가운데 그러한 뻔뻔스러운 사기꾼들에게 빼앗기고 있다는 것이다.

그 지역에 임시 거처를 마련해서 '소개 권총'을 완전히 피할 수 있는 경제적 수단을 가지고 새로운 시장을 직접 감독할 수 있다 해도 외국에서의 네트워크 마케터 모집은 어려울 수 있다. 왠지 모르게 프로스펙트나 미팅에 관해 무엇인가 잘못된 기분이 들거든, 본능에 순종하여 '다음에'라고 말하라. 플로리다 주 폼파노 비치의 롭 헤이먼Rob Hayman은 네트워크 마케팅 회사에 근무한 지 6개월쯤 되었을 때 회사 경영진들이 환태평양 지역으로 처음 진출하게 되었다. 롭은 그 지역으로 진출하기로 결심했다. 당연하지 않은가? 그 이유는 롭의 다음과 같은 설명으로 명확해졌다.

"나는 홍콩에서 5개월을 보내고 타이페이로 갔다. 하루는 택시를 탔는데 운전사가 영어를 유창하게 하는 것이다. 나는 운전사를 우리 집으로 초대해서 사업을 설명해 주었다. 우리 업라인 동료가 늘 3피트 안으로 접근한 사람이 있으면 무조건 모집을 시도하라고 가르쳤기 때문이다."

"운전사는 몹시 흥분하며 거대한 다운라인을 건설할 수 있는 사람을 알고 있다고 말했다. 그러나 한 가지 문제는 그 사람을 새벽 2시에 만나야 한다는 것이었다. 나의 본능은 '아니'라고 소리쳤지만, 난 거대한 다운라인이 욕심이 났다. 이 친구가 그처럼 거물이라면 기꺼이 가기로 했다. 운전사가 새벽 1시 30분에 날 데리러 왔다. 그래서 난 가장 좋은 양복을 입었다. 거물에게 좋은 인상을 주어야 했기 때문이다. 우리는 골목길을 여러 개 지난 다음 컴컴한 골목으로 접어들었다. 운전사가 택시를 주차시키고, 우리는 한 블록쯤 더 걸어가서 쪽문이 달린 차고 비슷한 곳에 도착했다. 운전사는 세 번 문을 두드렸다. 그랬더니 누군가가 문을 삐걱 하며 열었고, 그 사람과 운전사가 북경말로 이야기를 했다. 그 당시 내 중국말 실력은 고작 '계산서 가져오세요., '화장실이 어디죠?', '여러분은 꿈이 있습니까?' 나 표현할 수 있는 정도였다. 우리는 안내를 받으며 긴 복도를 내려갔는데 지하 감옥으로 가는 통로와 흡사했다. 마침내 우리가 들어간 방에는 의자 2개와 낡아빠진 소파 하나, 그리고 책상 1개만 달랑 있었다. 그리고 15분쯤 지나자 한 사내가 들어왔다. 운전사와 그 사내는 30분 정도 대화를 나누었다. 그 사내의 태도가 처음에는 심각하다가 다시 화를 내었고, 마지막에는 극도의 적개심을 드러내는 것 같았다. 나는 계속 운전사에게 '그가 관심이 있느냐?'고 물었다. 그러나 운전사는 나중에 이야기하자는 말만 되풀이했다."

"마침내 그 집을 나와 택시가 있는 곳으로 걸어갈 때, 나는 운전사가 계속 조금 가다가는 뒤돌아보곤 하는 것을 알아차렸다. 차를 타고 출발하면서 나는 어찌된 영문인지 알고 싶다고 했다. 운전사는 그의 친구 하나가 이 사내에게 많은 돈을 빌렸는데, 이 사내가 그 친구를 손봐줄 미국 출신의 범죄 두목을 구하려는 중이라고 하는 것이었다. 그 순간 나는 택시를 멈추라고 했다. 그리고 나는 택시를 내린 다음 그에게 다른 스폰서를 찾아보라고 말해 주었다."

"우리 스폰서가 일러준 두 번째 것은 '필요한 일이면 무엇이든 하라'는 것이었다. 그러나 나는 이제 이 말에도 예외가 있다고 생각한다." 외국의 냉담자 시장에서 리쿠르팅하는 것은 극히 어려운 일일 수 있다. 특히 1년 된 초보자에게는 더 그렇다. 그때 이후 롭은 계속 20개국이 넘는 지역에서 수천 명의 조직을 건설했으며, 현재 자기 회사에서 보상 플랜의 최고 정상에 올라 있다. 만약 그 불쾌한 경험이 그에게 최고의 다운라인을 가져다주었다면, 그가 잃을 수도 있었을 것을 생각해 보라. 그는 새벽 2시의 만남을 이상하게 여긴 본능의 소리에 순종했어야 했다.

모든 회사에는 각각 국제 시장에 대처하는 다양한 방법이 있다. 어떤 회사는 외국에 진출하여 자기네 네트워크 마케터들에게는 전혀 개방하지 않고 현지 사업 파트너를 찾아내며, 또 어떤 회사는 일정한 수준의 성공을 거둔 사람들만 외국 시장에서 활동하게 한다. 한편 다른 회사는, 아직도 네트워크 마케터들에게 구축하기로 선택한 나라의 자격 요건을 모두 충족시킬 것을 요구하는가 하면, 또 다른 회사는 모든 레벨의 네트워크 마케터들이 제한 없이 똑같은 글로벌 보상 플랜을 적용하기도 한다. 따라서 회사의 해외시장 확장 정책을 충분히 숙지해야 한다. 그리고 첫해에 외국 시장에 진출하는 문제에 관해서는 업라인에게 조언을 구하라. 당신의 상황과 선택한 회사에 따라, 네트워크 마케팅 경력에서 최고의 선택이 될 수도 있고, 최악의 선택이 될 수도 있다.

일반적인 규칙으로, 진출할 나라가 출생지거나 혹은 가까운 가족이 있거나, 아니면 세상에서 가장 친한 친구가 살고 있지 않는 한, 우리는 초보자들이 장난삼아 외국 시장에 진출하는 것을 말린다. 외국 시장은 고참들에게도 아주 어렵다. 또한 외국 시장에는 절대적인 충성심을 가진 솔선수범형의 사람과 혁신적인 접근 방법이 필요하다. 그리고 통신 수단을 개통하려면 돈이 필요하다. 그러나 신입 네트워크 마케터로서 국제 시장에 진출하기로 작정했다면, 즉각 스폰서나 업라인의 성공한 스승에게 자문을 구하고, 이 특수한 시장을 어떻게 점유해 갈 것인가에 대해 난상 토론을 시작하라. 물론 1가지는 확실하다. 즉 외국 시장에 조직의 견실한 레그를 하나 만들어 낼 수 있다면, 그것은 네트워크 마케터 경력에서 가장 수입이 좋은 것 가운데 하나가 될 수 있다는 것이다. 하지만 성공은 개인적인 접촉과 리더십에 달려 있지, 핵심 네트워크 마케터들을 지역 훈련 센터에 '소개하는 것'에 달려 있지 않다.

타 지역에서의 네트워크 마케터 모집과 훈련이 힘들고 비용이 많이 드는 것으로 생각한다면, 국제적인 리쿠르팅은 더 그렇다. 다른 주에 있는 당신의 네트워크 마케터에게 해야 하는 것과 마찬가지로 기꺼이 당신의 그룹을 책임져야 하기 때문이다. 외국 시장으로 가서 네트워크 마케터들을 직접 감독할 수 없다면(직접 감독하는 것이 항상 가장 효과적인 방법이다), 전화, 팩스, 전자우편, 우편 등을 이용하여 그들에게 사업에 관한 모든 것을 알려 주라. 영어를 이해한다면, 그 과정은 어느 정도 단순화될 수 있다. 또 당신이 활용할 수 있는 리쿠르팅 도구들도 많이 있다. 예를 들면, 우리의 웹 페이지에는 네트워크 마케팅 산업에 관한 기본 정보와 올바른 회사를 선택하는 법이 실려 있다. 그것을 이용하고자

POINT
외국 시장에 조직의 견실한 레그를 하나 만들어 낼 수 있다면, 그것은 네트워크 마케터 경력에서 가장 수입이 좋은 것 가운데 하나가 될 수 있다는 것이다.

하는 사람은 누구든지 2개의 주소*를 통해 접근할 수 있다. 대부분의 주요 회사들과 네트워크 마케팅의 많은 리더들이 모집과 훈련을 목적으로 설치한 자체적인 웹 사이트, 주문형 팩스, 기타 유사한 기술을 갖추고 있다. 그 기술들을 다시 여러분의 회사에 적용하여 최고의 지원 자료를 만들어라. 외국 시장을 건설하는 것이 쉽지는 않지만 첨단 기술의 도움을 받으면 예전보다 성공할 가능성이 훨씬 높아졌다.

다양한 매체들을 자유롭게 이용하여 외국인 프로스펙트들이 마치 당신의 거실에 앉아 있는 것처럼 생각하고 알차고 완벽한 설명회를 연출하라. 외국에서는 혁신적인 네트워크 마케터를 모집하는 것이 중요하다. 또한 외국인 프로스펙트들에게 반드시 강력한 리더십을 행사하는 자리의 중요성을 이해시켜라. 적절한 사람은 이러한 도전에 활력을 얻을 것이며, 적절하지 않은 사람은 누군가에게 '소개하고' 싶어 안달이 날 것이다. 항상 가능한 모든 정보를 제공하라. 특히 회사와 제품 라인에 대한 상세한 내용은 물론, 당신의 이야기나 그 나라에서의 네트워크 마케팅 산업의 타이밍과 흐름, 또는 보상 플랜 내에서 지렛대식 수입을 통해 어떻게 돈을 벌 수 있는지를 알려주어라. 그리고 모든 질문에 답변하고 나면, 업라인 팀의 유능한 동료에게 당신을 대신해서 프로스펙트를 계속 팔로우업하라. 신뢰할 수 있는 업라인 동료나 스승이 그 시장을 방문하지 않는 한, 여러분의 프로스펙트를 다른 리더의 사업 설명회에 절대

주) http://www.yarnell.com 또는 http://www.powermlm.com

로 보내지 말아야 한다. 이러한 상황에서는 여러분이 수천 마일이나 멀리 떨어져 있고 문화도 다르기 때문에 프로스펙트를 놓칠 위험이 훨씬 커진다.

  외국 시장의 프로스펙트가 가입을 결심하고, 또 당신의 다운라인으로 가입했다고 가정하자. 이제부터 어려운 일이 시작될 것이다. 효과적인 시스템에 바탕을 두고 프로스펙트를 훈련하고, 그에게 여러분을 똑같이 복제하도록 가르쳐야 한다. 또 그에게 1페이지짜리 훈련 개요를 먼저 보낼 것을 권한다. 당신의 새로운 동료는 그것을 그 특수한 시장에 쉽게 적용하고 번역할 수 있다. 이 산업 또는 여러분 회사의 리더가 저술한 책이나 매뉴얼, 또는 오디오 테이프 및 비디오테이프 훈련 패키지가 이미 그 시장에 맞게 번역되어 있고, 여러분의 훈련 시스템에 적합하다면, 어떻게 해서든 새로운 동료에게 그 자료를 구입하여 이용하도록 지도하라. 하지만 1페이지짜리 개요밖에 없는 사람도 아주 효과적으로 훈련시킬 수 있다. 우리는 전화를 통한 원격 회의가 외국 시장을 건설하는 확실한 방법이 될 수 있다는 것을 발견했다. 전화 통신 시스템이 미국에서처럼 그 나라에서는 발전되어 있지 않다는 사실을 감안하면 이것이 항상 쉬운 일은 아니다. 물론 이 사업이 쉬울 것이라고 말한 사람은 아무도 없다. 만약 당신에게 그 나라에 매주 원격 회의를 개최하는 수고를 기꺼이 감당하려는 리더가 있다면 그 기회를 충분히 이용하라. 이 주간 원격 전화 회의는 훌륭한 지원 시스템이 될 것이다. 언어의 장벽이 있어서 첫 번째 회의에 영어를 사용하는 리더가 필요하다면, 두 나라 말을 구사하는 사람에게 동시통역을 시켜라. 하지만 어떻게 해서든, 당신의 새로운 그룹을 통제하라. 시스템을 명료하게 그리고 쉽게 복제되도록 유지하면서 그들의 사업을 올바르게 시작하게 하라. 그들이 당신의 팀에 소속되어 당신과 업라인의 지원을 받으려면, 당신의 시스템의 사용이 중요하다고 그들에게 각인시켜라. 또한 업라인 리더가 그 나라를 방문할 때 그들에게 알릴 것과 모든 자료들이 그들을 위해 번역될 것이라는 사실을 그들에게 다시 한번 확인해 주어라. 하지만 조직을 일찍 구축하는 것이 얼마나 가치가 있는가는 자명하다.

우리의 메시지는 간단하다. 즉 '소개 권총'의 탄알을 빼놓고 다시 여러분의 신입 네트워크 마케터의 훈련을 주관한다면, 우리 산업에서 점차 관심의 대상이 되고 있는 무수히 많은 문제들을 피할 수 있을 것이다. 뿐만 아니라 공짜 심리를 피하고 자립적 마음 자세를 선택한다면 다른 리더에게 네트워크 마케터를 빼앗기는 일도 쉽게 일어나지 않는다. 그리고 당신과 다운라인을 혼란스러운 시스템들로부터 보호함으로써 신입 네트워크 마케터들을 불구자로 만드는 오발을 피할 수도 있다. 당신의 조직을 책임지고 다운라인에게 간단한 시스템을 가르치면, 그들은 다시 그들의 프로스펙트들에게 그 과정을 복제할 수 있다. 지원을 위해 업라인을 이용하되, 누군가가 당신 대신 네트워크 마케터들을 모집하고 훈련시킬 것이라고 기대하지 말라.

요 약

- 네트워크 마케터가 타 지역에 있는 사람을 가입시켜서 그를 그 지역에서 열리는 훈련 미팅에 '소개할' 때마다 '소개 권총'이 발사된다.

- 신입 프론트라인을 맡길 타 지역의 리더나 그룹을 선택할 때는 자신의 아이를 맡길 유치원을 고르는 심정으로 철저하게 조사를 한 다음 결정하라.

- 자녀를 직접 양육하는 것이 최선의 양육 방법인 것처럼, 자신의 소중한 프론트라인을 직접 훈련시키는 것이 최선이다.

- 신입 네트워크 마케터를 도시 규모의 훈련 미팅에 소개하는 것은, 특히 사업 첫해의 형성기에는 혼란을 초래하고 그들의 경력에 치명적인 타격을 입힐 수 있다.

- 다음과 같은 방법으로 타 지역에 있는 네트워크 마케터들을 훈련하라.

    1 여러분의 시스템을 요약한 1페이지짜리 개요를 팩스로 보낸다.
    2 전화로 그들의 모든 질문에 답한다.
    3 오직 여러분의 시스템만 따르겠다는 약속을 받아 낸다.

- 신입 네트워크 마케터가 그 과정을 마치면 다음과 같이 훈련을 계속한다.

    1 1페이지짜리 개요를 확대한 간략한 매뉴얼을 구입하도록 요청한다.
    2 전화로 간략한 매뉴얼을 함께 검토한다.

3 동기 부여 도구 1,2가지를 추천한다.
   4 일주일에 한 번 지도를 해 준다.
   5 전화로 개별 전략 미팅을 연다.
   6 일단 열성적인 사업자로 판명되면 완전한 훈련 매뉴얼을 주문하
      도록 권한다.
   7 그들이 전화로 도움을 청할 때마다 새로운 프로스펙트의 가입 절
      차를 마무리짓고, 항상 지원할 태세를 갖춘다.

- 다운라인을 지도할 때, 그들이 잘못하는 것을 지적하기보다 '잘
  하기' 원하는 것을 하도록 권하라.

- 신입 네트워크 마케터들이 확고한 궤도 위에 오른 뒤에 그 지역
  에서 열리는 도시 규모의 미팅에 참석하는 것을 동의해야 한다.

- 가족이나 친구들을 네트워크 마케팅에 처음 소개할 때, 사적인
  환경에서 사업 설명회를 진행해야 한다.

- 타 지역의 네트워크 마케터를 모집하는 경우, 새로운 프로스펙
  트와 다음과 같이 개인적인 관계를 유지하라.
   1 전화, 전자우편, 우편을 통해 약식 사업 설명회를 진행한다.
   2 프로스펙트들에게 멀티미디어 정보를 보내고, 전화 통화를 통해
      팔로우업을 한다.
   3 가입 절차를 마무리하기 위해 업라인의 지원을 이용한다.

- 타 지역 프로스펙트의 가입 절차를 마무리짓는 것이 불가능할 경
  우, 그 지역에서 열리는 미팅의 종류를 점검하고, 그 프로스펙트
  에게 가장 훌륭한 미팅의 사업 설명회에만 참석하도록 권하라.

- 네트워크 마케팅의 훌륭한 목표는, 입소문을 통해 고품질 제품

을 소비하고 유통하는 한편, 네트워크 마케터들에게 가치 있는 것을 보상으로 줌으로써 품위 있는 생활을 할 수 있게 해 주는 것이다.

- 우리 산업의 진실성은 (1) 규칙을 어긴 '거물들'도 내쫓을 수 있는 회사들과 밀접한 관계를 유지하고, (2) 정직한 사람들을 우리 조직으로 초청하며, (3) 신입 네트워크 마케터들을 우리 산업의 구조적 진실성을 존중하도록 훈련시킴으로써 보존할 수 있다.

- 일부 파렴치한 네트워크 마케터들은 동반자 없이 미팅에 참석하는 다른 네트워크 마케터들의 프로스펙트들을 비도덕적인 방법으로 유인하여 그들 자신의 다운라인에 가입시켜 우리 산업의 구조적 진실성을 파괴하려 한다. 지역적인 지원이 없으면 성공할 수 없다고 암시하는 것이 그들의 유인 방법인데, 그것은 물론 신화다.

- 지역적 지원의 신화는 네트워크 마케터들의 모집 활동이 국제적 확장의 가능성이 전혀 없이 자신의 지역에 한정된다는 것을 의미하는데, 그것은 네트워크 마케팅의 본질과 완전히 배치된다.

- 네트워크 마케팅 조직의 기하급수적 성장은 다른 사람들에게 리더가 되는 법을 가르칠 수 있는 네트워크 마케터들의 능력에 달려 있으며, 리더가 된 사람은 다시 다른 사람들에게 세계 어느 지역에서나 모집 활동을 할 수 있도록 쉽게 복제할 수 있는 시스템을 가르친다.

- 외국 시장에서의 성공은 다음과 같은 것들에 달려 있다.

1 스폰서와 신입 네트워크 마케터 사이의 충성과 의사소통.
  2 번역이 잘된 훈련 자료를 통해, 쉽게 복제할 수 있는 검증된 시스템 제시.
  3 그 나라에서 새롭게 출발하는 그룹의 자립성.

- 외국 시장의 새로운 프로스펙트들은 충성의 대상을 원래의 스폰서에서 지역의 다운라인으로 바꾸려는 유혹을 받는 경우가 많다. 그들을 유혹하는 다운라인은 성공을 위해서 훈련 센터, 라인 변경에 따른 리베이트, 문화적 유대, 요란한 선전 따위가 중요하다고 주장한다.

- 회사의 경영진들은 걷잡을 수 없는 사태가 오기 전에 정책 위반에 대해 단호한 조처를 취하는 것이 절대적으로 필요하다.

- 진출할 나라가 출생지이거나 혹은 가까운 가족이 있거나, 아니면 세상에서 가장 친한 친구가 살고 있지 않는 한, 초보자들은 안이하게 외국 시장에 진출하지 말라.

- 기술의 발전에 따라, 외국에 조직을 건설하는 일은 예전보다 가능성이 훨씬 높아졌다.

- 자신의 조직을 책임지고, 네트워크 마케터들에게 간단한 시스템을 가르쳐서 그들이 다시 다른 프로스펙트들에게 가르치도록 한다면, '소개 권총'이 역발 하여 여러분을 불구자로 만드는 일이 없을 것이다.

- 성공은 단순히 훌륭한 사람을 찾아내서 지역에서 열리는 아무 훈련 미팅에나 '소개하는 것'으로 이루어지는 것은 아니다.

CHAPTER · 9

간부 폭발물 피하기

네트워크 마케팅에 참여한 회사 간부들의 성공과 몰락을 주목하라

　우리는 최근 한국에서 네트워크 마케팅 대학 강좌를 진행하던 가운데 답이 뻔한 질문을 받았다. 한 남자가 정중한 태도로 "미국에서 수천 명씩 해고되는 기업 관리자들은 직업에 종사하는 동안에 무엇을 했습니까? 회사의 수익성 향상을 위한 미국 기업의 전략이 단지 경영진과 관리직을 없애는 것이라면, 어떻게 그들이 그 자리에서 생산적인 일을 할 수 있습니까?"라고 물었다.

　우리 가운데 누가 대답을 하기도 전에 또 다른 한국 남자가 "미국의 기업은 소수의 아시아 기업과 같습니다. 간부들은 다음 미팅을 계획하기 위해 하루 종일 미팅에 참석하고, 곧 또 다른 메모를 남기기로 한 메모를 작성합니다."라고 설명했다. 그의 이야기를 듣고 모든 사람들이 웃음을 터뜨렸다. 규모가 큰, 네트워크 마케팅 전문가의 집회는 자연히 일반 기업에 대해 편견을 갖는 것 같다. 그러나 그러한 반응에는 깊은 진

리가 내포되어 있었다. 즉 우리 사업에는 네트워크 마케팅으로 전업한 전직 회사중역들이 몇몇 있었는데, 그들은 이미 전통적인 회사 경영진이 생산적이지 않음을 알고 있었다. '메모와 미팅은 이익을 창출하지 못한다.'는 야넬의 39번째 법칙을 기억하라.

경영대학원 석사학위를 힘들게 따고난 후 《포춘》지가 선정한 500대 기업의 마케팅 부서에 들어가 경영진으로 승진하기 전에 10년 동안 열심히 일한 친구들을 알고 있다. 그들도 일단 승진을 하고 나자 미팅에 참석하고, 메모를 작성하기 시작했다. 우리는 엄청난 책임을 떠맡고 오랜 시간 일하는 기업 간부들이 있음을 분명히 알고 있다. 그러나 많은 기업 간부들은 그렇지 않다. 수천 명을 해고하고 이익을 증대하는 것이 가능하기 때문이다. 이론적으로, 만약 우리가 사장이 되어 관리직의 20퍼센트를 해고한다면, 그것이 맨밑의 일반 사원들에게는 부정적인 영향을 끼칠 것이다. 그러나 대부분의 경우에는 이익이 증가한다. 월 스트리트에서 구조 조정을 원하는 이유인 것이다. 투자자들은 자신이 투자한 회사가 직원들을 감원하는 것을 보고 싶어 한다. 이는 일반적으로 주가의 상승을 초래하기 때문이다.

지금까지 이렇게 많은 고위 임원들이 감원된 유래가 없었다. 최근 10년 간 감원된 상당수의 관리직 간부들은 네트워크 마케팅 사업으로 인한 재정적 독립과 유연한 라이프스타일에 매력을 느꼈다. 그리고 신입 네트워크 마케터들은 분명 세계 경제의 변화가 초래한 전투에서 교전중인 자신을 발견할 것이다. 해고된 기업 관리직 간부들이 네트워크 마케팅으로 밀려들었기 때문에, 우리는 이를 관리직 간부의 폭발이라고 부른다. 일반적으로 이러한 사람들은 미국의 기업에서 잘 살아 왔고, 훌륭한 경영대학원을 졸업했으며, 관리자의 위치에서 20년을 잘 견뎠지만 결국 수십 년 간 뼈 빠지게 일한 그 위치에서 해고된 자신을 발견한 것이다. 그들은 경쟁력이 있으며, 교육을 잘 받았고, 전문지식을 잘 갖고 닦았음을 물론 전통적인 일반 기업에서 회사의 경영 정책을 주무르는 데 아주 뛰어났다.

우리는 기업의 관리직 간부들이나 사업의 오너들, 또는 전문직 종사자의 매우 소중한 자산인 존경심을 우리 산업에 제공했음을 인정한다. 대부분의 사람들이 경영진과 관리직 간부들의 교육, 경험, 전문지식을 존중한다, 그러한 훌륭한 경력 때문에, 네트워크 마케터들은 그들이 말하는 것을 경청한다. 그러나 관리직 간부들의 폭발이 계속 추진력을 얻으면서, 또 다른 문제를 발생시키기도 한다. 왜냐하면 이전 직장에서의 관행을 네트워크 마케팅에서 시도하기 때문이다. 이러한 관행은 네트워크 마케팅에서는 쓸모없다.

이 장에서는, 전직 관리직 간부가 계속하여 참여하면서 우리 사업에 생긴 유리한 점을 지적할 것이며, 그들이 우리 사업에 문제를 초래하여 결국 모든 네트워크 마케터의 효율성에 영향을 미칠 문제에 대한 해결 방안을 제시할 것이다. 이러한 문제는 다운라인뿐만 아니라 업라인에게도 관련된 문제다.

네트워크 마케팅에 참여한 기업 관리직 간부로 인한 장점

70년대 후반에 시작하여 80년대에 이르기까지 줄곧 수천 명의 회사 관리자들이 사업가가 되기 위해 네트워크 마케팅으로 전직했다. 그러나 최근 10년 동안처럼 엄청난 쇄도가 있던 적은 없었다. 네트워크 마케팅은 더 이상 '젊은 여자들의 부업거리나 집에서 하는 파티'로 여겨지지 않으며, 세를 점점 불려가서 90년대에 주목받는 산업으로 성장하였다. 그러는 동안 프랜차이즈의 가맹비는 법정 요율보다 높이 치솟았고 그에 따라 정부의 간섭을 피할 수 없게 되었다. 대학 졸업자와 대학교수, 성공한 회사 관리자, 최고경영자, 의사, 치과의사, 건강관리 전문가, 공인회계사, 변호사와 같은 많은 화이트칼라 전문직 종사자들에 의해서 네트워크 마케팅의 낮은 위험성과 높은 수익성이 발견되고 있다. 따라서 네트워크 마케팅사업의 신뢰성은 새로운 세대의 전문직 네트워커의 영향을 받아 높아지고 있다. 더욱 많은 전문직 종사자들이 네트워크 마케팅에 참여하면서 경제 언론은 우리의 사업과 개개의 회사들을 보다 긍정적인 시각으로 보도하고 있다. 다양한 지역 신문과 전문 분야 출판물은 물론,《월스트리트 저널》,《포브스》,《석세스》,《워킹엣홈 Working At Home》,《시카고트리뷴》,《AP》와 같은 많은 여론을 선도하는 언론사도 네트워크 마케팅을 논의하고 있다. 이러한 신뢰성은 대학에까지 퍼지고 있다. 예를 들면 지난 10년 동안, 하버드대에서 네트워크 마케팅을 가르칠 것인지 안 가르칠 것인지에 대한 논의가 계속 되었다. 우리는 그것이 일종의 말장난의 문제라고 생각한다. 아마도 하버드대는 네트워크 마케팅을 가르치지는 않지만, 1997년 4월, 하버드대 출신의 찰스 킹 Charles King 박사는 하버드대에서 네트워크 마케팅에 관한 강의를 했었다.

네트워크 마케팅에 참여한 기업 관리직 간부들에 의한 문제점

넉넉한 저축이나 퇴직 후 수입이 없는 상황에 직면한 감원된 기업 관리직 간부들 대부분이 이전의 라이프스타일을 되찾고자 네트워크 마케팅으로 뛰어들었다. 이들은 솔직히 우리의 사업에 대해 아무 것도 알지 못하며, 그들이 알지 못한다는 사실도 이해하지 못한다. 그들은 학위나 사업에 대한 전문지식이 없어도 어떻게든 한 달에 3만 달러에서 5만 달러를 버는 전직 블루칼라 노동자들을 볼 때, 관심이 끌린다. 그들은 교육을 잘 받지 못하고 경험이 부족한 사람들이 그 정도의 부를 이루었다면, 경력이 있는 자신들은 더 잘 할 수 있다고 생각한다. 이러한 사람들은 네트워크 마케팅 분야에 입문하면서 다음과 같은 2가지 어려움에 직면한다. 첫째, 위신의 상실과 회사가 주는 각종 혜택, 즉 회사 차나 수입의 갑작스런 중단으로 인한 명백한 절망감을 느낀다. 둘째, 기업의 관리 방식을 네트워크 마케팅으로 옮길 수 있다는 잘못된 확신을 가지고 있다. 회사의 관리직 간부였던 많은 사람들이 최근에 우리 직업에 참여했기 때문에 기존 회사의 관행이 네트워크 마케팅에 스며드는 것은 너무나 당연하다. 그러나 그들은 기존 전통회사의 관리직의 위치에서 낮은 생산성과 터무니없이 높은 수입을 이끌었던 바로 그런 관행을 우리 산업에 적용한다.

　동전의 반대쪽처럼, 해고된 기업 관리직 간부들이 우리의 사업에 초래한 2가지 명백한 문제점이 있다. 첫째, 기업 관리직 간부들은 전형적으로 강한 자존심과 높은 신뢰로 성공한 사람들이기 때문에, 종종 그들을 후원한 스폰서를 무시할 수 있다. 둘째, 이러한 전직 관리직 간부들은 기존의 전통 사업에서 사용했던 방법, 즉 네트워크 마케팅에 별 효과가 없는 시스템을 사용하려는 경향이 있다. 일단 무시를 당한 스폰서는 더 이상 그러한 관리직 간부를 가르치는 데 필요한 존중을 요구하지 않는다. 따라서 관리직 간부들은 바로 상황을 정리하고, 자신만의 하이테크 시스템을 실행하여 모든 사람들을 관리하려고 한다. 당신이 특별한 경력을 가지고 있고, 전직 관리직 간부였던 사람을 후원할 때, 그가 당신보다도 우리 사업에 대해 더 많이 알고 있다고 단정하는 실수를 하지 말라.

　애론 린치Aaron Lynch는 그의 훌륭한 저서 《사고의 확산Thought Contagion》에서 "경력이 짧은 사람은 아주 훌륭한 경력을 소유한 사람조차도 인정하지 않음으로써 경력 인정 시스템의 효과를 아주 제한적으로 인정한다."라고 지적했다. 더 오랫동안 사업에 몸담고 있었거나 제대로 교육을 받았다면, 당신이 후원하는 어떠한 사람도 교육시키는 것처럼, 당신의 능력을 발휘하며 기업 관리직 간부를 교육시키는 것이 중요하다. 또 시작부터 제대로 하면, 존중을 받을 수 있다.

텍사스 주 달라스의 로버트 할로웨이Robert Holloway는 그의 스승이 가르친 대로 정확하게 복제함으로써 전통기업에 반대 입장을 대표한다. 그는 과학 프로그래머이자 엔지니어이던 시절부터 사업 파트너였던 로저 스토배치Roger Staubach와 함께 부동산업을 했었고, 현재는 네트워크 마케팅을 하게 되었다. 기업 관리직 간부들은 성공의 절정에 있기 때문에 네트워크 마케팅에 참여하는 사람들이 거의 없다. 대부분은 삶의 파편들을 다시 맞추려는 희망으로 이 사업에 참여한다. 로버트 역시 마찬가지였다. 로버트는 자신의 상황을 다음과 같이 설명한다.

"네트워크 마케팅에서 일을 시작한 첫해는 인생에서 성공을 향해 잘 나가던 시기가 아니었다. 나의 부동산 사업은 상당히 침체되었다. 가까운 장래에 경기가 회복될 기미가 거의 없었다. 나는 재미있고 이윤이 많이 남는 부동산 사업이 형편이 나빠지는 것을 보았다. 시장이 완전히 사라졌다."

"네트워크 마케팅을 시작하기 1년 전 전직 부동산 개발업자가 정수기에 관한 좋은 생각을 갖고 찾아와 내가 그의 사업에 참여하면, 그에게 많은 돈을 벌어 줄 것이라고 말했다. '그럼 나도 많이 벌 수 있나?' 라고 묻자, 그는, '어, 자네 역시 많은 돈을 벌 수 있네.' 라고 대답했다. 잠재적 소득 가능성에 깊은 인상을 받았지만, 나한테는 잘 어울리지 않았다."

"1년 뒤 새로운 성장 기회에 대한 사업 설명회에 초대받았다. 그것은 내게 부동산 거래처럼 들렸다. 도착할 때까지 네트워크 마케팅 설명회인 줄 몰랐다. 나는 고정 경비를 많이 쓰고 있었는데 내가 관심을 갖고 싶지 않은 것은 네트워크 마케팅, 특히 스킨케어 제품과 샴푸의 판매였다. 나의 전직이 엔지니어링과 개발이었기 때문에, 이런 일을 한다는 사실에 대해 나의 자존심이 도저히 허락할 수 없는 일이었다. 나는 부동산 경기의 침체로 수백만 달러를 손해 보았다. 그래서 지금은 친구에게 전화를 걸어 나의 새로운 네트워크 마케팅 사업을 얘기하고 나와 함께 사업을 하자고 물으라고? 처음에 언뜻 보니까 나는 친구들이 네트워크 마케팅에 동참하는 이유를 알 수 없었다. 그러나 이제 수백만 달러의 사업을 구축하고 멋진 라이프스타일을 꾸리고 나니까, 모든 사람들이 참여하지 않는 이유를 모르겠다. 나는 IBM에서 근무하면서, 특히 부동산 시장에서 힘들게 배웠다. 내가 성공을 했다면, 그것은 전적으로 나의 의지에 의한 것이다."

기업 관리직 간부들의 사고 방식

로버트 할로웨이는 기업 관리직 간부와 사업가들의 사고방식을 이해하는데 자신의 견해를 함께 피력했다.

"나는 절친한 친구들에게 연락했는데, 대부분의 친구들이 삶의 질의 향상과 돈을 벌고 싶어 한다는 것을 알게 되었다. 그러나 나는 두 번째 부분을 준비하지 못했다. 대부분이 그것을 얻기 위해 무언가 하는 것을 꺼렸다. 나는 대부분의 사람들이 자신의 삶에서 해고, 감원, 기업 합병 등을 운명으로 받아들인다는 것을 알게 되었다. 그들은 거의 희망이 없었으며, 펼칠 꿈도 없었다. 어느 곳에서도 행복하지 않았지만, 상황을 더 악화시킬지도 모르는 일에 대한 두려움이 자신들의 삶을 주관함으로써 생기는 긍정적인 기대보다도 더 컸던 것이다."

"오늘날 많은 직장인 대부분은 자신이 선택한 분야에서 완전하게 행복하지 않은 자신을 발견하기 때문에 새로운 모험에서 자신이 성공하는 모습을 상상할 수 없다. 네트워크 마케팅은 어떻게 그들의 상황을 향상시킬 수 있을까? 물론 그 대답은 그들 개인의 미래가 아직 정해진 것이 아니라는 데 있다. 경기 침체나 구조 조정과는 달리 계속 성장을 가져오는 방법으로 미래를 이끌어야 한다. 우리의 일이 사람들을 찾아 그들을 바꾸는 것이 아니라는 것을 이해해야 한다. 우리의 임무는 이미 변하기로 결정을 내린 사람을 찾아 그들이 충족할 만한 정보를 제공하는 것이다. 긍정적인 전망을 발전시키고 약속과 원칙의 개념을 우리 사업에 적용시키는 사람들은 역동적이고 성공적인 비즈니스를 구축할 수 있다. 이것이 오늘날 할 수 있는 가장 보람 있는 기회 가운데 하나다. 앞으로 몇 년 뒤에는 수천 명의 삶이 네트워크 마케팅을 통해 좀 더 나은 삶을 향해 극적으로 변할 것이다.

"전적으로 이 사업은 타이밍의 사업이다. 새로운 기회에 대하여 열린 마음을 갖고 있는 변화하는데 시기가 적절한 사람을 찾아내는 것이 관건이다. 기업 관리직 간부들에게 그들의 관심사와 관련된 정보를 제공하면, 그들은 다음 단계의 정보로 이동할 수 있는 유리한 조건을 갖게 된다. 일단 그들이 제품을 사용하면, 성장하는 수십 억 달러의 시장의 잠재력을 보고, 마케팅 플랜의 놀라운 보상을 느끼고, 그들은 훈련 시스템과 사업 구축 과정에 참여할 준비를 갖추게 된다."

"기업인들이나 전문직을 접하는 데 중요한 사실을 2가지 발견했다. 첫째, 그들은 이 사업이 합법적인 사업이라는 것을 증명할 정보를 원한다. 둘째, 여러분이 자신을 책임지고, 사업을 구축하면, 그들에게 여러분이 이룬 성공을 복제할 수 있는 방법을 보여줄 수 있어서, 반응이 더욱 좋다. 당신이 신입 네트워크 마케터라면 관리직 간부들을 가입시키는 마무리 단계에서는 업라인의 도움이 필요할 것이다. 마크 야넬은 경험이 풍부한 리차드 칼을 찾기까지 6단계의 업라인에게 가야 했다. 리차드와 마크 사이의 여러 단계에서는 노련한 네트워크 마케터가 없었다. 과정은 여전히 동일하다. 프로스펙트는 증거와 인내가 필요하다. 여러분이 이러한 자료를 더 빨리 제공할수록 그들은 더 빨리 조사를 하고 결정을 내릴 수 있으며, 그 다음 단계로 이동할 수 있다. 그들은 시작할 준비가 되어 있거나 타이밍이 적절하지 않을 수 있으며, 또는 이 사업이 자신에게 맞지 않다고 할 것이다. 앞에 나온 2가지는 긍정적인 결정이지만, 경험이 부족한 네트워크 마케터의 대부분은 두 번째 단계를 긍정적인 것으로 인식하지 않는다. 타이밍이 적절하지 않다는 사람들에게는 5장에서 우리가 권장한 팔로우업 카드 파일을 활용하면 그들 중의 일부를 결국에는 후원할 수 있을 것이다. 이 사업이 그들에게 맞지 않다고 하면, 다른 사람의 소개를 부탁하라. 로버트는 대부분의 사람들이 직장인의 '노(No)'라는 말을 완전히 오해하고 있다고 말한다. 그것은 돈을 벌고 싶지 않거나 자유로운 시간을 원하지 않는다는 말이 아니라, 적당한 시기가 아니라는 뜻이다. 하지만 6개월이면 모든 것을 바꿀 수 있다. 그러나 대부분이 이를 이해하지 못하고 그것을 개인적인 거절로 여긴다. 즉 새로 네트워크 마케팅에 들어온 사람은 종종 거절을 받는 것이 단지 타이밍이 적절치 않았음을 깨닫지 못한다. 따라서 그것을 지나치게 개인적으로 받아들이지 말아야 한다. 과거 어느 때보다도 오늘날에는 사람의 인생을 바꿀 수 있는 네트워크 마케팅에서 일하는 것이 더 좋은 타이밍은 없다고 확신한다."

《IBM에서 네트워크 마케팅까지From IBM to MLM》라는 제목의 로버트의 근간 서적은 자신의 인생 관리나 비전 개발, 혹은 활기에 넘쳐 계획을 실천하는 데 필요한 단계를 자세히 설명하고 있다. 그와 아내 카렌Karen은 텍사스 주의 달라스에서 함께 일하고 있다. 이제 성공한 그들은 항해와 먼 섬을 탐험하거나 도중에 작은 항구에 들르는 등 그들의 진정한 열정을 추구할 수 있는 시간적 여유가 생겼다. 지난여름에 우리 부부는 카리브해에 있는 프란시스 드레이크 경 해협 주변을 요트로 항해하며 그들 부부와 함께 스포츠를 배우며 즐겼다. 그리고 다음에는 그리스로 갈 예정이다.

기업의 관리직 간부들은 조직에서 가장 훌륭한 네트워크 마케터가 될 수도 있고 혹은 모든 것을 날려 버려 다운라인을 망칠 수도 있다. 우리는 이 2가지 경우를 모두 보았다. 다운라인 전체를 망가뜨리지 않으려면 초기부터 전력을 다해 그들에게 네트워크 마케팅과 기존 전통 사업의 차이점을 알게 해 주어야 한다. 우리는 테리Terry와 톰 힐Tom Hill에게서 많은 것을 배우는 행운을 얻었다. 그들은 우리가 후원한 다운라인 가운데 유일하게 활동적인 세일즈 전문가들이었는데, 테리는 제록스 최고의 세일즈 전문가였고, 그녀의 남편 톰은 메릴 린치 증권 브로커였다. 그들은 관리직 간부의 폭발에 관해서 우리에게 가르쳐 준 스승이었다. 또한 관리직 간부의 사고방식과 조직을 위한 그들의 필요성도 가르쳐 주었다. 더욱 중요한 것은 테리가 일반 회사에서 채택한 판매 전략의 상당수가 네트워크 마케팅 분야에서 효과가 없는 이유를 가르쳐 주었다. 우리는 그러한 전략이 효과가 없는 이유를 확인하고자 몇 가지를 알아보자.

네트워킹의 전략 : 기존의 전통 사업과 반대되는 것

네트워킹 전략은 종종 기존의 전통사업 그리고 전통적인 마케팅 시스템과 반대되기도 한다. 기업의 관리직 간부들은 보통 기존 사업에서 성공으로 이끈 전략들이 네트워크 마케팅에서도 효력을 발휘할 것이라고 착각한다. 그러나 안타깝게도 대부분 그렇지 않다. 그들은 자존심과 이

전의 리더십 때문에, 본능적으로 '수레바퀴를 다시 발명'하려고 한다. 이처럼 존경받는 관리직 간부가 새로운 시스템을 도입하고 기존 전통 사업에 바탕을 둔 새로운 판매 도구를 만들어 내면서 그들은 무의식중에 다른 네트워크 마케터들을 잘못된 길로 끌어들인다. 또 그들의 경력 때문에 다운라인은 물론 업라인까지도 동요될 수 있다. 물론 신입 네트워크 마케터는 대부분 당연히 이처럼 성공한 전직 기업 관리직 간부들이 그들의 일을 잘 알고 있으며, 네트워크 마케팅에서의 성공 수단으로 전통적인 전략을 적용한다고 여긴다. 여기서 우리는 다시 한번 말하고 싶은 것은, 상황을 장악하고 결단력을 발휘하여 자신을 이끌어야 한다.

미팅과 메모 포기하기

직장인들이 미팅과 메모를 포기하는 것은 쉽지 않다. 그들은 관리직 간부라는 직책에 젖어 있기 때문이다. 그래서 먼저 무엇보다도 기존의 전통 산업에서 온 신입 네트워크 마케터들에게 네트워크 마케팅은 행동하는 일이며, 미팅에 참석하고 메모를 작성하는 동안에는 성공할 수 없음을 가르쳐야 한다. 우리의 프론트라인 리더 가운데 1명은 필립스 석유 회사의 큰 부서의 전직 관리직 간부를 후원했다. 첫째 주에 우리는 그가 준비하고 있던 일의 양을 자세히 설명한 장황한 메모를 팩스나 이메일을 통해 받기 시작했다. 어느 날 우리는 그에게 전화를 걸어, 메모에 대한 감사를 전했지만, 그것은 시간을 유용하게 보낸 것이 아니라고 설명했다. 그는 우리의 설명에 풀이 죽었다. 그에게 메모는 삶이었던 것이다. 2주가 지나고 그는 그만두었다. 그는 우리 사업에서 메모가 아무런 의미가 없다는 사실을 이해하지 못했다. 중요한 것은 행동일 뿐이다. 특히 일반 회사 출신의 신입 네트워크 마케터들은 첫째 날부터 제품의 사용법, 프로스펙팅, 그리고 리쿠르팅만이 성공으로 가는 길임을 배워야 한다. 또한 메모와 미팅은 시간 낭비일 뿐이다.

첨단 시스템을 개인적 이야기하기로 대체하기

회사 관리직 간부 출신들이 저지르는 가장 흔한 실수는 첨단 기술을 네트워크 마케팅 사업에 남용한다는 것이다. 현재의 고도 기술 커뮤니케이션이 매우 진보된 것 같아도, 다른 사람들과 관계를 맺는 데는 별로 맞지 않고, 인간적인 따뜻함이 없어서 우리의 사업에는 쉽게 효과를 보지 못한다. 단순히 가정에 기반을 둔 네트워크 마케팅 사업에 참여한 많은 전직 관리직 간부들은 그들이 몸담았던 사업 세계처럼 보이려고 조직화할 것이다. 그들은 슬라이드 쇼를 만들고, 오버헤드프로젝터(OHP)를 사용하며, 파워포인트 프리젠테이션을 하려고 한다. 또 형식을 갖춘 프리젠터와 인쇄된 차트를 수집하여 매뉴얼을 재작성 하려고 할 것이다. 대개 이전 직책과 관련된 활동을 그대로 따라 할 것이다. 어떤 이들은 심지어 사무실을 열기도 한다(7장 참조).

전직 기업 관리직 간부들이 우리 사업에서 가장 이해하기 어려운 측면은 네트워크 마케팅이 모든 사람들이 할 수 있도록 고안되었다는 점이다. 그것을 배타적인 컨트리클럽이나 회사로 바꾸려고 하는 것은 제품과 서비스를 사용하고, 프로스펙팅하고 리쿠르팅하여 조직에 많은 회원을 모집하는 네트워크 마케팅의 본질을 깨뜨리는 것이다. 자신의 조직에서 가장 재주가 없는 사람도 여러분이 밟아 온 모든 단계를 복제하도록 하라. 제대로만 되면, 우리의 사업은 프로스펙트에게 "나도 할 수 있어! 집도 있고, 브이티알(VTR)도 있으며, 더 많은 돈과 가족과 함께 할 시간을 원하는 친구들도 있으니까, 나도 이 사업을 할 수 있어." 라는 생각을 심어 줄 수 있다.

이것은 개인적 이야기를 하는 사업이며, 개인의 흥망성쇠를 공유하는 사업이다. 전통 산업은 자신의 강점과 과거의 성공을 강조하도록 가르쳤다. 그러나 네트워크 마케팅은 반감의 벽을 허물고자 성공뿐 아니라 자신의 취약점, 즉 자신을 최악의 사태로 이끈 상황을 서로 나누라고 가

POINT

튼튼한 조직은 꼭대기에서부터 행동으로 시작한다. 리더는 참호 속에 있어야한다, 즉 프로스펙팅, 약속 잡기, 프론트라인 리쿠르팅, 그리고 소규모의 고객들과 함께 제품과 서비스 사용과 공유 등을 해야 한다.

르친다. 그것은 일반적으로 많은 사람들은 자신이 어려울 때 네트워크 마케팅을 받아들인다. 그러나 더욱 중요한 것은 다른 사람들이 '진짜' 사람으로서 여러분과 관계를 갖도록 하는 매우 개인적인 이야기를 듣는 것이다. 대체로 기업의 관리직 간부들이 다른 사람에게 자신의 약함을 보이는 것은 매우 힘든 일이다. 그들은 그렇게 하도록 격려받은 적이 거의 없기 때문이다. 그러나 이 사업이 만들어 내는 깊은 인간적 매력은 이 사업의 감정적, 인간적, 열정적 측면 때문이다. 슬라이드 쇼와 이메일을 통한 리쿠르팅, 첨단 컴퓨터 웹 사이트, 호텔 미팅, 다량의 우편 발송, 등 기존의 여러 가지 비인간적인 종래의 마케팅 전략과 같은 시스템은 쉽고, 간단히 복제할 수 있는 네트워크 마케팅만큼의 효과도 없다.

권한 위임이 아니라 모범을 보이기

네트워크 마케팅에 참여한 기존 기업의 관리직 간부들은 책임을 위임하는 습관을 버리고, 본을 보이면서 이끌어 가야 한다. 관리직 간부들은 네트워크 마케팅의 최전선 참호 속에서 일하게 되는데, 대부분이 이전 직장의 이미지를 버리는 것을 견딜 수 없어 한다. 대개의 경영인과 관리자, 혹은 감독자들은 자신의 인생을 다른 사람에게 지시하고, 그들의 활동을 감독하면서 보낸다. 네트워크 마케팅에서 그와 같은 행동은 조직 전체를 파멸로 빠르게 이끈다. 그 이유를 아는가? 우리의 사업은 복제 사업이기 때문이다. 여러분이 무엇을 하든, 여러분 조직의 사람들은 따라 할 것이다. 각각의 사람이 자신의 조직을 관리하고, 어느 누구도 신입 회원을 모집하거나, 사업 기회를 소개하지 않는다면 조직은 침체될 것이다. 튼튼한 조직은 꼭대기에서부터 행동으로 시작한다. 리더는 참호 속에 있어야 한다, 즉 프로스펙팅, 약속 잡기, 프론트라인 리쿠르팅, 그리고 소규모의 고객들과 함께 제품과 서비스 사용과 공유 등을 해야 한다. 리더는 어떤 사람이든 감독해서는 안 되며, 그들에게 모범을 보여 주어야 한다. 만약 당신이 전체 조직에게 그것을 복제하면 분명히 활기 있고, 살아 있는 듯 번창하는 사업을 구축할 것이다.

프로스펙트를 미리 판단하지 마라

관리직 간부의 폭발로 인해, 신입 네트워크 마케터는 주요 기업의 꽤 성공한 전직 마케팅 대표였던 사람들을 모집할 것이다. 프로 세일즈맨의 영업원칙 중의 하나이자 그들이 네트워크 마케팅에 전한 규칙 가운데 하나는 '예상 고객 걸러 내기'의 중요성이다. 예를 들면, 3만 달러의 레이저 프린터를 판매하는 전형적인 세일즈맨은 보통 어떤 회사가 특수 프린터를 필요로 하는지를, 어떤 회사가 살 수 있는 여유가 있는지를 접근하기 전부터 확인하는데 이런 것이 일종의 예상 고객 걸러 내기다. 그러나 관리직 간부들과 세일즈맨들이 네트워크 마케팅에서 이러한 원칙을 적용하는 것은 도움이 되지 않는다. 그 이유는 다음과 같다. 우리의 사업에서 거대한 조직을 구축하는 데 성공한 사람들 가운데는 사업 경험이 없고, 전에 판매 경험도 없으며, 대학 교육을 받지 않았고 대부분의 경우 성공할 것처럼 보이지 않았다. 당신이 모집해야 하는 사람들의 부류를 묘사하면, 재정적으로 궁지에 몰린 사람이나 대의명분을 추구하는 사람, 지도할 수 있고 당신의 시스템을 변경시키지 않고 기꺼이 따를 사람, 열정적으로 의무를 다할 사람, 사람들과 함께 일하고 그들이 성공하는 것을 보기를 즐기는 사람이다. 그러나 관리직 간부였던 사람들은 사업에 참여하면 불행하게도 결국 그들에게 행운을 줄 많은 프로스펙트들을 미리 판단하여 배제하는 경향이 있다. 모두 그들이 적임자가 아닌 것처럼 보이기 때문이다. 이제 막 우리의 사업에 참여한 기업 관리직 간부들에게 우리가 해줄 수 있는 최고의 충고는 다음과 같다. "매일 아침 일어나면 이 우주의 총지배인직을 사임하라." 하나님을 농락하지 말라. 누구나 이 사업을 할 수 있다. 그들이 성과를 낼지는 당신에게 달려 있는 것이 아니고 전적으로 그들에게 달려 있다.

현명한 네트워크 마케터는 가능한 모든 노력을 다해 이 기회를 세계적인 거대한 조직으로 성공시키는 사람뿐 아니라 도매가 회원과 소매 판매원, 혹은 파트타임으로 일하는 부업자 등 모두에게 기회를 제공한다는 것을 명심해야 한다. 여러분은 누구라도 자신의 조직에서 소외시키고 싶지는 않을 것이다. 여러분의 다운라인이 그들 스스로 정한 목표를 이루기 위해 단계를 밟아 가고 있는 한, 그들은 여러분의 조직에 속해 있다는 소속감을 느껴야 한다. 전형적으로 성공한 조직은 여러 가지 목표가 있는 다양한 계층의 사람들이 균형을 이루며 구성된다. 가장 높은 비율을 차지하는 사람은 주로 달마다 제품이나 서비스를 주문하는 도매 소비자로 구성될 것이다. 또한 훌륭한 조직은 수입을 얻는 주된 방법으로 제품이나 서비스를 판매에 열심인 소매 판매원이 일부를 담당하게 한다. 다음으로 그들의 수입을 대체하기 위해 네트워크 마케터의 조직을 구축하는 부업자도 있다. 그리고 마지막으로 가장 적은 그룹은 네트워크 마케팅 역사에 기록을 세우며 이 사업에 열성인 전업자일 것이다. 항상 여러분이 함께 일할 사람으로 성실하게 사업을 구축하는 사람을 찾되, 모든 사람을 위해 여러분의 조직에서 자리를 비워 두라. 다양한 자리가 많을수록 더 좋다. 여러분의 프로스펙트를 미리 걸러내는 것은 가치가 없다.

조직 구축 대 제품 소매

네트워크 마케팅 사업에 참여한 관리직 간부들은, 제품이나 서비스를 사용하고, 다른 사람들과 나누어 쓰며, 같은 일을 할 사람을 찾는 이런 3가지 일을 할 사람들의 조직을 갖추는 것의 가치를 잘 이해할 필요가 있다. 각자 조금씩 모든 것을 이루려면, 많은 사람이 필요하다. 그러나 사업의 초기 시절과 마찬가지로 요즘도 대부분의 사람들이 제품 판매와 조직 구축 가운데 어느 것에 중점을 둘지 혼동을 겪는다. 그것은 이 사업으로부터 원하는 것을 결정하는 데 있다.

홈 파티, 제품 체험 클리닉, 소매 판매는 즉각적이고 단기간에 현금을 수중에 들어오게 한다. 또 제품을 사용하고 나누어 쓰며, 이 과정을 복제하는 네트워크 마케터의 조직을 구성하는 것은 장기적 로열티 수입을 창출한다. 의사 등 일부를 제외하고, 요즘 네트워크 사업에 참여한 대부분의 전문직들은 제품의 만족감보다 조직 구축에서 얻는 수동적 로열티 수입을 선호한다. 운동 학자 스티브Steve와 자넷 바크Jeanette Baack처럼 제품을 판매하는 능력 외에 아무 것도 모른 채 우리 사업에 들어왔지만, 우연찮게 조직 구축의 장기적인 가치를 발견하게 된다. 그러나 그들은 혼자가 아니다.

잔 루Jan Ruhe가 처음으로 네트워크 마케팅을 알게 된 것은 1979년 11월이었다. "나에게는 네 살 된 딸 사라와 두 살 먹은 아들 클레이튼이 있었다. 나는 제품 설명회에 초대를 받았는데, 그날 바로 참여하고 싶었다. 그러나 그 네트워크 마케터는 더 이상 그 회사에 관여하지 않을 것이라고 해서, 난 그녀의 업라인에게 전화해야만 했다. 나는 그 업라인에게 전화를 걸었고, 메시지를 남기고 또 남겼다. 그런데 그녀는 나에게 전화를 걸어 더 이상 귀찮게 굴지 말라고 했다. 그녀는 우리 회사가 이제 막

생겼고, 오는 3월까지 다른 사람들을 네트워크 마케터로 뽑지 않을 것이라고 말했다."

"내가 텍사스 주의 달라스에 있는 지역 네트워크 마케터에게 전화를 한 첫날, 그녀가 서류를 골라 내는 일을 하는 교회에 들르라고 했다. 그녀는 내가 그것을 만지작거리는 걸 바라지 않았다. 나는 곧 출산할 딸아이 애슬리를 임신하고 있을 때 가입했다. 우리는 가난했기에 돈이 없는 것에 넌더리가 났고, 항상 남편에게 돈 좀 달라고 하는 것도 질렸다. 정말로 재정적 독립을 생각한 적은 없었다. 다만 어느 정도의 돈이 있었으면 하고 바랐다. 그때 나는 30세로 젊었기 때문에, 내 인생의 나머지를 가난뱅이로 살고 싶지 않았다. 그런데 나의 남편은 재정적으로 성공하길 바라지 않았고, 나는 세 아이들과 함께 포로가 된 느낌이었다. 그래서 난 그들을 떠나지 않고는 돈을 벌 수 없다고 느꼈다. 나는 친정어머니에게 전화를 걸었고, 스타터 키트 살 돈을 부탁드렸지만, 어머니는 말리셨다. 어머니는 이러한 홈 파티가 나에게 맞지 않다고 확신하셨다. 그리고 내가 집에 있어야 하며, 남편에게 돈을 벌어 오도록 해야 한다고 했다. 나는 그때 어머니의 태도에 넌덜머리가 나서 엄마의 어머니, 곧 나의 할머니에게 전화를 걸었다. 할머니는 '애야, 너에게 투자해서 기쁘구나. 꿔 주는 거다.'라고 말씀하셨다."

"그날 나는 완벽한 길을 찾았음을 알았다. 그것은 아이들과 지내게 해 주고, 집에서 제품을 판매하는 진정한 사업으로 완벽한 듯했다. 나는 그것이 네트워크 마케팅이라는 것을 미처 알지 못했다. 내가 가입한 날, 나의 지역의 업라인 동료는 그만두었고, 그다음 업라인 동료는 캘리포니아에 있었다. 그래서 나는 미국 남부의 유일한 네트워크 마케터였다. 교육도 없었고, 미팅이나 지원도 없었다. 나는 최고 세일즈우먼이 되기로 결심했다. 나의 첫 번째 홈 파티에 20명의 사람들이 있었고, 나는 75달러어치 제품을 팔았다. 아! 누군가 정말로 나에게 물건을 구입했다.

짜릿했다. 그 뒤 몇 건의 파티를 예약했고, 사업이 잘되기 시작했다. 개인적인 홈 파티에서 제품을 보여주자, 사람들은 내게 제품을 사려고 복도에 줄을 섰고, 어떻게 해야 그들도 팔 수 있는지, 혹은 참여할 수 있는지를 묻는 이도 있었다.

"물론 나도 몰랐다. 그래서 그들은 나와 함께 할 수 없고, 달라스에서 사람들에게 이 제품을 소개할 수 있는 사람은 나뿐이라고 말했다. - 내 말을 믿을 수 있겠습니까? - 나는 리쿠르팅에 관해 이해하지 못했지만, 내가 처리할 수 있는 것보다 더 많은 파티를 예약했다. 사업을 시작하고 약 6개월쯤 되어, 창고에 있는 상자의 바닥에서 회사의 간단한 매뉴얼을 보기로 결심했다. 거기에는 내 회사가 네트워크 마케팅 사업이며, 제품을 팔려면 다른 사람들을 모집해야 한다고 나와 있었다. 난 깜짝 놀랐다! 나는 아무 것도 몰랐고, 나와 함께 하고 싶다던 많은 사람들의 이름도 남겨 두지 않았다! 그래서 나는 아직도 그 사람들을 찾고 있다." 창고에서 여기저기 뒤적이다 매뉴얼을 읽고 깜짝 놀랐다는 그녀를 생각하며 우리는 웃다가 눈물이 날 뻔했다.

그녀는 계속해서 말했다. "그 다음 6주 동안, 나는 리쿠르팅에 전력을 쏟았고, 역시 판매를 하고자 하는 13명의 사람들을 찾았다. 그때쯤, 나의 캘리포니아의 업라인 동료가 전화를 했다. 사실, 모든 사람들이 전화를 했다! 1980년대에 들어, 그 13명의 네트워크 마케터들은 나를 회사의 역사에서 최고의 회원 모집가로 만들어 주었다. 한 회원이 자신은 파티를 하기만을 원하며, 리쿠르팅은 하지 않을 것이라고 말하기도 했지만 말이다. 나는 이번 가을에 거의 이틀마다 홈 파티가 예약되어 있었고, 그것은 내 사업의 절반 이상을 말해 주는 것이었다. 가장 최근에 들어온 프론트라인이 자기가 전화한 모든 사람이 이미 나의 홈 파티에 가기로 예약되었기 때문에 네트워크 마케팅을 그만두겠다고 전화로 알려 왔을 때(그녀는 바로 그날 가입했다), 내 품에 아기 애슬리가 있었던 일이 기억

난다. 나는 내 생애 가운데 가장 힘들고, 나중에 알게 됐지만, 가장 중요한 결정을 내렸다. 그녀에게 내가 예약을 한 홈 파티를 하라고 말한 것이다.

"그 파티를 통해, 그녀는 우리 회사에서 그해 최고의 네트워크 마케터가 되었다. 그리고 나는 처음엔 약간 씁쓸하기도 했지만, 그로 인해 모두 채 네 살이 안 된 3명의 아기들과 더 많은 시간을 지내게 되었다. 그녀는 얼떨결에 내가 훈련시키고 지원한 6명의 사람들을 모집한 것이다. 나의 조직이 성장할수록, 나는 놀이방의 구석에 작은 사무실을 차려 일하면서 동시에 아이들을 돌볼 수 있었다. 나는 매일 몇 시간씩 전화로 프로스펙팅을 하고 팔로우업을 했다. 또 아이를 돌보면서 하루에 적어도 20통의 전화를 했다. 나는 돈에 혈안이 되어 있었다. 회사의 모든 사람들은 사명감으로 가득 차서 세상을 구한다는 부류의 사람들이었다. 물론 나는 아니었다. 나는 돈을 벌고 싶었다. 또한 다른 사람들이 돈을 벌도록 도와주면, 결국 나도 돈을 벌게 된다는 것을 이해했다. 그리고 그것이 맞아떨어졌다.

"나는 세 아이들을 동물원에 데려가고 이틀마다 공원에도 데려갔다. 내가 프로스펙트를 찾는 동안 그들은 즐겁게 보냈다! 난 결심이 확고했고 추진력도 있었다. 나는 돈이 되는 것이라면 무엇이든 했다. 또 사라와 클레이튼을 달라스에 있는 사립학교에 보내기 위한 돈이 필요했기 때문에 성공할 수 있었다. 내가 나의 파티를 신입 네트워크 마케터에게 맡긴 뒤, 신입 회원을 모집하고 파티를 열고 싶어 하는 다른 사람을 찾는 데 중점을 둔 날이 바로 내 사업이 가장 번창하기 시작한 때다. 나는 많은 사람들이 각자 조금씩 일하도록 하는 데 힘을 쏟았다. 그 해 말쯤에, 내 그룹에는 24명의 사람들이 있었고, 약 5천 달러를 벌었다. 그러나 다음해 1월 즈음, 거의 모든 사람들이 그만두었다. 그래서 나는 다시 시작했다. 내가 끝까지 버텼다는 것을 믿을 수 없었다. 나의 아이들과 사업은 내 모든 것이었다. 아이들과 사업 모두가 잘되었지만, 결혼 생활은 그렇지 못했다. 확신하건대 그 부분은 아무도 이해하지 못할 것이다."

"나는 이혼, 엄청난 빚, 할머니의 죽음, 내 업라인의 죽음, 유산, 성장하는 네트워크 마케팅 조직의 헤드로서 산전수전 다 겪으면서 살아남았다. 누군가 나를 네트워크 마케팅으로 인도한 것을 매일 하나님께 감사드린다. 나의 부모님도 텍사스에서 이사하셔서 지금은 가까이에 산다. 나의 어머니 역시 나의 다운라인이 되었다! 우리 아이도 훌륭한 젊은이로 성장했고, 둘은 이제 대학을 졸업했다. 나는 집에 머물고, 내 가족과 나의 다운라인 속의 많은 사람이 보상을 걷어 들이고 있다."

18년이 지난 오늘날, 잔은 콜로라도 주의 아스펜에 있는 산의 꼭대기 맨션에서 두 번째 남편과 함께 행복한 결혼 생활을 하고 있다. 그녀는 네트워크 마케팅을 통해 1년에 1천만 달러의 매출을 올리고 있으며 여러 나라에 7천 명 이상의 다운라인을 둔 백만장자가 되었다. 또한 네트워크 마케팅에 관한 3권의 베스트셀러 작가이기도 하다. 《석세스》지의 1997년 9월호 제목 '재택근무 Working at Home'에서 가난뱅이에서 부자가 된 그녀의 이야기를 특집 기사로 다루었다. 초기 그녀의 좌우명은 '나를 이끌어라, 아니면 나를 따르거나 내 길에서 비켜라.' 였다. 그것은 오늘날에도 여전히 그녀의 좌우명이다.

다른 사람들을 끌어올림으로써 우리 자신도 성장한다

많은 네트워크 마케터들이 이 사업에 들어왔다. 왜냐하면 제품과 사랑에 빠져서 모든 사람에게 제품이야기를 하면서 돈을 벌기 원했기 때문이다. 조직을 만드는 사업가, 특히 사업을 이해한 사람은 그들 그룹의

POINT
다른 사람을 끌어올림으로써 우리 자신도 성장한다.

일부를 소매 판매원으로 갖고 싶어 한다. 그러나 우리는 그들이 복제함으로써 자신의 목표를 올리는 데 선택권이 있음을 확인시켜 주기 위해 그것을 모두의 몫으로 한다. 잔이 홈 파티를 그녀의 프론트라인에게 맡긴 날은 그녀의 사업이 번창하기 시작한 날이다. 왜 그럴까? 잔은 네트워크 마케팅의 기본 원리를 우연히 발견했는데, 다른 사람들을 끌어올림으로써 우리 자신도 성장한다는 것이다. 그리고 흥미로운 것은 그 모든 것이 헌신적인 할머니가 손녀를 위해 평범한 것을 받아들이는 것을 거부하고 그녀의 미래에 투자를 결정했을 때 시작했다. 하나님은 그 할머니에게 축복을 주신 것이다.

전업으로 네트워크 조직 구축하기

마크가 즐겨 말하는 전직 '빅 비니스맨' 이었던 네트워크 마케터들에게 전통적인 사업의 세계를 떠난 뒤 첫 번째 맞는 도전 과제는 자존심의 상실이다. 풀이 죽은 자신의 이미지는 전직 직장인들에게 제일 큰 도전 과제다. 그들은 이전의 삶에서 '과로하고', '박봉을 받고', '해고되었거나 해고될 것' 이라 하더라도, 여전히 그들은 그것을 입증하기 위한 직함과 잘 차려진 사무실을 가진 '대단한 사람' 이였다. 이제 그들은 조직의 맨밑의 단계에 있고, 생산성을 통해 자신을 증명해야 한다. 그것은 아주 끔찍할 수도 있다. 기업 관리직 간부나 사업가들을 후원하고 교육하는 첫 번째 단계는 그들이 삶의 가장 어려운 지경에 있을지도 모른다는 사실에 민감해지는 것이다. 그들의 대화에는 오래된 허세가 있는데, 그런 것에 넘어가서는 안 된다. 그들은 지금 당장 여러분을 필요로 한다. 여러분의 힘을 보여주고, 단계적으로 그들을 성공으로 이끌라. 네트워크 마케팅의 세계와 그들이 속해 있던 전통 산업의 차이점을 지적하며 여러분의 말로 그들을 격려하라.

월스트리트의 투자 회사의 주요 제품의 매니저인 제이 프림Jay Primm은 캘리포니아 전역의 56개 지사를 감독한다. 그는 서부 해안에 있는 그의 회사의 유일한 매니저로 상당한 독립성을 받았지만, 아직도 전업 네트워크 마케팅으로 옮기면서 해야 했던 심리적 갈등을 회상한다.

제이가 그 회사에 참여했을 때인 1989년 1월은 네트워크 마케팅의 오명이 오늘날보다 훨씬 심했다. 다음은 그의 설명이다. "정말 힘들었다. 내가 미쳤다고 생각한 친구들은 화를 내기도 했고, 아버지는 계속해서 참된 일로 돌아가라고 넌지시 말씀하셨다." 제이는 집에서 근무하기 위해 샌프란시스코의 화려한 트랜스아메리카 건물의 유혹을 버렸다. 그러던 어느 날 그조차도 자신이 하는 일에 의구심을 가졌다. 회사 생활은 비참했지만, 최소한 외견상 멋있게 보이는 직업의 명성 뒤에 숨을 수 있었다.

제이는 계속해서 말했다. "다급했다. 나는 자신에게 여섯 자리의 수익을 올리는 데 딱 1년을 허락하기로 했다. 난 회사 생활의 고달픔에 넌덜머리가 났다. 내가 일을 많이 할수록 그들은 더 많은 것을 기대했다. 이제 나는 나의 쇼를 운영하고 있으며, 재미있다. 나는 나 자신에게만 책임이 있었고, 그 어느 누구에게도 책임을 질 필요가 없다. 이 사업에 대한 일반적인 선입견을 모두 해결해야 했다. 나는 스스로 사람들을 위한 희망이라고 생각했다. 나는 나처럼 이 사업을 전 세계적인 사업 기회라고 보는 프로스펙트를 찾았다."

"나는 성공을 향해 매진했다. 아무것도 생각하지 않고, 하루에 10~12시간씩, 1주일에 6일, 때로는 7일을 일에 전념했다. 우리는 이 사업으로 인해 살아 있고 숨을 쉰다. 나는 업라인 동료 마크 배럿Marc Barrett과 단짝으로 일했고, 우리는 리쿠르팅 기계처럼 일했다. 나는 약속을 정하는 전화 통화를 하며 방에 있었고, 그는 다른 방에서 사람들에게 설명회를 담당하고 있었다."

"네트워크 마케팅으로 옮기는 전직 기업 관리직 간부들의 가장 큰 문제점은 네트워크 마케팅 구조의 몰이해다. 나는 그런 대로 자신에게 의지하는 것에 익숙해졌지만, 많은 신입 네트워크 마케터들은 누군가 할 일을 말해 주지 않는 것을 아쉬워했다. 마크는 나처럼 이런 기업 관행을 늑대에게 던짐으로써 해결했다. 나의 이전 직책이 트레이너였기 때문에, 그는 나의 저력을 발휘하게 했다. 첫째 주까지, 나는 하고 있는 일을 안다고 느끼기도 전에 프리젠테이션을 하고 있었다. 그것은 첫 시련이었고, 나에게는 가장 좋은 방법이었다. 초기 절망적인 날들의 두려움에 갇혀 있는 동안, 바쁠수록 더 행복했다."

1년 뒤에, 제이는 그의 수입을 대체하였고, 6개월 뒤에는 다시 5배가 되었다. 요즘 제이는 콜로라도 주 보울더 근교에서 그의 아내 베티Betty와 2명의 자녀인 제이슨Jason과 애슐리Ashley와 함께 살고 있다. 그들 부부는 다운라인을 후원하고자 아시아와 세계의 다른 지역을 여행한다. 또 그는 집에서 일하는데, 아이들은 그것을 아주 당연한 듯 생각하고 있다. 그래서 아이들은 대부분의 아빠들이 집에서 일하고, 대부분의 시간을 가족과 함께 보낸다고 잘못 생각하며 자랐다. 이런 생각을 하다니! 우리는 제이슨과 애슐리가 다른 아빠들은 사무실에 나가 하루 종일 메모를 작성한다는 것을 알게 되었을 때, 잔 루처럼 "깜짝 놀랐다"는 반응을 보일 것이다.

부업으로 네트워크 마케팅 구축하기

전업을 가지고 있으면서 부업으로 네트워크 마케팅을 구축하는 데는 여러 가지 어려움이 있다. 부업 네트워크 마케터의 사업을 구축하는 과정에 균형을 유지하면서도 때때로 상사의 부정적인 반응과 배우자의 의심을 감당해야 하기 때문이다. 이러한 것의 어떤 하나라도 그것 자체로 성공의 가능성을 파괴하기에 충분하다. 샌디 엘스버그Sandy Elsberg는 남편이 네트워크 마케팅을 처음 시작할 때의 의구심을 다음과 같이 말한다.

"어느 날 남편 빌Bill이 호텔에 가야 하니 옷을 차려 입으라고 했다. 나는 발목을 감싸는 높은 굽의 신을 신고, 여러 가지 꽃으로 만든 장식으로 머리를 장식하고 나왔다. 도착해서 남편은 300여 명이 가득 찬 방으로 들어가 복도 쪽 앞좌석에 앉았는데, 격자무늬의 폴리에스테르 바지와 흰 감침 처리가 된 진갈색 상의를 입은 남자가 나에게 부업으로 일하며 한 달에 2만8천 달러를 벌 수 있다고 말했다."

"나는 본능적으로 팔짱을 끼고, 다리를 꼰 채 마음을 닫았다. 도시에서 성장을 하고 초등학교 교사로 10년 간 일하고 나니, 그 남자가 말한 이상한 숫자를 상상할 수가 없었다. 나는 빌에게 기대어, '이봐요, 속임수는 끝났어요. 우리는 이제 우리의 클리닉을 개업했어요. 이런 일로 나의 에너지를 낭비하게 하고 싶으세요?' 라고 말했다."

"그러나 빌은 '여보, 나 이 일을 하고 싶어. 나를 후원하지는 않더라도 막지는 말아 주구려.' 라고 말하며, '6개월만 이해해 줘.' 라고 덧붙였다. 그래서 6개월 동안 나는 남편을 간간이 보았다. 아버지께서는 며칠마다 전화를 하셔서, 어떻게 지내냐면서, 빌이 보이지 않는다고 물으셨다. 첫 번째 수표가 왔을 때, 100달러가 약간 넘었고, 아버지께서는 '빌을 따라가 봐, 여자가 생겼을 게야.' 라고 하셨다. 그러나 나는 약속을 지켰고, 다음달도 300달러 정도로 그리 나아지지 않았다".

"그 뒤로 수표는 500달러까지 되었지만, 여전히 그는 사업에 모든 시간을 소비했고, 일이 점차 진척되었다. 나는 우리의 결혼 생활을 망치고 있다고 남편을 탓했지만, 그는 6개월간의 거래를 상기시켰다. 다음 수표는 1천100달러였고, 그 다음은 2천200달러였다. 6개월이 끝나 갈 무렵, 3천800달러에 이르렀고, 여전히 그는 클리닉에서 하루 종일 보내며 부업으로 그 일을 하고 있었다."

"내 교사 생활 내내 한 달에 1천 달러 이상을 번적은 없었다. 그 즈음, 나는 생각을 하기 시작했다. '여보, 당신이 똑같은 일을 계속해서 반복하지 않고, 다른 사람들이 더 빨리 시작할 수 있도록 작은 훈련용 프로그램을 쓰겠어요. 그러니 1학년 학생들을 위해 내가 하는 것처럼 좋은 소책자를 만들어요. 그렇게 하며, 모두 쉽고 간단히 복제할 수 있어요.'"

"무슨 일이 생겼는지 아세요? 그러고 나서 90일 동안의 수표는 2배가 되었다! 우리는 한 달 사이에 7천 달러를 벌었고, 갑자기 나는 한 달에 2만8천 달러가 어떻게 가능한지를 알았다. 그때서야 깨달았다. 그만큼 벌었기 때문에, 난 그로 인해 믿게 되었다. 나는 우선 그 과정을 경험해야 했다. 성공이 일어날 때까지 오랫동안 의심을 하지 말아야 했다. 나는 항상 빌이 6개월 동안 판단을 유보하는 나의 약속을 지키도록 해 준 것을 고맙게 여길 것이다. 그리고 약속한 대로, 네트워크 마케팅은 나에게 돈을 보여주었다."

대부분의 경우, 전업을 가지고 있는 사람들은 적게 희생하면서 천천히 시작할 수 있다. 이것은 토니 뉴미어Tony Neumeyer가 선택해 확실히 이익을 거둬들인 것이다.

"부동산은 생활을 풍족하게 해 준다. 그러나 나는 시간이 부족했고, 늘 다른 사람들을 위해 준비해야 했다. 하루에 12시간에서 14시간, 그리고 1주일에 6일이나 7일을 일했다. 즉 나의 시간은 나의 것이 아니었다. 그래서 일은 나를 피곤하게 했다. 나의 네트워크 마케팅 사업을 위한 시간을 만들기 위해 나는 현실적인 선택을 해야 했다. 부동산 업무의 사무 처리를 위하여 매일 한 시간 일찍 일어나기로 했다. 또한 내가 좋아하는 일, 특히 야구와 골프를 얼마 동안 보류하기로 했다."

"1주일에 5일간 1시간 일찍 일어나는 것은 단순한 결정이었다. 나는 한 달에 20시간을 얻을 수 있거나 2개월마다 1주는 완전히 일할 수 있음을 알았다. 또한 나는 시간의 지렛대 효과와 결합이 상대적으로 짧은 기간 내에 엄청난 이익을 낸다는 것을 알았다. 시간을 효율적으로 사용하는 것이 비결이었다. 몇 달 내에 나의 조직은 3가지 시간대를 걸쳐 성장하였다. 내가 날마다 오전 5시에 일어났기 때문에, 오전 8시인 동부 해안에 있는 사람들에게 전화를 할 수 있었던 것이다. 이것은 급격한 성장에 매우 효과가 있는 것으로 증명되었다."

"2년 간 나의 사회 활동을 미루기로 결정한 것은 선택하기가 가장 어려웠다. 스포츠는 온전한 정신을 유지하기 위한 나의 배출구였다. 다행스럽게도 나의 아내는 적극적으로 지원해 주었다. 내가 네트워크 마케팅 회사를 시작했을 때, 21개월 된 아이와 2개월 된 아기가 있었다. 케이트가 살림을 하면서 집안일을 잘 처리해 주어서 내가 나의 시간을 성공하는 데 전념할 수 있었다. 나의 아내는 예전이나 지금이나 여전히 놀라고 있다. 나는 진심으로 몇 년 간 열심히 일함으로써 우리가 삶을 위해 준비를 했고, 이제 그것이 절대적으로 사실임을 입증하고 있다. 단지 하루에 한 시간을 바치고, 몇 가지 희생한 것이 우리의 인생을 완전히 바꾸었다!"

토니 뉴미어는 이처럼 규칙적인 접근법을 사용하여 거대한 네트워크 마케팅 회사에서 최고의 캐나다 네트워크 마케터가 되는 영광을 누렸다.

독신 여성으로서 네트워크 조직 구축하기

네트워크 마케팅에는 잔 루Jan Ruhe와 같은 수천 명의 독신 여성들이 있다. 아내, 어머니, 여성 이그제큐티브로서 각기 다른 책임을 다하면서 조직을 구축하려고 애쓰는 것은 가치 있는 일이다. 오늘날 일반 회사에서 온 사람들은 많이 있다. 20대에 사장이 된 카멘 앤더슨Carmen Anderson은 레스토랑 프랜차이즈와 그에 따른 부동산을 담당하고 있었다. 그녀는 직원들과 함께 하루에 16시간, 1주일에 7일을 연방보험기여법, 일반경비, 음식 원가, 사무 처리, 미팅, 미팅, 미팅을 하며 일했다.

카멘은 자신의 경험을 다음과 같이 설명했다.

"이 회사에서 나의 프로젝트를 끝내고, 관리직 간부로 활동하는 동안 나를 아는 기업의 친구들이 생긴 것은 행운이었다. 그녀는 내게 더 좋은 방법이 있다고 말했다. 즉, 올바른 도구를 찾고, 몇 년 동안 열심히 일해, 지렛대 효과를 만들어 내서, 일을 하던 안 하던 돈을 받는다는 것이다. 나는 언제나 무슨 일이든 열심히 했다. 그래서 미팅에 갔다. 거기서 본 사람들은 행복하구나 하는 것이 첫인상이었다. 또한 그들은 엄청난 돈을 벌고 있었다. 새로운 기회에 마음의 문을 확실히 열고, 회사의 제품을 사용해 보기로 결정했다. 이틀이 지나서, 제품은 그동안 내가 심하게 겪고 있던 트러블과 불편함을 덜어 주었다. 나는 더 좋아 보였고, 또 그렇게 느꼈다. 즉시 같은 트러블을 가진 나의 모든 친구들에게 제품을 소개했다. 나는 제품을 판매하는 것이 아니라 나누어 썼고, 친구들을 도울 수 있다는 것이 정말 좋았다. 우리 회사가 국제적으로 확장되면서 그곳의 사람들과 제품이나 사업을 함께 하기 위해 홍콩으로 갔고, 그 다음엔 호주와 뉴질랜드로 갔다.

"그리고 홍콩에서 지금의 남편이 된 사람을 만났고, 그와 함께 미국으로 왔다. 지금 우리는 2명의 아이를 가지고 있다. 1년 넘게 떨어져 지냈던 딸과 아들이었다. 나는 하루 종일 아이들과 즐길 시간이 있고, 남편과 함께 품위있는 삶을 즐기며 여기 앨라배마에 있는 우리 집에 기반을 둔 국제적인 사업을 하고 있다. 나는 행복하며, 충만한 삶을 살고 있다."

카멘과 그녀의 남편 조엘Joel은 앨라배마 주의 셰필드에서 자녀들과 살고 있으며, 뉴욕에 콘도도 있다. 그들은 또한 우리와 함께 잊을 수 없는 새해를 맞은 보카 레이튼에 훌륭한 요트가 있다."

샌디 엘스버그가 조직을 구축하기 위해 남긴 경험은 오늘날 우리 사업의 많은 여성들의 경험을 요약한 것이다. 그녀의 이야기다. "우리의 첫 번째 네트워크 마케팅 회사로 어느 정도 성공한 우리의 행운은 나쁜 쪽으로 바뀌었다. 빌은 만성쇠약증에 걸려 사업이 불가능해졌다. 그리고 우리가 그렇게 많은 에너지나 희망과 꿈을 투자한 네트워크 마케팅 회사가 우리를 실망시켰음을 알았다. 첫 번째 네트워크 마케팅 회사를 시작하고 약 7년이 지나서 우리는 심각한 위기를 맞은 것이다.

"나는 41세였고, 졸졸 따라 다니는 네 살짜리 아이와 힘든 임신 9개월이었다. 나의 발목은 허벅지만큼 부풀었고, 빌은 여전히 아팠으며, 우리는 건강 보험도 들어 놓지 않았다. 우리의 상황은 파산보다도 안 좋았다. 오히려 파산은 일도 아니었다. 신용이 떨어졌고, 25만 달러 이상의 빚으로 우리는 슈퍼마켓에서 기저귀를 살 돈도 없었다. 터널의 끝에서 빛을 보았다면, 그것은 다가오는 열차라고 생각했을 것이다. 끔직한 얘기를 하는거냐구요? 그러나 메리 픽포드Mary Pickford의 '실패는 나락으로 떨어지는 것이 아니라 내려간 채로 있는 것이다.' 라는 말을 믿었다."

"마침 그때, 한 친구가 내게 또 다른 네트워크 마케팅의 기회를 소개해 주었고, 나는 히터나 에어컨, 라디오도 없는 낡은 폴크스바겐 밴을 몰고 가 홈 파티를 하며 405번 고속도로를 왕래했다. 추울 땐, 운전을 하면서 발을 따듯하게 하기 위해 털로 짠 신을 신었다. 타는 듯한 더위에는 화장품이 녹지 않도록 밴의 뒤쪽에 작은 얼음 상자를 만들었다."

"광고를 낼 돈도 없었다. 팩스는 말할 것도 없었다. 한 번에 5달러 이상의 기름을 넣을 수도 없었다. 그러나 이 산업이 전해 준 이전의 경험으로부터 성공을 하기 위해 열심히 오랫동안 줍고, 삽질하고 파면 금광이 나온다는 것을 알았다. 그래서 어떻게 됐을까? 한 달이 지나, (아기가 태어난 다음날 도착한) 7천 달러 수표의 보너스를 받았다. 더구나 소매 판매로 약 4천 달러의 현금을 벌었다.

"이러한 삶을 살아오면서 낮은 생활 보조금을 받는 어머니 또는 중년의 나이에 해고된 회사의 관리직 간부, 하루 세 끼 오트밀만 먹으면서 월말에 한 번 생활 보조금을 타는 은퇴자, 이들의 심정을 느낄 수 있었다. 또 나는 절망감이 어떤 느낌인지 안다. 호랑이의 눈으로 필요한 것을 무엇이든 하려는 마음도 알며, 우리는 저마다 성공을 이룰 능력이 있음을 알고 있다. 그것은 행운이나 마술이 아니고, 우리 내면에 있는 것이다."

이제 우리는 몇 년째 샌디를 알고 있는데, 이것은 그녀가 여성 청중들에게 실감나게 전달하는 메시지다. 적절한 기술과 성실한 추진력을 가진 독신 여성 가운데 곤궁에서 벗어나 성공을 이룰 수 없는 사람은 없다. 샌디와 빌 엘스버그는 캘리포니아 주의 도브 캐년에 살고 있다. 샌디는 네트워크 마케팅 사업의 열렬한 옹호자가 되었고, 전국적인 네트워크 마케팅 회사들이 초대하고 싶은 연설자가 되었다.

샌디 엘스버그의 업라인 동료인 제리 루빈Jerry Rubin은 그녀에 관해 다음과 같은 말을 했다.

"샌디는 네트워크 마케팅의 베테랑이지만, 남은 인생의 첫날인 것처럼 매일 이 사업을 대한다. 그녀는 감성적이고, 지적으로 이 사업에 참여하고 있으며, 그것은 영혼의 깊은 곳에서부터 나오는 것이다. 그녀는 그녀의 스승들의 결과물이자, 그녀 인생 경험의 산물이다. 또 그녀는 내가 아는 어떤 사람보다도 열심히 일한다. 그녀는 자신의 위치에 도달하는 방법을 이해하고 있었기 때문에, 사업에서 가장 훌륭한 스승 가운데 한 명이라고 할 수 있다. 당신 역시 현재 자신의 위치에 도달하는 방법을 이해한다면, 다른 사람들 역시 그곳에 도달하는 법을 가르칠 수 있을 것이다."

60년대에 시카고에서 7번에 걸친 반자본주의 항의 데모를 한 제리 루빈Jerry Rubin을 기억할지도 모른다. 90년대에 이르기까지, 그는 극적으로 그의 생각을 바꾸었다. 제리가 불시에 죽음을 맞았을 때 그와 마크는 《자본주의자 선언The Capitalist Manifesto》이라는 책을 함께 작업하고 있었다.

대부분의 사람들이 제리 루빈을 전국 방송의 인터뷰 도중에 감히 대마초를 피운 과격한 사람으로 기억하고 있다. 그러나 우리는 그가 죽기 몇 달 전, 리노에 있는 우리의 거실에 자신과는 대조적으로 고요한 우리의 환경에 감동 받으며 앉아 있는 모습을 기억한다. 제리의 참모습은 감수성이 예민한 사람인데 그는 이제 남을 돌보는 자본주의자가 되었다. 그는 60년대에 대부분의 사람들이 비웃던 자본주의라는 제도를 통해, 사람들이 완전한 잠재력을 끌어낼 수 있도록 도와주기 위해 무엇이든 할 준비가 되어 있었다. 우리는 그를 진심으로 그리워한다.

네트워크 유통 사업이 자유 기업의 마지막 보루이기 때문에, 독신 여성들이 몰려들었다. 테리 힐, 제이 프림, 또는 카멘 엔더슨과 같이 일반 직장에서 더 나은 대안을 찾아온 기업 출신이거나, 가난에 넌덜머리가 나고, 남편에 의존하는 것이 싫은 잔 루와 같은 주부이거나, 혹은 빌이나 샌디 엘스버그와 같이 궁지에 몰린 상황에 처했다 하더라도 네트워크 마케팅을 구축할 수 있다. 이러한 성공 이야기에는 다음과 같은 2가지 공통점이 있다. 즉 (1) 그들은 일이 될 때까지 초기 단계에 더 많이 돌아다녔고, (2) 일이 잘 안 될 때는, 삶이 때때로 우리를 쥐고 흔드는 것처럼, 얼굴에 철판을 깔고 다시 처음부터 시작했다.

관리직 간부의 태도 바꾸기

점점 더 많은 사람들이 네트워크 마케팅의 부름에 따라 기존 전통적 기업과 직책을 버리면서 참여하기 때문에, 우리는 네트워크 마케팅 사업에 전형적인 관리직 간부의 태도를 가져오지 못하도록 하는 데 최선을 다해야 한다.

금전적 수익을 통해 개인의 성장 추구

대부분의 관리직 간부들은 회사의 소득 구조상 동료들 가운데 자기는 얼마나 벌고 있는지 몹시 궁금해하고, 동료보다 많이 벌지 못하면 몹시 걱정한다. 또 그들은 종종 자신의 직업의 여러 가지 부작용, 주당 60시간 근무, 스트레스로 인한 관상 동맥 경화, 해고, 합병, 적대적 인수 등을 걱정한다. 네트워크 마케팅은 이러한 점에서 많은 직장인들을 변화시키는 효과가 있다.

캘리포니아 주 테미쿨라의 개리 릴링Gary Leeling은 27년 간 치과 의사였다. 그는 자신의 변화를 다음과 같이 설명한다.

"치과 의술이 처음엔 내게 잘 맞았지만, 1987년쯤, 바뀌기 시작했다. 건강 관리 의료 단체들, 직업안정위생관리국, 책임 문제들은, 나는 실제로 고소당하지 않으려고 법을 준수했지만, 내 삶을 힘들게 만들었다. 그래서 나는 현실을 회피했다. 결국 치과 의술이 나를 실망시키지 않았다면, 치과의사는 큰 돈을 벌게 되어 있다. 그러나 수지타산을 맞추는 일은 계속해서 어려워졌고, 나는 마침내 다른 할 일을 찾아보기 시작했다.

하지만 모든 사업이 내게는 실패로 정해진 것처럼 보였다. 네트워크 마케팅은 내 사전에 없었다. 나는 절대로 부끄러움을 참고 그것을 할 수가 없었다."

"치과 세미나에 참석한 1995년 8월에, 어떤 치과의사 1명이 내게 네트워크 마케팅 사업을 말해 주었다. 그것은 분명히 내게 맞지 않았지만, 치과용 제품이 있다는 말을 듣고, 그것을 팔 수 있을지도 모른다고 생각했다. 결국, 나는 그 제품을 좋아하게 되었고, 회사의 리더십 세미나에 참석하기로 했다. 그 해 12월까지, 나는 제품을 파는 것뿐 아니라 회사에 다니는 나의 동료 몇 명을 등록시켰다. 어렵게 13명의 사람들을 등록시켰지만, 2월에 모두 그만두었다. 나는 처음부터 다시 시작해야 했다."

"나는 다행스럽게도 절망에서 벗어났고, 회사가 주최하는 또 다른 리더십 세미나에 참석했다. 그리고 업라인 가운데 한 리더가 나를 지도해 준다고 나섰다. 내가 완전히 새로운 인생 철학을 발견하기 시작한 것은 52세의 원숙한 나이에 앞을 내다본 순간부터였다. 네트워크 마케팅은 처음부터 그리고 궁극적으로 개인적인 성장과 발전에 관한 것이다. 많은 세미나와 동료 네트워커의 문화적 영향을 받아, 오늘날 나는 전혀 다른 사람이 되었다. 나의 사업은 폭발적이며, 아내 딕시Dixie나 가족들과의 관계도 항상 좋다. 또 인생을 바라보는 시각도 비관적에서 낙관적으로 바뀌었다. 여전히 부업으로 치과를 운영하고 있지만, 더 이상 걱정이나 편견을 가진 치과의사처럼 느끼지 않는다. 이제 모두에게 이익을 주는 기회를 가진 네트워크 마케터라고 느낀다. 나는 멋진 인생관을 갖고 있으며, 전에는 가능하다고 생각지 못한 열정으로 즐겁게 지내고 있다."

자신이 아닌 다른 사람 높이기

모든 관리직 간부들이 다 그런 것은 아니지만, 그들 가운데는 다음과 같은 독선적인 생각을 가진 경향이 있다. "우리는 훌륭해. 우리를 위해 일하는 사람들은 우리보다 열등해. 이러한 성공은 우리의 뛰어난 능력으로 이루어진 거야." 그러나 네트워크 마케팅에서는, 그 반대의 태도가 이 사업을 잘되게 한다. 팻 힌츠Pat Hintze와 스티브 슐츠Steve Schultz는 진짜 성공의 비결을 발견한 네트워크 마케팅의 파트너들이다. 이 이야기는 당신도 조직을 구축할 때 계속 반복해서 발견하게 될지도 모르는 이야기이다. 이 이야기는 그 동안 우리가 책에서 읽은 것만큼이나 물론 우리 사업의 본질을 정확하게 설명하고 있다. 여러분도 우리만큼 즐겁게 나누기를 희망한다.

 팻과 스티브가 말하길 "우리의 이야기는 분명 하룻밤 사이에 이루어진 성공이 아니다. 이 사업에서 다른 사람들 보다 오래 한 것은 사실이다. 3년 반 동안, 우리는 말 꺼내기도 민망할 정도로 아주 적은 성과를 얻으며 일했다. 또한 모든 부정적인 감정들을 겪었다. 스스로도 몇 번이나 '왜 이 일이 안 될까? 무엇을 잘못한 것일까? 다른 사람들이 우리보다 더 빨리, 더 많이 성장하는 것은 왜일까? 이 일이 정말 우리에게 성공을 가져다줄까?' 라고 자문해 보기도 했다."

 "우리는 가능한 모든 랠리과 펑션에 참석했다. 그러나 우리가 들은 것이라곤 모두 다른 사람들에 대한 엄청난 성공 이야기였는데, 흥미롭기 보다는 절망적이었다. 딱 한 번 우리는 일어나서 '나는 어젯밤 3시간을 달려 이곳에 왔어요! 그리고 기분이 아주 좋아요!' 라고 말한 사람을 좋아했다. 그것만이 우리의 기분을 좋게 했다!(이 사업에 대해 배운 것이 1가지 있다면, 자신을 기분 나쁘게 하는 것이 얼마나 쉬운가 하는 것이다. 단지 자신의 성공을 다른 사람의 성공과 비교해 보아라. 정해진 시간에 여러분보다 더 성공한 사람은 항상 다른 사람일 것이다). 그러나 우리는 이 사업의 '비결'을 찾을 것이라고 생각했기 때문에 계속했다."

 "우리는 그렇게 하기까지 충분히 오랫동안 지속했다. '비결'을 찾기 위해 8시간 30분을 이동하여 랠리에 가기도 했다. 그리고 우리는 회사에서 가장 돈을 많이 번 사람이 그곳에 온다는 것을 알았다. 그래서 일찍 도착해 이 사업이 잘되게 하는 비결을 들을 수 있었다. 우리는 그를 발견하고 중요한 질문을 퍼붓기 시작했다. '어떻게 이 일을 하시나요? 이 일을 잘되게 한 방법은 무엇인가요? 그 비결이 무엇입니까?' 그런데 그의 대답은 약간 놀라웠다."

"그는 '제가 한 것이 아니에요. 좋은 다운라인이 있었기 때문이죠. 실제로 그들이 한 것이죠. 그들에게 물어 보세요.' 그래서 우리는 그들에게 물었다. 그러나 그들은 '우리가 한 것이 아니에요. 우리는 훌륭한 다운라인이 있었을 뿐이에요. 그들에게 물어 보세요.' 라고 했다. 그래서 우리는 또 다시 물었다. 그랬더니 그들은 '우리는 한 것이 없어요. 그저 좋은 다운라인이 있었죠.' 그래서 우리는 실제로 이 사업을 한 사람은 **아무도** 없다는 것을 이해하고 그 미팅에서 나왔다. 그것은 여러분이 다른 사람들에게 전해 준 바로 그것이다! 우리는 집으로 와서 우리가 건넬 수 있는 다른 사람들을 찾아보았다. 그리고 일은 아주 잘되었다!"

"거대하게 성장하는 그룹원의 숫자가 끈질기게 인내한 사람들을 구할 것이다. 우리는 결국 우리가 그것을 전해 줄 만한 다른 사람들 즉 자신의 일을 알고 있는 사람을 찾아 오랜 시간을 계속했다. 그들은 실제로 자신의 조직을 성장시키고 있었다. 우리는 신이 나서, 그들을 끌어올리고 다른 이들에게 그들의 성공을 이야기하기 시작했다. 그리고 그들도 그것을 전해 주기 위해 그들보다 더 성공한 다른 사람들을 찾았다. 믿을 수가 없었다! 우리는 그들의 성공을 이야기했고, 다른 사람들도 그들이 목격한 것에 고무되었다. 지난 3년 반 이후, 우리가 하려고 애쓴 것은 그들도 똑같이 할 수 있는 이 기회를 줄 수 있는 몇몇 사람들을 만나려고 했던 것뿐이다."

"오늘날, 우리는 이 사업을 다른 사람에게 선물로 전해 주려는 사람들이 전국 각지에 수천 명이나 갖고 있다. 우리는 많은 사람들 앞에 설 기

POINT

캘리포니아 주의 트러키의 이그나티우스 조셉 퍼포의 말에 따르면, "우리를 위해 한 일은 우리와 함께 죽는다. 다른 사람들을 위해 한 일은 남아 있고, 영원히 죽지 않는다."

회를 얻었고, 공로를 인정받았지만, 정말로 우리가 한 것이 아니다!"

　스티브는 전직 교사이고, 팻은 제지 회사의 세일즈맨이었다. 7년이 지난 지금, 그들은 일년에 수십억 달러를 버는 회사에서 최고 소득자 가운데 하나다. 그들이 이 사업이 잘되기 전 초기에 심각하게 그만 둘 것인지를 고려한 적은 없지만, 그들이 설명한 대로 다시 시작하는 것에 대한 철학을 세웠다." 요즘도 우리는 다운라인이 1명도 없는 것처럼 계속 시작하는 실천을 한다. 그것은 진정으로 이 사업을 잘되게 해 주는 끈기에 집중할 수 있게 해 준다."

　특히 신입 네트워크 마케터들은 관리직 간부의 폭발의 시기에 전직 기업 관리직 간부들이 우리 사업에 초래한 고성능의 시스템을 따르는 유혹을 피해야 한다. 우리 사업에 참여하고자 일반 회사를 떠나온 많은 사람들에게 공감을 보여 주어야 한다. 외면적인 모습에도 불구하고, 그들 대부분이 겁을 먹고 상처받기 쉽기 때문이다. 직함과 회사 조직의 '안전성'을 뒤로 한 그들은 먼저 자립이라는 두려운 책임에 처음으로 직면한다. 따라서 그들의 질문에 솔직하게 대답하고, 다른 사람을 가르친 것처럼 복제 시스템을 가르쳐야 한다. 그러면 타이밍이 적절해졌을 때 그들도 그렇게 할 것이다. 그러나 그들이 하지 않으면, 할 만한 다른 사람에게 전해 주면 된다. 그러면 차례로 그들도 다른 사람에게 그렇게 할 것이다. 캘리포니아 주의 트러키의 이그나티우스 조셉 퍼포Ignatius Joseph Pirpo의 말에 따르면, "우리를 위해 한 일은 우리와 함께 죽는다. 다른 사람들을 위해 한 일은 남아 있고, 영원히 죽지 않는다."

요 약

- 관리직 간부의 폭발은 우리의 사업에 합류한 기업 관리직 간부들의 거대한 쇄도를 말하는 것인데 이들은 이전 직종에서의 낮은 생산성과 터무니없이 높은 수입을 야기한 동일한 관리 방식을 이 사업에 스며들게 한다.

- 이러한 관리직 간부들은 네트워크 마케팅에 참여하면서 2가지 어려움에 직면한다.

  1 위신의 상실과 혜택, 회사차, 수입의 갑작스런 중단으로 인한 명백한 절망감.
  2 그들이 기존의 사업에서 체득한 관리전략을 관리자가 없는 사업인 네트워크 마케팅에 적용할 수 있다는 잘못된 확신.

- 대부분의 업라인 네트워크 마케터는 기업 관리직 간부들의 교육, 경험, 전문지식을 존중하며, 자연히 그들의 말을 경청하게 된다.

- 기업 관리직 간부들이 파생시키는 문제 측면에서, 그들은 우리 사업에 다음과 같은 명백한 2가지 어려움을 제기한다.

  1 관리직 간부들은 자존심이 세고 어느 정도 성공한 사람들이었기 때문에 종종 그들을 후원한 업라인을 무시하기도 한다.
  2 전통적인 사업에서 사용한 많은 도구들이 우리의 사업에 단순하게 적용되지 않는데도 불구하고, 그들의 관리 방식과 첨단 접근법을 우리 사업에 도입하려고 하여 업라인과 다운라인 동료들 모두를 혼란에 빠뜨릴 수 있다.

- 당신이 블루칼라였다고 하더라도, '기업의 관리직 간부'가 당신보다 우리의 사업에 대해 더 많이 알고 있을 거라고 단정하는 실수를 범하지 말라.

- 전직 기업 관리직 간부를 가르칠 때, 훈련을 완전히 장악하여, 우리의 네트워크 마케팅 사업이 기존의 전통적인 사업과 어떻게 다른지를 가르친다.

- 많은 기업 관리직 간부들이 전통적인 사업에서 떠난 뒤에 낙심한다는 사실을 인식하고, 당신의 임무는 진지하게 변화를 희망하고, 네트워크 마케팅에 참여할 인생의 적당한 시기에 있는 사람들을 찾아내는 것뿐이다.

- 직장인이나 전문직 종사자들에게 우리 사업의 발전 가능성에 대한 정보를 더 빨리 제공할수록, 그들도 빨리 나름대로의 조사를 하고, 다음의 3가지 가운데 한 가지를 결정할 수 있다.

    1 시작할 준비가 되어 있다. (긍정적인 단계)
    2 시기가 적절치 않다. (긍정적인 단계 - 팔로우업 카드 파일을 사용하라.)
    3 자신에게 맞지 않는 사업이다. (다른 사람의 소개를 부탁하라.)

- 특히 일반 회사 출신의 신입 네트워크 마케터들은 제품 사용법, 프로스펙팅, 리쿠르팅이 성공을 이끄는 것임을 사업개시 첫날에 배워야 한다.

- 메모와 미팅은 슬라이드 쇼와 프리젠테이션, 오버헤드프로젝터

와 차트를 만든 것과 마찬가지로 시간 낭비다.

- 기존의 전통 사업은 사람들의 강점과 과거의 성공을 강조하도록 하는 반면에, 네트워크 마케팅은 반감의 벽을 허물기 위해 사람들에게 자신의 취약함, 즉 그들을 네트워크 마케팅으로 이끈 상황을 다른 사람들과 공유하도록 가르친다.

- 네트워크 마케팅으로의 문을 연 것은 일반적으로 이러한 '어려운' 경험이다. 자신의 개인적인 이야기를 말하는 것은 다른 사람들이 자신과 관계를 맺도록 하는 것이다. 즉, 그들은 여러분이 전에 가지고 있던 문제들의 해결책으로 이 사업을 선택한 이유를 듣고 싶어 한다.

- 기존의 전통 사업에서 '책임을 전가하는 것'과는 달리, 네트워크 마케팅에서 커다란 조직을 키우고 싶어 하는 관리직 간부들은 책임을 위임하는 습관을 버리고, 모범을 보이며 이끌어야 한다.

- 자신의 프로스펙트를 미리 판단하지 말고, 오히려 다양한 사람들을 위한 자리를 마련한다.

- 홈 파티와 제품 체험 클리닉, 소매 판매는 즉각적이고 단기간의 수입을 초래하지만, 제품을 사용하고 나누어 쓰는 사람들의 조직을 구축하고, 다른 사람들에게 이러한 과정을 복제하는 법을 가르치는 것은 장기적인 로열티 수입을 만들어 낸다.

- 초라해진 자신의 이미지는 일반 회사를 떠나 네트워크 마케팅을 전업으로 시작한 사람들에게 가장 큰 감정적 어려움이다.

- 대부분의 부업 네트워크 마케터들이 사업을 진행하는 과정의 초기 단계에 긍정적인 전망을 유지하면서도 상사의 부정적인 반응이나 배우자의 의심을 걱정한다.

- 네트워크 마케팅에는 아내이자 어머니, 여성 이그제큐티브로서 각기 다른 책임을 다하면서 조직을 구축하려고 애쓰는 수많은 독신 여성들이 있다. 그러나 보통 수준의 기술과 강한 추진력이 있는 사람 가운데 성공을 이루지 못한 사람은 없다.

- 네트워크 마케팅은 처음부터 그리고 궁극적으로 개인의 성장과 발전에 관한 것임을 발견한 사업가들에게 놀라운 효과를 나타낸다.

- 기업의 승진 사다리와는 달리, 네트워크 마케팅에서는 다운라인을 높인다 하더라도 이그제큐티브의 위치에 대한 위협이 없다.

- 우리 사업에 대한 심오한 진실은 다음과 같다. 남에게 전달하지 않고 독점하는 경향은 결코 성공에 이를 수 없으며, 단지 이 사업을 다른 사람들에게 전해 줌으로써 네트워크 마케팅에서 엄청난 보상을 받게 된다.

결 론

만나고 사랑하고 남편과 아내가 되기에 앞서, 우리 경력의 절반 동안 우리의 회사에서 각자의 조직을 구축하는 데 전념해 왔다. 지난 6년 동안, 우리는 전체 네트워크 마케팅 산업을 위한 친선 대사가 되기 위해 부지런히 노력했다. 우리의 동료들은 우리 직업의 인지도를 향상시키기 위한 우리의 소망을 이해했다. 우리 회사의 회장님도 이러한 노력을 격려했다.

또한 우리는 많은 컨벤션에서 연설을 하는 영광을 얻기도 했다. 리차드 부르크Richard Brooke와 같은 다른 네트워크 마케팅 회사의 회장도 우리에게 자신들의 최고 리더를 가르치도록 했다. 우리의 사업에서 가장 돈을 많이 버는 사람들의 대부분은 찰스 킹Charles King 박사 부부와 우리들이 경영대학원장인 폴 우슬딩Paul Uselding 박사와 협력하여 몇 년 전에 시카고의 일리노이 대학에 설립한 자격 인증 강좌에 참석했다. 지금은 그 강좌가 국제적으로 퍼졌다. 우리들은 이 산업 전반의 컨설턴트와 옹호자로서 함께 일한 사람들로부터 많은 것을 배웠다.

기존의 전통 사업에서는 경력 사원을 모집하는 사람을 '헤드헌터Head Hunter'라고 불린다. 그러나 우리는 일찍이 네트워크 마케터들을 '하트헌터Heart Hunter' 라고 불러야 한다는 것을 알았다. 다른 회사로부터 네트워크 마케터를 빼내서 이 사업을 구축하려고 하는 것은 네트워크 마케팅의 구조적 진실성에 명백히 위배된다. 우리의 철학은 항상 좋은 회사를 찾고 그 회사에 붙어 있는 것이다. 네트워크 마케팅 중독자가 되지 말라. 우리는 무지한 네트워크 마케터들이 우리의 사업에 참여해도 되는지 묻더라도, 단 한 번도 다른 회사의 네트워크 마케터를 끌어들인 적이 없다.

만약 네트워크 마케터가 성장 기록이 증명된 튼튼한 회사에 들어갔다면, 우리는 그 사람이 그 회사에 오래 남도록 적극적으로 격려한다. 또 우리는 오래 전에 우연히 네트워크 마케팅에 참여한 것을 축복으로 여긴다. 네트워크 마케팅은 우리에게 원하는 것을 할 수 있는 시간과 경제적인 자유를 주었을 뿐만 아니라 우리를 서로 만나게 하고 함께 인생을 살아가도록 해 주었다. 앞으로 10년 동안 우리의 직업적 목표는 우리 산업에 관하여 책을 저술하는 것이다. 마크는 자신의 부를 성취하는 것에 대한 책과 그의 아버지가 전에 출판한 책을 현대의 독자를 위해 개정하는 작업과, 그가 가장 소중히 여기는 프로젝트인 연애 소설 쓰기를 포함하여 몇 권의 책을 집필 중에 있다. 르네는 1년 이상을 자신의 인생 경험의 다양한 측면에 바탕을 둔 자립에 관한 책을 집필하고 있다. 그러나 우리가 가장 큰 에너지를 계속 쏟으려는 것은 네트워크 마케팅 사업 안에 있다. 우리는 공개 행사 참석, 주요 컨벤션 연설, 상담, 책, 테이프, 미디어에 의한 교육을 통해 대중에게 우리 직업의 위상을 더욱 고양시키기를 바란다.

이러한 관점에서, 우리는 여러분에게 이 놀라운 산업을 단순한 직업에서 전문직으로 전환하는데 동참할 수 있는지 묻고 싶다. 여러분이 이러한 일이 일어나도록 도울 수 있는 몇 가지가 있다.

첫째, 다른 회사를 헐뜯는 것을 그만두자. 우리는 이 사업에서 모두 함께 하지만, 위험이나 도전이 있을 때마다 서로의 회사를 헐뜯는 유일한 직업에 종사하고 있다. 네트워크 마케터들은 종종 규제기관과 경쟁사를 조사하고 있는 언론인과 협력하고, 그들이 사라지는 것을 기뻐한다. 어떤 경우, 네트워크 마케팅 기업 리더들은 실제로 그들의 경쟁사에 대한 정부의 참고인으로 증언을 하기도 했다. 그리고 슬프게도 일부는 피라미드 사기 사건에 대하여 유죄가 아닌 것으로 판결났다. 그것은 단지 경쟁사에 손해를 주는 방법일 뿐이다. 네트워크 마케터들은 때때로 다른 사람들을 헐뜯음으로써 마치 자신들이 올라가는 것처럼 행동한다. 그러나 그렇지 않다. 그래서 처음부터 그리고 궁극적으로, 우리는 여러분에게 다음과 같은 단순한 철학을 받아들이고 우리와 함께 하라고 요청한다. 즉, 우리는 네트워크 마케팅 현장에 있는 우리의 동료나, 다른 네트워크 마케터들, 그리고 다른 회사를 헐뜯지 않는다. 여러분이 그것을 기록하고 서명하지 않을 것이라면, 그렇게 말하지 말라.

항상 피라미드 사기로부터 갈취를 당하고 있다는 법적인 증거가 있으면 곧바로 연방 상업 위원회와 직접 판매 협회에 보고해야 한다. 그리고 당신이 갖고 있는 염려가 자신의 회사라면, 팔짱끼고 앉아있지 말라. 행동을 취해야 한다. 그리고 업라인의 최고 리더를 만나 보라. 할 수 있다면, 회사의 회장에게도 전화를 하라.

비윤리적인 행위를 발견할 때마다 그러한 행위를 중지시키기 위해 모든 힘을 쏟아라. 문제점을 해결책으로 바꾸려는 노력은 회사를 대표한다는 자부심을 갖게 한다. 그리고 이 모든 시정 노력이 실패하면 깨끗이 포기하고 나와라.

성공은 우리 네트워크 마케팅 경쟁사의 명성을 훼손하는 것이 아니라 오히려 자신의 회사와 제품을 끌어올림으로써 일어난다는 것을 이해하면, 우리의 사업이 모든 자유 기업 가운데서 가장 돈을 잘 버는 산업이 될 것이다. 우리 대학 강좌에서 얻은 소득 가운데 하나는, 여러 회사에서 온 네트워크 마케터들과 긴 주말을 함께 보냈는데, 우리의 학생들이 우리가 헐뜯었을지도 모르는 회사가 의미 있는 경험을 함께 나눈 진실한 사람이자 특별한 사람으로 이루어졌음을 깨달은 것이다. 그러한 상황에서 우리는 수백 명의 네트워크 마케터들이 평판을 깎아 내리는 관행을 그만두기로 결심하는 것을 보았다.

둘째, 불법 피라미드 사기와 합법적인 네트워크 마케팅 기업의 분명한 차이점을 대중들에게 교육시키기 위해 특별히 고안된 자신만의 간단한 프리젠테이션을 만들라. 그리고 지역 상공회의소로 가서 모든 클럽과 조직의 목록을 얻는다. 매달 우리 직업의 대사로서 적어도 하나의 지역 클럽이나 협회에서 강연 약속을 정한다. 교육을 통해 이 사업의 이미지를 바꾸는데 도움이 될 뿐 아니라, 그 과정에서 여러분의 다운라인을 위한 엄청난 프로스펙트들을 얻을 것이다. 일반 대중은 우리의 사업을 쉽게 이해하지 못하고, 대부분의 저널리스트와 방송 매체는 네트워크 마케팅의 긍정적인 사실을 다루지 않는다. 이는 선정주의와 부정적인 보도만이 신문을 팔리게 하고 시청률을 높이기 때문이다. 그들은 "좋은 소식은 뉴스가 아니야!"라고 말한다.

셋째, 가능하면 모든 것을 네트워크 마케팅 회사를 통해 구매를 하라. 자신의 회사에서 필요로 하는 제품을 아직 팔지 않는다면, 어느 네트워크 마케팅이 그것을 유통하는지 알아내고 그들에게 연락한다. 그러나 네트워크 마케터를 개인적으로 알지 못하면, 본사에 연락하거나 리쿠르팅 접촉이 오기를 기다려야 한다. 그러나 사업에 관한 한 여러분의 의지를 분명히 하면, 그들도 여러분이 하나의 회사를 대표하는 것에만 관심이 있음을 인식하고, 여러분의 결정을 존중할 것이다. 이제 상점이나 카탈로그를 통해서 질이 떨어지는 제품이나 서비스를 사지 말고, 우리 자신의 유통 채널을 이용하자.

이 산업에 우리가 기여한 것 가운데 하나로, 여러분 또는 여러분의 프로스펙트가 1-900-PROSPER로 전화하면 가입 절차 마무리나 동기 부여를 들을 수 있는 전화를 개설했다는 것이다. 녹음된 점성술이나 심령 메시지, 야릇한 성적 대화에 분당 3.99달러를 쓰지 말고, 자신의 미래의 성공을 위해 분당 1.49달러를 투자하라. 이 라인으로 전화를 하고 나서 바로 자신의 프론트라인으로 가입하지 않는 사람은 바보 같은 사람이다.

그리고 이 번호로 전화를 한 낙심한 네트워크 마케터는 아마도 매우 좋은 한 해를 보내게 될 것이다. 1주일에 한 번씩, 이전의 900라인에 전화를 한 사람들의 일부는, 우리가 이 전화를 해지하자 매우 화를 냈다. 그래서 우리는 이 새로운 번호를 영구히 개설하기로 했다. 우리는 정기적으로 그것을 갱신하지만, 기본적으로는 동일하게 유지되고, 여러분과 여러분의 프로스펙트를 위해 필요할 때마다 곁에 있을 것이다. 그것은 누구나 사용할 수 있는 유일한 네트워크 마케팅 동기 부여 전화인데, 실제로 가장 심하게 냉소적인 사람들이 가지고 있는 부정적인 면들을 바꾸게 해 준다. 요금은 우리의 교도소 수감자 개혁 프로그램의 기금으로 쓰인다.

마지막으로, 밖으로 나가 네트워크 마케팅에 자부심을 갖도록 하자. 우리는 이 세상을 바꿀 기회를 얻은 것이다. 그리고 네트워크 마케팅의 매력은 허풍 칠 필요가 없으며, 다른 사람들의 삶에 영향을 미칠 때마다 하나씩 발생한다. 우리 산업의 기하급수적 성장으로 인해, 미처 우리가 알기도 전에 우리는 수백만 명의 사람들의 정신을 바꿀 것이다.

이 책을 흥미롭게 보았다면, 여러분이 아는 다른 사람에게 전하라. 아마 그들도 다른 사람들에게 건네줄 것이다. 그러면 미처 깨닫기도 전에, 퍼스널 케어, 주방 용품, 영양, 건강, 원격 통신, 환경, 교육, 자기개발의 거대한 세계 시장 점유율을 갖고 있는 산업 속에 있는 자신을 발견할 것이다.

네트워크 마케팅은 지금도 있으며, 다음 10년 동안을 지나 21세기에도 지속될 것이다. 그리고 우리의 사업은 다음 2가지 측면에서 알려 질 것이다. 즉 (1) 네트워크 마케팅의 건전한 마케팅 전략과 (2) 이 업계의 사람들이 다른 이들에게 보여주는 정서와 진실성이 그것이다.

비자VISA 카드회사의 창시자인 디 호크Dee Hock는 1조 달러의 신용카드 사업을 성공으로 이끈 통찰력을 갖고 있다. 비슷하게, 네트워크 마케팅도 다음 세기에 폭발적인 성장의 직전에 있다. 우리가 존경하는 디호크는 다음과 같이 말했다.

"우리는 역사상 전례가 없는 엄청나게 커다란 문화적·과학적·사회적·제도적 전환이 진행되고 있는 현재 400세 된 한 시대가 사라져 가고 또 다른 시대가 태어나려고 하는 진통의 찰나에 있다. 우리 앞에는 세계가 이제까지 경험하지 못한 개성, 자유, 공동체, 윤리의 혁신을 이루며, 인류가 일찍이 꿈꾸지 못한 조화를 이룰 가능성이 놓여 있다. 즉 우리에게는 자연과의 조화, 인간 상호간의 조화, 신성한 지성과의 조화를 이룰 가능성이 있다." 네트워크 마케터가 이러한 꿈을 실현시키는 데 도움이 될 것이라고 믿으면, 이 책은 그러한 방향으로 나아가는 첫걸음이 될 것이다. 문자 그대로 편집 후 잉크가 마르기도 전에, 우리는 인간의 능력과 최고의 수행 능력에 대한 수십 년 간의 연구 성과인 새로운 개념을 알게 되었다. MIT의 인지 신경 과학 연구 센터의 소장인 스티븐 핀커 Steven Pinker와 미국 심리학회의 명예 교수인 알버트 밴두라Albert Bandura 박사와 같이 인지 과학의 선두 주자는 인간 운명의 한계를 모른다는 사실을 상세히 기록했다. 이 첨단 학술 연구의 놀랍고 새로운 세계가 제시하는 것은 모든 사람들의 타고난 잠재력을 푸는 열쇠가 이 책에 설명된 것과 비슷한 단순한 획득이나 능력에 있는 것이 아니라 인지적인 개인의 변화에 있다는 것이다. 이러한 통찰은 능력개발(주어진 임무를 수행하는데 필요한 특별한 기술을 촉진하는 것)과 결합한 자기 창조(내면의 어떤 효과를 만들어 내는 능력)가 우리 내면의 능력을 푸는 진짜 열쇠다. 그러한 통찰에 따르면, 능력 개발과 자기 창조는 배울 수 있고 복제할 수 있다.

우리가 이러한 최첨단 학문을 겉핥기만 했지만, 우리는 여러 나라의 다른 리더들과 합세하여 '21세기 글로벌 트러스트21st Century Global Trust'라는 컨설팅 회사를 만들었다. 수백만 명의 네트워크 마케터들이 가진 잠재력을 최대한 발휘하기 위한 목적으로 우리는 이 회사를 설립하였다. 우리는 개인의 위대함과 개인의 능력을 가로막는 장애물이 제거된 우리의 산업이 자유 시장 자본주의의 마지막 보루라고 믿는다. 우리는 성장기 산업이며, 우리가 여전히 존재하는 유일한 이유는, 대부분이 과거의 시행착오로 고통을 받는다고 하더라도, 전문적인 지배 집단이 장악할 정도로 우리의 산업을 급속도로 발전시켰기 때문이다. 산업으로서, 향후 10년 동안 회원을 4배가 되도록 해야 할 뿐 아니라 참여한 일반 사람들이 최고 3%(이 산업의 창설자가 비전으로 제시한 경제적 시간적 자유를 성취한 사람들)만이 누리는 번영을 가능하게 하는 전략을 실행해야 한다. 우리는 루 타이스Lou Tice와 밴두라 박사와 같은 능력 배양 분야의 거물들이 업무수행과 자기창조의 능력을 결합한 테크닉이 효과 있다고 말한 것에 전적으로 동의한다. 또한 우리는 이처럼 새로운 정신적 작용을 상품화할 프로그램을 만들고 시작하려고 한다.

우리는 전 세계의 경제적 자유를 뒷받침하고 우리들 손자를 위해 아름답고 훌륭한 미래를 만들어 줄 수 있는 대단하고, 새롭고, 무한한 직업의 옹호자로서 새 천년의 시작에 서 있다. 그러나 우리는 21세기에 네트워크 마케팅에 참여한 사람들 중에서 더 많은 퍼센트의 사람이 네트워크 마케팅에서 번영할 똑같은 기회를 갖는다는 것을 증명해야 한다. 그리고 우리는 그러한 폭넓은 번영을 위해 필요한 도구가 우리 손안에 있다고 믿는다. 현재 네트워크 마케팅 인구의 3퍼센트는 매년 9만3천 달러 이상을 벌고, 56퍼센트가 매년 6천 달러 이하를 벌고 있다. 우리가 달성할 수 있고, 달성해야 한다고 생각하는 것은 중간의 40퍼센트다. 우리가 이 사업의 옹호자이자 리더로서 여러분에게 약속하는 것은, 계속하여 조사하고 분석하며, 잠재력의 향상에 최신의 과학적·학술적 진보를 단순하게 하여, 미래를 네트워크 마케팅에 맡긴 사람들이 자신의 능력을 최고로 발휘할 수 있도록 고안된 쉽게 복제할 수 있는 전략을 제공하는 것이다. 아주 오랜 시간 동안 인간의 성과는 미미하지만, 경계가 없고 한계가 없는 네트워크 마케팅은 우리들에게 전례 없는 기회와 신나는 미래를 제공할 것이다.

우리는 어쩔 수 없는 낙관주의자이며, 우리에게 듣지 못한 마지막 부분에 대해 안심해도 된다. 왜냐하면 여러분의 네트워크 마케팅 첫해는 단지 시작일 뿐이므로.

옮긴이의 말

　한국의 네트워크 마케팅 시장이 폭발적으로 성장하고 있다. 시장 규모는 2002년 현재 약 4조 원을 예상하고 있다. 네트워크 마케팅 회사들이 최근에는 전자상거래를 도입해 인터넷 쇼핑몰을 구축하면서 온라인과 오프라인이 결합하여 막강한 유통 채널을 형성해 가고 있는 중이다. 이에 따라서 전체 네트워크 마케터의 숫자도 약 500만 명을 헤아리고 있다. 우리나라 경제활동인구를 대략 2천만 명으로 추산할 때 인구 4명 당 1명이 네트워크 마케팅을 하고 있다는 계산이다. 현직 의사, 변호사 등 전문직도 네트워크 마케터로 변신중이다.

　그러나 이 네트워크 마케팅 사업에서도 90/10의 법칙이 있다. 이는 네트워크 마케팅을 통해서 벌어들이는 로열티 수입이 월 500만 원 이상 되는 성공자는 10퍼센트 미만이라는 것이다. 어느 회사, 어느 사업설명회에서든 이 네트워크 마케팅은 누구나 할 수 있다고 강조한다. 하지만 정상으로 가는 길이 얼마나 험난한지 가르쳐 주는 스승이 드물었다. 한국의 네트워크 마케팅 10년의 역사상 덱스터 예거Dexter Yager, 나까지마 가오루, 마크 야넬Mark Yarnell, 후지사와나 가네꼬와 같은 훌륭한 스승이 부족하였다.

　이러한 현실에서 마크와 르네 야넬의 저서 《네트워크 마케팅 1년 버티면 성공한다Your First Year In Network Marketing》는 이 사업을 먼저 경험한 선배의 피와 땀과 고통이 배어 있는 전투 일지다. 거의 모든 한국의 네트워크 마케터도 야넬이 그의 전투 일지에 기록한 거절 로케트탄, 관리의 덫, 의기소침 어뢰, 헛된 기대 탱크, 우호자 명단 탄두, 주의 혼란탄, 미팅 지뢰밭, 소개 권총, 관리직 간부의 폭발을 경험하였을 것이다. 하지만 마크와 르네 야넬은 포탄이 여기저기서 터지는 참호 속에서 살아남아 우리에게 이 치열한 전투에서 승리하는 비결과 승리의 영광을 보여 주었다. 여러분이 어느 회사의 네트워크 마케터든 상관없이 보다 나은 삶을 꿈꾸고, 하늘을 자유롭게 나는 독수리가 되길 바란다면 이 책은 여러분을 실망시키지 않을 것이다.

야넬 부부의 경험을 거울 삼아 한국의 수많은 네트워크 마케터들이 성공자의 모습으로 우뚝 설 때 우리 업계의 위상도 더욱 더 높아질 것이다. 경제적 자유와 시간적 자유와 공간적 자유를 꿈꾸는 한국의 네트워크 마케터 모두에게 한 번씩 읽어 보길 권하며 특히 이제 막 네트워크 마케터로서 첫발을 내딛은 초보자들에게는 보물지도와 같은 역할을 할 것으로 확신한다. 나도 네트워크 마케팅 사업 첫해에 이 책을 읽어 보았다면 많은 시행착오를 줄일 수 있었을 것이다.

마크와 르네 야넬은 뛰어난 작가이자, 연설자이며 국제적인 사업가다. 네트워크 마케팅 12년 동안 전 세계에 걸쳐서 20만 명의 조직을 구축하였다. 마크와 르네 야넬이 전체 네트워크 마케팅 산업에 끼친 공로로 수많은 상을 수상했으며 《업라인》이 선정하는 '세상에서 가장 위대한 네트워커Greatest Networker in the World'가 되는 영광을 얻었다. 그들은 전 세계적인 환경보호를 위하여 구 소련의 미하일 고르바쵸프 대통령, 앨 고어 전 부통령과 함께 국제 녹십자International Green Cross 단체를 설립하기도 했다. 마크의 이메일은 markyarnell@home.com이며 르네의 이메일은 rene@yarnell.com이다.

마지막으로 이 책을 다시 번역하는 데 흔쾌히 동의해 주시고 많은 격려를 해 주신 아카데미북에 감사를 드린다. 번역하는 동안 함께 시간을 보내지 못해 아쉬웠던 사랑하는 사람들에게도 미안함과 감사를 드린다.

- 옮긴이 **문재욱**

부록

용어 설명

깊이 Depth : 밑으로 뻗어 가는 당신의 다운라인 조직입니다. 밑으로 내려갈 때마다 단계(또는 레벨)가 늘어납니다. 이것을 확장시켜 나가는 것이 성공적인 그룹 발전에 있어 관건이 됩니다.

다운라인 Downline : 당신으로부터 시작한 그룹에 옆(WIDTH)이나 밑(DEPTH)으로 속해 있는 분들은 다운라인이라고 부르며, 당신 그룹에 속해 있는 네트워크 마케터입니다.

팔로우업, 팔로우쓰루 Follow-up & Through : 프로스펙트에게 사업 기회를 설명하고 후속 관찰하면서 가입하게 하는 과정입니다. 사업 설명 후 당신은 프로스펙트를 24~48시간 이내에 접촉해야 하고 사업 기회를 검토하게 해야 합니다. 가능하면 직접 찾아보십시오. 팔로우업(Follow-up)은 기본적으로 어떤 질문에도 대답해 주고 어떤 의혹도 불식시키며 그들로 하여금 사업 시작을 위해서는 무엇이 필요한지 알게 하는 것입니다. 프로스펙트들이 팀을 만날 수 있도록 초대하거나 시스템에 접속시키십시오. 팔로우쓰루(Follow-through)는 보다 장기간에 걸쳐서 팔로우업이 지속되는 과정을 말합니다.

프론트라인 Frontline : 당신이 개인적으로 후원한 사람이며, 당신의 첫 레벨(1단계) 다운라인을 지칭합니다.

홈 미팅 Home Meeting : 프로스펙트에게 사업 기회를 제시하는 목적으로 미리 정해진 계획에 따라 발표하는 미팅을 말합니다. 가정에서 이루어집니다.

레그 Leg : 당신이 프로스펙트를 후원하고 그 프로스펙트가 그룹이 되도록 도와주기 시작했을 때 그 그룹을 레그(leg)라고 합니다. 레그의 숫자는 활동하는 프론트라인의 숫자와 일치합니다.

네트워크 마케터 Network Marketer : 제품이나 서비스를 회사와 소비자에게 구전광고로 직접 연결시켜 주고 그에 따른 커미션을 받는 사업자입니다. 예전에는 디스트리뷰터라고 많이 불렸으나 지금은 네트워커 또는 네트워크 마케터 혹은 IBO(Independent Business Owner)라고 부릅니다.

오픈 미팅 Open Meeting : 대규모 그룹 발표 미팅이며 호텔이나 넓은 곳에서 프로스펙트들에게 사업을 설명하는 것입니다. 대개 매주 혹은 매달마다 규칙적으로 모입니다. 네트워크 마케터들은 프로스펙트에게 처음으로 데려오거나 팔로우업의 일환으로 (두 번째) 참여시킵니다.

프로스펙트 Prospect : 어떤 사람이든지 당신의 고객이 될 만한 사람입니다. 한마디로 예상고객입니다. 어떤 사람이든 미리 판단하지 말고 자격이 있다고 여기는 것이 네트워크 마케터의 기본입니다. 프로스펙트에게 사업 기회를 전달하는 과정을 프로스펙팅(Prospecting) 또는 리쿠르팅(Recruiting)이라고 합니다.

쇼더플랜 Show The Plan : 말 그대로 네트워크 마케팅의 플랜을 프로스펙트에게 보여 주는 것입니다. 줄여서 STP라고 합니다. 일 대 일 미팅이나 홈 미팅 오픈 미팅에서 보여 주게 됩니다. 성공적인 네트워크 마케터가 되려면 STP를 할 수 있어야 합니다.

스폰서링 Sponsoring : 프로스펙트를 네트워크 마케팅 사업으로 인도하는 것을 말합니다. 성공적인 네트워크 마케터가 되도록 후원하는 사람이 바로 스폰서(Sponsor)입니다.

시스템 System : 당신과 당신의 그룹에게 성공적인 네트워킹의 원칙들을 교육시키고자 고안된, 조직적이고 통일적인 훈련 프로그램입니다. 쉽게 말하면 당신의 목적지까지 당신을 데려가 줄 운송 수단 즉 자동차나 비행기와 같은 것입니다. 조직을 성장시켜 국제적으로 확장시키려고 계획한다면 네트워크 마케터들을 훈련시키고 교육하며 조직을 이끄는 시스템이 필요할 것입니다.

도구 Tools : 당신의 네트워크의 발전을 도와주는 것이 도구(tools)입니다. 예를 들어 사업 설명을 위한 칠판, 화이트보드, 테이프, 책, 비디오, 유인물 등이 이에 속합니다.

업라인 Upline : 스폰서와 그 위의 라인으로 연결된 사람들.

폭 Width : 개인적으로 스폰서한 네트워크 마케터들을 당신의 폭(width)이라고 합니다. 프론트라인의 숫자를 늘리면 폭이 넓어지는 것입니다. 마크 야넬의 충고는 '넓게 빨리 전진하라(GO WIDE FAST)' 입니다.

옮긴이 문재욱

현재 (주)석세스 시스템의 교육이사로 활동
고려대학교 영어교육과 졸업
소규모 자영업 3년
남을 가르치는 일을 7년 동안 했으며
5년 전부터 네트워크 마케팅 사업에서 활동 중
저서《다이아몬드의 노트》
연락처 0502-631-1631(평생번호)
이메일 hercules@dreamwiz.com

네트워크 마케팅 1년 버티면 성공한다

초판 1쇄 발행 2001년 3월 25일
2판 9쇄 발행 2007년 7월 20일

지은이 마크 야넬 & 르네 리드 야넬
옮긴이 문재욱
펴낸이 양동현

펴낸곳 도서출판 아카데미북
출판등록 제 13-493호
주소 서울 성북구 동소문동 4가 124-2
대표전화 02)927-2345 **팩시밀리** 02)927-3199
이메일 academy@academy-book.co.kr

ISBN 89-87567-84-2 13320

잘못 만들어진 책은 구입한 곳에서 바꾸어 드립니다.